国家社会科学基金青年项目
“媒介融合的政策选择与规制体系研究”（编号：13CXW008）阶段性成果

广播电视规制研究

GUANGBO DIANSHI GUIZHI YANJIU

肖叶飞◆著

安徽师范大学出版社

责任编辑：房国贵　　　责任校对：胡志恒
装帧设计：丁奕奕　　　责任印制：郭行洲

图书在版编目（CIP）数据

广播电视规制研究/肖叶飞著. — 芜湖:安徽师范大学出版社,2013.12
ISBN 978-7-5676-1011-8
Ⅰ.①广… Ⅱ.①肖… Ⅲ.①广播事业-监管制度-研究-中国②电视事业-监管制度-研究-中国 Ⅳ.①G229.2

中国版本图书馆CIP数据核字(2013)第257958号

广播电视规制研究
肖叶飞　著

出版发行:安徽师范大学出版社
芜湖市九华南路189号安徽师范大学花津校区　　邮政编码:241002
网　址:http://www.ahnupress.com/
发 行 部:0553-3883578 5910327 5910310(传真)　E-mail:asdcbsfxb@126.com
经　销:全国新华书店
印　刷:安徽芜湖新华印务有限责任公司
版　次:2013年12月第1版
印　次:2013年12月第1次印刷
规　格:700×1000　1/16
印　张:19.5
字　数:335千
书　号:ISBN 978-7-5676-1011-8
定　价:39.00元

序

规制(Regulation)一词来源于西方,最初翻译为管制,但是管制这个词给人一种不好的遐想,行政味浓,缺乏学术味。而规制则比较好地概括出这个词的真正内涵,并且有关规制研究发展成为经济学里面一个重要的分支——规制经济学。一般认为市场是看不见的手,根据价格和供求关系对资源进行配置,达到帕累托最优。但是微观经济学教材最后一章一般都是市场失灵及其对策,也就是说市场不是万能的,有诸多缺陷,这就是规制的理论基础。市场失灵一般表现在垄断、信息不对称、公共产品、外部性等方面,而这些失灵现象在广播电视领域都有所表现,而在报刊出版领域,市场失灵却表现得不明显,这就是为什么有些国家对报刊出版基本是放松规制,而对广播电视却加强规制的原因所在。

广播电视领域的市场失灵是此书的逻辑起点,进而研究因市场失灵需要规制的各个领域。本书首先回顾了西方国家规制的相关理论,以及中外广播电视规制的历史,为后面的分析奠定理论基础。特别是回顾了西方国家的公共利益理论、规制俘虏理论、公共选择理论、委托代理理论等,对规制进行"面面观"。同时对西方国家的公共广播电视进行了深入的分析,特别是对于公共广播电视的不同类型以及收入模式进行了深入的剖析,分析这些国家广播电视体制形成的历史语境以及广播电视体制发展的现实逻辑。

西方国家的广播电视体制基本上是公共广播电视与商业广播电视并行的双轨制,公共广播电视和商业广播电视的经费来源和节目风格各不相同,相互借鉴、相互补充,即使美国是商业广播电视独霸市场,也以公共广播电视弥补市场失灵,成为商业广播电视的标杆,使得它们在商业化的道路上不能走得太远。一段时间,我国广播电视经历了完全行政化、市场化、产业化的路径,释放了巨大的市场能量,但是商业化的气息渐浓,公共性与公益性逐渐弱化。而今,我国的文化政策的方向是文化事业和文化产业并行发展,各取所需,广播电视如何在此政策下规划好未来,特别是做好政策的顶层设计非常重要。

本书在分析广播电视规制的基本理论、广播电视市场特征、广播电视规制历史乃至广播电视规制的主体、内容与目标之后,重点分析了广播电视规制的三个领域,即经济性规制、社会性规制和反垄断规制,这些也是规制经济学研究的三个主要领域。

第一是广播电视经济性规制。广播电视经济性规制主要围绕市场失灵展开,包括进入退出规制、质量规制、价格规制和投资规制等。

随着我国文化体制改革的推进,在有线电视传输领域和节目制作领域逐渐放松进入退出规制,引进竞争机制,建立可竞争性市场。三网融合改革在国务院的推动下稳步前进,有线电视在加强数字化和双向化改造,正在市场上与电信行业进行有效竞争,需要的是三网融合要消除行业壁垒,建立融合规制部门制定措施,应着眼于提高竞争效率,而不是狭隘的部门利益。与三网融合改革相比,制播分离改革似乎推进速度较慢,认识不够统一。放松进入规制,引进社会节目制作公司势在必行。制播分离的第一步就是要把可经营性资产剥离出来,成为市场主体,否则无法通过市场配置资源。然后,作为节目制作公司的市场主体通过并购与重组等资本运作实现做强做大。

广播电视的质量规制是非常复杂的问题,这个问题是由于外部性与信息不对称造成的。我国的广播电视兼具文化事业和文化产业的性质,广播电视媒体必须坚持社会效益和经济效益兼顾的原则,但是,实践当中,“收视率崇拜”的商业化趋势明显,这也引起了规制部门的高度重视,并出台了如“限娱令”等规制措施,这些“治标”之道能否从根本上解决“三俗化”趋势值得观察。普遍服务是质量规制的应有方面,包括信号覆盖的均等化和节目内容的均等化,确保每个公民能够接受到广播电视信号,而且有满足不同受众需求的节目,这也是满足受众的接近权和知情权的需要。

价格规制的缘由是有线电视的垄断性。随着三网融合的发展,电信、有线网和计算机网互联互通,可以提供三网融合业务,那么价格方面将逐渐放松规制。基于有线电视公益性的特点,基本收视费需有关部门进行规制,西方国家对于垄断行业的价格规制理论有投资回报率理论、价格上限理论、收入上限理论、标尺竞争理论、特许权投标理论等,我国的有线电视的价格须在不同的时期采取不同的规制理论和政策。

第二是广播电视内容的外部性与社会性规制。广播电视内容具有外部性,包括正外部性和负外部性,不同的广播电视节目的外部性是不同的,这一点估计没有人持异议,例如暴力、色情、低俗的节目不仅有伤风化,而且腐蚀社会,负外部性不容置疑。而一些新闻信息节目、纪录片、服务类、社教文化类节目不仅满足了受众的知情权，而且传播了文化，传承了文明，具有正外部性。

如何促进正外部性节目的生产播出、控制负外部性节目的生产播出是规制的重要内容，而我国广电总局针对省级卫视的"限娱令"、公益节目资助基金等就是基于这样的思考。除了这些具有负外部性的"有害信息"之外，广播电视也可能出现侵犯名誉权、隐私权、肖像权和著作权的"违法信息"，当然这些侵权违法信息有些可以通过行业自律事前进行规制，有的则需要通过司法机关进行事后法律规制，目的都是遏制广播电视内容的负外部性。

第三是媒介所有权融合与反垄断规制。我国的媒体具有行政垄断和区域垄断的色彩，作为事业性质的媒体很少受到反垄断规制，但是随着传媒单位的转企改制，作为企业性质的传媒是否构成垄断需要进行深入的研究。

从经济学角度看，垄断导致产品的高价格、资源配置的低效率，造成社会福利的损失。传媒所有权融合包括横向融合、纵向融合与跨媒体融合等几个方面，地市级、省级乃至国家级的广播影视集团的这种横向融合，是否构成垄断？广播影视节目的制作和播出的纵向融合是否构成垄断？同一地区跨媒体的融合是否构成垄断？作者从反垄断规制的理念与相关法律法规出发，从区域市场和行业市场的集中度实证分析的两个视角，论证了所有权集中对广告的垄断高价以及对舆论单一化带来的公共利益的损害。

最后是广播电视规制改革以及融合视听新媒体的规制问题。在媒介融合的语境下，广播电视规制改革势在必行，主要就是把握公益性事业和经营性产业的分界线，对经营性产业放松经济性规制，而同时对广播电视加强社会性规制和立法规制，另外，从规制绩效方面考虑，需加强行业自律与社会监管。

在媒介融合的语境下，传媒出现了渠道融合、终端融合、内容融合，这些给传统广播电视带来了深远的影响，传统的对广播电视的规制措施已经不适应新环境的要求，无线广播电视、有线广播电视、卫星广播电视、电信等传统垂直整合的行业开始出现融合趋势，原来行业分立的规制措施需要调整，这些规制重构需要新的理论支撑和规制措施，也需要今后进一步研究。

肖叶飞

目 录

序 ……………………………………………………………………1

绪 论 …………………………………………………………………1

一、选题背景 ……………………………………………………1

二、选题意义 ……………………………………………………3

三、理论研究文献 ………………………………………………5

四、研究方法与思路 ……………………………………………13

第一章 广播电视规制的基本理论 ……………………………18

第一节 规制的概念与分类 ……………………………………18

一、规制的分类 …………………………………………………19

二、经济性规制与社会性规制 …………………………………21

第二节 政府规制的主要理论 …………………………………25

一、公共利益理论 ………………………………………………25

二、利益集团理论 ………………………………………………26

三、规制俘虏理论 ………………………………………………26

四、委托代理理论 ………………………………………………27

五、公共选择理论 ………………………………………………29

六、规制外部性理论 ……………………………………………30

七、规制失灵与放松规制理论 …………………………………30

第三节 广播电视规制的法理基础 ……………………………32

一、广播电视的市场失灵 ………………………………………33

二、广播电视规制的法理基础 …………………………………37

第二章 广播电视规制的主体、内容与目标 ……40
第一节 广播电视规制的主体 ……40
一、三网融合语境下西方国家的广播电视规制主体 ……41
二、我国广播电视规制主体 ……47
三、我国广播电视媒体治理模式的重构 ……52
第二节 广播电视规制的内容 ……56
第三节 广播电视规制的目标 ……59
一、政府规制的目标 ……59
二、广播电视规制的目标 ……59

第三章 西方国家广播电视规制 ……62
第一节 西方国家广播电视规制的理念 ……62
第二节 西方国家广播电视体制 ……65
一、以英国、日本为代表的公共广播电视主导型的体制变迁 ……66
二、以美国为代表的商业广播电视主导型的体制变迁 ……71
三、以德国为代表的公共和商业广播相对平衡型的规制变迁 ……74
第三节 西方国家公共广播电视的收入模式 ……76
一、西方国家的公共广播电视的体制类型 ……77
二、公共广播电视五种不同的收入模式 ……80
第四节 西方国家广播电视规制改革 ……83
一、规制的特点 ……83
二、规制的范式转型 ……85
三、内容规制 ……86
四、规制手段 ……87

第四章 我国广播电视规制的历史与实践 ……90
第一节 我国广播电视规制的历史变迁 ……90
一、新中国成立以后(1949—1978)财政拨款为主的单一的行政性的广播电视体制 ……91
二、改革开放初期(1978—1992)广播电视市场化萌芽阶段 ……92
三、事业单位企业化管理的广播电视体制(1992—2003) ……94

四、公益性事业和经营性产业并行发展的体制(2003年至今) ……94
第二节　我国广播电视规制的现实困境 ……96
一、政府转型与规制改革 ……96
二、广播电视政府规制角色与定位 ……97
三、广播电视规制的多维属性 ……99
第三节　我国广播电视规制的改革领域 ……102
一、进入与退出规制方面 ……103
二、质量规制方面 ……105
三、外部性规制方面 ……106
四、投资规制方面 ……109

第五章　三网融合与广播电视经济性规制 ……111
第一节　媒介融合语境下放松进入规制的理论分析 ……111
一、可竞争性市场理论分析 ……112
二、媒介融合的理论分析 ……113
第二节　三网融合背景下美国有线电视产业的运营 ……118
一、美国有线电视产业的市场运营 ……118
二、美国有线电视产业的市场竞争 ……121
三、美国有线电视产业的行业监管 ……122
第三节　西方国家三网融合规制政策 ……125
一、西方国家三网融合产业政策目标 ……125
二、西方国家三网融合规制主体的类型 ……126
三、西方国家三网融合的规制措施 ……126
四、西方国家三网融合规制的主要内容 ……128
第四节　我国三网融合产业链重构与规制政策 ……130
一、三网融合产业链重构 ……131
二、三网融合广电产业链重构 ……132
三、三网融合电信产业链重构 ……133
四、三网融合时代内容服务提供商和网络运营商竞争形势分析 ……134
五、三网融合时代我国有线电视的运营——以上市公司为例 ……136

第六章 制播分离与广播电视经济性规制 ……138
第一节 制播合一、制播分离与制播整合 ……138
第二节 西方国家广播电视制播制度……141
一、西方国家的广播电视制播制度 ……142
二、西方国家广播电视节目制作与播出的运营机制 ……145
第三节 我国制播分离“两步走”改革模式……146
一、我国广电媒体制播制度发展的四个阶段 ……146
二、制播分离有利于广电产业与资本市场的联姻 ……147
三、我国制播分离“两步走”的规制改革 ……148
四、制播分离后的政府规制措施 ……149

第七章 广播电视普遍服务、价格、质量经济性规制 ……151
第一节 广播电视普遍服务规制……151
一、广播电视接入普遍服务均等化 ……152
二、广播电视内容公共服务均等化 ……157
第二节 有线电视的价格规制……161
一、垄断企业价格规制理论 ……161
二、有线电视价格规制 ……164
第三节 广播电视节目的质量规制……168
一、信息不对称与有偿新闻 ……169
二、信息不对称与广告 ……171
三、信息不对称与广播电视节目的收视过程 ……172
第四节 我国广播电视节目实证分析与“限娱令”……173
一、我国广播电视节目实证分析 ……174
二、“限娱令”的学理分析 ……182
三、“限娱令”的颁布与纯公益性频道的构想 ……186

第八章 广播电视内容的外部性与社会性规制 ……190
第一节 广播电视内容的外部性……190
第二节 广播电视内容的社会性规制……194
一、广播电视内容外部性的理论分析 ……194

二、广播电视社会性规制的方法 ……………………………………………………196
三、世界各国广播电视社会性规制的具体内容 ………………………………199
第三节　新闻侵权与广播电视社会性规制 ………………………………………205
一、新闻侵权与抗辩事由 ……………………………………………………………205
二、新闻侵害隐私权与抗辩事由 …………………………………………………212
三、新闻侵害名誉权与抗辩事由 …………………………………………………218
四、新闻侵害肖像权与抗辩事由 …………………………………………………224
五、新闻侵犯著作权与抗辩事由 …………………………………………………227

第九章　广播电视所有权融合与反垄断规制 ……………………………………231
第一节　媒介融合到产业融合 ………………………………………………………231
一、传媒产业融合的动因 ……………………………………………………………232
二、传媒产业融合的路径 ……………………………………………………………235
三、传媒产业融合的效应 ……………………………………………………………238
第二节　企业并购与反垄断规制 ……………………………………………………242
一、反垄断规制的目的与对象 ………………………………………………………243
二、反垄断规制的内涵与法律体系 …………………………………………………244
第三节　广播电视横向融合与反垄断规制 ………………………………………248
一、广播电视所有权横向融合与规模经济 ………………………………………249
二、广播电视横向融合与反垄断规制 ……………………………………………250
第四节　广播电视纵向融合与反垄断规制 ………………………………………261
一、纵向一体化的理论分析 …………………………………………………………261
二、广播电视纵向一体化与反垄断规制 …………………………………………264
第五节　广播电视跨媒体融合与反垄断规制 ……………………………………265
一、跨媒体所有权与范围经济 ………………………………………………………266
二、跨媒体兼并与反垄断规制 ………………………………………………………268

第十章　媒介融合背景下广播电视规制改革 ……………………………………272
第一节　广播电视规制改革的路径 …………………………………………………273
一、放松规制的语境 …………………………………………………………………273
二、放松结构规制,加强行为规制 …………………………………………………276

三、放松行政性规制，加强立法规制 ……………………………………277
四、公益性事业与经营性产业分类运行 ………………………………278
第二节　加强行业自律与社会监管 ……………………………………279
一、加强行业自律 …………………………………………………………280
二、加强社会监管 …………………………………………………………281
第三节　媒介融合背景下视听新媒体的规制 …………………………283
一、从垂直统合型规制向水平竞争型规制转型 ………………………283
二、对内容层面、平台层面、网络层面和终端层面实行融合规制 ………286

参考文献 …………………………………………………………………292

后　记 ……………………………………………………………………298

绪 论

《中华人民共和国国民经济和社会发展第十二个五年规划纲要》把推动文化产业成为国民经济支柱性产业作为重点写入其中，同时还提出，加快文化体制改革，推进公益性文化事业单位改革，创新公共文化服务运行机制，建立事业单位法人治理结构；推进经营性文化单位“转企改制”，使其成为市场主体，建立现代企业制度，完善统一开放、公平公正、竞争有序的现代文化市场体系，建立健全符合文化企业需求的运行机制和国有文化资产管理体制；鼓励文化企业跨地域、跨行业和跨所有制经营和重组，提高文化产业规模化、专业化和集约化水平。该规划纲要为文化产业和文化事业的发展指明了原则和方向。与此同时，2011年10月，中国共产党第十七届中央委员会第六次全体会议进一步研究部署了深化文化体制改革，推动社会主义文化大发展大繁荣的任务。

十八届三中全会进一步指出，要紧紧围绕使市场在资源配置中起决定性作用深化经济体制改革，坚持和完善基本经济制度，加快转变经济发展方式，推动经济更有效率、更加公平、更可持续发展。紧紧围绕建设社会主义核心价值体系、社会主义文化强国深化文化体制改革，加快完善文化管理体制和文化生产经营机制，建立健全现代公共文化服务体系、现代文化市场体系。同时指出，完善文化管理体制，按照政企分开、政事分开原则，推动政府部门由办文化向管文化转变，推动党政部门与其所属的文化企事业单位进一步理顺关系。建立党委和政府监管国有文化资产的管理机构，实现管人管事管资产管导向相统一。

一、选题背景

在文化体制改革的背景下，广播电视领域的改革也在加快进行。随着数字技术的发展和有线电视数字化的双向改造，模拟电视时代的频道资源稀缺状况得到解决，为内容产业发展提供了巨大的市场空间，而传统的自产自销、前店后厂的制播合一的体制阻碍了广播电视产业的发展。2004年国家广播电影电视总局颁布了《广播电视节目制作经营管理规定》,允许获取广播电视节目制作经营许可证的机构从事专题、专栏、综艺、动画片、广播剧、电视剧等广播电视节目的制作和节目版权的交易、代理交易等活动,这一规定促进了社会资本参与到广播电视节目的制作当中来。2009年上海文广新闻传媒集团更名为上海广播电视台,总台全资组建了上海东方传媒集团,拉开了制播分离改革的序幕,上海广播电视台成为一个播出平台和新闻制作的事业单位,对广播电视节目进行规划、评估、审核、收购和播出,而上海东方传媒集团成为集广播电视节目制作经营、新媒体运营服务以及传媒相关业务于一体的媒体产业集团,建立现代企业制度,成为市场主体。上海东方传媒集团的制播分离改革,不仅是一场内部管理机制改革,更是一场广电体制改革,具有分水岭意义。

在三网融合领域,随着网络技术的发展,广电网、电信网和互联网三网融合成为现实,原来相互独立的各行业的技术、产品和商业模式相互补充和渗透,促进了新产品和服务的产生,垄断的市场结构向可竞争性的市场结构演进。但是由于我国广播电视资源和电信资源分别是广电总局和工业和信息化部监管,并享有资源的独占性和利益的专属性。如何打破不同利益部门的利益链条,切实解决资源控制、利益归属和分配、政府监管的关系,建立一个充分竞争的三网融合产业格局,避免政出多门和管理低效,这是政策规制者的重要使命。另外,一些规制者既是政策的制定者,也是企业的经营者,与下属企业有着不可分割的利益关系,不免导致“政商共谋”和“规制俘虏”。

由于我国广播电视资源是按照行政等级来赋予的,呈现出条块分割、地区分割、行业分割的局面,无法实行跨地区、跨行业和跨媒体的发展和整合,也就无法实现规模经济、范围经济,这不符合传媒产业的发展规律和市场经济发展规律,以致我国广播电视媒体很难“做强做大”,也无法走出国门与跨国传媒集团竞争。随着媒介融合的发展,传媒产业的市场环境、产业边界和产业结构发生了颠覆性的变革,世界各国在这场革命之前建立的传媒规制遭受根本性挑战,原有市场环境和产业结构基础上建立的纵向分割、横向分离的规制体系需要改变。

我国有关部门也在用实践先行、理论跟进、政策追认的形式进行探索。例如,2006年成都传媒集团成立,将成都广播电视台和成都日报报业集团合并组建而成为国内第一家中心城市跨媒介集团,产业涵盖创意产业领域的主要部分,包括报刊出版业、广播影视业、网络传输业、广告会展业等,是典型的创意产业。又如,牡丹江传媒集团由原牡丹江广电集团与报业集团重组而成,拥有广播、电视、报纸、杂志、网站等多种媒体资源，产业领域涵盖影视动漫、出版发行、网络传输及增值服务等各个方面。但是，广播电视领域在横向兼并、纵向兼并和混合兼并的过程中，如何保护公共利益？如何在并购过程中做好反垄断规制，保护广告商和消费者的利益？如何在产业化的过程中保护文化产业的发展和信息安全，协调发展公益性事业和经营性产业？这些都是广播电视体制改革的重要命题。

近年来，政府规制经济学、政治学分析以及规制绩效评估成为研究的热点，特别是对于外部性、信息不对称、垄断性与公共产品的领域，在市场化和全球化的背景下，如何通过政策规制改革提高产业效率、降低运营成本、提高广播电视服务质量、完善规制措施以及提高规制的效率与公平，确实至关重要。制度也是生产力，许多研究者把注意力放在如何提高节目的收视率、延伸产业链的研究中，殊不知制度的建构是否科学和合理对于一个产业的规模和竞争力将起到重要的作用。特别是在媒介融合时代，西方国家对于广播电视产业、新闻出版产业和电信产业等信息产业放松结构规制，调整行为规制，进一步繁荣了文化产业，并使文化产业成为国民经济的支柱产业和出口强项，这对于我国致力于发展文化产业，并力图“走出去”和发挥“软实力”战略，具有重要的借鉴意义。

二、选题意义

（一）实践意义

20世纪八九十年代以来，伴随着经济技术与西方管理理念的发展，世界上传媒规制发生了深刻的变化，极大地促进了传媒产业的发展，同时也成为传媒领域学术研究的重点。例如，在新自由主义的思想浪潮下，许多国家放松结构和所有权规制，鼓励竞争，不同媒介之间的并购重组形成大媒介集团，电信与广播电视产业互联互通、对等进入以及规制机构的合并、建立大的规制部门等，促进了西方传媒产业的极大发展。在这一背景下，中国传媒如何打破地域、行业、部门和所有权之间的壁垒，提高效率和公平，做强做大，消除恶性竞争，对媒介融合时代的传媒规制体系建构具有一定的实践意义。在媒介融合进程中，未来的全球产业竞争首先体现在规制改革竞争，传统的规制无法适应媒介融合的实践，需要探索新的规制模式，在规制机构的建立、规制的价值取向、规制的重心和规制的框架等方面进行重新设计，建立可竞争性的市场，促进传媒产业的发展。

(二)理论意义

国家“十二五规划”把文化产业作为国民经济的支柱产业,并确立了文化产业与文化事业分类运行和分类发展的方针。作为文化产业主要组成部分的传媒产业的发展到了一个关键点上,2011年全国5 000多家非时政类报刊在一年内开展“转企改制”,摘掉戴了23年“事业编”的帽子,以企业身份进入市场。广播电视也在制播分离、三网融合、内容规制等方面进行改革,决策部门在保证舆论导向正确的前提下,放松市场准入条件,促进传媒产业的发展。但是,传媒改革实践亟须学术界提供理论支撑,本书则针对传媒政策制定中所反映的政治、社会和经济价值理念之间的平衡问题,新闻传媒业的自由及其法律界限问题,传媒运作的市场逻辑和公众利益的平衡问题,传媒业投资政策、市场准入的放宽、规模经济与范围经济、反垄断问题等,试图以规制经济学为工具对广播电视规制理论进行初步的探索。

首先,它为广播电视规制从行政管制到产业规制的转变提供理论参照,从而使规制部门更加注重规制的科学性、合理性和公正性。特别是本书提出的规制主体、规制原因、规制手段、规制效果等概念,对于突破“事业单位,企业化管理”的惯性思维提出新的视角和思路。规制经济学是对政府规制活动所进行的系统研究,是产业经济学的一个重要分支,目前国外的规制经济学发展已相对成熟,体系较为完整,基本形成了一门相对独立的学科。规制理论的引入对于解决我国广播电视领域的某些特殊现象(如越位、缺位和悖论等)提出新的解决思路。

其次,充实传媒产业融合理论。随着信息技术的发展,产业的边界逐渐呈现出相对性和动态性,产业融合成为不可逆向的趋势,将对原有的产业组织和产业结构产生深远的影响。传媒产业融合,有利于节约成本和提高资产利用效率,有利于促进有效竞争和改善绩效,有利于产业结构升级。产业融合现象在经济学领域成为研究的热点,但是在传媒产业领域研究得不够,所以这方面的研究将对于我国组建大的传媒集团,甚至是文化产业航母,实现做大做强的战略有一定的理论指导意义。

再次,将有效竞争理论引入传媒产业。经济学领域的有效竞争主要表现为:市场上存在众多的买者和卖者,没有垄断现象,新企业能进入市场;存在优胜劣汰的压力,促使企业改进产品、降低费用,使生产集中在效率高、规模适当的企业中进行;能避免过高的销售活动费用。因此,有效竞争理论对于改变我国按照行政级别配置媒体资源的现状如节目供应和网络传输方面的行政垄断、生产集中度不高和缺乏规模经济问题等有理论指导意义。

最后,它为解决我国广播电视节目的泛娱乐化、"三俗化"和同质化等问题提出新的理论视角。广播电视产业存在市场失灵,为了弥补市场失灵,许多国家实行公共广播电视和商业广播电视并行的双轨制,以平衡公民权和消费者主权、公共利益和商业利益,避免了泛娱乐化和商业化的趋势。本书在广播电视信号覆盖和节目供给方面引进公共服务、外部性和信息不对称理论,提出新的视角,为实现广播电视公共服务均等化,保证信息、教育和文化等正外部性节目的均衡供给提供路径选择。

三、理论研究文献

(一)关于媒介融合与产业融合的研究

媒介融合和产业融合是近年来研究的热点,学者们从多元化的视角展开研究,包括媒介业务融合、产业融合、组织结构融合和融合规制研究等领域。

媒介融合的研究首先表现在新闻报道业务方面。美国马萨诸塞州理工大学的伊契尔·索勒·普尔在其《自由的科技》一书中提出了"传播形态融合",他认为:数码电子科技的发展是导致历来泾渭分明的传播形态聚合的原因,本意是指媒介呈现出多功能一体化的趋势。后来,随着媒介与技术的互动发展,媒介融合不断被赋予新的定义。美国南加州大学安利伯格传播学院教授拉里·普莱尔认为,"融合新闻发生在新闻编辑部中,新闻从业人员一起工作,为多种媒体的平台生产多样化的新闻产品,并以互动性的内容服务大众,通常是以一周七日、每日24小时的周期运作。"[①]美国新闻学会媒介研究中心主任安德鲁·纳奇逊将"融合新闻"定义为印刷的、音频的、视频的、互动性数字媒体组织之间的操作的、战略的、文化的联盟。2003年美国西北大学的李奇·高登教授总结出在不同的传播语境下媒介融合的五种类型:所有权融合,综合性的传媒集团拥有不同种类的媒体,实现这些媒体之间的内容相互推广和资源共享;策略性融合,就是不同所有权媒体之间的内容资源的共享;结构性融合,跟新闻采集与结构有关,例如一家报纸雇用一个团队做多媒体的新闻产品,然后打包给包括电视在内的不同的媒体;信息采集融合,指新闻报道层面需要以多媒体融合的新闻技能完成新闻信息采集;新闻表达融合,记者编辑需要运用多媒体的、与公众互动的技

① Stephen Qinn and Vincent F.Filak.*Convergent Journalism: An introduction*,Focal Press,2005:5.

能与工具完成对新闻事实的表达[①]。美国另一位学者戴默和其他的几位在美国鲍尔州立大学任教的学者在《融合连续统一体：媒介新闻编辑部合作研究的一种模式》一书中提出“融合连续统一体”这个新概念，按照融合层次的不同把融合分为五个层次：交互推广—克隆—合竞—内容分享—融合，目标就是利用不同媒介的优势作最有效的新闻报道。

媒介融合的研究还集中在组织重构与流程管理等方面，2004年美国南佛罗里达大学大众传播学院助理教授肯尼斯·基勒布鲁出版了专著《管理媒介融合：记者合作的路径》，以及2005年美国出版的一本论文集《媒介组织与融合：媒介融合先驱案例研究》，都在媒介组织研究层面上获得成果，主要讨论了融合编辑室重新分配制片人与新闻编辑之间的角色，考虑如何在报纸、广播电视和在线媒体上完成新闻报道。斯蒂芬·奎恩在《媒介融合：多媒体报道基础》的第七章《智慧的新闻编辑部：知识管理与融合》专门讨论了媒介融合管理。他认为，随着信息源的增加，在多媒体新闻编辑室里面，新闻记者的任务不仅是新闻采集，而且是对海量的新闻与信息进行鉴别、筛选和重新组合，使芜杂的信息呈现出相互联系和深刻意义，并转化为知识。国内的学者多从媒介融合的案例分析出发，如网络与电视的融合、手机与报纸的融合、报纸与电视的融合等，通过分析具体案例，进行媒介融合的普适化思考，而像《佛山日报》多媒体编辑室的融合新闻报道、《广州日报》多媒体滚动报道等，大部分停留在新闻报道实务层面。

其次，产业融合方面的研究。关于媒介所有权融合和兼并重组方面的研究，斯蒂格里特兹认为，产业融合中除了技术替代以外，还存在着技术整合的过程。他还指出，无论是产品融合还是技术融合，都包含三个阶段：第一阶段存在于从供给到需求都不相关的产业，融合的过程由外部因素（技术开发和政策管制的放松）所激发；第二阶段意味着在产业边界、市场结构和公司行为开始变化的产业出现了融合；第三阶段是这两个产业在技术或产品市场的角度具有相关性，并且市场稳定化[②]。霍柏认为，融合不是一个“一维空间”的概念，而是包括了五个维度的内容：基础技术融合、设备融合、网络融合、企业融合和管理融合[③]。

① 蔡雯：《从超级记者到超级团队》，《中国记者》2007年第1期，第81页。

② 李美云：《服务业的产业融合与发展》，经济科学出版社2007年版，第18页。

③ Richard Hooper. *Convergence & Regulation,* TIO conference, Melbourne , Australia, 25 November, 2003:3.

许多学者从产业的不同层次出发进行研究，认为只有经历了技术融合、业务与管理融合，再到市场融合，最后才能达到产业融合。多元化的经营可以使企业之间相互联系，相互渗透，加强了融合，形成制作、销售到服务以及衍生品开发的一条龙，产业结构和产品结构的优化提高了媒介集团的综合竞争力。对于出版、广播电视、电信和互联网等四大产业来说，也经历了技术融合、业务融合、市场融合再到产业融合的四个阶段。由于关联性和替代性技术的开发，信息接收终端的功能和形式趋于一致，原来各自独立的单向的信息传播机制逐步变为双向互动的信息传输，四大分立的信息传播平台逐步走向统一，四大产业之间的技术、业务和市场范围出现了多重交叉、渗透和融合，市场竞争的结构由彼此分立无竞争转变为竞争与合作关系。

有学者从经济学的视角对媒介融合的缘起、产业融合与产业分立的关系以及媒介融合类型和发展方向等进行了深入的研究。信息产业融合的缘起大多认为可以做到资源共享和规模经济效应，是技术发展和放松规制的必然结果，不仅出现在信息产业，也出现在金融产业。周振华认为，由技术创新所引起的技术、业务和市场融合是对传统工业经济时代产业分立的技术边界、业务边界和市场边界的突破，因此，技术、业务和市场融合基础上产生的产业融合是“对传统工业化产业分立的革命性的否定”。郑明高认为，从当今世界产业融合的实践来看，产业融合的因素是多方面的，主要是来自技术、企业、市场和政府等多个层面。产业融合的归因既有技术创新的推动，又有企业之间的竞争合作以及自身对产出效率的追求，同时还有市场需求的推动、政府的外部措施支持等。产业融合是由产业发展的内在规律所决定的，是社会经济发展的必然结果[①]。于刃刚、李玉红提出，产业融合是一个动态演变的过程，由三个连续的阶段构成。第一阶段是产业分立阶段，当两个不同的产业分立时，产业之间存在着各自的边界，存在着进入和退出壁垒。第二阶段是分立走向融合阶段，技术融合逐步消除了不同产业之间的技术性进入壁垒，使得不同产业形成了共同的技术基础。第三阶段是产业融合阶段，原先分立的产业拥有相似或相同的技术基础，为消费者提供相同或相似的产品，产业边界模糊化，产业融合趋势形成[②]。

一些学者对产业融合的积极意义和导致产业结构和产业行为的变化和效应做了深入的探讨。唐昭霞和朱家德认为，产业融合会在宏观上导致产业结构演变机制变化，一是产业融合推动产业结构跨越式优化升级，二是产业融合促

① 郑明高：《产业融合：产业经济发展的新趋势》，中国经济出版社2011年版，第88页。
② 于刃刚、李玉红：《产业融合对产业组织政策的影响》，《财贸经济》2004年第10期，第18页。

进各产业部门多头并进式发展[①]。马健认为产业融合具有三个效应:一是产业融合改进产业绩效,减少企业成本;二是产业融合是传统产业创新的重要方式和手段;三是产业融合有利于产业结构转换和升级,提高一国的产业竞争力[②]。

再次,媒介融合与三网融合研究。三网融合是指广播电视网、互联网和电信网的融合,三网的核心是互联网,现阶段的三网融合不是三大网络之间的物理融合,而是高层业务应用的融合,并在融合的基础上展开竞争和合作,每一个网络都能够向用户提供多媒体化、多元化和个性化的服务,包括语音、图像和数据等一体化多媒体服务。三网融合的目的是促进三网的互联互通、平等竞争,提高网络的使用效率和经营效率,提高消费者福利。

三网融合改革在有的国家早已完成。刘颖悟认为,“我国由于不同部门的利益壁垒以及网络技术改造的落后,2010年才真正向前推进。电信网、有线电视网和计算机网源于数字技术导致的共同数字特性开始走向融合,表现为技术上趋于一致,网络层上可以实现互联互通,应用层上趋向于使用统一的TCP/IP协议,业务层上互相渗透和交叉,经济方面源于成本劣加性、规模经济。网络外部性的存在是对一家运营商进行全程全网垄断经营可以获得垄断优势和效应的诠释,范围经济的存在又说明构造全业务(三网融合业务)的运营商可以获得联合经营的低成本优势。三网融合为打破原来的垄断格局、进入竞争机制提供了新的契机,因此,三网融合的市场结构将是综合平衡效应和垄断效应的、寡头经营下的准自然垄断。”[③]

总体来说,媒介融合是近年来研究的热点,但是主要研究仍停留在媒介业务层面讨论,从经济学和规制角度深入论述的不多,虽然有经济学者从经济学角度分析了产业融合的动因、实质和影响,但是很少联系传媒产业进行分析。随着媒介融合向产业融合演进,建立大传媒产业成为发展的趋势,如何提高大传媒产业的绩效、建立适应大传媒产业的规制体系、同时保护公共利益等都是需要继续研究的领域。

(二)关于规制经济学的研究

规制经济学主要是研究政府和产业之间关系的理论,广泛应用于电力、电信、铁路、金融、煤气等自然垄断行业,因为广播电视媒体意识形态的特殊性,很少有学者把规制经济学引入到传媒领域。规制经济学作为一门学问首先在西

① 唐昭霞、朱家德:《产业融合对产业结构演变的影响分析》,《经济论坛》2008年第1期,第83页。
② 马健:《产业融合研究述评》,《经济学动态》2002年第5期,第78页。
③ 刘颖悟:《三网融合与政府规制》,中国经济出版社2005年版,第224页。

方兴起，在形成和发展过程中，先后经历了市场失灵与政府的矫正措施、检验规制政策的效果、寻求规制政策的政治原因、规制中的激励问题四次主题转换，出现了规制公共利益理论、规制俘虏理论、规制经济理论、可竞争性市场理论、激励规制理论等几次演变，使规制经济学理论得到不断地发展和完善[①]。规制经济学是20世纪70年代以后西方经济学界发展起来的新兴学科，主要研究市场经济体制下政府或公共规制部门如何依据一定的规则对市场的微观经济主体的行为进行制约、干预和管理，主要研究的领域是网络性、信息不对称、外部性和规模经济。

继早期的公共利益规制理论之后，有学者在对规制实证分析的基础上提出了“规制俘虏”理论。1982年规制经济学的创始人、诺贝尔经济奖得主施蒂格勒曾经分析过“管制俘获理论”。他认为，政府规制的目的是满足产业对规制的需求，即立法者被产业所俘获；而规制机构最终被产业所俘虏，管理者成为规制的既得利益者，他们寻求各种理由建立过多的规制。施蒂格勒认为规制是“竞争的利益集团在追求他们的利益过程中发挥影响的一个操作平台”。贝克尔指出，规制被用来提高更加有势力利益集团的福利，在此基础上建立了为争取有利于自己的规制政策而对立法者施加政治压力的利益集团竞争模型[②]。

有关政府的规制理论还包括公共选择理论、博弈理论和利益集团理论。美国学者詹姆斯·布坎南创建了公共选择理论，该理论主要是运用西方经济学中“经济人”的假设，分析现实生活中政治个体的行为特点和政府的行为特点，研究非市场决策的集体决策，并以人的自利作为出发点，分析个人在政治市场上对不同的决策规则和集体制度的反应（即公共选择问题），以期阐明并构造一种真正能以个人的自利行为导向公共利益的政治秩序[③]。“政府作为公共政策的制定者和实施者，公共选择理论进一步指出政府行为在缺乏内在刺激与约束机制的情况下，会依据自身利益偏好行事，以‘预算最大化’为工作目标，最终导致机构膨胀、寻租泛滥，这种结果正是‘政府失败’的体现”[④]。规制博弈论认为政府的规制是各种利益集团之间讨价还价的过程，是一场规制机构、消费者和企业之间的直接和间接的相互博弈。“上有政策，下有对策”是策略选择的博弈过程。程启智教授认为，规制过程实际上是一个规制者、公众、被规制者之间的围

① 徐晓慧、王云霞编著：《规制经济学》，知识产权出版社2009年版，第1页。

② Becker,G.s.:*A Theory of Competition Among Pressure Groups for Political Influence*,Quarterly Journal of Economics, 98 (August 1983)：371～400.

③ [美]D.C.缪勒：《公共选择理论》，韩旭、杨春学等译，中国社会科学出版社1999年版，第3页。

④ 周学荣：《政府规制论》，湖北人民出版社2010年版，第21页。

绕法规、标准制定及其规制的博弈过程[1]。相反,公共利益规制理论的假说是:市场自行运转脆弱,易发生无效率或不公平;政府是慈善的、无所不能的、无所不知的,能够实现社会福利最大化,规制是政府应公众对效率和公平的要求作出的无成本、有效的反应。

巴龙和迈尔松首次将信息经济学、非合作"委托–代理"理论以及激励机制设计等研究方法引入到规制理论,并取得了明显的进展。拉丰和梯若尔将激励理论和博弈论应用于激励性规制理论分析,使规制经济学达到一个高峰。激励规制理论是在信息不对称的前提下研究规制者和被规制者之间的契约的设计,也就是说把规制者和被规制者看成是"委托–代理"关系。激励的本质是通过契约设计来减少因信息不对称带来的道德风险、竞争不足以及寻租等问题,促进企业降低成本、提高质量、改善服务,诱导企业行为逐步接近社会福利最大化的水平[2]。另外,西方学者对放松规制进行了研究。他们认为,放松规制就是放宽或取消原有的规制制度和政策,其目的在于引入竞争机制、减少规制成本、促进企业提高效率、改进服务。

在西方学者研究的基础上,国内有许多学者开始研究规制问题。有学者认为,规制经济学是以微观经济学和产业组织理论为基础,吸收法经济学相关研究成果而发展起来的新兴学科。规制经济学是在开放经济条件下,用经济学原理和方法对规制活动进行系统研究的一门学科。规制经济学强调在资源稀缺的前提下,规制行为要有助于实现资源的合理配置、利益主体之间的利益均衡和整体福利的增加。因此,要应用经济学原理来研究规制行为的需求和供给、规制行为的成本和收益,从而通过分析来确认规制的必要性和可行性。另外,规制要遵照法律规则才可以实施,违反法律规则的规制行为要受到法律的制裁,特别是规制中的合谋现象时有发生,需要法律维护规制的公平和效率。规制法规的制定、实施也应该进行"成本–收益"分析,从而实现规制法规的公平和效率的内在统一[3]。

总体来说,规制经济学成为经济学的一个重要的分支,对于具有公共物品属性、外部性、垄断性和信息不对称产业的科学规制已经非常必要。1970年以前,经济学对规制的理论和经验的研究兴趣,主要集中于考察公用事业(电力、管道)、通讯、交通与金融等特殊产业的价格与进入的控制,以探讨在规模报酬

① 程启智:《政府社会性管制理论的比较研究》,《中南财经政法大学学报》2004年第5期,第7页。
② 杨建文:《政府规制——21世纪理论研究潮流》,学林出版社2007年版,第25页。
③ 曲振涛、杨恺钧:《规制经济学》,复旦大学出版社2006年版,第7页。

递增情况下的定价与费率结构问题。1970年美国环境保护委员会建立后，规制的重心开始转向环境、质量、产品安全及工作场所安全。我国学者利用规制经济学研究广播电视的较少，主要原因是对广播电视的产业属性认识不是很清晰，随着信息技术的发展和文化产业改革的推进，广播电视规制改革和研究被提上了日程。

（三）关于媒介规制和广播电视规制研究

媒介规制研究是新闻传播学者最近几年的研究热点，包括规制的变迁、规制的原因、规制的主体、规制的内容、有关兼并、重组和收购的规制等各个方面，对于媒介融合语境下规制提出了建设性的意见和建议。

关于规制的成因，一般认为广播电视媒体具有垄断性、公共产品、信息不对称、网络性、外部性等原因。对于广播电视业来说，除了作为公共产品的媒介特点，广播电视频率资源的稀缺性、不可选择性也是政府规制的重要原因，并成为欧洲许多国家保留公共服务广播模式的重要依据①。

关于规制过程中存在的问题，学者们也提出了许多中肯的批评意见。喻国明教授认为，"中国媒介打上了政府垄断的深深痕迹，长期定位于党和政府的耳目喉舌，当遭遇到市场化的挑战时，便导致媒体在市场化的过程中的政企不分、政事不分、效率低下和权力意识盛行等问题。表现在媒介规制上就是媒介规制的机构设置不合理、媒介规制缺乏常规化、媒介规制不透明、媒介寻租现象严重等弊端，几乎所有的政府领导都可以制定媒介方面的规制，对媒介指手画脚。""中国媒介既是事业单位又按企业经营的双重角色规定，造成实践中原本的公益与正义在逐渐被抽离，而市场化过程中的恶行则没有得到有效的制止，媒介的规制面临着与构建的初衷大相径庭的悖论式尴尬。"②

改革开放以来我国媒介改革的特点是：边缘资讯领域的改革远远超前于主流资讯领域的改革；微观业务机制层面的改革远远超前于宏观体制规制层面的改革；增量传媒（新增媒介）的改革远远超前于存量传媒（历史上已经存在的媒介）的改革。目前广播电视业"正在遭遇前所未有的角色困惑与制度困境，法制缺位，'公共'稀释，融合梗阻等都是市场失灵和规制失灵之间交错耦合的结果，寻求广播电视规制变革和创新的路径显得尤为迫切"③。

关于进入与退出规制研究主要涉及广播电视节目制作和网络传输的进入

---

① 李娜：《数字化时代的欧洲广播电视规制》，《青年记者》2008年第3期，第71页。

② 喻国明、苏林森：《中国媒介规制的发展、问题与未来方向》，《现代传播》2010年第1期，第10页。

③ 喻国明：《当前中国传媒业发展客观趋势解读》，《现代传播》2004年第2期，第1页。

与退出规制，即制播分离和三网融合改革。有关制播分离的规制研究，认识一直很模糊，思想不统一。制播分离是实现跨地区、跨行业和跨媒体发展的必由之路，广播电视台是事业单位，无法成为市场主体，只有把可经营性资产剥离出去，才能实现资源整合。制播分离首先是内部分离，可经营性资产成为广播电视的控股子公司，再通过并购重组"做强做大"。广播电视网络传输方面的进入规制涉及三网融合，国内的学者对三网融合的研究比较充分，关于三网融合规制的主体建构、网络建设、规制的内容等方面进行了深入的研讨，为三网融合规制体系的建构提供了理论支撑。

有关节目内容方面的规制研究也颇多，主要集中在"三俗化"、同质化、泛娱乐化等方面。特别是指针对"三俗"现象，美国2006年通过的《美国广播电视反低俗内容强制法》，大幅度提高了对低俗内容的规制力度，也成为国内研究的重要参考资料。

有关不同媒介之间的兼并、重组和收购以及反垄断的规制方面，我国学者对西方国家的媒介融合与反垄断进行了介绍，为我国传媒产业融合提供了理论参考。从20世纪70年代开始，欧美各国主张市场化的新自由主义者要求政府放松规制，解除企业在并购、产权等方面的强制性规制。特别是在媒介领域，新自由主义认为，现在不是控制与稀缺的时代，而是自由与选择的时代，保证新闻自由最基本的条件是市场竞争，需要打破对公共服务媒体的垄断行为，才能进入一个真正的自由传播的信息时代。

关于西方国家的融合规制机构的建立方面，英国、美国、加拿大、澳大利亚等大部分西方国家都已经建立了统一的广播电视和电信的监管机构，通过展开一系列媒介技术、市场和产业融合的媒介规制变革，建立一个能够适应所有融合领域的共通的规制框架①。规制机构权力边界模糊来自于媒介融合，而管理部门却没有作出相应的调整，依然保持着机构组织的分散和管理权限的分散。这导致的后果是，即使在对媒介的规制与监管中由不同的管理机构和职能部门来共同参与也无法达成理想管理状态：一方面，为了实现共同的管理目标，不同的部门间需要更多的联系和调解，大大增加了管理成本；另一方面，不同部门间的权力交叉及权力边界模糊可能会导致政策失灵这一更为严重的后果。

在媒介融合的语境下，为了实现公共利益、竞争性和多样性的规制目标，西方国家基本形成了完整的规制体系，提高了规制的科学性和民主化水平，通过

① Losifidis, P. *Digital Convergence: Challenges for European Regulation,* The Public, 2002(2).

平衡机制解决商业利益和公共利益、集中垄断和有效竞争、市场效率和社会效率之间的矛盾。

总之，在媒介融合时代，系统研究广播电视规制具有很大的理论意义和实践价值，本书将从规制的主体建构、规制历史、经济性规制的具体领域、社会性规制、反垄断规制、规制改革等多个方面展开深入的论述，试图对我国的广播电视改革提出一些可供借鉴的意见和建议。虽然对广播电视规制的研究近几年来呈上升趋势，但总体比较分散，缺乏系统的研究，大部分是从新闻传播学视角分析，从规制经济学视角分析的很少，特别是结合三网融合和媒介融合研究广播电视规制，以及从产业规制经济学角度研究得不多，因此研究广播电视规制对于在媒介产业融合的语境下推动传媒规制改革的研究意义重大。

四、研究方法与思路

本书运用规制经济学研究广播电视规制，主要是规范分析与实证分析相结合，中西比较相结合，定量和定性研究相结合，其中主要方法是规范分析方法。

（一）规范分析与实证分析相结合

实证与规范的分野在经济学中由来已久。简单地说，实证研究方法是用来解决“是什么”的，规范研究方法是用来解决“应该怎么样”的。实证方法与规范方法的基本区别在于对价值判断的运用。规范分析方法以价值判断为基础，它从基本的价值判断出发，通过一系列推理，得出对社会现象好与坏的判断；实证分析方法不需要价值判断，它只揭示世界的客观情况。本书在规范分析的同时，运用数理分析方法，简明扼要地说明问题。

实证分析只对经济现象、经济行为或经济活动及其发展趋势进行客观分析，得出一些规律性的结论。实证分析法在一定的假定及考虑有关经济变量之间因果关系的前提下，描述、解释或说明已观察到的事实，对有关现象将会出现的情况作出预测。规范研究是关于经济目标、经济结果、经济决策、经济制度的合意性的研究，它解决经济过程中“应该是怎样”的问题。这种方法主要依据一定的价值判断和社会目标，来探讨达到这种价值判断和社会目标的步骤。本书对我国广播电视产业进行实证分析，作出好与坏、优与劣的判断，为后面规范分析奠定基础。从经济学规范研究的角度看，传媒经济研究既不能单纯站在媒体的立场上，也不能单纯站在受众的立场上，而是应该以社会福利为最终着眼点。

(二)中西比较分析方法

本研究基于中西比较的视野,同时兼顾中国的语境和国情,既从西方国家的广播电视规制中吸纳成功经验,又不能完全照搬西方国家的体制机制,而忽略了中国的国情,特别是在规制主体建构、制播制度、三网融合、节目质量、普遍服务与价格以及兼并与反垄断的规制等方面展开深入的比较分析。

(三)定性与定量相结合的分析方法

传播学定性研究是建立一套概念系统,借助理论范式进行逻辑推演,据此解释假设的命题,最后得出理论性结论的研究方法。在典型的定性研究中,不用统计分析的方法,而是通过文献研究、实地观察、对研究对象的深入访问来获得丰富的资料,本书的定性分析主要集中在分析广播电视体制、节目的质量和外部性领域。定量分析,是指确定事物某方面量的规定性的科学研究,就是将问题与现象用数量来表示,进而去分析、考验、解释,从而获得意义的研究方法和过程。定量分析主要运用到广播电视普遍服务在全国的实施情况,对成本高和低收入人群的广播电视普遍服务进行定量分析,同时还对广播电视内容、收视份额、广告份额、产业结构等进行定量分析。

从总体上讲,本研究基于两个研究背景:一是媒介融合,包括技术融合、渠道融合、终端融合、业务融合、组织融合、信息采集的融合等,最终将是所有权融合和产业融合,这是规模经济与范围经济的需要,也是广播电视产业发展的需要。二是文化体制改革。这一改革在新闻出版业表现得更为突出,如国家新闻出版总署要求晚报和都市报等经营性产业"转企改制",并且减少经营性产业的主体单位,形成竞争性市场,优胜劣汰,而广播电视领域的体制改革则涉及三网融合、制播分离、节目监管、公共服务等诸多方面。

本书在梳理规制的相关理论与规制历史的基础上,重点分析了经济性规制、社会性规制和反垄断规制,最后提出了规制改革的设想。主要思考这样几个问题,Who:谁提供服务? 即传输网络与节目制作的进入与退出规制;What:提供怎样的服务? 即普遍服务、价格和节目质量的规制;How:怎样提供服务? 即所有权融合与反垄断的规制。本研究紧扣媒介融合的背景,以规制经济学为理论基础,以中外比较视野为着力点作出具体而深入的研究,紧扣广播电视内容的外部性分析社会性规制,最后对我国的广播电视规制进行一些具体的政策性建议。基于文化体制改革和媒介融合的背景,本书的整个研究思路如图0-1所示(箭头表示决定关系)。

第一是关于广播电视体制问题,即如何协调公益性事业和经营性产业之间的关系。目前中国广播电视台的体制是企业化运营的国有事业体制。实际上，这是一种混合体制，兼具商业广播电视和公共广播电视的特点。但是，在这种混合中，两种体制所占的比重不同。就目前的情况而言，商业广播电视运营方式占了主要地位。在中国绝大多数广播电视台中，市场是广播电视台行为的主要决定力量，他们在决定自己的播出行为时，主要考虑播出行为对广告收入的影响。当然，广播电视台仍有一部分播出行为是在行政指令之下进行的，但是，行政指令起作用的领域十分有限。

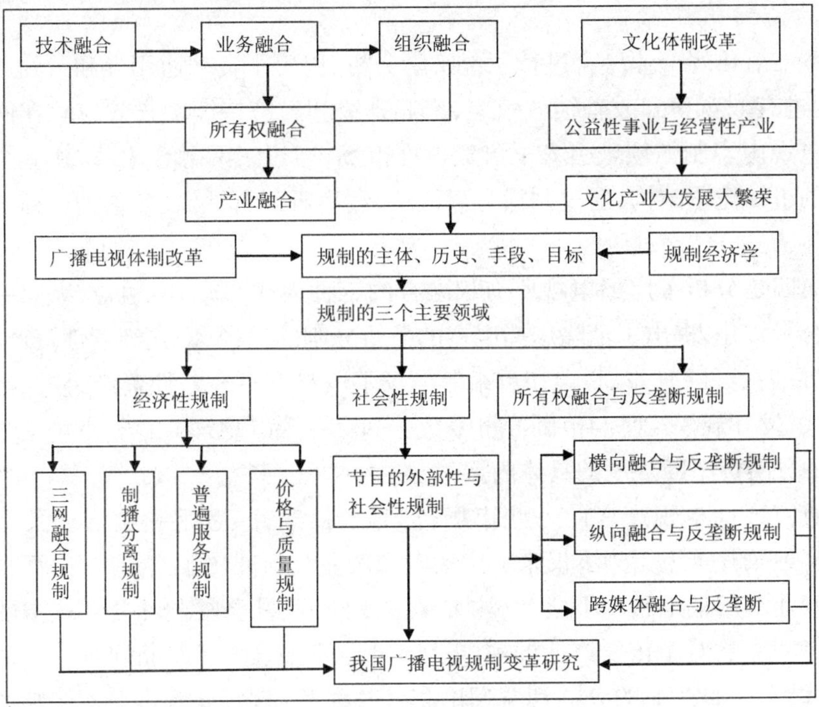

图0-1　广播电视规制研究思路

第二是研究规制主体。三网融合语境下的规制主体建构是一个重要的问题，包括规制主体是分业监管还是融合监管，是独立的规制部门还是政府的行政机构，以及如何规范规制主体、媒体、市场和公众的多重关系，如何避免“规制俘虏”和“公商共谋”，落实规制的科学性和公正性，以及规制主体的规制方法、手段以及法律建构等。

在规制主体建构方面，著者分析了西方国家的三种不同的规制模式，提出了我国规制主体的改革路径和规制融合论，建议通过“两步走”的方式，最终建立从纵向产业划分的规制体系向横向功能划分的竞争体系过渡，在统一的融合规制主体下分设内容服务、技术管理和基础设施等职能部门。对于我国广播电视台的治理结构，提出了所有权和管理权分离、所有者和管理者分离的产权明晰的治理结构，从行政治理型向契约型治理方式转变。

第三是研究进入和退出规制。在三网融合、产业融合和文化体制改革的背景下，研究在网络传输和电视内容制作领域建立可竞争性市场，并通过三网融合和制播分离改革，消除过高的进入壁垒，提高效率和消费者福利，消除广播电视领域的条块分割的"井"字形结构，重建市场主体，使市场成为资源配置的主要因素。

本书对传媒产业融合进行了经济学分析，提出了资产通用性和节约成本效应，促进有效竞争和改善绩效效应，产业升级和经济持续增长效应。在网络传输和电视内容制作领域引入了可竞争性市场，通过三网融合改革，建立全业务运营的市场竞争结构，通过制播分离改革，剥离可经营性资产，重塑广播电视市场主体，促进产业发展。

第四是分析了广播电视所有权融合的三种模式，即横向融合、纵向一体化和混合一体化，提出了消除广播电视的条块分割的路径，即在经营性资产"转企改制"以后，可以兼并、联合和重组等市场手段整合可经营性资产，按照市场运作方式，发挥规模经济与范围经济效应，同时从产品(地理)市场、市场集中度两个方面分析反垄断规制的具体内涵。

研究广播电视产业的一些市场行为，包括兼并、重组和整合以及反垄断等。这种兼并重组行为不仅来自广播电视产业与新闻出版产业之间，而且来自电信产业与广播电视产业之间，主要从规模经济、社会福利和公共利益的多重角度考察并购对于传媒产业的影响。同时把经济学中反垄断规制引入传媒产业，并结合传媒产业的公共利益理论和公共服务理论，分析建立大传媒产业可能对公民的知情权和多元化声音的危害性。

第五是提供怎么样的服务，研究广播电视普遍服务原则和节目质量规制。普遍服务就是使高成本的地区和低收入人群也可以享受到广播电视服务。以普遍服务为指导，推进数字化建设，双向改造广播电视网，推进"村村通"和"西新工程"建设，建立广播电视公共服务与普遍服务机制，具体包括如何实现广播电视的普遍服务，消除"数字鸿沟"；如何协调事权和财权的关系，切实加强政府实现广播电视公共服务均等化建设等。节目质量方面，主要从公共产品和外部性角度进行分析。

本书从信息不对称和外部性角度分析了受众广播电视视听的过程，认为广电媒体是时间媒体，具有典型的信息不对称性，同时从外部性角度对节目进行了深入的分析，认为要从财政资助、社会监督、体制革新、法律规制等多方面入手，改变新闻广告、有偿新闻等信息不对称和泛娱乐化等外部性问题。同时对有线电视的定价策略和普遍服务的内涵和路径进行了系统分析。另外，本书对广播电视的规制历史、规制方式、规制领域进行了研究，对社会性规制、行业自律和社会监管也进行了论述。全书从市场失灵出发，以规制经济学相关理论为基石，对广播电视规制的改革提出建设性意见和建议，试图全面建构广播电视规制的体系，以供决策者参考。

第一章　广播电视规制的基本理论

规制经济学是经济学的重要分支，是以政府规制为研究对象的应用经济学，是产业组织经济学的重要组成部分。规制是随着市场经济的实践不断演变和发展的，可以说，有了市场经济就有了政府规制，如西方一些国家经历了规制、放松规制和再规制的不同发展阶段。政府规制和自由市场是一对对应的概念，政府规制是因为市场失灵引起的，政府作为公共利益的代表者，对市场失灵进行规制，提高资源配置效率和消费者福利。

广播电视市场具有“市场失灵”现象，例如有线电视的自然垄断性、广播电视节目的信息不对称性和外部性、无线广播电视的公共产品属性以及广播电视所有权融合造成的垄断等，都需要政府进行规制，其中在自然垄断和信息不对称性领域，要对企业的进入退出、价格和质量进行经济性规制，对于安全、环境和健康等产生影响的外部性领域进行社会性规制。

第一节　规制的概念与分类

规制是市场经济条件下政府干预经济政策的重要组成部分，是现代市场经济不可或缺的制度安排，政府或公共规制部门为了实现公共经济政策目标，针对微观经济主体的规范和制约，调控市场行为，是对市场失灵产业的微观经济活动主体的进入、退出、价格、质量投资以及安全、环境等行为进行监督和管理，以保证这个社会经济规范有序的运行。

规制是学者对英文“Regulation”的翻译，也有学者把它翻译成管制，但是，管制容易让人想起政府通过行政手段和直接命令对微观经济主体进行强制性的管理，而规制比较中性与温和，强调政府以经济手段和法律手段为主、行政手段为辅，并通过法律和规章制度来约束和规范经济主体的行为，它与市场经济相对应。管制往往用于描述计划经济体制，而规制往往描述市场经济体制，相对于管制来说规制的翻译更具有科学性。

经济学对规制的定义是“对该产业的规制及其经济绩效的主要方面的直接的政府规定……如进入控制、服务条件和质量的规定、价格决定,以及在各种条件下服务所有客户时应尽的义务”[①]。法学对“规制”概念的研究主要是从执法、市场规则及行政程序的角度进行的,法学界对规制的定义是“管制者的判断对商业或市场判断的决然取代”。法学界对规制研究的一个焦点是行政程序及对规制机构行为的司法控制。法律是通过诉讼事后处理违法行为,规制是事前预防性质的,具有更低的制度成本。政治学中关于规制的定义是“政府控制市民、公司或准政府组织行为的任何企图”;米克尼将规制看作针对私人行为的公共行政政策,是从公共利益出发而制定的规则,它是政治家寻求政治目的有关的政治过程[②]。政治学中的政治规制通常是更加关注公共利益与公共权利的行使,既强调公共利益,也强调利益集团的讨价还价,还考虑到集团冲突对公共利益的决定。

不同的学科对规制的定义侧重点是不同的,但基于共同的认知基础是“市场失灵”,规制的主体可能是政府,也可能是非政府公共机构,规制的客体都是微观经济主体,规制的行为依据是相应的法规,在规制的执行过程中,规制机构不断作出各种命令、决定等裁决行为。政府干预市场主体活动的行为,随着经济社会的发展,规制必须有一定的客观标准和办事程序,体现一定的标准和程序的公正性。市场规制和宏观调控是不同的,市场规制是直接指向市场主体及其行为,而宏观调控是运用经济杠杆直接影响市场主体的经济利益,转而诱导他们的市场行为。两者都运用经济、法律和行政手段,互为补充、互相配合,共同促进市场经济的健康发展。

一、规制的分类

规制可以分为不同类型,各有其特点和优势,各种规制手段经常交叉运用、相互渗透,其中经济性规制和社会性规制是从内容角度进行研究的最常用的方法。

按照方式的不同,规制可以分为直接规制和间接规制。直接规制就是在市场失灵的行业,政府直接实施干预,以有关的法律法规、规章条例为依据,通过批准、许可、认可、命令、行政指导等行政方式,对企业的有关行为进行规制,

① [美]丹尼尔·F.史普博:《管制与市场》,余晖等译,上海人民出版社1999年版,第28页。

② Mitnick B.M. *The Political Economy of Regulation*. New York:Columbia University Press, 1980:7.

直接介入经济主体的决策，以确保资源配置的高效率。间接规制是指以形成与维护竞争秩序为目的，不直接介入市场主体的决策，只阻碍或制约市场机制发挥职能的行为。间接规制分为三个层次，一是中长期国民经济发展计划和产业政策对经济发展的前景、比例关系等重大经济问题作方向性的规定。二是运用财政政策和货币政策等调控手段来调节总供给和总需求的平衡，以制约公私企业的市场经营行为。三是以制定完善的反垄断法为主，以商法、民法和其他的法规、条例、合同、税收等为辅，依法制约市场主体不公平的竞争行为。

按照目的不同，规制可分为竞争性规制和保护性规制。前者为了促进竞争，后者为了维护公共利益而采取规制。按规制的性质不同，可以分为积极规制和消极规制，积极规制主要是引导市场主体的行为，消极规制则从反面限制或矫正市场主体的行为，反不正当竞争就是典型的消极规制。依规制主体不同，分为私的规制和公的规制，前者指由私人进行的规制，如年长者约束年幼者；后者指由国家机关、社团组织等社会公共机构对私人以及市场主体行为的规制。按照规制的时间可分为事前规制、事中规制和事后规制，例如，节目审查是事前规制，重在防范；节目抽查则是事中规制，防范与矫正并重；对涉嫌违反广播电视管理条例节目的查处则是事后规制，重在惩罚与补救。

按不同着力点规制可分为结构规制与行为规制。结构规制主要是控制市场结构和市场集中度，防止滥用市场权力，如美国的反垄断法《谢尔曼法》把共谋垄断商业和贸易看成严重犯罪。行为规制则是对特定市场竞争行为的禁止或限制，例如私人垄断、不正当交易限制等，德国学者就把限制竞争的行为分为企业联合、卡特尔合同或协议、限制竞争的行为和歧视行为四种。在经济全球化的背景下，西方国家的反垄断规制从结构规制向行为规制转变，发展规模经济、增强国际竞争力。然而，从反垄断法发展的历史分析，采取绝对"结构主义"的立法越来越少，"行为主义"逐渐占了上风，现代理论则认为"行为主义"也不能完全符合经济发展的规律，对竞争的影响还应对市场的效果进行总体评估，这种可以称之为"效果主义"的观点渐渐流行起来[①]。

按主体的数量规制分为联合规制和单独规制。联合规制就是不同的规制主体之间的相互协调和配合。例如，我国对互联网的规制是联合管理：国务院信息产业部门和省级电信部门对互联网上网服务营业场所进行监管，公安部对

① 尚明：《对企业滥用市场支配地位的反垄断法规制》，法律出版社2007年版，第219页。

网络安全进行管理,文化部对网络色情、暴力和迷信进行监管,工商行政部门则监管互联网上网服务场所的营业执照。单独规制则是针对特定的对象进行单独的规制。

二、经济性规制与社会性规制

按照规制的内容,规制还可以分为经济性规制和社会性规制。日本学者植草益认为,"经济性规制主要针对自然垄断和存在信息偏差的领域,经济性规制的研究对象包括:第一,价格规制,包括价格水平规制与价格结构规制。第二,进入与退出市场规制,通过发放许可证,或是制定较高的进入标准对企业进入及退出某一产业或对产业内竞争者的数量进行规制。第三,质量规制。第四,产量规制,产量高低直接影响价格,关系到生产者与消费者的利益,通过产量规制可以限制或鼓励企业生产。"[①]下面对社会性规制与经济性规制详细分析。

(一)社会性规制

社会性规制处理的主要是外部性问题,保障劳动者和消费者的健康、安全、卫生以及保护环境和防止灾害为目的,对产品和服务的质量制定一定的标准。社会性规制主要包括安全性规制、健康规制和环境规制等。我国学者将社会性规制的立法及执法方法的内容按规制对象分为几个不同方面:对健康卫生方面的规制,包括食品卫生、广告管理、药品管理的规制;对环境污染的规制;在安全方面的规制,包括保护消费者权益、产品质量及标准化;公益性活动的规制,主要指在教育、文化、福利等方面的立法和行政规制。由此可见,社会性规制所面对的公共安全、卫生、环保、福利等都是转型社会和转型经济可能遇到的最普遍的社会焦点问题,尚不完善的市场机制不能有效地解决外部性问题和信息不对称问题,造成广泛的市场失灵以及社会福利的严重受损[②]。

(二)经济性规制

对于经济性规制,日本经济学家植草益提出一个新的概念,他认为经济性规制是指在自然垄断和存在信息不对称领域,为了防止资源配置的低效率和确保利用者的公平利用,政府机关运用法律权限,通过许可和认可等手段,对企业的进入和退出、价格、服务的数量和质量、投资、财务会计等有关行为加以规

① [日]植草益著:《微观规制经济学》,朱绍文等译,中国发展出版社1992年版,第27页。

② 李时敏、肖兴志、李健军:《西方国家市场失灵与社会性规制》,《世界经济与政治论坛》2004年第1期,第83~87页。

制[①]。施蒂格勒于1971年提出一个新的"经济性规制"定义,经济性规制是指"作为一种法规,是行业所需并主要为其利益设计和操作的"。维斯库斯等学者提出,经济性规制通常是指政府通过价格、产量、进入和退出等方面对企业决策所实施的各种强制性制约[②]。

1.经济性规制起源与发展

(1)经济性规制的起源。经济型规制大致有四种起源说:第一,规制机构酝酿论。伯恩斯坦和考夫曼认为规制机构是在受损害集团的请求下成立的。第二,公共利益论。该理论认为企业家型政治家和公共利益集团的活动而产生的经济性规制机构是为了达到公共利益目标。第三,行业保护论。为了保护在位的企业,防止潜在的竞争者。加百利·科尔克对铁路规制的案例研究发现,铁路管理人员成立洲际商业委员会就是保护自己的利益。第四,规制政治论。该理论认为从规制或补贴得来的收益集中在少数同质集团手中,而成本却分布在广大民众身上,没有人受到严重的影响,因此没有动力去阻碍规制机构的成立[③]。

在美国,经济性规制开始出现于19世纪70年代,在此期间的美国最高法院的一些重要的判决为经济性规制提供了依据。马恩对伊力诺伊州诉讼案的判决为采用规制来防止垄断企业对消费者剥夺奠定了基础。1877年的这个判决促使伊力诺伊州政府着手规制粮仓和批发店制定的粮食价格。这个规制的一个重要的原则就是"当财产以一种具有公共效应的方式被使用,且对社会产生普遍影响时,它就被赋予了公共利益的意义;因此,当一个人将财产使用在具有公共利益的用途时,他实际上就在那些用途上赋予了公众一种利益,而且,出于公共利益的目的,他必须接受公众的规制"[④]。19世纪70年代到80年代,美国的铁路对不同的消费者实行价格歧视,那些承担较高价格的消费者和相对无消费弹性的消费者要求政府给予干预,而铁路行业为了稳定价格,也需要寻求政府的干预,导致了州政府对铁路价格的规制。

(2)经济性规制的发展。美国早期的规制集中在铁路、电力、电话(包含市话和长话)和城市运输等公用事业。从规制立法的角度看,美国出现了三次立法规制高峰期,前两次分别是1910年至1919年和1930年至1939年,这期间以及20

① [日]植草益著:《微观规制经济学》,朱绍文等译,中国发展出版社1992年版,第27页。

② Viscusi W.K. J.M.Vernon. J.E.Harrington, *Economics of Regulation and Antitrust*, the MIT Press,1995:295.

③ 钟庭军、刘长全:《论规制、经济性规制和社会性规制的逻辑关系与范围》,《经济评论》2006年第2期,第148页。

④ 马云泽:《规制经济学》,经济管理出版社2008年版,第89页。

世纪70年代，联邦规制权大大扩展到美国的许多重要行业。第三次高峰始于70年代，且伴随许多被规制行业部分地或完全地解除了规制，这一趋势一直延续到90年代。一般认为，30年代的规制浪潮是因为大萧条带给人们对自由放任经济理念的动摇。而70年代的规制的解除是因为严重的经济滞胀、高通货膨胀和高失业率，这导致了人们对政府能否对经济施加积极的影响的能力产生了怀疑。

20世纪30年代出现了规制浪潮，例如，为了应对通信市场技术的日新月异，联邦通信委员会于1934年成立，目的在于规制广播业，不但电力和天然气都是在国家和州政府的规制之下，而且出现了对银行和证券业实行联邦规制浪潮。20世纪40年代至60年代，规制持续发展，立法活动继续以稳健且温和的姿态扩展着联邦规制的权限，能源和通讯两个行业所受影响尤其显著，1968年有线电视受到规制。

20世纪七八十年代出现了解除规制浪潮，1977年完全被规制行业的生产总值占美国国内生产总值的17%，1988年这个数据降到6.6%。1981年里根政府曾经发布行政命令，任何机构提交的对经济影响超过1亿美元成本的规制要提交规制的收益与成本分析，除非收益大于成本，否则不实施规制。例如，1980年《有线电视解除规制法》和实施《国际航空运输竞争法》，1981年的美国联邦通信委员会（FCC）解除无线电规制，1982年实施《公交规制改革法》，1984年《有线电视解除规制法》，1987年FCC取消公平条款，1988年FCC解除关于最高限价的建议原则等。放松规制一直持续到90年代，1992年的《有线电视消费者保护与竞争法》则体现了FCC在规制和放松规制之间的摇摆。而具有里程碑意义的1996年的《电信法》则解除了有线电视的价格规制，对地方电话公司进入长途业务设定了条件，要求为进入地方电话系统提供公平的机会。美国对航空、能源、银行和电信等行业实行大规模放松规制，解除自罗斯福新政以来的垄断体制，按照各行各业的技术特性，重新引入市场竞争。可见，美国的规制是沿着螺旋式的上升的轨道，力求市场经济沿着最优的方向发展。

2.经济性规制的内涵

经济性规制出现在市场失灵的领域，市场本身的缺陷，例如垄断、信息不对称、公共产品供给不足、外部性等原因，需要政府规制加以纠正和补充。政府经济性规制是解决市场失灵之道，主要从进入和退出、价格、质量和投资等方面加以规制，它是市场交换活动得以顺利进行的内在需求。

（1）价格规制。价格规制是由规制部门根据相关的法令等以批准和认可的形式，对价格水平和价格体系予以认可和许可。也就是说，规制部门从产品和服务的公平供给以及资源的有效配置出发,对产业的价格水平和价格结构进行规制。因为在市场经济条件下,价格对资源配置起到基础性作用,价格水平不仅影响企业的生产效率和经营行为,而且影响到资源配置和社会的公平分配效率,特别是针对自然垄断企业滥用市场地位提高价格的行为,因此,价格规制是政府规制中的重要内容。

(2)进入和退出规制。在自然垄断产业中,政府为了防止过度的竞争,限制新进入者,以避免重复竞争、保护规模经济效益和防止资源浪费。但是进入规制往往又成为限制正常竞争和保持被规制企业的既得利益。政府规制机构为保证产品的稳定供给,对从事关键行业的企业予以退出规制。同时,放松规制,允许企业进入,形成可竞争性市场结构、整体平衡产业的需求供给平衡关系。进入规制的方式包括,第一,特别许可,包括颁发许可证等。许可程序要求申请者证明自己有能力提供这类服务,要有足够的财力、人力和技术进入这个行业。第二,注册制度。规制机构对申请进入有特定产业的企业资格进行审查,达到条件者颁发营业执照。第三,申报制度。具体的形式是政府颁发具有特定格式的申报档案。

(3)投资规制。投资规制就是对于外资和民营资本投入到该行业的控制。广义的投资规制是政府规制者为了规范、保护和促进投资市场的发展,对社会投资过程中的资金筹集、证券发行和交易、投资行为和信息披露等行为进行规制,具体包括对实业投资和对金融投资的规制等。狭义的投资规制就是对实业的投资规制,对被规制企业的投资项目的立项决策、项目能力、项目收益的审核和批准等。政府规制者既要鼓励社会投资,以满足不断增长的商品和服务的需求,又要防止重复建设和过度竞争,还要对投资的最优组合进行规制以保证投资效益①。

(4)质量规制。质量规制的原因是外部性和信息不对称。外部性是市场失灵的重要方面,规制就是要解决这种外溢效应,通过税收(补贴是负税)等来影响行为主体的决策行为,促使企业作出符合社会需求的决策。外部性包括负外部性和正外部性。负外部性主要是对公共环境的污染和对公共资源的滥用等典型行为,要将企业这种负外部性给社会所带来的成本转化为企业的自己承担的私人成本,例如政府的排污费、污染费等就是这种规制。正外部性主要是对公共产品和社会保障等给予相应的补偿和激励,否则没有人愿意提供这类产

① 洪银兴、刘建平主编:《公共经济学导论》,经济科学出版社2003年版,第357页。

品。例如基础教育、科技发明、基本社会保障等,政府进行激励和补贴或者直接供给这类产品。信息不对称也是政府质量规制的主要原因,为了保护信息劣势一方的权益不受到具有信息优势一方的侵害,政府需要产品和服务质量的规制、欺诈行为的规制、产品特征信息的规制以及特殊经营许可的制度等。由于消费者处于信息劣势的状态,消费者可能会被假冒伪劣产品所欺骗,特别是食品和药品等特殊的产品,必须对质量进行规制。国家的产品质量行业标准或国家标准一定程度上提高了产品的平均质量,保护了消费者利益,使市场交易更为顺畅。对价格欺诈、虚假广告等因信息不对称而形成的欺诈行为和其他的不正当的经营行为进行严厉的打击,降低逆向选择和道德风险的可能性。

第二节　政府规制的主要理论

政府规制又称为政府管制或政府监管,即政府运用公共权力,对个人和组织的行为进行限制与调控,通常包括经济性规制和社会性规制两种手段:经济性规制目的主要是避免竞争主体过多或过少而引起的过度竞争或竞争不足,造成资源浪费或者配置低效率;社会性规制目的则是针对外部不经济和内部不经济的监管,政府需通过准入制、标准制和收费制等进行规制。政府为什么要规制,规制代表谁的利益,规制的过程会出现什么问题等,西方学者就此提出了公共利益理论、利益集团理论、委托代理理论和规制俘虏理论等著名理论。

一、公共利益理论

公共利益理论是哈佛学派在产业组织理论方面的政策主张,起源于国家干预的经济思想,脱胎于福利经济学。市场失灵,需要国家干预以纠正或弥补市场失灵,矫正市场失灵带来的无效率和不公平,增加社会福利,这种理论是以政治领域的追求公益和经济领域追求私利为明显的价值分野。政府规制的公共利益理论认为,政府规制是为了维护公众的利益,对市场微观经济主体进行直接的干预,消除市场失灵,以达到保护社会公众和消费者的利益。公共利益理论的基本前提是:第一,政府的规制应该是反映"公益",代表最大多数人们的利益,没有自己的私利,政府被假想成为公共利益、公共秩序而行使立法权的利他主义者。第二,政府的规制机构拥有完全的信息,是全能全知的,不存在信息不对称现象。如果市场失灵导致了资源配置和生产配置达不到帕累托最佳,那么政府规制能够纠正市场失灵,提高社会福利。

公共利益理论是一种规范分析的方法,以市场失灵和福利经济学为基础,说明政府规制之所以有必要是因为它反映了公众的需求,并纠正市场上的不公平的行为,提高资源配置的效率,通过规制能够为公众带来净福利收益,正是这种潜在的福利收益产生了公众对规制的需求。公共利益理论只是一种假定,缺乏具体的事实支撑和实证检验,而事实上,西方国家提出了政府规制是为了满足特殊利益集团的福利,被利益集团俘虏,也没有提高被规制行业的效率,因此出现了放松规制的浪潮。

二、利益集团理论

利益集团在西方又称为压力集团,指那些为了共同的目的,试图对公共政策施加影响的有组织的实体。利益集团的成员可能是普通公民、非营利组织、公共部门组织,也可能是寻利的厂商。利益集团之间在规模、资源和政治诉求方面存在着明显的差别。利益集团规制理论认为,规制的目的不是社会福利的最大化,而是通过政府拥有的强制权对财富进行重新转移或分配,以平衡消费者、规制者、受规制企业、纳税人等多重利益集团之间的利益。利益集团理论是西方公共选择学派的一个重要的理论分支,戴维·特鲁曼和罗伯特·道尔等人为代表的传统利益集团理论认为,集团的存在是为了增进其成员的利益,个人也可以通过代表其利益的集团来实现或增进他的个人利益。作为理性经济人,个人的行动是为了追求自身利益的最大化,具有共同利益的个人或企业组成的利益集团会从自身利益出发采取一致的集团行动,追求最大利益。各利益集团都会在各自的势力基础上展开分利竞争,通过各种"院外活动"影响政府官员决策为本集团争取最大利益。奥尔森认为利益集团的规模大小与集团行动的效果密切相关,小集团的行动比大集团更有效。

三、规制俘虏理论

规制俘虏理论代表人物是施蒂格勒、贝克尔、佩兹曼和波斯那等,该理论是由芝加哥学派的经济学家发展起来的,它是在实证研究的基础上,对规制的目标和过程进行分析,发现政府规制是为了部门利益和利益集团,而不是公共利益。施蒂格勒1971年在《经济管制理论》一书中甚至得出结论,受规制的产业并不比无规制的产业效率更高和价格更低。1976年,佩兹曼在对市场失灵、对政府规制结果的预测进而推断政府在经济规制上的有效性等三个层次上更全面地阐述了该理论。他得出的结论是,无论规制者是否获得利益,被规制产业的产量和价格并没有多大的差异,其主要差别只是收入在各利益集团之间的分配[①]。利益集团通过向政治家或规制者寻租或提供支持来影响规制的结果,或者自利的规制者主动创租或抽租,规制倾向于增加具有较大影响力的利益集团的福利。政府是由各种不同的经济利益团体构成的,有足够的政策工具和目标函数,由于有限理性和信息不对称的原因,政府势必受到各种利益集团的影响而偏离最优配置而产生非效率。

规制俘虏理论是总结美国19世纪末规制历史得出的结论,揭示了规制与市场失灵并不相关。规制提高了产业内企业的利润,阻止了潜在竞争者的进入,对价格的作用甚微。施蒂格勒指出,规制通常是产业自己争取来的,规制的设计和实施主要是为了规制产业自己服务的。他通过经济学分析,规制是经济系统中的内生变量,规制的真正动机是政治家对规制的供给与产业部门对规制的需求相结合,以各自谋求自身利益的最大化。

规制俘虏理论比规制公共利益理论似乎更有说服力,因为公共利益理论没有得到实证检验。规制俘虏理论也有缺陷,比如认为利益集团在公共政策的形成过程中发挥了重要的作用,但是对利益集团如何控制和影响规制过程和结果缺乏解释,特别是对环境、安全等社会性规制缺乏解释,也无法解释放松规制、规制者的自由裁量权等问题。许多学者将政治行为纳入经济学的规制分析当中,寻求新的解释规制的工具。

四、委托代理理论

规制理论有一个理论前提是规制机构或规制者被认为是公共利益和社会利益的代表,维护公众和消费者的利益。但是实践中,规制者也是“理性经济人”,有效益最大化的倾向,很多时候规制者既是规制制定者,也是规制受益者。由于规制过程中容易出现规制机构被利益集团俘虏,在公众或者消费者、政府、规制机构和被规制企业之间建立多层“委托–代理”关系。在多层“委托–代理”关系之中,作为消费者或公众从被规制企业那里获取产品和服务,因为这

① 李雯:《西方规制理论述评》,《南开经济研究》2003年第3期,第60页。

些企业一般是自然垄断企业或者行政性垄断企业,消费者一般很难从自由竞争的市场中获取这些产品和服务,公众、政府、规制机构和被规制企业构成了多重委托代理关系,可以用图1-1表示。

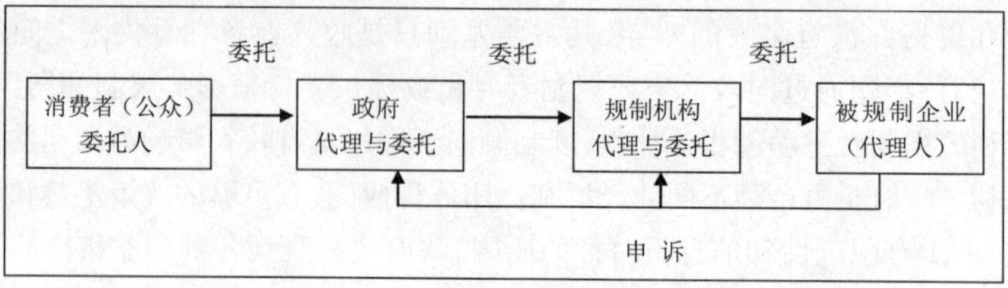

图1-1 多重委托代理关系结构

在图1-1中,公众把这种保障权利委托给政府,政府代表公众行使这种权利,而政府既是代理人,也是委托者。政府通过法律和行政手段把管理权委托给专业的规制机构,专业的规制机构作为政府的代理人,受消费者或公众的委托,制定相关的法律法规,对被规制企业进行专业化的监管,而被规制企业按照有关规制要求为公众提供各种产品和服务。在多重委托代理关系中,由于信息不对称的存在,委托方并不清楚代理人的产品、质量和价格,双方都存在追求自身效用最大化的风险,并可能导致规制失灵和规制俘虏,所以在委托人和代理人之间建立激励性的契约和合同是一个重要的议题,特别是在企业的所有权和经营权分离的情况下,基于这种分离的委托代理的契约关系更需要完善。

在这个对垄断企业进行规制的多重委托代理关系之中,涉及四个行为主体,即消费者、政府、规制机构和被规制企业。劳伯和马盖特认为,公众委托给政府,政府执行公众的意愿,公众与政府是一种隐性的契约关系,政府代表公众去实现他们的利益。政府则委托给规制者,西方国家一般通过议会对规制机构进行监管,作为政府的代理人,具体的规制部门也是"经济人",他们也会站在自己的立场上考虑利益最大化。被规制企业和规制者之间也是委托代理关系,假定规制者追求社会福利的最大化,而企业所追求的目标则是利润的最大化。由于信息不对称,企业比规制者更了解自身的成本问题,在理应按照公共利益标准决策时,企业却重视自身的利益,所以规制者与被规制企业面临着激励与监督问题[①]。当然,被规制企业也可以就成本、收益等方面进行讨价还价,向规制机构和政府进行互动和反馈,也可以向规制机构提出申诉。

① 李雯:《西方规制理论述评》,《南开经济研究》2003年第3期,第60页。

在公民与规制官员之间也存在委托代理关系，公民是公共权力的最终拥有者，官员是公共权力的代理者，由于信息不对称，官员按照自己的利益来行动，这就需要设计契约来监督规制官员。为了防范代理人的道德风险就产生了问责制，所以，问责制使缔约双方的契约更加完善，促使他们之间的契约性质由隐性向显性转化。因为它对缔约双方"所控制的持续关系规定了支付、权利和责任"，从而增强了代理人履约的积极性、制约性及其责任的可追究性，不断激励社会性管制向最优的防范标准接近[①]。

五、公共选择理论

西方学者把经济学应用于政治科学、行政管理、公共政策等社会科学与政策研究相关的领域，公共选择理论与政治科学的主题都是关于国家理论、投票规制、投票行为、政党政治学等，公共选择理论打通经济学和政治学之间的藩篱，建立新的政治经济学学科体系。公共选择理论是非市场决策的经济学研究，假设人们是处于私利而采取行动的个人，研究选民、政治人物以及政府官员的行为，研究他们在民主体制或其他类似的社会体制下进行的互动。公共选择理论把人类社会分为经济市场和政治市场，在经济市场上，主体是消费者和厂商，追求自身的利益最大化，而政治市场上，主体是选民、利益集团、官员和政治家，人们通过选票来选择符合自己最大利益的政治家、政治制度和法律制度。

与规制俘虏理论相似，公共选择理论认为政府官员在社会活动和市场交易过程中同样反映了"经济人"理性的特征，政府以及公务人员具有自身的利益目标函数。人是一个自利的、理性的、追求效用最大化的人，而政府也不是我们所想象的一个抽样实体，总是追求社会总福利的最大化，政府只是个人相互作用基础上的一个制度安排。皮考克把公共选择理论的研究分为三个大的政治市场，即初级政治市场、政策供给市场和政策执行市场。在初级政治市场上，政治家把政策"卖"给选民，选民则为政治家支付选票；在政策供给市场上，官员为了实现当选政府的政策目标而提供不同的行政手段；在政策执行市场上，主要分析政策的执行结果及其影响。

① 李光德：《经济转型期中国社会性管制中的问责研究》，《财经问题研究》2009年第1期，第13页。

六、规制外部性理论

规制也会产生外部性，规制的外部性表现为政府为了纠正市场失灵而干预市场资源配置产生的副产品，政府规制可能导致市场价格机制失去配置功能，使经济的运行偏离最优状态。政府为了保护一部分人的利益而损害更多人的利益，可能损害人们创造财富的积极性而诱使他们进行无效率的寻租行为。

规制可能产生外部性，正外部性是指因政府规制而额外收益，利益群体因为政府规制或获取了额外的成本或利益。负外部性则相反，例如政府的严格的进入规制导致现存企业获取额外的租金，而使消费者面临很高的商品和服务价格。规制的外部性有代内外部性和代际外部性，代内外部性是指特定时期内政府规制所产生的成本或收益在各市场主体之间进行转移，而代际外部性则强调政策的跨期影响。例如，政府的环境规制不仅具有代内的成本（或收益）转移效应，而且还具有代际的福利再分配性质。此外，从地区层次上看，规制外部性还具有区内与区间之分。与区内外部性不同，区间外部性强调规制的跨区影响，即地方规制政策对邻近地区居民和厂商的溢出效应[①]。

产生规制外部性的可能性包括信息不对称、官员的"近视"和自利：一方面，规制者与政治委托代理人之间存在着信息不对称，这就导致规制者违背委托人的意愿，增加自己的租金；另一方面，规制主体和被规制者之间的信息不对称，不能获取规制所需要的信息，例如产业的成本信息等。规制者的自利行为，规制者也是"理性经济人"，可能追求自身的利益，例如规制者有可能通过规制政策达到再分配的目的，而不是纠正市场失灵。规制者的近视，例如环境规制作为一个代际公共品，存在一个成本和收益的跨期分配的问题，政府的规制决策通常是倾向于短期的成本收益分析，而忽略了长期利益。

七、规制失灵与放松规制理论

市场失灵为政府干预提供了依据，是政府规制的必要条件，但是，大量的经验性数据表明，政府规制并不一定会产生合意的结果，与市场失灵一样，政府规制不一定会解决市场壁垒和不充分竞争现象，政府也一样存在失灵现象。正如

① 李项峰、李郁芳：《政府规制的外部性及其政策涵义》，《南京社会科学》2006年第7期，第22页。

萨缪尔森所说，“当国家行动不能改善经济效率或当政府把收入再分配给不适当的人时，就会产生政府失灵，政府的目标错位不仅没有纠正市场失灵，反而可能进一步阻碍了资源配置，政府失灵为政府不干预和放松规制提供了理由。当政府失灵和市场失灵同时存在的时候，正确的选择就是权衡两者的大小，使两者之和最小化。政府的规制是建立在拥有完全的信息并大公无私的假设之上，政府具有很高的公信力，但是实际上，这个假设无法确认和证实，由于信息不对称，政府往往产生失灵现象，不能提高市场效率和维护社会公正的预期，造成负面效应和社会福利的净损失。”①

政府失灵的表现有，“第一，政府规制为自身利益服务，一些规制部门以执行国家职能为名，以公共利益为由，而实质是增加单位的福利，使单位内部成员的收益最大化，以自己组织内部的标准和目标来衡量规制行为，导致规制部门的预算增加，行政机会主义盛行。二是政府规制被俘虏，为被规制者利益服务，虽然规制者的出发点是为了公共利益，保护市场的有效竞争和有序运行，但是实际上满足了自身的私人利益，成为特定利益集团的效益最大化的保护者，导致了政府规制成为遏制竞争、损害经济自由的异化行为。三是规制的成本高昂。政府规制的收集信息的成本，一些立法、执法和司法等间接成本，这些规制的成本无法超过规制带来的收益，成为无效率的规制。”②

规制失灵的原因包括，首先，规制过度。政府规制过度造成了行政垄断，以保护市场有序竞争的规制，却导致了损害经济自由的可怕的行政垄断。其次，政府规制机构的理性和信息的有限性。政府不是一个简单的单一实体，而是不同权利和政策工具组成的机构。政府规制取代商业或市场判断，政府的理性不必然优越于市场主体的理性，政府很难保证能够独立、公正地行使规制职责。三是规制者被俘虏。为了利益集团服务，规制者也是理性经济人，能够理性地选择可效用最大化的行动。

规制失灵是与市场失灵相对应的概念，是政府规制的公共政策降低了市场效率和社会福利。规制失灵可分为三种情况：一是内生性规制失灵。政府作为市场经济的主体，其行为特征与市场经济一样会寻求自身利益。然而，政府又是公共利益的代表，当公共利益与政府成员的利益发生冲突时，就会出现政府公共规制的失灵，造成内生性的政府失灵。二是外生性规制失灵。政府作为外生于市场体系、能够完全代表公共利益的规制主体，是否会失灵取决于政府的

① 俞宪忠：《市场失灵与政府失灵》，《学术论坛》2004年第6期，第98页。
② 蒋铭晨：《政府管制理论研究综述》，《管理世界》2007年第2期，第141页。

能力、责任心以及监督机制是否完善等。由于政府的信息不完全、管理主义和能力欠缺等原因造成的市场失灵是外生性规制失灵。三是体制性规制失灵，包括政府决策性失灵、组织性失灵和时滞性失灵，例如政府干预扭曲了价格。在政府规制失灵的背景下，西方国家通过对规制的成本和效益分析，以及规制与不规制的权衡比较，寻求规制的替代方法，找出次优解决方案，在规制实践中出现了激励性规制和放松规制两种趋势。激励性规制就是减少政府规制的成本，提高被规制企业的生产效率与社会资源的配置效率，一定程度上减少了传统规制存在的问题和缺陷。

20世纪30年代至70年代，强化政府规制占主导地位，用政府规制纠正市场失灵，保护消费者，维护公共利益。20世纪70年代至90年代，是放松规制时代，弱化政府规制，原因是政府失灵导致的规制效率的低下，崇尚精简机构。具体来说，放松规制的背景是：市场变化可能使规制的成本提高而收效降低；技术进步在实践上削弱了规制；市场的全球化使国家政府更加难以控制行业行为；全球化已经产生了促进放松规制的国家规制者之间在放松规制方面的竞争动力[①]。这个时期是西方出现经济滞胀阶段，引起经济学家重新审视经济政策，由于规制的执行往往跟规制目标不一致，保护了生产者的利益，而损害了消费者的利益。放松规制则意味着放宽或取消原有的政府规制，如将行业禁入改为自由进入，取消价格规制等，引入竞争机制，减少规制成本，改进服务等。20世纪70年代以后，美国、英国和日本等国家对电信、运输等许多行业都实行放松规制。例如纵向一体化企业加以纵向分离，对电力产业的发电部门、输电部门、配电部门和零售部门加以分离，引入竞争机制，建立可竞争性的市场。放松规制明显改变了市场结构与价格结构，提高了受规制企业的竞争力与效率，促进了产业结构的调整与经济发展。

第三节　广播电视规制的法理基础

广电传媒市场是由广播电视产品与服务的供给和需求构成的市场，包括广播电视播出市场、广告市场和付费频道市场。广电事业型市场一般是公共产品市场或者准公共产品市场的供求市场，例如，无线广播电视覆盖与收视市场，该市场的供求平衡不是靠均衡价格来实现的，因为公共产品没有确切的市场价

① 王雅丽、毕乐强：《公共规制经济学》，清华大学出版社2011年版，第210页。

格,对它的消费也不具有排他性和竞争性。广电服务无法从事业型市场取得资源补偿,而依靠广告的支撑。广电传媒市场实际上是广告市场和受众市场的复合型市场。根据双重出售理论,广播电视媒体出售节目换取受众的注意力资源,然后把受众的注意力资源又出售给广告主,广告主为了购买受众的注意力而向广电服务供给者支付费用,服务供给者以此来补偿资源的耗费。

一、广播电视的市场失灵

政府规制的对象主要是在市场失灵的行业领域,例如电信等公益事业型行业,电力等基础设施行业,自来水等资源型行业,煤气等城市公用事业,金融和运输行业等。广播电视行业也存在市场失灵,例如,有线电视系统的垄断性,需政府进行价格规制;广播电视节目具有外部性,既包括充满暴力、色情、庸俗化等负外部性节目,又包括教育、文化和公共事务的报道等正外部性节目,需要对负外部性进行管制,对正外部性进行激励;广播电视节目是信息不对称市场,它与报纸空间媒体不同,广播电视是时间媒体,因而受众无法在同一个时间点上对所有节目进行比较鉴别,质量优秀的节目不一定收视率高,而低俗化、庸俗化、媚俗化的节目却可能吸引眼球,造成“劣币驱赶良币”的“柠檬市场”,这也需要进行规制。

(一)广播电视产业的垄断性与网络性

一个自然垄断的产业,如果由一个企业按最低成本生产,或单个企业比两家或两家以上的企业更有效率,那么这个产业是自然垄断的,显著特点是具有成本函数的弱增性。在自然垄断的产业里,竞争的情况是不存在的或无效率的,如果采取竞争性经营则会导致破坏性竞争,有效的措施就是对其进行经济性规制。

自然垄断产业具有如下的特征:首先,自然垄断取决于经济效率,规模经济意味着生产更多的产品时固定成本被逐渐摊薄越来越小,成本次可加性则意味着独家垄断经营的总成本小于多家分散经营的成本之和。其次,由于自然垄断行业的网络建设需要进行大量的基础设施建设,这形成了大规模的固定成本,它们折旧时间长,变现能力差,导致整个垄断产业大量的资本沉淀,而且这些资产往往具有很强的专用性,一旦投入很难收回。再次,由于自然垄断产业依赖于网络经济为整个市场提供产品和服务,例如供水、电力、煤气、电信、有线电视等,这些自然垄断产品和服务与人们的日常生活必需品相关,具有日常性与必须性的特征，影响社会生活的稳定和有序。

随着三网融合的发展，有线电视网络的数字化和网络化的改造，有线电视网络能够提供互联网接入、电话等传统电信业务，呈现出网络经济的特征。网络经济是现代信息技术为核心的新经济形态，是建立在互联网基础上的生产、分配、交换和消费的经济关系。有线电视因具有宽带入户、广播式传输、有条件接收的特点，并且与计算机有天然的兼容性，利用有线电视宽带网可以很方便地实现计算机联网。有线电视具有网络经济的特点，第一，网络经济把世界变为地球村，突破时空限制，使世界各国的相互依存性加强。第二，网络经济的价值等于网络节点数的平方，网络带来的效益随着用户的增加而呈现出指数增长。第三，边际效益递增性，边际效益随着生产规模的扩大会显现出递增趋势。第四，外部经济性。网络形成的是自我增强的虚拟循环，成员越多，价值就越大，就越吸引成员加入。网络经济是知识经济的具体形态，而知识的生产过程中，主要资源的知识与信息具有零消耗的特点。

我国广播电视还具有行政性垄断的特点，张志认为："中央广电媒体和省级广电媒体对全国性视听市场的法定垄断，电视收视市场表现为央视与省级卫视对全国收视市场的法定垄断，形成了垄断竞争的结构。市县以下各级区域市场和各时段市场被享受区域垄断地位的区域性广电集团所瓜分和渗透，形成区域性垄断集团向周边市场扩散的网络结构。"广播电视有制作环节、编播环节、分配环节和接收环节，其中制作环节是可竞争性市场，节目方面，除了全国性和地方性新闻宣传节目之外，形成了广电集团下的节目生产商和独立节目制作商的相互竞争的市场格局。节目市场是市场准入限制下的具有独立法人资格的节目制作主体之间的有效竞争。"编播环节是瓶颈垄断市场，形成了中央和地方广电媒体的垄断结构，编播市场将从现在的区域竞争市场向垄断性或寡头垄断性市场转变。节目转播与分配环节是垄断竞争市场，接收环节是非排他性和非竞争性市场。政府规制目标是限制垄断权力的滥用和消除垄断引起的低效率，促进有效竞争"[①]。

（二）公共产品属性

公共产品是与私人产品相对应，具有消费上或使用上的非竞争性和受益上的非排他性的产品。非竞争性是指一些人对这一产品的消费不会影响另一些人对它的消费，受益的人之间不存在利益冲突，非排他性是指某些人对这一产

① 张志：《数字时代的广播电视规制与媒介政策》，中央民族大学出版社2012年版，第20页。

品的利用,不会排斥另一些人对它的利用。要将一些人排斥在消费过程之外,不让他们享受这一产品的利益是不可能的。例如,海中的灯塔是一项能为过往的船只带来好处的装置,但是要是对过往船只收取费用却几乎是不可能的,或者费用支出太大。所以对于公共产品,私人生产“搭便车”现象十分严重,此类产品的生产必须由公共支出予以保证,或者由非营利组织进行生产。

广播电视产品和服务的不同消费属性,需要区别对待、区别供给。无线广播电视属纯公共产品,消费上不存在竞争,只要拥有电视机,收视方面不相互排斥,而且电视台也不用增加成本,即增加一个新观众的边际成本为零;而报纸、杂志、有线电视和卫星电视属准公共产品,因为这些媒介产品可以按照谁付费谁受益的原则进行分配[①]。无线广播电视是向全体公众提供公共服务的主要手段,为了保障供给,政府要加大财政投入。无线覆盖不到的“盲区”,采取直播卫星覆盖的方式,2009年我国第一颗直播卫星“中星9号”发射成功,转播48套公益性电视节目和43套公益性广播节目,满足了边远地区广播电视的公共服务收视需求。

有线电视是准公共产品,具有消费上的排他性,国家提供政策扶持,有线电视的价格由政府定价,通过听证会听证,但是有线电视具有一定的公益性,必须保留一定的频道数量。个性化的定制服务是私人产品,由市场定价。对于数字电视、网络电视和视频点播等,属于对象化和专业化的私人产品,我国采取“谁投资,谁受益”的原则来进行供给,市场运作,依法监管。

进入数字化以后,广电传媒的产品和服务特征、需求类型和组织性质将明显趋于多样化,在广电服务方面,面向社会一般需求的基本服务、面向部分需求的专业化服务和面向个人需求的特殊服务将同时存在;产品维度有公共产品、私人产品和准公共产品等维度,私人产品和私人需求,具有消费的排他性和竞争性,这种产品应该通过市场交易;在广电传媒组织方面,公益事业法人、准公益事业法人、经营性事业法人以及企业法人并存的局面已经来临。

(三)信息不对称

信息不对称是市场交易一方比另一方拥有更多信息的状态,它对市场的运行有很大的影响。对信息不对称的系统分析,最初起源于乔治·阿克洛夫对旧车市场调查基础上建立的“柠檬市场”模型。该调查研究显示,在拥有高质量车和低质量车的旧车市场,如果在信息完全对称的情况下,买方和卖方都知道哪些是高质量车,哪些是低质量车,那么高质量车和低质量车都有不同的供给曲

---

① 禹建强:《对媒介产品的经济学分析》,《国际新闻界》2003年第4期,第47页。

线和需求曲线，但实际上，卖方比买方拥有更多的信息，买方事先并不具有分辨旧车市场的能力，他们只能把所有的车看成中等质量的车，这样买方的需求曲线就变化了，造成高质量的二手车不能进入二手车市场进行出售。在信息不对称的情况下，低质量的商品把高质量的商品驱逐出市场，这就造成了所谓的"逆向选择"，导致市场失灵。

在电视节目市场上，因为有许多频道同时播出各种节目，而受众很难同一时间对所有的节目质量进行比较、分析和鉴别，往往制作粗糙、成本低廉、泛娱乐化严重、充满各种噱头的节目抓住了受众的眼球，具有很高的收视率，而一些充满教育和文化信息的高质量的节目，却因为风格严肃、态度严谨而吸引不到受众的注意。这就是在信息不对称的情况下，节目收视市场的"柠檬效应"，造成了电视节目市场的低俗化、泛娱乐化，低质量的节目驱逐了高质量的节目，很难实现帕累托意义上的资源配置效率，损害了消费者福利，不利于电视节目的健康发展。信息不对称造成的市场失灵要求广电规制部门对节目市场进行规制，采取措施激励广电部门供给各种高质量的节目。

（四）外部性

外部性是由于市场活动给第三方造成的成本，外部性又称为溢出效应，可分为正外部性和负外部性。正外部性就是一些人的生产或消费使另一些人受益而又无法向后者收费的现象，又称为"外部经济"；负外部性就是一些人的生产或消费使另一些人受损而前者无法弥补后者的现象，又称为"外部不经济"。正外部性有两种情况：一是无偿的生产要素的作用，例如养蜂场养的蜜蜂促进了苹果园的产量。二是来自环境对于企业的有利或不利的影响，例如A是林场，B是小麦生产者，如果林场的产量增加导致雨水的增多，从而促进了小麦的产量增加，林场的生产要素的边际纯产值就大于它的边际私人纯产值，即产生了环境的正外部性。相反，如果造纸厂的污染不仅破坏了环境，而且导致附近居民的肺癌的得病率明显提高，就产生了负外部性。

政府对于外部性的经济政策应该是：对边际私人成本小于边际社会成本的部门实施征税，即存在外部不经济效应时，例如化工厂的污染，则向企业征税，实现外部效应的内部化，这种政策后来被称为"庇古税"。对边际私人收益小于边际社会收益的部门，即存在外部经济效应时，实行奖励和津贴。庇古是美国著名的经济学家，他提倡依靠政府征税或补贴来解决经济活动中的外部性问题，庇古税因此成为政府干预经济、消除经济活动中外部性的有力措施。

制度经济学家科斯认为，外部性是产权不清晰造成的，有效的产权可以降低甚至消除外部性，而且科斯将其进一步发挥成为所谓的科斯定理，即只要产权是明晰的，私人之间的契约同样可以解决外部性问题，实现资源的最优配置。在这之前，传统的方法是对造成外部损失方征税[①]。在一定条件下，科斯与庇古的思路具有效果一致性。在零交易费用的情况下，从效果来看，科斯与庇古的解决措施是完全一致的。在正交易费用的情况下，如果通过政府调节的边际交易费用低于企业之间协调的边际交易费用，那么采用庇古的方法较好；如果通过政府调节的边际交易费用高于企业之间协调的边际交易费用，那么采用科斯的方法较好；如果通过政府调节的边际交易费用等于企业之间协调的边际交易费用，那么从效果上来看，二者是等价的[②]。

广播电视节目是文化产品的一部分，是一种精神性产品，具有外部性。当文化产品给消费者带来精神享受和愉悦情怀以及带来效用的增加，那就是正外部性，譬如公民道德的弘扬和民族文化的传承等，有利于提高文化素质、道德情操和信息水平。而低俗化、媚俗化和虚假的文化产品则会严重误导消费者，带来精神污染，是负外部性。文化产品的负外部性用社会准则来约束或用市场来矫正都有很大的局限性，这就需要政府通过积极干预，加大对负外部性文化产品的监管和打击[③]。文化产品是一种特殊的社会商品，具有文化意义、社会意义和政治意义，西方国家重视知情权，有线电视有必须转播议会辩论频道的义务，对公共事务进行充分讨论，构建公民社会，都是发挥正外部性的事例。正如马克思指出，报纸是作为舆论的货币在流通，媒介的放大器功能使其具有影响、引导、组织舆论的强大作用，能够促进或阻碍社会的发展。

二、广播电视规制的法理基础

广播电视媒体与报纸杂志不同，必须履行强制的义务，规制部门必须就广播电视内容、价格、质量等采取规制措施，法理基础就是市场失灵以及广播电视媒体关系到言论自由和国家的信息文化安全。

第一，广播电视频谱资源是一种稀缺资源，也是一种公共资源。每个国家可以使用的频谱资源都是有限的，具有社会价值，即使数字广播电视可以增加广播频率和电视频道的数量，也仍然无法完全缓解这种资源的稀缺性。频谱使

① 徐桂华、杨定华：《外部性理论的演变与发展》，《社会科学》2004年第3期，第27页。
② 刘红、唐元虎：《外部性的经济分析与对策》，《南开经济研究》2001年第1期，第48页。
③ 左惠：《文化产品的外部性特征剖析》，《生产力研究》2009年第7期，第23页。

用者必须履行一定的社会义务，换句话说，广播电视具有满足受众各种各样收视需求的义务，而报刊出版媒体则不具有这种资源稀缺性的特点。

我国广播电视系统使用的专有频段属于国家所有的资源性资产，国家对无线电频谱实行统一规划、合理开发、科学管理和有偿使用。国家以国有资产统一所有者身份授权委托政府主管部门，对广播电视系统使用专用频段进行规划和支配，对无线频谱进行统一管理，是因为频谱资源的稀缺性，技术上不允许自由配置和使用。我国以行政法规的形式进行了规定：广播电台、电视台只能由代表国家和政府的广播电视管理部门开办和管理，制度上保证了国家公共频谱资源的使用主体是社会公共利益的代表，具有公共服务的权能。西方国家则通过委托代理模式或者公共产权的形式保证广播电视媒体的公共服务功能。

第二，广播电视服务是一种公共产品，具有消费上的非排他性和非竞争性，完全市场供给容易导致“市场失灵”。例如地面广播电视信号的覆盖，具有非排他性和非竞争性的特点，市场供给无法排除不想付费的人的接收，收费变得异常困难，所以国家通过“村村通”工程确保受众的基本收视权益。为了保证广播电视产品和服务的稳定和可靠的供给，使用电波这种稀缺资源的广播电视媒体必须承担一定的社会责任和公共服务的义务。譬如，有三分之二的受众看娱乐节目，20%的受众看教育类节目，14%受众看文化类节目，若市场上有三家广播电视媒体，他们都会为了争取22%的受众播放娱乐节目，节目出现同质化趋势，出现“市场失灵”。为了实现普遍服务的原则，满足公众信息接近权利，应当确保每个地区都在广播电视的信号覆盖范围之内，每个公众都能够通过各种渠道获取各类信息。

第三，广播电视具有明显的外部性和信息不对称性。广播电视不能仅以经济效益作为唯一的衡量标准，而要充分考虑社会效益和社会成本。正外部性将促进社会民主，繁荣科学文化，提高社会的教育水平，增强社会凝聚力。反之，负外部性将导致媒体向低俗、庸俗、媚俗等方向发展，败坏社会风气，不利于社会文化教育水平的提高。如果正外部性的节目没有充分的激励，显然没有人愿意制作和播出经济上性价比低的优质节目。另外，市场失灵还表现在，商业媒体把公众当成消费者，把公共利益看成公共兴趣和经济利益，把广播电视当成市场机构而不是公共机构，迎合受众而不是引导受众，造成“信息沟”以及信息供给的同质化、泛娱乐化。

广播电视产品具有信息不对称性，广播电视节目按时间顺序线性传播，受众无法提前知道产品的质量和价值，观众只有消费了广播电视节目以后，才知道是否值得，但是他们一旦看了电视节目，就再也没有什么能够促使他们付费的动机了。总之，人们直到看了节目才知道要"买"什么，然而看了就再也不需要购买了！[1]针对信息不对称性，西方国家对于广播电视的内容进行规制，例如对于议会辩论、公共事务的必须传播，色情节目的禁止，儿童节目比例以及选举中的公正传播原则等。

第四，广播电视产业属于网络型产业，不仅具有网络型产业的规模经济和自然垄断型经济的特点，而且具有显著的范围经济的特点。对于广播电视，随着消费规模日益扩大而平均生产成本降低，实现了规模经济；为某个市场而创造的传媒产品可以重新改变形式，然后通过另一个市场销售，使其成为另一类观众的新产品，这就产生了范围经济[2]。所以，西方国家允许媒体一定的集中度，但是为了防止操纵市场，影响媒体的公正性，又禁止过度集中，在各类媒体、服务、渠道和市场之间保持竞争性。

最后，广播电视和公众的言论表达自由密切相关，也与国家的信息安全、文化安全密切相关。表达和信息自由是民主社会的基本原则，西方通过公共广播电视模式和独立的监管机构来保证编播的独立性和新闻报道的客观性，与党派、利益集团和政府机构保持一定的距离，促使公民通过广播电视获取真实的信息和表达自己意见的自由，从而对公共事务作出正确的判断。《欧洲人权公约》规定："不受政府当局干涉、不受国界限制，以接受和传播信息和思想的权利。"但是这些权利受到法律规定的制约，例如，防止骚乱或犯罪，保护健康或伦理道德，保护他人的名誉和权利，拒绝公开那些以私密方式获取的信息等，以维护司法的权威和公正。另外，西方国家从维护民族传统文化和主流价值观出发，给予本国的广播电视产业特殊的保护。

---

① Graham,A. and Davies,G.(1997)*Broadcasting, Society and Policy in the Multimedia Age*, Luton:John Libbey. 1997:19.

② [英]吉莉安·道尔：《理解传媒经济学》，李颖译，清华大学出版社2004年版，第11页。

第二章　广播电视规制的主体、内容与目标

三网融合使广电、电信在技术、市场和业务等多个层面出现了交叉和融合，广电和电信将从产业分立向全业务运营的竞争状态转变，这将有利于促进信息产业发展，打破市场垄断，提高消费者福利，提升产业效率。因此，三网融合语境下广播电视规制主体的建构显得十分重要。西方国家基本建立了完全融合的规制主体模式及融合主体下的分业监管模式，而我国的三网融合业务分属工业和信息化部、广电总局等不同部门，出现了规制冲突、有损消费者福利的现象，在这种情况下，建立公正合理的规制机构显得十分重要。同时，广播电视台的治理结构也关系到规制主体的独立性和公正性，为此，建立科学合理的广播电视治理结构要在保障舆论导向正确的前提下，确保国有资产的保值增值，确保广播电视生产要素的合理流通和市场配置，协调好公益性事业和经营性产业的关系。

第一节　广播电视规制的主体

规制主体是指实施规制的法定主体，可以是政府机构、准政府机构，也可以是被授权的独立规制机构，各国的广播电视规制的主体有不同的模式。在日本，广播电视规制的主体是政府内部的职能机构，美国是法律授权的、政府直属的合议制委员会，欧洲职能部门和享有法律授权的独立规制机构都属于政府规制的主体范畴。规制客体是指规制的对象，可以是企业、公共部门等法人，也可以是产业、市场等经济系统。规制客体范畴包括客体自身的属性、状态以及客体有关的制度。规制主体与规制客体的关系是指他们在资源、产权、利益、职能等方面的关系性质和程度。

三网融合给规制主体的设置带来了新的挑战。三网融合表现为技术上趋向一致，网络上互联互通，业务上相互交叉和渗透，应用上趋向使用统一的IP协议，经营上相互竞争和合作，降低了信息运作交易成本，促进了产业形态的创新

和信息产业的发展。三大网络通过技术改造，能够提供包括语音、数据、图像、视频等综合多媒体业务，使原本单一线性的产业链变成相互依存、优势互补和资源整合的立体产业链。三网融合消除了垄断，带来全业务、全方位的竞争，这是对市场结构的最重要的影响，竞争将改变垄断的思维定势、服务意识，提高垄断的低效率，降低垄断的高成本，这种竞争带来的改进称为竞争效应[①]。对于广电和电信产业来说，三网融合之前是产业分立的状态，提供的是差异化的不同产品和服务，各自形成完整的产业链，进入壁垒森严。三网融合使产业链出现了分化和裂变，每一个节点从垄断的格局向寡头垄断或自由竞争的格局转变，形成了全业务运营的竞争结构。

一、三网融合语境下西方国家的广播电视规制主体

建立有效的三网融合规制体系是各国应对网络技术发展的需求，实现有效竞争、推动网络融合、促进产业发展的重要保障，世界各国都在积极完善三网融合规制体系。目前，三网融合规制主体主要有三种类型：以英国为代表的完全融合的规制模式，各部门职责消除了电信和广电分块管理的痕迹；以美国和日本为代表的统一规制主体下的分业规制模式，在统一的规制机构和法律框架下，设置不同的部门对电信和广电进行规制；以法国和德国为代表的分业规制模式，成立不同的规制机构，分别监管内容和网络，依法统筹。新加坡虽然是内容和网络分别设立不同的规制部门，但是纳入同一个政府规制部门下管辖，促进三网融合业务的发展。

在三种不同的规制模式中，以英国为代表的融合规制模式是世界上效率最高的模式，也是三网融合规制主体改革的方向。统一的三网融合规制机构的建立对于三网融合业务的有效协调和统筹发展十分重要，有利于消除规制盲点和冲突，消除部门利益和行业利益壁垒，提高规制的专业性、有效性和科学性，维护消费者利益和促进产业发展。

由于规制者可能滥用职权，不能按照社会福利最大化的原则规范行事，而是处于某些集团的利益，或处于主观意志办事，所以要建立规制审查制度，定期对规制的内容、方法、规制政策制定的流程和效果进行全面的审查。应设立政府规制监管机构（如美国信息与规制事务办公室），集中监管、审核各个规制机

① 刘颖悟：《三网融合与政府规制》，中国经济出版社2005年版，第90页。

构的法规和政策；建立一套完备的行政程序，包括政府信息公开制度、回避制度、告知制度、救济制度、申辩制度和说明理由制度等。通过建立行政程序制度，使受规制者的市场行为和规制主体受到规范和制约。

（一）以英国为代表的融合型广播电视规制主体

英国是完全融合型的规制模式，2003年英国推出了新的《电信法》，成立了新的融合规制机构通信办公室OFCOM，同时也规定OFCOM不是政府组织部门，不是民间组织，而是直接对议会专门委员会负责。这个独立统一的规制部门整合了原来的5家监管机构（独立电视委员会ITC、广播标准委员会、无线监管局和无线通信局、电信监管局OFTEL），根据横向功能划分为内容标准、战略市场发展、频谱政策、法律事务、外务和管理、竞争市场和运营办公室等七个分部，详见图2-1。英国通信办公室是一个类似"大部制"的监管机构，它融合了电信、广播电视等多个管理机构的职能，有力促进了英国网络融合的进程。

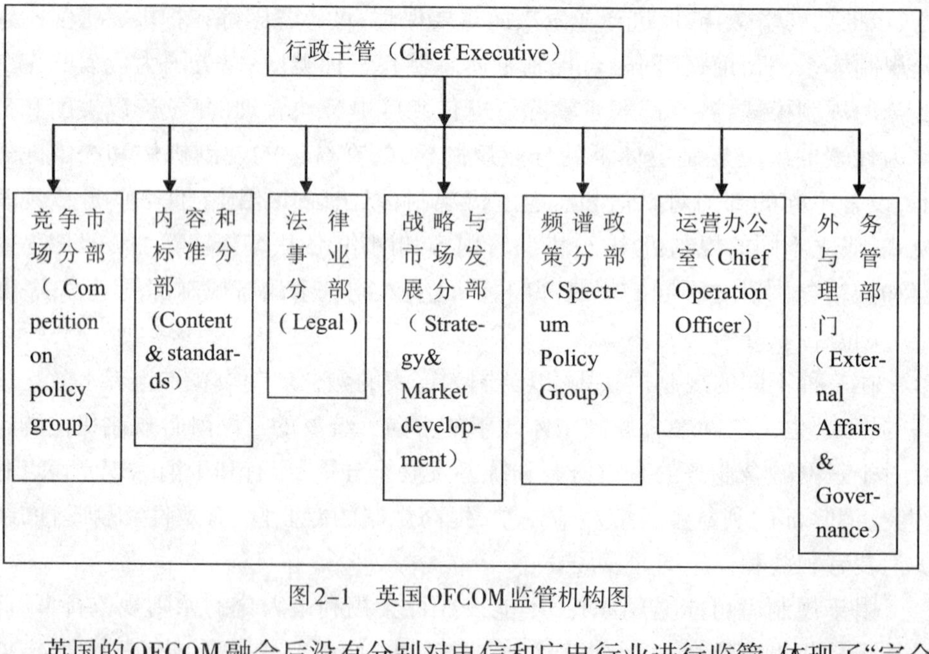

图2-1　英国OFCOM监管机构图

英国的OFCOM融合后没有分别对电信和广电行业进行监管，体现了"完全融合监管的特点"，减少了分头监管导致的部门事务难以协调、时间和管理成本较大等问题。OFCOM是全权负责电视、无线电和电信的监管的机构，不受政府束缚，打破了三网融合领域的各种壁垒。英国传播通信办公室的基本任务是：平衡多种选择与竞争，促进信息内容的多样性；通过促进竞争，满足创新者和投资者的利益，繁荣信息市场；促进电子媒介和信息网络的融合，使消费者受益；随着信息产业进入数字化时代，维护公民的普遍利益[①]。OFCOM的五大主要目标是：促进竞争和创新，确保市民的利益，支持和保护全英国的消费者，维护英国的通信基础设施，实现价值最大化的同时简化和减少监管。英国把广播电视和电信网络都视为统一的电子通信网络，没有广电和电信分块管理的痕迹，这大大减少了规制机构之间的协商成本，提高了工作效率，彻底打破了信息领域中的各种壁垒，尤其加快解决了有关融合方面的政策性问题，推动了英国信息领域技术和业务的进一步发展。英国OFCOM对普通家庭使用的通信服务进行了分析对比，在同样服务标准的情况下，英国家庭承担的费用比意大利低4%，比法国低17%，比德国低22%，比西班牙低46%[②]。

（二）以美国和日本为代表的统一规制主体下的分业监管型的广播电视规制主体

这是统分结合的规制模式，虽然广电和电信是由一个规制主体监管，但是分类监管，按照广电和电信的不同属性实现不同的规制政策和理念。以FCC为例，FCC独立于内阁行政机构行使规制职能，是《电信法》的执行机关，兼具立法、司法和行政执行职能，可以制定规章，执行各种法规，仲裁争议。FCC由无线通信局、有线竞争局、媒体局、执法局、消费者和政府事务局等7个局和10个办公室组成，有线竞争局、无线通信局和执法局监管电信业，由媒体局监管广播电视业，两者关系由通信办公室协调。这种按照电信、有线和大众媒体分业监管的模式出现了规制重叠现象，应该按照价格规制、频谱分配和普遍服务等横向功能重构规制部门[③]。

日本的统一规制部门是总务省，根据职能，总务省分管信息通信的部门包括综合通信基础局、信息与通信政策局以及邮政业务政策计划局。综合通信基础局主要职能是负责广播和通信设施及业务的管理，处理与电信、无线电相关的管理事务；信息与通信政策局主要职能是制定广播和通信发展的政策，管理有线电视和广播业务；邮政业务政策计划局管理邮政相关业务。

美国1996年的《电信法》规定，在广播电视行业方面，媒体局负责地面、有线、卫星广播电视媒体服务政策和牌照发放。在电信行业方面，美国FCC有线竞争局

① 李红祥：《我国未来传媒规制政策的价值取向》，《新闻界》2010年第2期，第70页。

② 王如：《英国OFCOM监管：铁腕与开放并举》，《通信世界周刊》2009年第4期，第24页。

③ *FCC Organizational Structure and Regulatory Convergence,Telecommunications Policy*,Volume 25, Issue 6, July 2001:431.

负责有线通信运营商的政策和牌照发放，无线通信局负责无线通信运营商的政策和牌照发放，执法局则负责《电信法》以及FCC的相关法律法规的执法。美国联邦通信委员会(FCC)是在原有的监管部门基础上成立的融合监管机构，适应了科技和市场新的变化，使其在社会主流意识下自觉对传播内容进行有效的控制，提高了监管的效率。如图4-2美国联邦通信委员会FCC的机构设置，美国的电信与广电监管机构属于同一个规制主体联邦通信委员会FCC，内部仍按照不同的网络和服务分别设置监管部门，但是沟通和协调起来更加灵活。FCC是联邦层面的监管，在地方层面，州公益事业委员会(PUC)处理州内电信业务，州和地方政府对广播电视业务进行管理，其具体职责主要包括：有线电视业务资费、特许费用，有线电视系统建设之特许，服务设施及设备等监管事宜。另外，一些专门的社会机构如广播管理委员会、公共广播社区也对广播电视行业有着监管权力和职责。

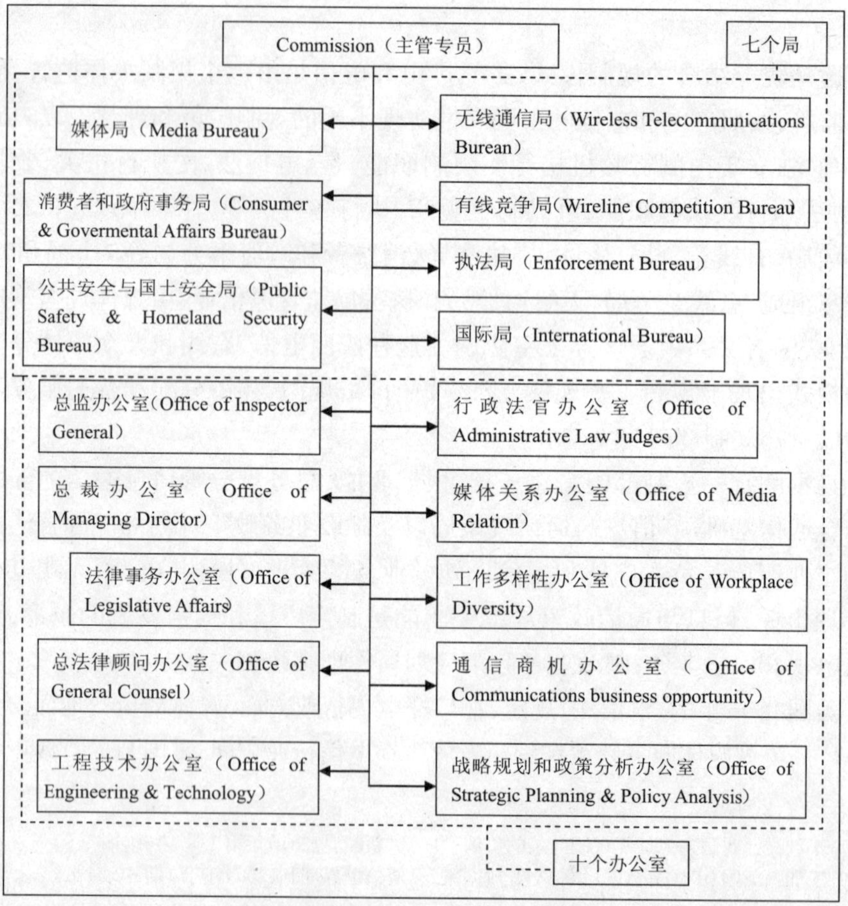

图2-2 美国联邦通信委员会FCC的机构设置

(三)以法国为代表的分业监管的广播电视规制主体

分业规制就是广电与电信等由不同的规制部门进行监管,一些融合性的业务往往由于不同部门利益造成规制冲突,阻碍了发展。法国的电信与广播电视规制机构完全分立,但是两者有着深厚的历史渊源,融合业务发展效果不错。1989年法国修改了《传播自由法》,并设立了真正独立的、有权威的最高视听委员会(CSA, the Conseil Supérieur de L'Audiovisuel),统一管理全国公营、商营广播电视,包括商业化、内容播放和信号传输三大块,确立了比较成熟的广播电视管理体制。电信业务和网络的规制机构是法国国家电子邮政通信管理总局(ARCEP),主要目的是监管法国电信的垄断定价,尤其是对市场占有率较高的、具有市场主导地位的企业重点监管。其次是市场准入,通过发放市场许可证等方式,放开市场,促进竞争。再次是推行普遍服务,法国所有通信企业都要缴纳普遍服务基金,运用这个基金来实施普遍服务。虽然ARCEP不具有对广播电视行业的监管职能,却又参与广电关于容量(网络)和管道(频道)的监管。

法国是由不同的规制部门对广播电视和电信产业进行规制,主要通过法律和政府部门的统筹安排来协调三网融合业务的发展。CSA是法国广播电视监管机构,享受政府授予的极大权力,包括人事提名、经费管理、政策提案、市场监管、监督惩处等。它统一管理包括公营、私营、全国和地方电视节目市场,CSA虽然有政府编列预算作为经费的来源,但在管理方面是完全独立的,CSA不同于美国的FCC,不负责全国的电信方面业务的管理。CSA实现了由政府主导向独立的国家广播电视行业行政机构的转型。负责电信相关业务管理工作的是电子和邮政监管局(ARCEP),目前,ARCEP和CSA在监管方面有着明确的分工,CSA主要负责监管的内容,尤其是视听业务的内容,法国最大的公用广播电视运营商法国电视播送公司(TDF)就受CSA的监管,ARCEP主要负责监管容量(网络)和管道(频道),但根据欧盟的相关规定,在电子通信运营商之间出现网络分歧时,不管这个网络是受监管还是没有受监管,ARCEP都有权进行调解。法国没有建立融合的监管机构,为了保障政府意图有效传达,法国政府在约束两者行为方面出台了一系列相关的法律,如作为法国三网融合基本法律的《电子通信与邮政法》,1998年出台的《电信监管法》,2004年颁布的《视听通信法》等,这些法律推进了法国三网融合的顺利进行,对不同部门之间的工作也起到了很好的协调作用。

亚洲国家新加坡也是由不同的两个部门来对电信和广播电视进行规制,成立于1999年的新加坡信息发展管理局(IDA)的主要职责是承担信息科技和电信部门的综合规划、政策建议、行业监管和产业发展，同时该局还要关注广播电视服务和使用信息通信技术的其他服务的融合进程，以适应新技术的发展。成立于2003年的媒体发展管理局（MDA）是广电监管机构，该局由新加坡广播电视管理局、影片和出版署以及电影委员会合并构成，对于互联网的业务监管也大多属于媒体业务监管。为了协调三网融合业务的发展，新加坡把IDA和MDA置于同一个政府部门——信息通信和艺术部（MITA）管辖之下，通过MITA协调三网融合政策和业务的发展。

亚洲国家韩国是分业监管，电信业监管机构是信息通信部（MIC）和通信委员会（KCC），前者下设通信管制局具体负责通信业事前监管，后者是通信部内半独立的电信监管机构，侧重事后监管。广播电视委员会（KBC）是所有广播电视媒体内容规制的统一机构，拥有地面广播电视、有线广播电视、卫星广播电视、音乐广播电视和有线转播运营的许可和核准等监管权。以IPTV市场的发展为例，韩国信息通信部将IPTV视作高级电信业务的产物，是它的管辖范围，而广播电视委员会指出，IPTV基本上属于广播服务，由于部门利益冲突，所以IPTV等三网融合业务迟迟发展不起来。2008年韩国政府冲破部门利益的干扰，成立了新的广播通信委员会，负责韩国的广播电视、通信和新媒体，实现了三网融合的突破进展。韩国三网融合的经验表明，只有脱俗于行业利益的第三方独立监管机构才能适应三网融合业务发展的要求。

从西方国家三网融合的规制主体的设置经验来看，融合监管比分业监管更具有效率，很少出现利益冲突，规制水平较高，三网融合业务发展健康。而分业监管的国家，大都存在着监管机构之间的利益冲突，制约了融合业务的发展。因为分业监管不利于营造公平竞争的市场环境，网络资源不可避免重复建设，限制了新业务的蓬勃发展，分业监管格局很难推进实现彻底的三网融合，所以在出现监管冲突的时候，建立统一的融合规制主体，在融合主体之下再根据职能不同划分规制部门，最大限度地减少利益冲突，促进融合业务发展和竞争。

西方国家不断创新三网融合规制体系，在不同程度上促进了三网融合的发展，为三网融合奠定了制度保障。特别是西方国家的健全的法律体系对三网融合的规制是有效的支撑，而且这些法律涵盖三网融合的诸多方面，不相互矛盾。同时，注重电信和广电的不同，特别是广电行业涉及意识形态，实行特殊的准入条件。

目前我国由广电总局对广播影视及有线电视运营商进行监管，由工信部对电信及互联网行业进行监管。我国第一步可以建立过渡性机构国务院三网融合协调小组，由有关领导和两部委的负责人组成；第二步逐步实现从分业规制向融合规制转变，将两个监管机构合而为一，将内容和网络分业监管，可将网络监管职能统一到工信部，而内容监管由国家广电总局负责，待条件成熟后建立类似FCC和OFCOM模式的统一的、独立的融合规制机构，提高管理的专业性和有效性，消除监管冲突和监管盲点，提高监管对技术业务市场发展的适应性。

二、我国广播电视规制主体

三网融合客观上需要进行融合规制，消除规制过程中出现的交叉和缺位现象，建立统一的规制框架，提高规制体系的运作效率，适应融合业务的发展，这是规制主体改革的方向。当前，我国是国务院三网融合领导小组统筹三网融合业务后的中国信息产业。长远来看，建立融合的规制主体是发展的必然要求，融合规制主体要从纵向产业划分的规制体系到横向功能划分的规制体系过渡，要设置内容、网络、基础设施和技术等不同的规制部门，针对电信、广电和互联网等不同部门的内容传播特点，设置不同的规制标准。

（一）广播电视规制主体存在的问题

西方政府规制理论经历了三次改变。第一次是政府特许假设的改变，传统的公共利益规制理论的假设是政府是道德人，其规制目标是最大化社会福利。利益集团规制理论改变了这种假设，假设政府是经济人，其规制的目标是最大化自己的利益，因而将规制置于经济学标准的供求关系分析的框架，规制变成了经济系统的内生变量，利益集团为了保护私人利益要求规制，或者自利的政治家为了创租或抽租要求规制。第二次变革是信息完全对称的假设，委托代理理论就是充分考虑信息不对称的情况，提出了一系列的激励规制措施。第三次，“政府是黑箱的假设，无论是公共利益还是传统的利益集团规制理论，都将政府看成是‘黑箱’，利益集团范式下的激励性规制理论则打开了这个黑箱，将政府分为规制者和国会两层，从而在利益集团、规制机构和国会的三层科层结构下探讨‘委托-代理’问题”①。

我国现在规制职权分散在多个行政管理部门，缺乏一个独立、统一、高效的规制机构，为了保障执法的效果，设立独立高效的规制机构尤为必要。同时，“规制者存在自利性，规制者和规制对象有可能组建联盟，导致严重的腐败问

① 张红凤、杨慧：《规制经济学沿革的内在逻辑及发展方向》，《中国社会科学》2011年第6期，第59页。

题，通过创新规制制度、规制规制者，是完善我国政府规制职能的必然要求”[①]。具体来说，我国广电规制主体存在五方面问题。

1.我国媒体的多头管理导致职能重复与政出多门

一段时间以来，各个规制部门的权责和专业分工不明确，不能适应三网融合的发展。新闻出版总署负责报刊和音像图书的出版管理，广电总局负责广电事业的管理，工业和信息化部负责电信等网络管理，国务院新闻办负责对外宣传和互联网宣传的管理，文化部负责文化艺术娱乐业管理。“这种多头管理导致政出多门，所有者目标和行政目标往往不一致，导致委托人缺失，无疑增加了广电媒体的运作成本和交易成本。”[②]多部门共同实施监管，缺乏有效协调，多元的规制政策不能形成有效的合力，造成各行政规制部门的政策效应相互冲突、相互抵消，规制政策效应弱化，甚至无效。另外，行政规制主体缺乏相对独立性和权威性，难以有效地实施行政规制。而且，行政规制组织从属于各级政府，行政级别往往与行政规制客体平级，难以开展行政规制[③]。2013年融合规制部门国家新闻出版广电总局的成立一定程度上缓解了职能重复现象。

表2-1　我国三网融合的监管难题[④]

监管内容	监管机构	监管机构的监管范围
制作监管	广电总局	节目许可管理、节目交易管理等
内容监管	广电总局、文化部、新闻出版总署	版权管理、内容引进、内容审核、内容加工
硬件标准与视听技术监管	工信部、广电总局	TV终端、接入设备、系统集成标准
接入网络监管	工信部	网络宽带标准、点播插件、收费软件等标准
运营监管	广电总局、工信部	业务运营、客服质量、电视台治理

2.单一的产权结构使广电媒体的经营权、管理权和所有权不清

单一的产权结构严重制约了传媒的管理机制的建立，特别是要解决国有资产的出资人对国有资产的责任感和关切度，确保国有资产的影响力和国有资产的安全。产权是一组权力体系，包括占有权、使用权、收益权等。任何产权都是政策制定者、投资者以及产业经营者关注的对象，我国的广电媒体也不例外。明晰的产权结构可以降低交易费用，提高资源配置的效率，分散企业的经营风

① 黄新华：《论政府社会性规制的职能完善》，《政治学研究》2007年第2期，第70页。

② 王冰：《我国“三网融合”的现状、存在问题及对策探讨》，《理论导刊》2012年第10期，第74页。

③ 王键、王红梅：《中国特色政府规制理论新探》，《中国行政管理》2009年第3期，第38页。

④ 杜妍：《三网融合背后的利益纠葛》，《IT时代周刊》2009年第10期，第35页。

险，也是产业重组和资本扩展的前提。因为媒体的实际创办者都是党政部门、事业单位等，国有资产的产权是全民所有，广电媒体的产权结构一元化造成我们媒体资产的保值增值的职责缺乏有效监管。

产权不清造成广电媒体与国家之间的产权关系不明晰，导致义务和权利不明确，传媒产权无法正常流动，无法通过资本运营来实现传媒业资产的优化组合和集团发展，难以形成一个统一的传媒市场。国有资产的委托人缺失造成传媒集团的发展投资风险加大，例如集团决策失误，造成财产流失，决策者也不需要承担什么责任，而因决策失误造成的损失由国家全部承担。一些广电媒体通过股东会、董事会、经理层的委托代理关系来建立公司制，通过所有权和经营权分离来管理好企业。

3.行政壁垒和区域壁垒严重导致资源流动停滞

比较严格的进入规制又致使广播电视媒体可以凭借垄断地位获取高额利润，缺乏潜在的竞争压力，广电媒体自身也缺乏降低成本的动力。我国的广电媒体是通过国家的行政系统建构起来的，由地方各级党委和属地管理，一段时间这种条块分割很难实行跨媒体经营，资源很难实行优化配置，一些有实力的传媒无法实现向外扩张。缺乏跨行业的投资和经营，造成缺乏多元化的赢利渠道，抗击经营风险能力低，造成资源的极大浪费。同时“广电媒体受到行政保护，造成广电媒体条块分割、地区封锁，产业规模小，产业集中度低，重复建设和市场分散严重影响了广电媒体的综合竞争力。中国的垄断行业的形成不是由于竞争出现了垄断，而是行政性垄断，垄断企业与规制部门结合得非常紧密，是经营性垄断和行政性垄断的混合体，行政性垄断维护了垄断高额利润，政府要推进行政性垄断企业改革，提高生产效率，增加消费者福利”①。

4.内部人控制现象

内部人控制是指现代企业中的所有权与经营权（控制权）相分离的前提下形成的，由于经营者与所有者的利益的不一致，经营者权力过大，由此导致了经营者控制公司，即“内部人控制”的现象。所有者缺位很难建立起分层的治理和分权决策制度，这是由于行政运作权力过大，传媒产业组织的管理和运营由少数高层管理人员控制，产权约束机制缺乏。由于信息不对称和代理链条过长，传媒隐瞒和控制相关信息，传媒内部人控制造成过度消费、提高小团体福利和着重眼前利益等弊端。由于规制机构本身是行业主管部门，他们不可避免地为

① 谢爱平：《西方规制理论对中国政府规制改革的启示》，《理论界》2004年第5期，第268页。

保护本部门或行业的局部利益而限制竞争，阻止其他行业的进入，不能平等对待所有市场的参与者。为了改变这种政企合一的规制体制，广播电视的规制部门应该从所有者、经营者过渡到规制者。

5.我国的广播电视媒体具有政企不分、政事不分、企事不分现象①

一段时间以来，广播电视从事多元化的经营时，其拥有的是经营权，所有权是国家的，在集团化或者从事市场行为时，总会遇到产权主体不明或者缺位现象。广电媒体的组织结构大同小异，规模小型化和分散化，市场集中度低，科层制的垂直化的组织结构造成管理层次多，信息流动慢，广电局的管理职能、广电集团的经营功能、广播电视台的业务运营功能交叉重合，多元混合，管理权和经营权横向沟通和协调不够。电视媒体基本上形成了中心制、频道制和制片人制等多种体制纠缠的局面，缺乏根据市场环境、技术变迁和内部资源环境变化促使媒介企业调整内部结构的能力。

(二)广播电视规制主体的改革路径

产业融合时代要建立一个统一的、动态的规制框架，规制目标应该平衡多种选择与竞争，满足创新者和投资者的利益，促进电子媒介和信息网络的融合，促进信息内容的多样性，使消费者受益。伦敦城市大学传播政策研究项目主任彼得·埃斯菲迪斯2002年提出了“规制融合”的概念，即通过展开一系列媒介技术、市场和产业融合的媒介规制变革，建立一个能够适应所有融合领域的共通的规制框架。规制框架应以纵向产业划分为核心的管制体系向以横向功能划分的竞争体系过渡，采用一种水平层级式的融合监管架构，在最高层设置一个统一的融合管理机构，下设内容服务、技术管理和基础设施三大职能部门，对媒介的内容服务与基础设施进行分离管制政策②。

1.建立独立的有权威的规制机构，政企分开，打破行政垄断

规制机构要具有独立性和公正性，脱离部门利益之争，增加规制的公开、公正和透明。政府的规制是规制机构、政治家、企业、利益集团和消费者之间的博弈过程，因各自的目标不同，规制过程也是相互妥协的过程。但是，规制者与被规制者形成了不可分割的经济联系，容易形成政企同盟，把规制机构从原来的行政主管模式中独立出来，成立责权明确的独立的规制机构。完善规制的行政程序制度，加强对规制者的规制，完善听证制度，吸引消费者、企业等各方利益集团参与，充分阐述自己的观点。加强规制过程的公开透明，提高对规制机构

①石长顺、石婧:《中国广播电视公共服务》，光明日报出版社2013年版，第173页。

② Losifidis, P, *Digital Convergence: Challenges for European Regulation*, The Public, 2002 (2) .

运作权利的监督，对规制机构进行行政监督，保护消费者利益和社会公共利益，建立规制制衡措施，防止规制部门的腐败、官僚主义和低效率，保证规制政策的公平公正。建立独立的规制机构，要切断规制者和被规制者之间任何产权和人事方面的纽带，避免既当“裁判员”又当“运动员”，“改变政府既是规制政策的制定者与监督执行者，又是具体业务经营者的状况”[①]。保证决策的公正性和过程的透明性，优化政府规制行为，提高规制效率。使得规制者代表公共利益，站在中立的立场上制定公共政策和行使规制权利。

2.设计有效的规制机构的组织形式

在纵向组织结构上，明确政府规制的边界，减少政府干预的幅度；实行统一的大部门体制，减少部门之间的协调，消除职能的交叉，建立职责明确、资源共享和相互协调的部门伙伴关系。横向的组织架构上，要形成有效的沟通和磋商机制，解决规制过程中的规制缺位和规制重叠问题，设立协调委员会等形式的常设性的协调机构，应付一些重要的或难以解决的问题，并赋予机构实质性的权力以协调各方的矛盾。

3.合理设计委托代理关系中的激励问题

传媒机构的管理者，大部分都是社长、总编辑或党委书记兼任，身份是国家干部，着重舆论导向和宣传的考察，对经营能力缺乏考核，他们的工作底线是宣传和导向正确。传媒行业是一种特殊的行业，政府对传媒业的参与和控制基于经济、政治和社会的考虑，通过新闻宣传和产业组织政策两个层面进行规制。前者是对传媒编辑业务和舆论导向的控制，后者则是对传媒业市场主体微观经济活动的限制。传媒规制机构作为代理人，由于多重代理关系造成的信息不对称，代理人牺牲委托人利益追求自己的利益最大化，引发剩余控制权与剩余索取权的分离，享有控制权的人难以对传媒经济不良后果负责，后果由国家承担，传媒经营者只能享受控制权，没有合法的剩余索取权，缺乏激励机制。

广播电视产业要实现所有权和经营权的分离，改变媒介内部责权脱节的现象，在保障导向正确的前提下，组建董事会、监事会以及有效的法人治理结构，完善董事会和监事会等机制，加强对媒介经理人的监督，使其行为在广播电视媒体的发展战略与规划方向上进行，制止其偏向行为。市场化运作必然要吸引具有高度专业化知识的媒介经理人进入广播电视产业经营，提高管理水平。从局台关系来说，要改变管办不分的现象，广电总局只是从政治导向上加以指导，

① 肖兴志：《自然垄断产业规制体制改革的战略思考》，《改革》2002年第6期，第34页。

不宜干预广电媒体的内部的微观管理。

三、我国广播电视媒体治理模式的重构

我国广播电视治理模式的建构关系到规制的独立性、权威性和公正性，所以广播电视治理模式与规制主体的重构密切相关。我国广播电视台出现的牡丹江模式、上海模式等都是针对我国广播电视媒体的治理出现的弊端的某种修正。第一，牡丹江模式是针对我国广播电视媒体出现的出资人缺位和产权不清进行的改革。我国的广播电视媒体的资产归国家所有，是事业单位，但是国家作为出资人没有对广播电视的国有资产进行监督和考核，传媒的主管部门是党政部门，他们对国有资产没有合法的所有权、管理权和支配权，如何平衡这些权利，实现多重目标和多重监管，这是牡丹江模式的一种突破。第二，上海广播电视台模式。一段时间，我国的广播电视产业产权不清，缺乏一个统一的传媒市场体系，产权无法正常流通，进入壁垒森严和行政性垄断程度高，节目的生产前店后厂、自制自销。实现制播分离，通过市场机制完善广播电视资产的优化配置是上海广播电视台模式的重点。广播电视台的治理模式应该是结合各自优点，首先应该像上海广播电视台那样制播分离，分离出去的产业再像牡丹江传媒集团那样加强国有资产的经营管理，引入法人治理结构。

（一）牡丹江传媒集团治理模式

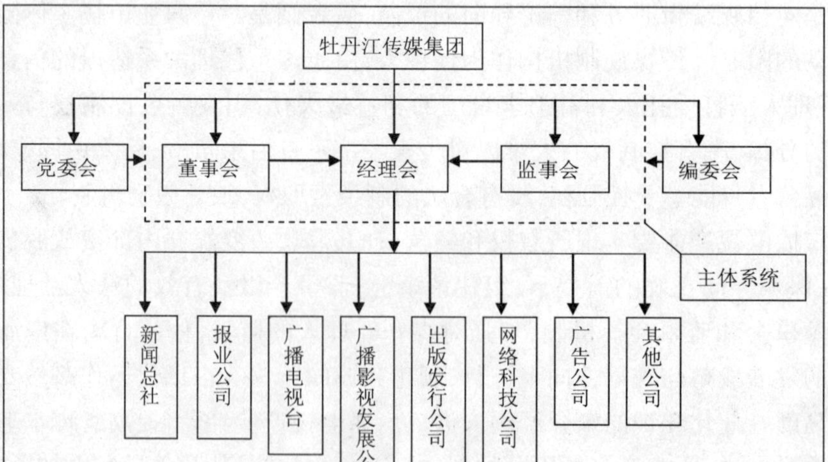

图2-3　牡丹江传媒集团的治理模式

牡丹江传媒集团的管理系统是“3 + 2”组织结构治理模式，如图2–3所示，主体由董事会、监事会、经理会（含总经理和总编辑）组成，党委会、编委会是辅助系统。在党委政府和传媒之间合理配置剩余占有权和剩余控制权，既有效调动传媒积极性，保证正确的舆论导向，又使国有资产保值增值。这种治理模式达到外部治理和内部治理的有机结合，能够使政府和传媒之间有效地双向沟通。它不仅注重政治利益最大化，而且国家作为出资人，作为国有股东身份追求股东利益最大化，从行政型治理方式向契约型治理方式转变。

牡丹江传媒集团是由报业集团和广播电视集团组成建立的产权明晰的现代传媒治理结构。实现所有者和管理者分离、所有权和经营权分离是牡丹江传媒集团改革的目标①。但是，同一个市场中报业集团和广播电视集团的合并会一定程度上造成市场垄断以及舆论声音的单一化。

首先，牡丹江传媒集团的法人治理机构是由权力机构、决策机构、监督机构和执行机构四部分组成的。权力机构由牡丹江市委市政府的广电局、宣传部、国资委等组成，对集团授权经营并进行宣传管理，集团董事长、党委书记及主要高层人员由市委管理，编委会和党委会接受宣传部门领导。决策机构为集团董事会，董事长是法人代表。执行机构为集团下属的各个子公司，包括新闻总社、广播电视台、报业公司、节目公司、广告公司、发行公司、技术设备公司等。监督机构则由党委会、监事会、职工代表大会组成，党委会对董事会全面监督，监事会进行资产监督，职工代表大会实行民主监督，国资委下派监事组成集团监事会。

其次，党委会与董事会职能分开，实行政企分开。董事长由政府任命，党委会由上级党委任命，董事长可兼任党委书记，行使舆论导向权、重要人事权，宏观上监督董事会，不参与经营决策。监事会对国有资产的保值增值和经营管理进行监督，是国资委下派的监督机构。编委会是党委会领导下的专门委员会，对传媒集团的宣传负责。经理会中总经理人选由董事会决定，总编辑人选由党委会和董事会决定，都应在三个以上候选人竞争的基础上产生。管理层责、权、利明确，各司其职，实现管理层、决策层和监督层相互制约的领导体制。

再次，经营部门都可以成立自己的子公司，集团的子公司均取消行政级别，与母公司是产业纽带关系，母公司可以通过逐级控股，弱化政府对传媒的行政干预。子公司是独立的企业法人实体，除了经营集团的资产以外，可以拓展经

① 周鸿铎主编：《牡丹江新闻传媒集团发展报告》，社会科学文献出版社2006年版，第60页。

营空间。为了保证舆论导向的正确性,集团的宣传由集团编委会直接负责,子公司的编委会均服从集团编委会的领导。母公司通过安排若干个董事对子公司进行间接管理,而不是通过委托行政官员来实现直接管理,董事的作用是通过董事会来实现的。在传媒产业的“委托-代理”的治理结构中,为了保证代理人能够充分确保委托人的目标实现,要在内部治理机制上设计出符合传媒特点的权力分配机制和激励约束机制,同时要合理分配广播电视产业的剩余索取权和剩余控制权等。

牡丹江传媒集团的法人治理模式的基本特点是:第一,权力部门、监督部门、决策部门和执行部门各司其职,分层管理,各部门相互制衡,减少管理上的官僚主义,提高管理效率,采取新闻宣传和资产经营两分开的原则,纵向分层管理。第二,改变广播电视媒体的宣传与行政单边治理的模式,改变传媒集团经济效益落后的局面。既明确了传媒的产权归属问题,避免了所有权的缺位,传媒集团依法自主经营,对出资人承担保值增值的职责,又能够对党委宣传部门承担舆论导向的功能,保证喉舌性质不变。第三,牡丹江传媒集团对下属的企业控股经营,改变了行政化的管理方式,把行政性的隶属关系改变为以资本为纽带的产权关系,实现了政企分开。牡丹江广播电视台与广播电视集团公司分开,建立现代企业制度,使企业成为市场竞争主体。从经济学角度我们可以把牡丹江集团治理模式归纳总结为:在“政治”逻辑和“资本”逻辑的双重主导下、在法律框架内,政治力量与市场力量协同管理,党委领导与法人治理结构相结合,多元主体既相互制衡又注重协调和持续互动的理想的治理模式体现了传媒治理结构“3+2”模式的治理思路,对中国传媒治理结构创新有指导意义①。第四,由市场机制选拔经理人并决定他们的报酬,健全人力资源的评价测量体系,通过市场评价他们的绩效、经营的好坏,通过各种机制激励和约束职业经营者,在国有产权主导和国家行政指导下实现传媒产业化和集约化经营,行政力量不具体参与到传媒的经营活动当中去,通过市场配置资源。

(二)上海广播电视台治理模式

2009年,上海市广播电视体制进行改革,经国家广电总局批复,撤销上海的文广新闻传媒集团,上海广播电视台、上海东方传媒集团公司是在原上海文广新闻传媒集团(SMG)的基础上拆分重组形成的。上海的广播电视台由上海市

① 周劲:《传媒治理结构:制度分析与实证研究》,《现代传播》2005年第4期,第54页。

文化广播影视管理局依法成立，并对其进行行政管理。如图2–4所示，上海广播电视台实行事业体制，实行党委领导下的台长负责制，保留经广播总局批准的东方卫视、第一财经、哈哈少儿、影视剧等15个电视频道和11个广播频率，频道和频率实行总监负责制。上海广播电视台节目编审委员会是播出管理和舆论导向管理的常设机构，由台领导、总编室负责人、各频道频率总监组成。总编室是节目编审委员会的具体执行部门，具体负责宣传管理，节目定位、审核、编排，节目播出管理，版权管理，节目监听监看，播音主持管理，频率频道资源管理等。播出总控由原来的技术运营部门组成，主要负责播出控制、节目传输、新闻节目制作、直播的技术支持、新媒体播出端口等，两个新闻中心全面负责各类新闻及新闻类、监督调查类节目的采编工作，向各频率频道提供所有的新闻类节目。

上海广播电视台模式是在制播分离的基础上，把可经营性资产全部剥离出去，建立现代企业制度，而电视频道和广播频率是国有资产，属于事业单位，时政新闻类节目由广播电视台自己制作，保持事业性质，而可经营性资产上海东方传媒集团则是企业单位，通过实行国有资产的授权经营，培育一个有自主决策能力的市场主体，通过市场的公平有序竞争把资源配置到最优状态，达到一种最佳的市场均衡状态，建立一个进退自由和公正合理的市场体系。

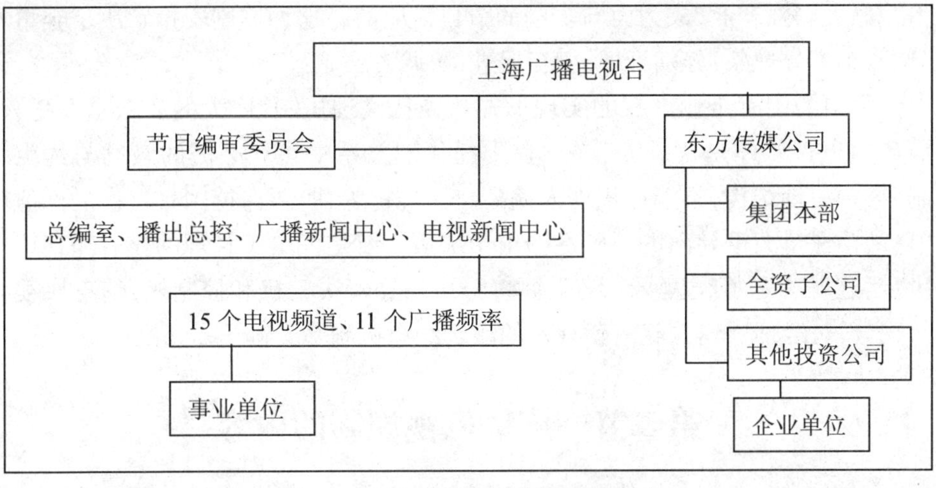

图2–4　上海广播电视台的治理模式

与此同时，上海广播电视台创新了节目播出、采购、招标、评价等机制，改变了过去的自制自播模式，通过委托制作、合作制作、直接购买等多重手段，面向台内外、面向市场订购节目，实现节目的优质化、品牌化和多样性。通过建立公平合理的节目评价体系,实现公开透明的节目委托、招标、评审、定价、采购机制,实现公平竞争、优质优价,节目评价体系包括内容、导向、视听率、受众的满意度等。

上海东方传媒是上海广播电视台台属、台控、台管的控股集团公司,上海广播电视台掌握该公司重大事项的决策权、资产配置的控股权、主要领导的任免权、节目内容的编辑权、审查权和播出权。集团公司承担节目制作、广告经营、节目版权销售及媒体延伸经营等业务,自主经营、自负盈亏,独立承担经营责任和风险。按照《公司法》的要求,东方传媒集团建立并培育合格的市场主体,集团公司建立包括党委会、董事会、监事会以及经理层在内的法人治理机构,确保决策、执行、监督各机构独立运行,有效制衡,形成高效的决策机制和激励约束机制。

上海东方传媒按照现代企业制度建立企业集团财务管理制度,上海广播电视台是上海东方传媒集团的出资方,后者向前者上缴利润收益,为前者的新闻节目制作、节目播出以及事业发展等提供财力支持。上海广播电视台掌握频道频率资源是事业性质,确立新闻立台,符合国家对公益性事业"增加投入、转换机制、增强活力、改善服务"的要求。东方传媒集团是统筹政策允许的可分离的制作业务和其他可经营的资产和业务,"创新体制、转换机制、面向市场、壮大实力",做大做强产业,成为面向全国的节目供应商。这种体制安排解决了企事不分、政企不分现象,分别管理,相互促进,协调发展。

我国的国有企业产权的实现形式是委托代理机制,广大的公众是委托人,而广播电视媒体是代理人,必须在委托代理关系中建立必需的激励与约束机制,完善治理结构,不能让代理人偏离自己的行为,既要保持国有资产的保值增值,又要保持舆论导向的正确性。由于决策主要是由出于管理的核心经理层来决定,这就决定了经理层最终掌握着公司的经营决策权和控制权,信息比委托人充分,对经理层建立起一套有效的激励约束机制是关键。

第二节　广播电视规制的内容

规制主要针对市场失灵领域,经济性规制内容涉及进入和退出、价格、质量、投资等方面规制,社会性规制内容涉及外部性和信息不对称领域,主要是针对广播电视节目的质量规制,以及广播电视的侵权行为等。一般来说,价格规制和进入规制是最基本的规制内容,进入规制是指在自然垄断或行政垄断行业中，为了提高生产率，确保规模经济和范围经济效益，特许一家企业或极少数几家企业的进入，是限制过度竞争的需要。价格规制则是防止垄断企业操纵市场价格，从而获取超额利润。社会性规制主要是色情、暴力、"三俗化"等负外部性的节目内容规制，以及各种正外部性节目的激励性规制，对新闻侵权以及各种违法行为进行事后的法律规制。广播电视市场失灵表现、具体领域以及规制的具体措施可以用表2-2表示。

表2-2　广播电视市场失灵与规制领域

市场失灵类型	具体的领域	规制措施
公共产品	无线广播电视	经济性规制（政府的公共服务）
资源稀缺性	无线广播电视	经济性规制（进入与退出）
垄断性	有线电视	经济性规制（进入、价格、质量、投资等）
信息不对称	有线价格和节目	经济性规制（价格和质量）
外部性	广播电视节目	社会性规制（节目质量）
网络性	有线电视	经济性规制（进入与退出）

第一是价格规制，包括对公用事业、公益事业和自然垄断部门的收费项目、收费标准和收费结构的规制。西方对公用事业的价格规制有投资回报率规制、价格上限规制、要素收益率规制等，我国广播电视价格规制主要涉及有线电视的定价以及广播电视机构是否对广告商有垄断定价、差别定价的行为，规制部门要干预垄断产品的价格形成过程。在消费者和企业收益之间寻求一个平衡点，既保护企业的正常收益，又保护消费者的利益。

第二是进入和退出规制。进入规制是指对企业进入某一市场或某一行业和专家进入某一职业的公共规制，主要是针对经济发展所需产品的行业结构和产品市场结构以及企业的市场行为，目的是促进社会资源的合理配置，限制企业的供给行为，确保规模经济和范围经济效应，遏制恶性竞争和重复建设，减少社会资源的耗损，保证行业合理的利润水平和消费者的效应值，提高生产和消费的组织效率和市场效率。

进入规制包括垄断结构行业的进入规制、竞争结构行业的进入规制、专业人员的进入规制等，对行业的进入规制通常是实行许可制、注册制、申报制等形式。对于垄断结构行业的进入规制，控制企业数量，确保技术的统一性，保证这一行业商品和服务的有效供给。对于竞争结构行业的进入规制，我国一般对电信、金融、建筑业、制造业和流通业实行进入规制，主要原因是信息不对称、保护规模经济效益、防止过度竞争、保证国家财政收入等。对律师、医生和建筑等行业专业人员的进入规制是为了保护人力资源的充分利用，保障消费者利益和服务质量。对于我国的广播电视行业，国家新闻出版广电总局负责广播电影电视、信息网络视听节目服务机构和业务的监管并实施准入和退出管理，负责对从事广播电影电视节目制作民办机构的监管工作，主要是控制生产者的进入数量，保证供给规模，防止过度竞争，提高服务质量和效率。通过发放经营许可证、特许权、实行国有化，以保持垄断，降低成本，发挥规模经济效益。

第三是产品质量与服务规制。产品质量规制是对产品质量、数量、外部性以及安全进行规制，目的是提高商品、服务的总体质量水平，维护人们的安全和健康，提高资源配置效率。由于我国广播电视具有意识形态的特点，国家要对广播电视的舆论导向、宣传方针、典型报道进行规制，规制广播电视对外以及对港澳台的交流与合作，负责广播电视节目的进口和收录等，目的是把握正确的导向，发挥激励作用。由于广播电视的公益性，可以确保广播电视网络传输的覆盖，保证广播电视公共服务的供给水平。由于广播电视的外部性，要对广播电视节目、信息网络视听节目和公共视听载体播放的视听节目进行规制，审查其内容和质量，同时要对广播电视节目传输、监测和安全进行规制。

第四是投资规制。投资规制包括对实业投资和金融投资的规制等，如设备更新、投资扩张、与规制有关的以及受规制对象之外的行业多角化投资的规制，还有与此相关的企业合并、企业上市规制等。无论是垄断性行业或竞争性行业，投资性规制都是为了防止投资不足或投资过度，规制者鼓励企业投资，以满足不断增长的产品和服务需求，又要防止企业间过度竞争、重复投资，还要对投资品的优化组合进行规制，以确保投资效率和效益。

我国广播电视行业的投资规制包括网络传输和节目制作两个领域，具体包括广播电视的重点基础设施和重点工程建设，扶助老少边贫地区广播影视建设和发展，广播电视的公共服务领域等，对于可以引入社会资本的有线网络传输领域，建立国有资本为主体的多元化投资体系。在广播电视节目制作领域，在制播分离的基础上，保留广播电视播出机构的事业单位属性，除新闻时政类节目以外，剥离娱乐节目、影视剧等可经营性资产，建立市场主体，引入竞争机制，并在条件许可的情况下积极上市融资。2009年国务院发布的文化产业振兴规划就提出有条件的文化企业进入主板、创业板上市融资，发行企业债券，鼓励已经上市的文化企业通过公开增发、定向增发等再融资手段并购和重组。

第三节　广播电视规制的目标

政府规制的目标是一个保护消费者、企业和市场在内的多元的价值函数，实现资源的优化配置，提高企业的生产效率，维护消费者的利益和促进社会分配公平，维护企业发展潜力。所以规制既要考虑企业经济利益，也要考虑社会利益。

一、政府规制的目标

首先是为了实现资源的有效配置，防止垄断企业利用市场支配地位确定垄断高价或者差别定价，以及对顾客有差别地提供服务来获取垄断利润，损害消费者利益。垄断企业在资源配置中往往出现资源配置的不合理，包括不合理的价格形成、不合理的生产过程等，规制就是要实现帕累托最优的资源配置效率。

其次是维护消费者利益，垄断企业经常确定垄断高价和差别定价，追求利益最大化，损耗消费者利益，将消费者剩余转变为一部分企业利润进行分配。从公益事业的社会性职能出发，要求其服务是公平的，要对所有顾客担负起提供服务的义务。

再次是提高企业的内部生产效率。如果企业市场结构是垄断的，企业很少受到外来竞争压力，那么企业主动提高生产效率的积极性就低，不能利用企业现有的技术条件和人力资源实现人、财、物的优化组合，无法用最优的规模提高生产效率，通过政府的公共规制有可能促进企业的效率。

最后是维护企业的发展潜力。自然垄断企业具有投资额度大、回报周期长的特点，为了适应不断增长的需求，垄断性产业需要不断扩展规模，具有一定的自我积累、不断发展能力以及不断提高市场供给能力。如果投资不当，不仅会造成供给不足，而且不能实现企业的增长。总之，稳定企业财务、企业的收支平衡、企业的可持续发展和供给的连续性都是规制的目标。

二、广播电视规制的目标

广播电视是具有自然垄断、外部性、信息不对称的公共产品或准公共产品，世界各国都对其进行严格的规制。针对自然垄断行为，规制的目的是尽可能避免市场弊端和市场缺损现象，使市场保持效率，有效地配置资源。除了有线传输方面的垄断性需要规制以外，广播电视机构的节目内容也是规制的重要对象，特别是一些民族艺术、传统文化、教育科学等正外部性的节目，市场供给不足。针对广播电视节目具有外部性、信息不对称等特点，为了提高市场供给水平，我们需要采取激励性规制措施。

在新的规制实践不断发展的背景下，规制主体除了政府以外，还包括具有相应规制强度的各国政府规制执行部门（独立的规制执行机构）、国际组织、区域性组织和行业性自律性组织，核心是规制执行部门，而各规制主体之间的联系日益加强，不能割裂开来，需要发挥规制主体之间的协同作用，不能偏废[①]。对于广播电视行业来说，西方国家的公共广播电视和商业广播电视具有不同的规制主体，分别采取不同的措施对广播电视进行规制，而且规制目的也不同，经济性规制主要是提高效率，而社会性规制则强调公平。

广播电视经济性规制目标是克服市场失灵，而市场失灵主要表现为自然垄断、信息不对称、公共产品、外部性等方面。也就是说，规制的目标是实现广播电视资源的优化配置，提高广播电视企业的生产效率，满足受众的知情权，促进广播电视产业的协调发展。如果说广播电视规制的目标是一个价值函数，那么这个目标要从消费者、社会、广播电视事业和产业等多个层面考虑。

从消费者角度考虑，就是防止广播电视机构利用市场支配地位，垄断价格，损害消费者利益，将消费者剩余变为企业的利润进行分配。所以对有线电视的价格进行规制，如对有线电视的价格调整可以采取听证制度。同时，通过多样化的节目满足受众的收视需求，通过基本的信号覆盖达到广播电视服务的均等化。

从企业的角度看，就是提高广播电视机构的生产效率。如果广播电视的市场结构是垄断的，很少受到外来的压力，提高企业的生产效率的积极性就会降低，不能利用企业现有的技术条件和人力资源条件实现人、财、物的优化组合，无法用最优的规模提高生产效率。维护广播电视产业的发展潜力也是规制的重要目标。广播电视产业具有高投入、高技术含量、回报周期长的特点，为了适应广大公众对广播电视不断提高的收听需求，广播电视产业要加强投资力度，保证市场的供给能力。广播电视产业要有一定的自我积累、不断发展的能力，稳定的企业财务是企业可持续发展的重要保证。

社会性规制目标就是，从广播电视事业角度来看，不分年龄、民族、性别、区

---

① 曲振涛、杨恺钧：《规制经济学》，复旦大学出版社2006年版，第1页。

域等，保证广大的公众可以接受到基本的广播电视节目，满足受众的知情权。内容方面，保证内容传播的公平性、优质性、公益性，满足基本的信息、教育和娱乐的收视需求，提供受众喜闻乐见的各类节目，坚决抵制各类“三俗化”的节目，促进正外部性节目的制作和播出，监管负外部性节目的播出，形成健康的广播电视节目市场。

第三章　西方国家广播电视规制

西方国家广播电视大部分经历了公共广播垄断、公共广播和商业广播的“双轨制”以及多元化体制等几个阶段，是逐渐放松经济性规制的过程。西方国家这种普遍建立公共广播电视和商业广播电视并行不悖的体制缘于广播电视资源的稀缺性和市场失灵，平衡消费者权利和公民权利。我国的广播电视制度经历了完全行政化、市场化、产业化和双轨制阶段，2003年我国在文化政策方面提出了公益性事业和经营性产业双轨运营的方针。但是一段时间，在自负盈亏、减少财政拨款的前提下，广播电视出现了泛娱乐化和商业化的趋势，广播电视公益性规制面临现实困境。

第一节　西方国家广播电视规制的理念

广播电视最初的传播介质是无线电波，从技术角度说，无论是调频广播或调幅广播，还是电视的广播频段都是有限的，即使是数字化、融合化的时代，这种资源也不是无限的，这点与报纸、网络是截然不同的。广播电视频率数量上的稀缺性，属于公共资源，获得执照许可的广播电视机构是“公共委托人”，必须履行公共服务的义务，只不过美国选择了私有制，而以英国为代表的欧洲国家选择了公有制。但是无论哪种体制都对广播电视实现严格的规制，原因是广播电视具有公共产品、信息不对称性、外部性等属性，容易导致市场失灵，西方国家对广播电视进行规制的原因有如下几点①。

第一，由于广播频率资源的特殊性和稀缺性，政府必须就这种有限的公共资源进行配置。在英国，缘于电波频率的稀缺性和传播范围的无边界性，广播自诞生之日起就受到严格的规制，政府不得不就波段在广播、商船、武装部队和电信之间进行配置。广播作为技术性通讯媒介，跟邮政、电话和公共交通一样，

① 肖叶飞：《媒介融合语境下西方国家广播电视规制的变革》，《国际新闻界》2011年第2期，第60页。

成为“公用事业”,是政府提供的一种公共服务[①]。美国沃伦·伯格大法官在“基督教联合会通讯处诉FCC案”中发表的意见,体现了法律制定者对于广播管理的一贯理念:“广播寻求并获准自由、排他地使用公共领域有限的、有价值的部分,在接受这种特许的同时也意味着富有强制性的公共义务。报纸可以随经营者想法运营,广播却不能”[②]。在广播产生时期,按照美国的自由主义和民粹主义的传统,美国选择了私有制。1922年第一次华盛顿无线电会议对广播确立了三个基本的信条:第一,频率资源属于大众,属于全体国民;第二,由于广播频率有限,联邦政府应该在广播频带中建立秩序,管理和约束广播行为;第三,私人所有的电台也可以为公共利益广播,他们应该且必须提供公共服务。而且在以后的历次通讯法案中,把公众的利益、便利和必需作为广播的准则[③]。

第二,广播电视产品和服务是准公共产品,完全市场供给容易导致“市场失灵”,必须设计合理的制度和规制政策。比如地面广播电视信号的覆盖,具有消费上的非排他性,市场供给无法排除不想付费的人的接收,“搭便车”现象的普遍存在使对这种产品的收费变得异常困难,提供这种产品的驱动力和激励就会消失,出现市场提供模式失灵。譬如内容供给方面,由于频谱资源的有限性,市场失灵依然存在,为了保证广播电视产品和服务的稳定和可靠的供给,使用电波这种稀缺资源的广播电视媒体必须承担一定的社会责任和公共服务的义务。西方国家为了满足公众的信息接近权,实现普遍服务的目标,实施“必须传输”的原则,确保每个地区都在广播电视的信号覆盖范围之内,同时保证每个公众能够通过各种渠道获取各类信息。

第三,作为公共资源的广播电视要维护公共利益与公共领域。美国1925年第四次年度广播会议上,赫伯特·胡佛首次表述了广播通讯中的“公共利益”概念,他写道:天空是一种公共传媒,它的使用必须是为了公共福祉的需要。只有在公共福祉存在的情况下,电台频道的使用才具有正当理由[④]。公共利益是社会或国家占绝大多数人的集团利益,而不是少数人或者几个专业部门的利益,所以,维护广播电视的公共利益不是提高少数人的福利,而是提高绝大多数人的福利。为了调和公共利益、政治利益、经济利益和文化利益的矛盾,

① Andrew Goodwin, Garry Whannel, *Understanding Television: Studies in Culture and Communication*, London:EC4P 4EE,1990:20~21.

② 梁宁、范春燕:《媒介法教学参考资料》,清华大学出版社2004年版,第289页。

③ 郭镇之:《中外广播电视史》,复旦大学出版社2008年版,第39页。

④ Erwin.G.Krsonw. Jack.N .Goodman, *The Public Interest Standard:The Search for the Holy Grail*,50Fed Comm. L .J.60 5,1998.

协调媒体、政府、企业、社会和公众的关系，西方国家实行公共广播电视与商业广播电视共存的分营体制，实现不同的价值目标和利益诉求。在西方自由主义传统看来，广播电视作为意见表达的平台和信息传播的载体，是民主社会不可或缺的组成部分，在公共领域中承担着不可替代的责任，既可以鼓励大众参与公众生活讨论，表达各自意见，又可以对国家机器和民主进程行使批判和监督。

西方学者对广播电视媒体在公共领域中的作用已有大量的论述，德国哲学家尤尔根·哈贝马斯《公共领域的结构转型》一书认为公共领域“首先可以理解为一个由私人集合而成的公众的领域；但私人随即就要求这一受上层控制的公共领域反对公共权力机关本身，以便就基本已经属于私人但仍然具有公共性质的商品交换和社会劳动领域中的一般交换规则等问题同公共权力机关展开讨论”[①]。按照他的理解，公共领域是指介于国家和社会之间的一个公共空间，公民们假定可以在这个空间中自由参与公共事务而不受干涉。西方国家通过公共广播电视模式以及独立的监管机构，确保充分的信息传播和各种信息的自由表达，使编播的独立性和新闻报道的客观性与利益集团和党派保持一定的距离，从而对公共事务作出正确的判断，维护公共领域。

第四，由于信息不对称与外部性造成市场失灵，所以要加强广播电视节目和服务的规制。由于广播电视频谱资源的稀缺性，作为广播电视频谱资源的拥有者和公众之间是“委托-代理”关系，委托人是普通的公众，而广播电视机构是代理人。由于代理人信息的优势，造成信息不对称，导致利益分配的不均和道德风险的增加。新闻传播过程中虚假广告、新闻广告就是信息不对称的表现，广播电视节目的收视过程也表现出信息不对称现象，这些都会造成对公众的损害。所以，在信息不对称的情况下，广播电视媒体存在道德风险，并不一定制作高品质的优良节目，而是提供平均成本低而吸引眼球的节目，甚至是鱼龙混杂、粗制滥造的节目，而受众则因为信息贫乏而可能逆向选择了这些“营养不良”的节目。信息不对称下的广播电视媒体存在道德风险，例如电视媒体充斥着“三俗化”的节目，而有关公共事务的深度报道、教育文化节目等供给不足。

另外，广播电视产品和服务具有外部性，即企业或个人向市场之外的其他人所强加的成本或效益[②]。当公司从事某种活动的私人成本与社会成本不一致时就产生了外部性，企业污染就是典型的负外部性，广播电视也具有负外部性，

① [德]哈贝马斯：《公共领域的结构转型》，曹卫东等译，学林出版社1999年版，第32页。
② [美]保罗·萨缪尔森、威廉·诺德豪斯：《经济学》，肖琛译，人民邮电出版社2008年版，第31页。

例如“三俗”现象和暴力色情内容就是典型的负外部性。广播电视也具有正外部性,例如公共事务的报道,促进民主政治、参政议政和科学决策;纪录片、教育和文化节目,有助于提高受众的品位、见识和能力,而这种教育功能是潜移默化的。但是“受众往往愿意消费那些不太“好”的节目而不是那些对他们有长远好处的有教育和培训作用的节目,因此在自由市场情况下,正外部性的节目往往供应不足”①。鉴于此,美国要求公共广播网必须播放一定量的教育、科学、文化、信息类和纪实类节目。欧盟一直积极维护广播电视服务的传统价值观,包括文化和语言的多样性以及维护消费者的选择权,全面实现广播电视服务的政治、社会和文化功能。

最后,广播电视涉及言论自由与国家信息安全。广播电视与公众的言论表达自由密切相关,也与国家的信息安全、文化主权密切相关。西方国家为了维护主流价值观和民族传统文化,对外国企业的参股、并购和控制行为进行限制,对外国节目的播出比例进行限制,给予本国的广播电视产业特殊的保护。例如,加拿大通过财政和税收等措施鼓励本国广播电视产业的发展。欧洲对广播电视节目实行配额制,《电视无国界》规定,专为保护本土节目制作产业而制定的强制性欧洲生产的节目配额要求所有欧洲电视台确保所播放的节目中至少有50%是欧洲原产的,有的国家通过公共资金资助生产正外部性的节目的制作商。欧盟成员国应在切实可行的情况下,运用恰当的手段,确保电视台为欧洲作品保留大部分的播放时间,这不包括播放新闻、体育活动、广告和字幕的特定时间。播放欧洲作品的时间比例应该按适当的标准逐步实现②。

第二节　西方国家广播电视体制

一个国家的广播电视规制主要取决于这个国家的整体政治制度和经济制度,由广播电视的进入与退出、价格、质量和投资等规制体系构成,包括法律法规、组织机构和各种正式颁布的条文条例。政府规制的特征主要体现在各国的广播电视体制上。在西方国家,与报纸、出版产业普遍实行私有化、产业化和商业化不同,广播电视普遍实行“双轨制”,即公共广播电视和商业广播电视共存,

① [英]吉莉安·道尔:《理解媒介经济学》,李颖译,清华大学出版社2004年版,第46页。

② Television without Frontiers(The broadcasting directive)97/36/EC.Chiplin,B,and Strurgess,B. *Economics of Advertising*, London:Advertising Association, 1981.

这两种体制“划江而治”，各司其职。公共广播电视满足社会多元化和多样化的需求，把受众当成“公众”或“公民”，注重广播电视的社会效益和文化、教育功能，维护公共利益，收视费和财政收入为主要经济来源。商业广播电视把受众当成“消费者”，满足甚至迎合受众的需求，追求经济效率和商业利润，以广告为主要的收入来源。公共广播电视和商业广播电视的“双轨制”是平衡公共利益与商业利益、社会的普遍利益和企业的特殊利益以及社会福利和市场效率的一种比较合理的制度设计，也是西方国家广播电视体制的普遍选择。

西方国家从公共利益、公共服务、公共领域等不同的理念出发，实行了广播电视的分营体制，以弥补商业广播电视的缺陷和市场失灵。但是由于各国的历史传统、执政理念、政策范式不同，广播电视的分营体制也不尽相同，特别是两者在广播电视体制中的地位、影响力和受众规模等相差甚远。从规制历史的角度看，放松经济性规制，在有线电视领域和商业广播电视领域打破市场壁垒。放松进入和退出、价格和投资规制，提高效率。而对公共广播电视则强化社会性规制，提高节目的质量，与商业性广播电视保持平衡。

一、以英国、日本为代表的公共广播电视主导型的体制变迁

(一)英国广播电视规制的历史

英国广播电视规制的发展经历了三个阶段，即BBC垄断阶段(1927—1954)、公商双轨制阶段(1954—1978)和多元化分营阶段(1978年至今)，其主要规制特点就是放松结构规制，强化行为规制，即由公共广播垄断经营体制逐步向公营广播和商业广播并存的多元化体制转变。

第一阶段是公营广播BBC垄断阶段。成立于1922年的BBC原本是一家由许多无线电制造商和财团共同投资旨在获取商业利润的公司，主要的收入来源是收音机的税收和执照费，由英国的邮政局监管。但是由于用户规模小，逃税现象严重，BBC肇建阶段收入来源、治理和盈利模式出现了问题，英国邮政部组织了塞克斯委员会和克劳福德委员会调研BBC的经营状况，并提交报告。在报告的基础上，英国BBC改组并获取皇家宪章，英国广播公司“British Broadcasting Company”改成“British Broadcasting Corporation”，即由营利性质的公司改为公共服务性质的公司，其宗旨就是最大限度地为公众提供信息、教育和娱乐节目，这种公共服务制度的设计反映了英国的精英文化旨趣超越了利润和娱乐的狭隘视野。因为广播频率作为稀缺的资源，就像邮电交通一样属于公共事业，为了更好

地为公众提供服务，英国精英分子认为成立独立的公共服务机构，全国收取执照费，免于广播电视落入政府和商业公司手中。由此，英国成为世界上最早实现公共广播服务的国家，垄断经营、皇家宪章和执照协议、独立的监管机构理事会等成为其治理的基本结构。

BBC第一任总经理约翰·里斯提出这样的广播理念：第一，娱乐不能作为广播的唯一目的；第二，广播有责任将人类努力和成就的一切最美好的事情传达给更多的家庭；第三，广播应当引导大众趣味而不是迎合大众的趣味；第四，广播者可以和教育机构达成协议，共同传播知识[①]。里斯的思想反映着早期的英国精英分子试图发挥广播的教化和文化功能。BBC是通过高质量、高品质、有影响力和创新的节目达到最终的使命：民主价值，藉由公正的新闻与信息，巩固成熟之公民社会；教育价值，鼓励创新和学习，拓展国人视野和提高国人的素养；社会价值，联系不同群体，促成多元包容的社会。

第二阶段是公商双轨制阶段（1954—1978）。BBC的治理模式可以说在世界上是一次创举，体现了公共服务的精神和社会责任的理念，其节目一向以格调高雅和制作精良著称，是精英文化的代表。但是，BBC高高在上的文化优越感和训教式的说话方式引来不满。随着电视新媒体的涌现，出于打破垄断和倡导竞争的动机，英国保守党政府在酝酿多年后于1954年提出《电视法案》，并在1954年7月通过了《独立电视法案》，该法案提出要成立一个与BBC性质相近的机构管理商业电视台。随后政府于1954年8月成立了独立电视局ITA（Independent Television Authority），这是一个公共机构，委员由邮电大臣任命，任期五年。经过一年的筹备，1955年由“联合电视”和“联合播映”两家独立联合公司联合创办的独立电视台（ITV）在伦敦开播，英国广播电视体制从此步入双轨制阶段。独立电视台秉承了为公众提供信息、教育和娱乐的公共服务的传统和职责，获取执照的特许经营权也需定期审核，编辑方针保持公正中立，不过运营经费通过出售广告时段来获取。播放广告的独立电视网，节目规范以BBC为蓝本，也必须履行公共服务义务，提供多元化的节目内容，为此，独立广电管理局有权干预广播电视媒体的节目表，禁止特定节目的播出、甚至撤销违规的电视台的执照。1973年的《独立电视委员会法案》也相应地提出“独立电视委员会应确保电视和地区广播”作为公共服务，传播信息，提供教育和娱乐。从某种角度讲，由于商业电视台对广告收入的依赖会导致其有逃避公共责任的取向，所以法律对商业电视台在

① [英] 詹姆斯·卡瑞、珍·辛顿：《英国新闻史》，栾佚玫译，清华大学出版社2003年版，第90页。

公共服务方面的规定更加详细，比如，独立电视台的有些节目，像短小的儿童节目、宗教节目和教育节目一度被规定不能夹带任何广告[①]。

第三阶段是多元化分营阶段。尽管ITV在成立之初秉承了公共服务的传统，但是其最大的本质仍是获取高额利润，其节目制作和播出是为广告商制造受众。这是制度安排的一个悖论，一方面，ITV要塑造社会价值和道德水准、尊重公共权利、满足公民不同的需求，一方面又要为广告商服务。为此，1960年6月皮尔金顿委员会（Pilkington Committee）对整个英国广电产业格局与节目内容发展趋向等问题进行了调研。1962年6月发表的调研报告批驳了ITV所倡导的"公众所需即我们所要提供"的观念，认为这不过是一种民主假象，只是把公众当作大量的同质化的受众看待而已，这无疑低估了公众的品位，导致低俗化[②]。皮尔金顿报告（Pilkington Report）指出，广播电视是一个公共性组织，负责将社会上的各种活动和意见，完整地带给公众，让他们知晓世事。

20世纪70年代，双轨制越来越引起人们的不满，一方面这两个垄断机构迷恋于谋求和保护自己的利益，从而阻止了富有创意和艺术产品的供给，未能很好地反映日渐多元化的英国社会文化，也忽略了老人等少数人群和黑人、亚洲人社区的需求；另一方面，各党派人士、学者、研究机构等对当时电视节目内容存在的问题和公共责任感不强等提出了许多批判意见，认为琐碎化的政治类节目和娱乐类节目中的暴力和色情内容日渐频繁和直白，对产业和社会纠纷的报道失之公允等，都对公共道德、社会公正等产生了不良影响，因此，亟须加强对节目内容进行规制，以提高媒介的公共责任[③]。这个阶段，英国对双轨制下节目的道德水平、暴力、不公平客观等问题进行了文化抨击，其政策的导向就是要增强广播电视的社会责任感和"社会接近权"。

为此，安南报告（Annan Report）提议建立一个开放的广电机构，这个时期政策上最大的收获是引入第四频道。第四频道1982年建立，由独立电视局的广告养活，独立于广告主，服务于小众和边缘化受众，担负公共服务义务，播放独立节目制作公司的节目内容，是非营利性的商业公共广电公司。这样，英国就形成了一个多层次、多样性的复合型的公共服务体系，公共服务的核心是BBC，其次是第四频道，再次是独立电视台。

这样，英国的广播电视公共服务形成了多元化的分营格局，不同的服务主

① 唐亚明、王凌洁等：《英国传媒体制》，南方日报出版社2007年版，第148页。

② 李继东：《英国公共广播政策变迁与问题研究》，中国传媒大学出版社2007年版，第40页。

③ Franklin, Bob. *British Television Policy: A Reader.* London : Routledge, 2001:9.

体承担不同的公共服务职责，BBC作为公共服务的主体，向全英国提供具有普适性、多样化和独创性的节目内容和服务。尽管受到新公共管理理念、自由市场和放松规制的冲击以及凯利事件与何顿调查报告的打击，BBC仍然通过了皇家宪章的审核，彭斯报告力图重塑数字化时代的BBC的公共价值。

2007年生效的新的英国皇家宪章给予BBC新的8年的执照期限，并把BBC公共服务的目标列为六点：①维护市民权力和公民社会。②促进教育和知识。③刺激创造力和文化的卓越性。④代表英国不同的民族、地区和社区。⑤把英国带向世界和把世界带到英国。⑥把刚刚出现的传播科技和服务的利益传递给公众，在数字化转型中起主导作用[①]。用公共广播BBC首任总经理里斯的话说，就是告知、教育和娱乐功能。英国公共广播公司要求每个记者都必须保持专业主义精神，独立、诚实、正直、正确的判断、开放的思想。在选择节目和其他服务时，公共广播服务需求高质量性，内容的质量可以从专业化的视角来判断，不仅包括创造性、艺术性、卓越性、准确性、公正性、平衡性、及时性、创新性、冒险性、彻底性、可信度和技术上的精湛性，同时还需考虑到内容的鼓舞、启蒙、教育、告知、挑战、娱乐和消遣功能[②]。

总之，英国广播电视规制的理念是建立在公共服务基础之上的，充斥着商业化和反商业化，公共服务理念是建立在提升社会文化和知识的信念之上的。广电作为一种公共服务，这种服务"必须不计代价地提供给整个社会的每一个部分，整个国家的每一个角落；要能够教育、告知，并提升公众，同时准备好引领公众意见，而不是跟在公众后面。商业电视组织的设计，也是为了公共服务"[③]。

（二）日本广播电视规制的历史

二战前日本的广播电视事业是日本广播协会（英文缩写NHK）广播垄断时代，战后NHK与商业广播电视并存体制的确立，是缘于对战前垄断体制的反省及以麦克阿瑟为首的联合国军最高司令部的存在。由公共广播垄断向公营和商业双轨制转变，目的是引入市场竞争，提高生产效率。日本的广播是从1925年NHK的前身社团法人东京广播电台的开播开始的。1926年，在当时日本政府的广播事业主管部门——通信省的积极推动下，另外两家商业电台——大阪

① *Broadcasting Copy of Royal Charter for the Continuance of the British Broadcasting Corporation* Presented to Parliament by the Secretary of State for Culture, Media and Sport by Command of Her Majesty October 2006.

② http://www.pbs.org/aboutpbs/aboutpbs_standards.html.

③ James Curran and Jean Seaton, *Power without Responsibility*. London: Routledge, 2003: 520.

广播电台、名古屋广播电台与东京广播电台合并成为NHK。该协会在1928年建成了覆盖全日本的广播网,成为日本唯一的广播电台[①]。1934年,日本广播协会进行彻底的改革,废除了"地方分权制",并强化了"中央集权制",从此日本广播协会逐渐成为战争宣传的工具,鼓吹军国主义的战争侵略,成为日本发动二战的帮凶。二战以后,联合国军最高司令部进驻日本,为了实现日本社会的民主化,实施言论自由和摆脱政府监管的政策。

1950年在广播民主化的背景下,《电波法》《广播法》《电波监管委员会》等"电波三法"公布,NHK依照《广播法》进行了重组,从社团法人性质的广播机构演变为特殊公益性质的公共广播机构。日本《广播电视法》的基本原则是:保证广播最大限度地普及到国民当中并发挥作用,保证广播不偏不倚、真实、自我克制,确保广播的表达自由,明确广播参与者的职责,使广播有益于民主主义的健全发展。其主要目的包括,通过广播电视的真实性、公正性以及自律性,确保实现表达的自由;明确广播电视业者的职责,为促进健全的民主而发展广播电视事业。

日本《广播电视法》赋予NHK五大使命,即NHK具有的五大核心功能。一是文化功能。通过播放优质的节目促进日本整体文化建设,满足国民的精神文化需求。二是它的全国性媒体功能,保证全国性覆盖和有效接收,NHK依法拥有9座卫星广播和电视台。三是地方性服务功能,弥补市场失灵。四是它的公共性调研功能。NHK拥有对日本广播电视媒介行业及国民视听状况进行调查的权力和责任,并有义务向社会公布调研结果。五是它的国际传播功能,开办与媒体有关的国际关系业务[②]。NHK每年公布当年的承诺。NHK的承诺与目标是由会长向经营委员会提出,经过同意之后,再委托目标评议委员会进行调查与评价,并交由公正的第三方来负责检验执行成果。评量的方式由目标评议委员会决定,调查方式包含对观众、NHK的员工进行量化调查、专家学者访谈以及目标评议委员会自己的专业评量。观众的调查委托给外界的公司,采取家户访谈和问卷留置的方法,NHK员工部分采用网络问卷调查。

NHK每年的承诺包括:①节目的充实:利用民众所缴交的收视费,制作丰富、优质的节目,包括提供观众充足的信息、充实紧急灾难报道、平衡区域发展、提供残障者与银发族友善的节目服务、协助儿童健康成长的优质节目等。②彻底的公平负担:推动国民理解收视费制度,落实公平负担。③观众反应的声音:

① 龙一春:《日本传媒体制创新》,南方日报出版社2006年版,第139页。
② 张志:《日本广电媒介制度的经济学审视》,《国际新闻界》2003年第1期,第38页。

重视观众的意见，并且反应在事业营运中。④杜绝弊案，运作透明化。⑤经费缩减，提高事业营运效率。⑥数字技术成果回馈：推动数字普及，开发便利、新形态的服务。

与此同时，依据《电波监管委员会法》成立的电波监管委员会于1950年12月公布了《广播电台设立的基本标准》，并于1951年4月向全国14个地区的16家电台发布了播出许可证，商业电台由此成立。商业电台的开播标志着日本进入公共广播与商业广播并存的时代。电视时代的开始是从1953年2月NHK实现了电视播出为标志，随后的1953年有读卖新闻背景的第一家商业电视台——日本电视广播网(现在的日本电视台)也开始了节目的播出。在其影响下，其他的商业广播公司也陆续成立，从此商业电视与公共电视并存的双轨制建立起来了。商业电视台主要以盈利为目的，现在日本形成了日本电视台、东京电视台、富士电视台、东京放送社和朝日电视台等5个商业电视网。

二、以美国为代表的商业广播电视主导型的体制变迁

美国是典型的少有的商业广播电视占主导的国家，其广播电视规制历史经历了两个阶段，1967年之前是商业广播电视处于垄断地位，1967年建立了公共广播电视，它是为公众提供公共服务的非商业电视台，从此美国进入了商业广播电视为主导、公共广播电视为补充的分营体制阶段，但是公共广播电视的收视市场份额只在5%左右。美国古典自由主义意识形态信奉市场、个人权利、自由主义、法律和私有财产等传统价值观，在产业利益和公共利益的权衡之中，美国广播电视政策选择了私有制和产业利益，但是一直把公共利益作为规制的最高准绳。

在广播产生时期，按照美国的自由主义传统，同时由于美国商业电台院外游说活动，美国便选择了私人所有制，并于1927年颁布了《无线电法案》，虽然教育广播者也积极活动，为公立大学保留一批频率，但是没有成功，因为国会担心此举会为其他“特殊利益集团”纷纷提出类似要求造成先例[1]。1927年美国《无线电法案》规定：美国的广播不应该由政府经营、私人垄断或成为无限制的竞争的纯自由的事业。法案授权建立一个由五人组成的联邦无线电委员会管理无线电，联邦政府继续控制着一切频道，对具体频道颁发为期三年的频道执照，只

① 郭镇之：《中外广播电视史》，复旦大学出版社2008年版，第49页。

有在有利于公众、方便于公众或者出于公众的需要的前提下,提供“公正、有效、机会均等”的电台才能获取营业执照[①]。这就是美国的《广播电视法》一直秉承的“公众利益、方便、需要”原则。这是典型的美国的“公共受托人”(Public Trusteeship)私有制模式,获得许可的广播电视机构要满足公共利益,履行社会责任,特别是社会各个阶层和少数裔的利益,履行公共载体的公共利益义务,即最低服务限定、无歧视服务和普遍服务规定。

美国国会选择广播电视的私人所有制,两党组成的委员会根据“公众利益、方便、需要”而颁发执照,基本方针确定以后,国会交由通讯委员会具体实施,保留总统指定该委员会委员的权力,并保留法院对该委员会的决议进行审查的权力。美国实行广播电视私有制的基础是“信托”原则,虽然美国实行的是广播电视私有制,但是对节目的内容实行严格的规制,例如在1946年,联邦通信委员会出版了题为《许可申请人的公共服务责任》的工作报告(对这份报告的通俗称谓是“蓝皮书”),提出了在处理许可延展申请时所需考虑的基准,以试图阐明联邦通讯委员会对公共利益标准的看法。该报告认为公共利益要符合四个要求:一定比率的“固定”节目、当地新闻的实况转播、致力于对当地公共事务讨论的节目和削除过度广告。应该看到,各类节目安排应当均衡合理,这是公共利益标准的必然要求;但是蓝皮书强调固定节目的合理比率,这可能会危及商业电台的利润率[②]。

后来,FCC认为有必要对公共利益标准作出额外的说明,并以20世纪50年代后期举行的一系列听证会为基础,在1960年颁布了“1960年节目政策声明”,开列出了通常为公共利益所必需节目的十四项要素:①给予地方居民以表达自我的机会;②地方察赋的发展和使用;③儿童节目;④宗教节目;⑤教育节目;⑥公共事务节目;⑦社论;⑧政治广播;⑨农业节目;⑩新闻节目;⑪天气和市场报告;⑫体育节目;⑬对弱势群体的服务;⑭娱乐节目。但FCC说该标准不是作为严格的节目组成模式,只是一种指导。此后,FCC制定节目指南限定最低新公共事务节目、其他非娱乐节目数量以及黄金时段接近媒介规定(鼓励)的非电视网新闻和地方节目。

实际上,美国商业广播电视体制还是出现了“市场失灵”问题,作为公共资源的广播电视日益成为商业机构追求高收视率获取利润的工具,服务民主

① [美]埃德温·埃默里、迈克尔·埃默里:《美国新闻史》,展江译,中国人民大学出版社2009年版,第318页。

② ErwinG Krasnow& Jack N .Goodman, *The" Public Interest"Standard:The Search for the Holy Grail*,50 Fed.Comm.L .J.60 5, 1998.

社会的信息、教育、社会和文化功能等公共服务理念和公共利益原则不断消解。直到1934年《美国通讯法案》代替1927年的《美国电信法案》,FCC才建议国会建立非营利的公共服务机构,并于1945年成立了由执照费资助的非商业性教育广播台。但是,在将近20年里,美国政府并未建立稳定的财政机制以保证教育电台的正常运作。美国国会委托卡内基委员会考察公共电视的可能性,1967年卡内基教育电视委员会发表报告《公共电视:行动纲领》,支持把教育电视推广开来,成为公共电视。报告指出,电视作为公共启蒙和社会教化的工具具有许多功能,一是超越传统教育的范围,弥补传统教育的不足;二是在更普遍的意义上,用公共事务节目帮助美国人了解他们的生活时代,使他们成为更好的社会公民;三是有助于戏剧、音乐、电影和其他形式的实验,使先锋派的美国艺术家获得认可。公共电视的远大目标被确定为加强一个"以开放和多元为骄傲"的社会,将成为"未被听到的声音的"讲坛,成为"辩论和争议"的讲坛。

1967年美国国会在颁布《美国公共广播法案》时表示,鼓舞和促进广播和电视在指导、教育和文化方面的成长和发展符合公共利益,节目的多样化依靠在全国和地方层面的自由、想象力、创造力。法案第一条规定:为了公众的利益,鼓励公共广播电视的发展,并鼓励公共广播电视促进教育和文化的发展;为了公众的利益,鼓励发展有创造性的节目,使得不到高质量广播服务的受众的节目需求得到满足,特别是儿童和少数民族。美国公共广播服务是一个非营利性的公司,其运营必须符合公共利益,四个基本的内容服务原则是编辑的正直、质量、多元化和本地站台的自治。只有公共广播电视台满足了当地社区的需要,才能发挥公共广播服务的巨大潜能,因为当地的需要和品位是不断发展变化的[①]。

美国《公共广播法》第十三条规定,公共广播公司必须在1989年7月1日之前开始,每三年对少数民族和各种受众的需求作出评估,要为满足这些需求作出计划,需求评估应能反映不同少数种族和少数民族的需求,反映新移民的需求,反映那些以英语为第二语言人群以及缺乏基本阅读能力的成年人的需求。美国公共广播服务有356个成员,每周为美国6 500万各行各业的受众提供广播电视和在线服务,内容包括新闻、科学、自然和公共事务、呈现不同视角的观点,优先播放世界一流的戏剧和演出,还有大量的可供家长和教师选择的鼓

① http://www.pbs.org/aboutpbs/aboutpbs_ standards.html.

励和培养好奇心和爱学习的节目。

80年代美国里根政府上台以后，推行新公共管理理论，推崇市场化、私有化，放松规制，FCC废除了对公共问题、非娱乐节目以及公正报道的要求，废除了关于节目日志、商业节目的时间限制。1996年《电信法案》作了历史上最彻底的修改，大刀阔斧地推倒行业壁垒、放松执照管制、放松所有权管制和节目内容管制，其目标就是打破行业之间的壁垒，让美国广播电视业、电信业在世界上更加富有竞争力，从而使美国人民能够享受到快捷高效的广播电视和电信服务。

三、以德国为代表的公共和商业广播相对平衡型的规制变迁

德国是公共广播电视与商业广播电视相对平衡的国家，公共法人电视是满足基本供给，商业电视实行补充供给，新闻看“公法”，娱乐看“私营”。双轨制的存在，从政治上，可以防止极少数人或少数集团垄断、控制全国舆论，有助于保持政治的多元化，保护民主制度；经济上，公私并存，相互竞争，但分灶吃饭，从不同的渠道获取收益，避免从有限的广告市场上恶性竞争，相互残杀；文化上，保护传承本民族文化传统，尤其是公法电视台的存在，对保护本民族文化，避免外来文化和低俗的商业文化的冲击具有重要的作用[①]。现在从德国的市场整体收视来说，所有私营电视频道的份额比所有公法电视频道高出近10个百分点，但是从单个频道来说，ARD、ZDF依然保持着市场的领头地位。

德国的广播电视体制经历了四个不同的阶段，由于德国特殊的历史文化背景，历史上德国邦国林立，因此也产生了特殊的媒介生态，经历了不同特色的四个阶段：魏玛共和国时期的民主制的中央集权广播制度，纳粹独裁下的中央集权的广播制度，二战后至1984年公共广播电视垄断时期，1984年以后的公共广播电视和商业广播电视双轨制时期。

1918年“十一月革命”后，德国建立了历史上第一个资产阶级共和国，直到1933年希特勒上台，德国都是魏玛共和国时期。这个时期的广播制度的特点就是国家控制、中央集权、向公众收取视听费、独立于商业利益，建立了国有公营制度。这与德国长期的威权主义的传统和缺乏民主法治观点分不开，社会公众逐渐接受了政府排挤私营资本的力量，形成政府主导的制度模式，并为希特勒

① 曹晚红：《德国双轨电视制度研究》，中国广播电视出版社2009年版，第61页。

纳粹政权的极权广播制度埋下了祸根。在希特勒在台的13年时间里，广播成为希特勒为其意识形态宣传的机器，也成为其鼓吹战争、推行文化专制主义、宣扬种族灭绝政策的工具，并留下了深刻的教训。

二战以后，战胜国英法美经过广泛的讨论，模仿英国BBC的公共广播制度，联邦德国建立了非政府、非商业和去中心化的广播电视制度，这种制度与中央集权制相反，结合德国的联邦制的特点，实行分散的联邦地方公营制度，广播电视是联邦各州自己的事务。德国公共广播电视是地方联合式的典型代表，其体制涉及的根本理念是建立一个避免任何单一的政治势力控制传媒的传媒制度，基本立足点是防止传媒成为国家的附庸，确保传媒的多元主义的原则，反对传媒权力系统的集团化[①]。资金上主要依靠收听收视费，保证独立的采访播出权，彻底消除政府对广播电视的影响。为了维护广播电视业的共同利益，实现共同开办电视频道的目的，并在节目中实现共享和交流，1950年，西德各州的广播电视机构组成了公法广播电视联合会(ARD)，1954年成立了第一个全国性电视频道——电视一台，各州签订协议，按照各州的收视费比例向它提供全德都能收看的节目。1963年联邦各州建立了集中制的“德国电视二台”(ZDF)，与公共电视一台(ARD)进行友好的竞争，给受众带来更多的文化选择[②]。

德国对于广播电视提供公共服务在《德国广播电视州际协议》中有详细的规制，例如第十一条《委托责任》中规定：①公共广播电视作为传播过程的媒介，通过广播和电视的节目生产和传播，形成自由的个人观点和自由的公共舆论，它可以提供复制的节目和与节目内容相关的媒介服务。②公共广播电视应该在他的产品和频道中，提供广泛的国际、欧洲、本国、地区事件的概况，以及所有与人们生活相关的重要事件的报道，它的频道应该提供信息、教育、咨询和娱乐的服务，注重文化内容节目的供给。③公共广播电视应该保证实现委托责任，即非党派性的基本原则和新闻报道客观性，舆论多元化以及节目的供需平衡。

20世纪80年代，以撒切尔政府和里根政府为代表的新自由主义理念成为公共治理理念的潮流，反对政府对市场的过多干预，放松规制，主张市场在资源配置中的基本作用，树立消费者主权观点，认为公共服务就是为了广播的听众和电视的观众服务，广播的目的就是满足个体消费者的兴趣和偏好，而不是集体市民的需要。新自由主义的理论认为市场能够自动满足公共服务，

① Beterj. Humphreys. *Media and Media Policy in Germany*.USA:Oxford Providence.1994:4.

② 何勇：《德国双轨电视制度研究》，中国传媒大学出版社2010年版，第33页。

在这种理念的推动下，促进市场竞争，打破公共广播电视媒体的垄断，满足消费者的需求成为趋势。在市场、技术和经济利益的共同推动下，1984年德国卢森堡广播公司（RTL）和德国卫星电视一台（Sat.1）成立，是德国历史上最早的私营电视，从此德国就形成了公益性的公法广播电视和商业性的私营广播电视的"双轨制"，公营电视和私营电视各自具有不同的财政来源和市场责任。公营电视的资金来源主要是收视费，并通过有限的广告作为补充，其责任就是为观众提供多元化的信息服务和公共论坛，而私营商业电视以广告费作为资金来源。

纵观西方国家的广播电视规制历史，最终都形成了公共广播电视和商业广播电视并存的多元化的广播电视体制。作为一种传播理念和制度设计，它是在西方国家议会政治和多党执政的背景下产生的，是一个逐步放松进入和退出规制、打破垄断、引入竞争的过程，涉及政治、文化、教育和社会内涵。首先，广播电视是一种公共事业，是政府提供的一种服务，类似于城市和乡镇中供居民使用的电报、电话、电灯、自来水、邮政、公共交通等服务，成功的主要标准是信号质量、运营效率和可以普遍接入的分布网络，每个公民可以获取这种服务是广播电视作为公共部门的责任。其次，广播电视在公共领域或市民社会服务中发挥着重要作用，广播电视要保证所有社会成员能够获取履行市民义务所需要的信息和知识，使公众能够参加并就涉及公共利益的事情集体作出决定，广播电视成为批判社会和政府的"公共眼"。再次，广播电视要满足消费者的个人利益和偏好，公众在某种程度上也是消费者，在消费者主权时代，商业性广播电视在某种程度上满足了这种需求。

第三节 西方国家公共广播电视的收入模式

由于广播电视的准公共产品属性，同时具有资源稀缺、外部性、信息不对称性，西方国家基本都实行公共广播与商业广播二元分营的双轨制。我国学者郑涵、金冠军根据社会大众基本政治力量结成的不同政治调控关系而形成彼此不同的体制类型，把公共广播电视分为国有社会公营型、社会联合公营型、国有国会主导型和国有政府主导型等四种类型①。

国有社会公营型就是资产为国家所有，经营活动由公司在社会参与下自主

① 郑涵、金冠军：《当代西方传媒体制》，上海交通大学出版社2008年版，第56页。

进行为基本特征，政府依法监管，实行特殊法人制度。由于文化传统和法律的规制，政府或国会很难主导和影响国有公营型广播电视，其代表有英国的BBC和日本的NHK。

社会联合公营型以各方政治力量共同认可的公共广播电视组织结构、大政方针和领导人选为核心特征。一些议会制国家强调众政治力量的共同认同和政治上的代表制，维护和加强少数派和弱势群体的利益，这种众元认同的议会主义政治制度影响了公共广播电视的政治调控关系，形成了社会联合公营体制。例如以德国为代表的地方联合型和社区联合型，荷兰为代表的党派联合型，以美国为代表的政治色彩很弱的公众团体联合型的公共广播电视制度。

国会主导下的国有公营制度，例如芬兰、意大利和西班牙等国家的公共广播电视，国会是决定全国性公共广播电视的中心力量，在公共传媒的领导人选、机构组建、日常行政监督等方面发挥着主导作用。

国有政府主导型就是中央政府不但能够左右公共广播电视的经营机构，而且深刻影响广播电视行政主管机构的政策取向和日常行政行为。20世纪80年代以前的法国、澳大利亚和葡萄牙是这种类型的代表。俄罗斯国有公共服务体制具有这种特点，即国家政府的管理团队不进入广播电视机构，而以国家资本的形式进入广播电视，并以广播电视公司的最大股东的形式出现，俄罗斯的国有公共服务制度基本上结合了美国的商业模式、英国的公共电视的责任和苏联暨欧洲战时状态特有的国有媒体的特色，融入自己的国情而形成了俄罗斯媒体体制[①]。

一、西方国家的公共广播电视的体制类型

按照公共广播电视在国家广播电视体系中的地位和作用不同，把公共广播电视分为主导式公共广播电视、平衡式公共广播电视和补充式公共广播电视。根据公共广播电视机构的数量、类型和构成特征不同，可分为单一垄断型、二元分营型、多元混合型等三种公共广播电视体制[②]。这样分类有利于更清楚地分析公共广播电视公共服务的提供模式。合理的广播电视体制建构显得尤为重要，关系到公民的表达权、新闻自由等政治自由，也关系到基于自由市场和私有

① 吴非、胡逢瑛：《俄罗斯传媒体制创新》，南方日报出版社2006年版，第118页。

② 肖叶飞：《数字时代的公共广播电视：收入模式与公共服务》，《电视研究》2011年第4期，第71页。

制的合理利用广播电视频率的经济自由,还关系到公民的文化传播、文化创作的文化权利。所以西方国家从公共利益、公共服务、公共领域等不同的理念出发,实行了广播电视的分营体制,但是由于各国的历史传统、执政理念、政策范式不同,广播电视的分营体制也不尽相同,特别是两者在广播电视体制中的地位、影响力和受众规模等相差甚远。

(一)单一垄断型的公共广播电视体制

单一垄断型的公共广播体制就是这个国家只有一个公共广播电视公司,该公司担负着纯粹的公共服务义务,而且是公共财政或执照费的唯一获取者,代表国家是加拿大、瑞典、日本和英国等。例如BBC是英国公共广播电视的垄断者,是执照费的唯一获取者,是提供公共服务的主体,当然,英国服务小众和边缘群体的第四频道、独立电视台(ITV)和第五频道等商业性频道也承担公共服务的义务。1926年成立的NHK运营5个全国性的电视频道、3个全国性的广播频道、2个对外广播电视频道和教育电视台,是公共服务的主要提供者,由经营委员会和董事会二级机构管理,为了提高节目的品位和质量,决策和执行过程中要听取专门的广播节目咨询机构的意见。加拿大广播公司(CBC)是加拿大唯一的公共广播公司,拥有4个全国性的公共广播网和电视网,通过卫星、有线和各地的地方电视台和附属台,用英语和法语向全国播出,经费主要是政府专项经费和广告收入。

(二)二元分营的公共广播电视体制

二元分营体制是指一个国家有两个不同的公共广播公司,治理模式和经费来源也不相同,各自承担不同的公共服务义务,主要包括意大利、匈牙利和澳大利亚等国家。意大利有两个彼此独立的公共广播公司,专门服务于德语社区的广播电视公司(RAS)经费全部来自公共财政拨款,而意大利广播公司(RAI)几乎是商业经营收入与公共财政拨款各占其经费的一半。澳大利亚有2个独立的公共广播电视系统,一个服务于全国的白种人,一个服务于全国的少数民族,但是各自依据不同的法律运作,一个禁止广告,一个则可以从事商业广告经营。陈中原在《世界公共服务传媒管理体制浅析》一文中写道,1929年创立的澳大利亚广播公司(ABC),旨在通过它提供的创新、高水平的广播电视服务,促进民族认同,反映澳大利亚多样性的文化,80%的经费来源是公共财政拨款,其余20%来自服务收入,禁止播出商业广告。创立于1976年的澳大利亚专门广播服务公司,主要是向全国460万少数民族居民提供多文化、60多种语言的公共广播服务,大约70%运行经费来自公共财政拨款,其余30%来自商业广告,允许其进行商业经营[①]。

(三)多元混合的公共广播电视体制

多元混合的公共广播电视体制是指一些国家建立了多元化的公共广播电视体系,有的是全国性的公共广播电视,有的是地方性的公共广播电视,不仅公共广播电视参与到公共财政或执照费的分配,而且商业性的广播电视机构也可以参与公共服务基金的竞争、共同竞标公共服务节目基金,从而体现了公共服务内容提供的多样性和公平性。例如法国、荷兰、美国、俄罗斯等国。法国公共广播电视系统由3个独立的电视台、2个独立的广播电台等9家机构组成,承担着文化、教育和社会功能,其中二台、三台必须保护儿童和少年,促进社会正直、多元化和独立。政府的专门机构CSA统一对公共广播电视监督,公共广播电视的节目由TDF统一转播,其经费的70%主要来自收视费。公共广播电视的收视费标准和分配比例都由议会决定,例如法国电视一台为48%、法国电视二台为60%。法国公共电视台一台私有化以后,为了平衡公共广播电视与私营广播电视的力量,1994年创建了"政治、教育和就业"频道,同时又设立了"议会频道",加强了视听传播格局中的公营成分,2000年,法国将电视二台、三台和五台整合为法国电视控股集团,使公营电视台得到了更大的发展[②]。最重要的是2000年法案重新使用"公共服务部门"来界定公共频道,重新强化了公共服务使命,公共电视频道通过与国家签订"目标和方法合同"来保障这一使命的完成。法国的《关于电子通信和视听传播的法律》对公共媒体的服务宗旨作了以下规定:①在信息、文化、知识、娱乐、体育等方面提供多样性的节目服务。②促进民主协商。③确保法语的振兴,重视文化及语言等民族文化遗产的价值。④致力于知识创新和艺术创作,促进知识发展与普及。

美国的公共广播服务公司(PBS)每年大约70%以上经费直接资助上千家的地方公共广播电视机构制作节目,大约20%的经费资助节目制作者和发行者;余下经费用于包括版权保护、数字化技术改造、公共广播电视台之间的连接等。荷兰实行公共服务项目招标制及项目管理制度,有3个全国公共电视频道和5个全国公共电台以及其他20多个广播电视机构,构成了荷兰的多元化的公共广播电视体系。公共广播电视系统统一接受荷兰广播基金会(NOS)的领导,基金会负责协调全国的广播电视频道、节目制作机构和政府之间的关系,主要负责节目制作经费、节目播出时段的分配。

① 中国人民大学新闻学院主编:《新闻学论集》第22辑,经济日报出版社2009年版,第226页。
② 张咏华、何勇等:《西欧主要国家的传媒政策及转型》,上海人民出版社2010年版,第242页。

二、公共广播电视五种不同的收入模式

稳定的资金收入来源是公共服务的水平和质量的保障，也是建立公共服务长效机制的保证。不同的资金收入来源具有不同的利弊，对于改变唯一依赖广告的广播电视收入体制有一定的参考价值。资金如果来自执照费，相对来说比较稳定，收入直接和受众的利益挂钩，要充分考虑受众的意愿，但收视费大约有5%左右的逃税率；政府拨款则受政治气候和政治干预的影响大，甚至要按照政府的意愿行事；赞助、广告收入和经营性收入，受市场因素的影响大；收取商业广播电视的频道占用费和电视付费等增值收入，则造成对公众负面影响，甚至导致公众拒交收视费；非政府组织、基金会、慈善组织的捐助与国家的公民意识和非政府组织的成熟程度有关。根据西方国家历史传统和管理理念的不同，大致可分为五种公共广播电视资金收入模式。

（一）以英国、日本为代表的执照费为主的收入模式，称为纯粹的公共广播电视

收视费作为公共广播电视的收费模式是世界上通行的做法，全世界包括英国、日本、挪威、瑞士、瑞典、丹麦等国家在内大约有70多个国家或地区的公共服务广播电视依赖收视费。它们认为商业广告是公共广播电视的腐蚀剂，容易导致公共广播电视商业化。英国的执照费的增长幅度与物价水平相挂钩，是通过法律形式强制收取的。近年来，BBC实行了国内与国外分别运营的体制，国内实行公共服务模式，运营经费主要来自收视费，同时出售节目获取部分收入。服务国外的频道实行部分有偿服务，为BBC外延式发展奠定了基础。2010年BBC的总收入为47.9亿英镑，其中执照费收入为34.47亿英镑，其他收入为13.43亿英镑。2012年BBC的执照费收入是36.06亿英镑，来自财政补助收入和BBC世界服务收入14.8亿英镑，总收入50.86亿英镑；2013年BBC执照费收入36.56亿英镑，来自财政补助收入和BBC世界服务收入14.46亿英镑，总收入51.02亿英镑，[①]相当于人民币500亿元，远高于中央电视台的收入。

日本的收视费是日本广播公司NHK的主要经济来源，占了全部经济来源的96%以上，余下的部分来自节目内容出售等方面的收入。NHK制订好事业计划和预算收支后先是交邮政大臣，然后国会讨论通过。2010年日本NHK的总收入是6 655亿日元，折合人民币约411亿元，其中执照费的收入是6 533亿日

① BBC Full Financial Statements 2012/13 http://www.bbc.co.uk/annualreport /2013/home/ .

元,折合人民币403亿元,其他的收入是7.5亿元。2013年日本NHK的财政预算收入是6 479亿日元,其中收视费6 221亿日元,占96%,节目供给与其他财政收入258亿日元,占4%。支出方面,国内节目生产与传输4 899亿日元,占75.6%,国际节目生产和传输200亿日元,占3%,接待、合同处理以及收视费的收取736亿日元,占11%,节目调查与科学研究185亿日元,占3%[①]。

(二)以德国、法国为代表的执照费和广告费为主的收入模式

德国《广播电视州际协议》第十三条规定,视听接受费、广告收入和其他的收入是公共广播电视的主要收入来源,商业广告收入大约占2%左右,其中视听接受费是最优的财政来源。另外,《广播电视州际协议》还规定:①德国公共广播包括ARD和ZDF,一年内广告播出时间每天平均不得超过20分钟,每天的播出上限为25分钟;②每晚8点后,周末和法定假日均不得播出广告;③广告应和节目明显区别,不得插播在节目中[②]。法国公共广播电视70%的经费来自收视费,其余的来自广告收入和赞助节目收入。法国把商业广播电视也看成公共服务功能的一个机构,而不是纯粹的商业机构,必须承担一定的公共服务义务,这就决定了法国公共广播电视机构的多样性以及经费来源的多样性,以期在广播电视节目更加多样化、质量更高的基础上促进法语以及法国文化更广泛的传播。

(三)以加拿大、澳大利亚为代表的国家财政资助为主、广告费为辅的收入模式

这种体制称为具有公共成分的商业广播电视或者国营广播电视。加拿大的CBC成立于1936年,目的是保护加拿大的政治、文化和民族传统,加强民族特色和认同感,抵制美国商业广播电视的影响。CBC由英语、法语两个广播电视系统组成,同时播出八种土著民族语言节目。2010年CBC的总收入为17.1亿美元,其中国会财政拨款10.18亿美元,广告收入3.09亿美元,其他的融资和专业频道服务收入2.58亿美元,分期返还的延期资本投资收入为1.25亿美元,其他经营收入的明显增加弥补了运行经费的短缺[③]。2012年CBC的总收入为18.5亿美元,其中国会财政拨款11.6亿美元,占62.8%,广告收入3.75亿美元,占20%,特殊服务收入1.7亿美元,占9.1%,其他收入1.5亿美元,占

---

① NHK annual reports 2013/2014 www.nhk.or.jp/pr/english/publication/pdf/annual_report.pdf.

② Schulz, Winfried. *"Public-Service Broadcasting in the Federal Republic of Germany"*. In Jay G Blumler & T.J.Nossiter(1991)Broadcasting Finance in Transition, Oxford University Press:266.

③ http://cbc.radio-canada.ca/annual reports/2009-2010/pdf/AR0910_e.pdf:45.

7.8%[①]。

澳大利亚的ABC日常运行的经费主要来自政府财政拨款，其余来自服务收入。2010年ABC的总收入是10.99亿美元，其中政府的财政拨款是9.15亿美元，产品销售和服务收入为1.51亿美元，还包括资产处理和利息等其他收入[②]。2012年ABC获得政府财政拨款9.97亿美元，从其他的商业渠道获取1.73亿美元的收入，支出当中，电视节目制作占31%，信号传输占20%，广播支出占19%，网络支出占2%[③]。

（四）以南非、西班牙等为代表的广告费等经营性收入为主的公共广播电视，执照费和财政拨款占很少的比例

例如，南非广播公司收视费只占到总收入的14%左右，大约10%来自公共财政拨款，余下的76%来自广告和其他商业经营收入。南非广播公司通过其三个电视频道覆盖了全国80%以上的地区，第一频道和第三频道按照商业电视台运作，而第二频道履行公共服务义务。依据法律，公共服务广播电视台必须提供所有官方语言的、高品质的节目，必须提供面向儿童、妇女、残疾者的教育性节目等，促进南非的国家统一、文化融合，也反映南非语言及文化多样性。

（五）以美国为代表的社会捐赠、国会拨款以及经营性创收等多元化的收入模式，这种收入非常不稳定

目前，它的财政收入主要来自个人捐资、公共财政拨款和节目销售收入，每年大约70%以上直接资助几千家地方公共广播电视机构制作节目。美国公共广播服务公司2009年的总收入是5.03亿美元，比2008年减少0.9亿美元，其中捐助达到2.29亿美元，会员费为2亿美元，联邦补助0.53亿美元，录像收入0.37亿美元，还有版权和投资回报等[④]。2012年美国公共广播公司的总收入5.57亿美元，其中捐助达到1.6亿美元，会员费为1.8亿美元，联邦补助0.63亿美元，录像收入0.59亿美元，版权收入0.3亿美元，卫星服务收入0.38亿元，投资回报0.23亿美元[⑤]。美国于1967年颁布了《公共广播法》，其职责主要是促进公共利益需求的公共广播电视的发展，通过资助降低节目（特别是面向少数民族和儿

---

① Revenues and Sources of Funds for Fiscal Year 2011-2012 http://www.cbc.radio-canada.ca/site/ annual-reports 2011-2012/achievements-2.html.

② http://www.abc.net.au/corp/annual_reports/ar10/pdf/ar2009_10_financial_statements.pdf：170.

③ http://about.abc.net.au/reports-publications/2011-2012-annual-report/ 2011-2012 Annual Report | About the ABC.

④ http://www.pbs.org/about/corporate-information/financialhighlights/.

⑤ http://www.pbs.org/about/financial-statements/2012PBS Financial report.

童的节目)创作的风险,实现其普及教育和传播文化的目的。

第四节　西方国家广播电视规制改革

在媒介融合的语境下,为了实现公共利益、竞争性和多样性的规制目标,西方国家形成了完整的规制体系,提高了规制的科学性和民主化水平,通过平衡机制解决商业利益和公共利益、集中垄断和有效竞争、市场效率和社会效率之间的矛盾,呈现出如下特点。

一、规制的特点

首先,放松结构规制,调整行为规制。在数字化和融合化的趋势下,西方国家不同程度地放松了结构规制,新的规制理念就是需求创造供给,而一改以前的供给创造需求的理念,从“公共利益至上”向“消费者利益至上”演进。例如美国1996年的《电信法》放松了媒介所有权、电信与有线电视相互持股、外资进入、许可证等方面的限制性措施,并导致了媒介市场的跨媒体、跨行业的兼并和整合。究其原委,西方媒介经济学者的论述可窥得一斑。媒体是经济活动的重要部门,在大多数国家中,媒体部门对GDP的贡献率约占3%~5%,这一富有经济价值的部门的绩效,在某种程度上与媒体公司运作的市场结构有关,特别是与所有权集中程度有关①。因此,经济因素的考虑是占到主导地位,西方媒介产业兼并与收购的基础是:认识到媒介产业的未来前景;感受到技术融合的趋势;觉察到拥有多种发行渠道的“协同效应”;放宽的管制政策;为媒介交易供给经费的资本(包括创历史高价的股票价格)的可用性②。虽然西方有放松结构规制的倾向,但是为了防止少数私人控制新闻报道、影响公众的接近权以及报道的公正性和内容的多样性,结构规制仍是重要的内容。例如法国禁止同时拥有2个全国性电视台的执照,禁止对全国性电视台拥有49%以上的表决权。美国禁止4家电视网的合并,德国则禁止年平均收视率超过30%的舆论支配的所有权。另外,西方国家调整广播电视的行为规制,将公共广播电视的规制重点转移到基本服务的质量、资金运用的效率、内部管理的透明化、对视听者的尊重、

① [美]吉利恩·多伊尔:《传媒所有权》,陆剑南等译,中国传媒大学出版社2005年版,第23页。

② [美]艾莉森·亚历山大等:《媒介经济学:理论与实践》,丁汉青译,中国人民大学出版社2008年版,第49页。

对新型市场的开拓上来，而商业广播电视规制重点则转移到敦促其履行普遍服务上来。

其次，外部结构多样化和内部治理多元化的结合。西方国家的广播电视体制基本都实行双轨制，公共广播电视和商业广播电视互补共存，实现外部结构的多样化，达到公共利益和商业利益的一种平衡。公共广播电视采取公共服务模式，是非营利机构的公共法人，主要依靠执照费维持运转，弥补市场失灵和维护公共利益。商业广播电视采取市场模式，主要依靠广告维持运转，满足社会多元化的需求。为了保证公共广播电视履行其职能，普遍采取立法手段或司法手段等强化内部治理机构，使其向公众提供信息、教育和娱乐等多样化节目，促进知识和艺术的创新，保护民族文化遗产等。独立规制机构就商业广播电视的市场准入、频率使用、市场行为、服务质量和社会影响等各方面加以监管。另外，就各国独立机构的内部机制来看，普遍实行委员会体制，决策上实行合议制，重大问题由来自社会各界和各个领域的多名专家的集体讨论，以投票的方式作出决议。独立规制机构一般按照专业分工的要求设置若干咨询和研究部门，这些部门针对监管中的经济、法律、社会、伦理、技术、文化等专业性较强的问题提出比较权威的意见，达到内部治理的科学化、民主化、多元化。

再次，维护公民权和消费者权利的结合。西方国家普遍把维护公民权利和消费者利益作为广播电视监管的首要目标，平衡媒体、公众和市场三者的关系。公民权利包括与广播电视有关的知情权、隐私权和表达权等政治、经济、文化权利，为了保护这些公民权利，给予广播电视媒体自主编播权。独立规制机构通过各种手段对节目进行监管，包括节目的评价权、接受社会投诉后的裁决权以及对媒体的建议权和处罚权，以此维护公民权利。西方国家的规制机构还对涉及公共媒体的视听执照费征收、商业媒体付费频道的定价等关系消费者权益的重大事项拥有审批权。西方国家设置众多的视听协会之类的社会性组织，形成在公众、媒体和监管机构之间的互动协调机制，一些消费者协会也经常代表消费者的利益，对政策的制定者施加影响。

最后，多元规制与多元评价的结合。西方国家对广播电视的规制和评价的主体、角度都是多元的。政府机构、司法机构、独立监管机构、民间团体和社会中介组织从不同的角度、以不同的方式对广播电视媒体的表现进行规制和评估。其中政府监管机构多从公共政策、文化政策的角度去评价，独立监管机构更多是从产业政策、反垄断政策等角度评估，司法机构多从宪法和法律、维护社会公正的角度去评价，社会中介机构多从维护公民权和消费者权利的角度去评价。评价的方式包括考察报告、调查报告，还包括意见书、建议书和问卷调查等形式。这些软约束与司法规制、行政管理和独立规制相互补充，为广播电视政策的制定提供依据和执照更换时的审查依据。

二、规制的范式转型

西方学者把传媒政策范式分为三个阶段：第一阶段是19世纪到二战，传播政策的萌发阶段，政策重心在私人所有制，管制的目的不是为了公众利益服务，而是促进竞争，反对垄断。第二阶段是传媒公共服务时期，自二战后到八九十年代，特征是规范和政治上考虑多于技术方面，侧重于政治考虑（公共服务和国家利益，强调政府干预，主要关注自由、多样性、内容质量和职责等）。第三阶段传播新政策，通常遵循市场、技术、消费者和公民意愿的逻辑，而不是强行实施其目标[①]。

随着20世纪80年代撒切尔政府和里根政府的新公共管理运动以来，政府公共管理的托管模式让位于市场模式，广播电视规制也出现了5种范式转型。

第一，从信托人模式到市场模式。信托人模式把广播业主当成社会的信托人，代表不同社会群体的利益。市场模式主张放松规制，市场在资源配置中发挥主导作用，节目类型的多样性主要靠市场的竞争机制来获取。

第二，从文化为基础的规制转变为以经济为基础的规制。文化为基础的规制多考虑文化的合理性，基于政治、文化和教育的因素，对广播电视节目的类型和质量有严格的规制。经济为基础的规制多从经济的合理性出发，用《反托拉斯法》和《反不正当竞争法》等经济法的规制来补充和完善广播法的规制。

第三，从全面的规制到有限的规制。随着数字化的发展，内容规制日益减少，例如美国广播对于公正原则和节目指导原则的废除，这些依靠外部多元化来实现。放松规制的主要原因是规制失灵，规制需要许多制度成本。不过，放松规制使教育、文化、少数民族节目大量减少，信息节目的质量也不断下降。随着社会的分层化和分裂化，这些对于社会结构和社会稳定都有负面的影响，这也已经引起西方学者的关注。

第四，规制动机从广播政策到结构和财政政策。西方国家授予卫星电视和

---

① Jan van Cuilenburg and Denis McQuail, *Media Policy Paradigm Shifts* ,European Journal Of Communication.2003, Vol.18(12):181 ~ 207.

有线电视执照的同时,必须承担传输公共服务性质节目的义务。美国《联邦贸易委员会法》对不正当竞争作出了法律规定,该委员会的竞争管理局就是保护市场的有效竞争,保护消费者和市场秩序。

第五,对于市场失灵的反应:从结构与规制到道德和诉讼。西方国家通过直接向媒体反应、诉讼,或向监管机构和司法机构投诉,或通过非政府、非营利的行业协会实行软约束。美国实行以事后审查为主的内容规制制度,专门法中设立了一系列媒体应该遵守的内容准则,并授权FCC对违犯者进行事后经济和法律的制裁。另外,对于商业媒体的娱乐化和商业化趋势,通过媒介素养教育去教会消费者理性地消费媒介,选择适合自己的节目类型①。

三、内容规制

内容规制主要出于五个目的,一是基于对地方节目的保护政策而进行监管,二是为了限制媒体自制节目播出比例而监管,三是出于对成年人、少数民族、弱势群体的保护政策而监管,四是对本国节目的保护和对外国节目的限制而进行监管,五是出于传播伦理对广告节目进行监管。独立规制机构依法行使对节目内容的监督权,其中包括对节目内容的评价权、接受社会投诉后的裁决权以及对当事媒体的建议权和处罚权。

西方国家建立了一套比较完善的内容监管体系,具体来说:第一,对于未成年人的保护和儿童节目的培养。对于青少年的保护采取提前预防和事后监管的方式进行干预,预防机制包括节目分级、媒体自律、技术阻隔和限时播出等,事后监管机制通过投诉并依法裁决来实现。对于儿童节目的保护体现在对于性、暴力和有悖道德的节目的防范以及正面的保护和制作大量的教育类的节目。1996年的美国《电信法》确立了"防暴力芯片",建立相应的节目分级和节目等级标识制度,依法规定商业电视网每周至少播出3小时的儿童节目。强化对猥亵、低俗节目的处罚力度,提高媒体的违约成本。第二,关于政治上公正的监管。美国还规定对政治性公开演讲的公正报道原则,这一原则要求政治家和民主选举的候选人应均等地获取利用广播和有线电视表达自己观点的权利。美国要求那些在论争中受到人身攻击的人提供反驳的机会,欧盟也规定确保电视节目而遭受损害者的反驳权。第三,广告方面的监管,许多广告内容受到限制,

① Wolfgang Hoffmann- Riem ,*Regulating Media: The Licensing and Supervision of Broadcasting in Six Countries,* The Gullford Press:349.

包括限制制药、酒精和烟草类产品。第四，本国节目和地方节目的保护，加拿大和澳大利亚通过配额制加强本国和地方节目的生产，对于这些节目给予财政和税收的支持。西方国家对广播地方节目的比例有所规定，确保地域文化得到有效的传播，地方节目成为颁发营业执照的基本条件。法国规定所有商业电视媒体播出欧洲节目的比例在60%以上，播出本国的原创节目比例在40%以上。加拿大规定商业电视台和公共电视台必须拿出60%的时间播出国内的节目。澳大利亚通信与媒介管理局为培育本国节目制定了如下规则：澳大利亚或新西兰制作的节目必须占到播出量的50%，付费电视频道必须拿出全部外购节目经费的10%用于国内节目的制作。美国对有线电视频道进行管制，要求有线电视系统将部分频道提供给公共、教育和政府使用，要求有线电视系统传输当地无线电视台的节目，为订户提供基本节目服务[①]。第五，独立制作公司节目的保护。为了保护信息来源的多样性、保护公平的市场竞争、抑制商业媒体在编播环节的垄断，西方国家对于自制节目的播出比例也有限制，例如英国规定必须播出25%的独立节目制作公司的节目。

四、规制手段

首先，立法规制与司法规制。西方国家普遍通过立法手段规制广播电视的产业行为和市场结构，对广播电视媒体的立法规制分为两种形式，一是由立法机构依据宪法的基本原则，制定广播电视行业的专门法或相关法，直接为广播电视媒体的设立、存续以及传播活动提供法理依据，并作出必要的限制性规定；另一种是由立法机构通过立法或修法，为政府监管机构、独立规制机构的设立、权限、职能等提供法理依据，间接达到监控媒体的目的。目前，绝大多数国家制订了广播电视专门法，形成了宪法、法律、法规、政策相互配套的广播电视法律规范体系。

司法规制，是指司法机构通过诉讼审判等方法规制广播电视行为的法治手段，例如2004年美国珍妮·杰克逊在橄榄球决赛中暴露事件，依据刑法及FCC规制处以27 500美元的罚款，法国的埃尔·纳马尔公司播放煽动民族仇恨的节目，CSA对其采取废除合同、停止播出的措施。

其次，自我规制与社会监管。自我规制一是通过行业协会或者行业规章制

① 刘发成：《中美广电通信：经济与法律制度比较研究》，重庆出版社2006年版，第42页。

度进行规制，例如英国广播公司2005年颁布了《编辑指导原则》。二是通过媒体的内部治理机制和内部的监管机制实现自我规制。例如英国的通信办公室所属的广播电视标准委员会(BSC)，监管各类广播电视机构的执行情况，英国广播公司理事会也专门设立了"节目投诉委员会"，接受和处理社会对节目内容的投诉。英国商业广播公司每年就公共服务义务的履行情况自我评估，包括是否提供了多样性的节目；是否满足了不同群众的喜好和需求；是否提供了平衡、公正的节目；是否提供了高质量的、高标准的节目。社会监管主要是通过多种渠道和手段，使公众参与对广播电视的行为的监管，例如派代表参与媒体的管理、直接向媒体反映意见或投诉媒体，也可以向监管机构、司法机构投诉。

再次，独立规制与行政规制。西方国家设立独立的广播电视规制机构，独立于政府并具有一定的行政权和准司法权、准立法权，例如，美国的联邦通信委员会、韩国的广播电视委员会、英国的通信办公室、德国的州媒介管理局、法国的最高视听委员会，其中大多数国家对通信业和广播电视业实行统一的监管，这些监管机构和政府、议会保持着或多或少的联系。法国独立规制机构——视听最高委员会拥有6个监管权限：对公共媒体主要负责人的任命权；对政府和议会的建议权；对节目的编播、竞选报道的规则制订权；对频率分配和使用的许可审批权；对广电媒体行为的监视权和规范权；对违规、违法行为的制裁权。英国独立规制机构的4个权利是：商业媒体的许可审批权；频率监督权；节目内容监管权；竞争政策的制定权。

西方国家政府部门设立专门的广播电视行业的监管机构，对广播电视进行行政规制。例如，日本总务省下设的信息通信政策局、综合通信基础局就是政府监管通信业和广播电视业的专门机构，前者负责电子通信业的监管以及综合性业务的制订，后者负责频率分配和电波监理以及与网络传输有关的政策制定。为了增强政府监管的科学性和有效性，日本依法在总务省内设立电波监理审议会和信息通信审议会两个专门咨询机构，主要承担与通信和广播电视有关的调查、审议、劝告、建议等事务，对政府监管机构的政策制定发挥着辅助、监管作用。行政监管方面，英国的广播电视行政管理由文化媒介体育部负责，监管内容包括：更新和修改约束公共媒体——英国广播公司行为的皇家特许证书；每年督促检查公共媒体和独立规制机构提交的年度报告；广播电视技术监管；任免公共媒体和独立媒体机构的决策部门成员；确定电视机执照费的标准等。

最后，经济性规制和社会性规制。经济性规制是指，对于那些容易产生垄断和信息不对称的行业，为了防止资源的低效率配置，确保消费者的利益，规制机构对于相关企业的进入和退出、价格、服务质量以及投资、财务等商业活动进行干预，例如规制机构对广播电视的所有权和进入退出的规制。许可证规制是一种通过市场进入规制来控制市场行为，兼具有结构控制和行为控制的属性，例如，美国FCC在许可审批和更新审批时需要考察多方面内容。

社会性规制是指政府或独立规制部门从维护公共利益出发，针对容易产生外部性的行业所建立的干预机制及其制度，例如对于广播电视内容的事后监管和对公共媒体的规制。因社会性规制的成本较大，西方国家普遍逐渐减少了社会性规制①。

在数字化和融合化的趋势下，西方国家普遍进行了广播电视规制改革，其目标就是提高竞争效率和维护公共利益，将竞争引入广播电视和电信产业，加快数字传播产业的发展。同时，通过各种规制加强广播电视的公共服务的供给水平。但是这些规制改革是否取得成功，还有待时日继续观察，特别是针对商业化的趋势，学者们不无担忧。正如美国学者所诘问的一样，难道它是一个市场和利益至上且不允许人们对它进行政治辩论的社会？难道它是一个以消费者观念代替公民观念的社会，其基础是"一块钱一票制"而非"一人一票制"？难道这个社会人们的意义仅仅是公司赢利的对象，或者说，我们能否拥有一个有公民自己决定经济和传媒体制的社会。②所以，近年来，西方国家放松结构规制的同时，又出现了强化行为规制的倾向。

---

① 肖叶飞：《媒介融合语境下西方国家广播电视规制的变革》，《国际新闻界》2011年第2期，第60页。

② [美]约翰·H.麦克马那斯：《市场新闻业 公民自行要小心》，张磊译，新华出版社2004年版，第13页。

第四章　我国广播电视规制的历史与实践

我国的广播电视媒体兼具政治属性、经济属性和公共属性，从政府角度说，要成为党和人民的喉舌，有效地传播党和国家的方针政策；从信息经济角度说，广播电视属于第三产业，要为经济发展作出重大贡献；从受众角度说，广播电视频率和频道资源是公共资源，应该满足均等化、普适性的公共信息需求，维护公共利益。鉴于广播电视多元化的属性，要充分平衡这三者的关系，设计出合理的制度和管理方式。我国的广播电视体制经历了从"纯事业单位""事业单位，企业化经营"再到"公益性事业和经营性产业并行发展"的规制的历史变迁。但是广播电视体制一直徘徊在事业体制、产业体制之间苦心经营，既没有发挥广播电视产业的规模经济和范围经济的特点，也没有成为纯粹的公共服务媒体。我国广播电视体制创新显得尤为必要，要逐渐形成政府主导公共服务事业、市场主导经营性产业的二元体制。

第一节　我国广播电视规制的历史变迁

新中国成立之前，由于复杂的历史背景、政治环境和传媒生态，我国广播呈现出多元化的发展趋势，广播机构的设置主体多元化，进入壁垒较低，既有租界外国人办的商业性的广播电台，也有国内商人办的商业性广播电台；既有国民党办的广播电台，也有共产党人在延安办的人民广播电台。

我国最早的商办广播是1922年创立的。美国人奥斯邦在上海成立了中国无线电公司，并与美资英文报纸《大陆报》合作，创办了"大陆报——中国无线电第一座广播电台"，呼号XRO，于1923年1月23日晚间首次播出节目，播出的内容以音乐娱乐节目为主，成为中国境内第一座广播电台。中国人自己办的广播电台是东北的奉系军阀1926年在哈尔滨创办的，每日节目包括新闻、信息、音乐和演讲。中国的商业广播电台首先出现在商业中心上海，1927年3月18日上海的新新公司设立了商业广播电台，同年底，北京也出现了商营的燕声广播电台。这些广播电台规模甚小，质量参差不齐，大多播出戏曲、音乐节目，借播放广告以谋利，文化格调不高[①]。

政党办电台是这个时期电台发展的主流，“以国民政府的电台为主。国民政府1928年8月1日在南京成立‘中国国民党中央执行委员会广播无线电台’，呼号XKM，1932年扩充发射电力后，更改呼号为XGOA。每天播音3个小时，内容主要为新闻与演讲，演讲注重教育与时政，新闻信息完全来自国民党的中央通讯社。30年代以后，国民政府的广播电台大规模发展，形成了中央系统的、地方政府的以及交通系统的广播电台，总数达到几十座。中国共产党也在不断内战和长期的抗日战争中建立了人民广播事业，1940年在陕北根据地建立了延安新华广播电台，于12月30日宣布播出，隶属于新华社，但是因条件的限制，播出质量和播出范围都极为有限，两年后停播了。在解放战争期间，解放军攻克了国统区，接收了一些国民党政府的广播电台，并建立了‘人民广播电台’”[②]。

新中国成立以前，从节目内容来看，广播节目内容以政治宣教类和商营娱乐类为主，政教类的内容包括政策的宣传、政令的发布以及鼓舞军队的军事动态信息，商营娱乐类的节目除了新闻以外，还包括音乐、戏曲和宗教节目，以盈利为目的。但是广播电台的功率有限，受众人数少，传播范围小。从广播电视经济性规制来看，进入壁垒不高，主要是官办和民办，政治属性和商业属性明显，但是没有出现西方的着重公共服务均等化和多样性的公共广播电视，中国也没有受众缴纳收视费的传统，公民社会的缺失使广播没有成为维护公共领域的媒介。

新中国成立以后，我国对私营电台实行没收、改造，全部实行国有制和计划经济，财政拨款，不播广告。到了20世纪80年代，改为有限市场政策，可以播放广告创收。随着政治体制的变迁，我国的广播电视规制的路径就是从纯粹的政治领域的事业单位向市场化和资本化方向改革。如果从1949年新中国成立算起，我国的广播电视规制可分为四个阶段。

一、新中国成立以后（1949—1978）财政拨款为主的单一的行政性的广播电视体制

这个时期的广播电视属于国家主导的国营广播电视媒体，是非营利性质的事业单位，是党和人民的喉舌，兼具宣传工具和社会公益事业的性质，注重政治宣传和教育功能，所有权归国家所有，是公用事业。广播电视机构需要的所有

① 郭镇之：《中外广播电视史》，复旦大学出版社2008年版，第166页。

②马梅、周建国、肖叶飞：《广播电视新闻学教程》，中国科技大学出版社2013年版，第28页。

资金、设备和从业人员的工资福利完全由国家统一提供，由国家全部的财政拨款来促进广播电视事业的发展。其中经费预算收支科目、预算级别和有关事业经费的领拨、运用、管理、监督，以及各种名目繁多的经费开支范围、开支标准等，由国家制定统一的事业财务制度。

新中国成立以后，根据1948年中共中央《对新解放城市中原有之广播电台及其人员的政策决定》的规定，新中国的广播事业应归国家经营，禁止私人经营，政府以赎买的方式消除私营广播电台。在私营广播电台大本营上海，政府先通过公私合营，后通过收购私股的方式，收购私营广播电台。1958年5月中国第一座电视台北京电视台实验播出，新闻节目大部分来自中央新闻纪录电影制片厂制作的《新闻简报》，电影和戏剧占领了大部分时间，宣传政治、传播知识和充实群众的文化生活是这个时期广播电视的主要宗旨。

文化大革命期间，广播电视成为"革命"的对象，许多广播电视台被接管，处于失控状态，同时，在"四人帮"的"支持"下，广播电视对于"文革"起到了推波助澜的作用，政治性宣传急剧增多，教育性、知识性和娱乐性的内容大量减少。"文革"期间，"文革"小组规定："凡广播电台的宣传，均应以毛主席审定的，人民日报公开发表的社论和消息为标准"，"凡与中央口径不一致的，凡中央报刊不发表的，电台一律不得广播"。于是，广播新闻节目几乎都是照搬"两报一刊"（即《人民日报》《解放军报》和《红旗》杂志），多数情况下是全文照播，偶有删节，也是小心翼翼，唯恐犯"政治性错误"。广播电台实际上是被剥夺了编辑权，听众讽刺"文革"期间中央台的广播节目是"早上报摘，晚上摘报"[①]。文艺节目基本是八个"样板戏"统领着，日复一日的轮流播放。在"文革"期间，为了宣传毛主席的光辉形象，发展电视已成为政治使命，广播电视事业的建设还是取得了一定的发展，大部分省市自治区都建立了电视台。1973年5月，北京电视台试播彩色电视，农村的有线广播也有比较大的发展。1976年以后，广播电视节目又出现了新的生机，体育节目、教育节目、儿童专栏和文艺节目恢复播出。1978年北京电视台正式改名为"中央电视台"，成为国家电视台[②]。

二、改革开放初期（1978—1992）广播电视市场化萌芽阶段

1978年是中国改革开放和经济建设的开始阶段，广播电视事业也放弃了"阶

① 赵玉明：《中国广播电视通史》，中国广播电视出版社2009年版，第295～296页。

② 马梅、周建国、肖叶飞：《广播电视新闻学教程》，中国科技大学出版社2013年版，第35页。

级斗争的工具”和“无产阶级专政的重要工具”的定位，强调广播电视宣传的中心任务是为经济建设服务、为实现四个现代化服务。同年，财政部批准了《人民日报》等新闻单位实行“事业单位，企业化管理”。1979年，当时的中央事业广播局根据财政部规定实行了“预算包干”的财政政策，中央电视台作为试点单位试行了“差额补助，结余留用”的管理办法，在体制上开始了自行筹措部门经费的权力。1979年11月中共中央宣传部批准新闻单位承办广告，电视台获得播放广告的许可证。1979年1月上海电视台播出了中国电视的第一条商业广告《参桂补酒》，同年广东电视台也播放广告，标志着我国电视业从单纯的宣传型开始向宣传与经营并重的转型。1984年中央电视台的财务体制又从差额补助改为预算大包干，由国家按播出总时数核定事业费定额，在完成承包定额的前提下，超收部分按比例留成。这个时期虽然广播电视的产业功能没有明确提出，但是，商业化对广播电视是党和人民的喉舌形成冲击，也对广播电视的公共性造成了挑战。

1983年3月第十一次全国广播电视工作会议召开，会议制定了一个影响深远的政策，就是“四级办广播，四级办电视，四级混合覆盖”的政策。四级办广播电视释放了市、县两级创办广播电视的巨大的能量，市级电视台的数量从1982年的不足20个一下子扩展到1985年的172个市县级电视台，电视发射台和广播台从1980年的2 469个增加到12 159个[①]。四级办广播电视打破了原来僵化的体制和高度一致的舆论局面，呈现出多样化、地方化的特点，形成了多层次、多样化的传播网络，满足了受众的多样化收视需求。但是，一些地方电视台的制作能力十分有限、人才匮乏，违规播放海外的节目和滥播广告等现象严重，节目庸俗和质量低下，出现了大而全、小而全的重复建设和低效竞争的局面。

从节目内容来看，这个时期新闻信息、知识、教育和服务类节目也日益增加，电视台译制和引进了大量的外国电视剧，各地电视台动用自己的力量开始制作电视剧，特别是1986年电视剧生产实行“制作许可证”制度，社会力量也积极参与到电视剧的制作当中来，电视剧的形式和风格呈现出多元化的趋势。另外，电视直播不断涌现，国际新闻、体育节目、春节联欢晚会的兴起、香港电视节目的大量引进，繁荣了电视荧幕，丰富了人民的生活。《话说长江》和《话说运河》等纪录片掀起了一股文化热潮，更有少量的政论纪录片应和了改革的气氛，在思想界和理论界掀起了争鸣和反思，这种话语体系引起了“文化热”和政治改革热，一些电视节目从精英文化向大众文化转型。

① 郭镇之：《中外广播电视史》，复旦大学出版社2008年版，第206页。

三、事业单位企业化管理的广播电视体制(1992—2003)

随着我国媒介政策的进一步开放,各种媒介的数量增长迅速,广告营业额上涨明显,媒介的市场竞争日益加剧。1991年,我国电视业的广告额达到了10亿元,第一次超过了报纸广告经营额9.6亿元,在中国整个广告经营总额的比例超过了四分之一。1992年,中共中央国务院发布《关于加快发展第三产业的决定》,广播电视所属的文化事业被纳入除工业、农业以外的"第三产业"。1993年我国的电视业广告收入第一次超过政府拨款,象征着电视产业在经济上逐渐独立。1997年开始,我国省级卫视陆续上星,到1999年,30家省级电视台全部登上了历史舞台。随着数字压缩技术的发展,卫星频道资源大大增加,卫视成为央视的主要竞争对手。1999年年底,我国的有线电视用户超过5 000万,电视的各种经营性收入占到全部收入的85%以上,电视业开始进入快速发展的阶段,并成为兼具政治和经济属性的文化产业。在产业化的驱动下,广播电视媒体的经济功能、娱乐功能、商业功能得到彰显,中央电视台把黄金时段的广告实行招标制,广告经营日益成熟。上海广播电视局创建"上海东方明珠股份有限公司",通过发行股票筹得资金建立了东方明珠电视塔,走上了资本经营的道路。

21世纪,媒介的集团化成为一种趋势,大量的广播电影电视集团成立,广播、电视、电影三位一体,有线、无线、教育三台合一。但是事业单位性质的广播影视集团不是市场主体,没有起到资源整合的作用,只是行政性的"拉郎配"的方式,而且涉嫌行政垄断,损害了消费者和广告商的利益。2004年国家广电总局表示,今后不再批准组建事业性质的广电集团,原因是喉舌事业性质的广电集团容易与社会上的产业性质的集团概念相混淆,广电总局今后只允许组建事业性质的广播电视台或总台,已经组建事业性质的广电集团可以把集团改为总台,要想保留事业性质,就一定要把经营性资产剥离,组建新的产业经营公司或集团公司。在节目方面,《焦点访谈》《新闻调查》《每周质量报告》等以舆论监督为宗旨的电视栏目不断出现,媒体的公共性得到加强。《实话实说》等谈话节目的兴起,一些公共话题进入了公众视野,促进了公民对一些公共话题的思考。

四、公益性事业和经营性产业并行发展的体制(2003年至今)

制约广播电视发展的一个重要因素,就是把公益性文化事业和经营性文化产业相混淆，应该由政府主导的公益性文化事业长期投入不足，应该由市场主导的经营性文化产业长期政府主导，束缚了公益性事业和经营性产业发展，无法实现资源优化配置。广播电视台既是政府和公共事业单位，完成宣传功能和公共事业任务，又属于第三产业，靠自身经营获取商业利润，但是，事业属性与企业属性、党性和媒体属性、政治宣传功能和社会公共利益功能没有明确的区分。

我国政府和管理机构对于广播电视政策的设计、有效安排决定了我国广电媒介的发展和制度转型。2002年，十六大报告厘清了两者之间的关系，首次提出积极发展文化事业和文化产业。2003年，党的十六届三中全会通过的《完善社会主义市场经济体制若干问题的决定》提出了文化事业和文化产业的改革方向和目标：公益性文化事业单位要深化收入分配、劳动人事和社会保障制度改革，加大国家投入，改善服务；经营性文化单位要创新体制，转换机制，壮大实力。完善文化产业政策，鼓励多渠道资金投入，促进各类文化产业共同发展，形成一批大型文化企业集团，增强文化产业的整体实力和国际竞争力。

公益性事业方面，如全国广电系统依靠村村通工程、西新工程、农村电影放映工程等，推进了农村广播影视的公共服务体系建设。截至2012年年底，我国广播电视事业取得了很大的发展，广播综合人口覆盖率达到97.51%，电视综合人口覆盖率达到98.20%，无线广播综合人口覆盖率达到95.81%，无线电视综合人口覆盖率达到95.30%，有线电视用户2.15亿户，数字电视用户1.43亿户，有线广播电视入户率51.50%[①]。公益性事业提高了广播影视公共服务均等化水平，保障了人民群众基本文化权益，提高了公共服务水平和质量。

经营性产业方面，国家逐步放宽了进入与退出规制，除了时政新闻类节目以外，其他节目允许社会资本进入。2002年放宽了电视剧、广播电视节目等影视制作机构的市场准入门槛，允许民营资本作为经营主体进入除新闻宣传外的广播电视节目制作业，允许个人、私营企业设立除新闻宣传外的电视剧、电视专题节目等影视制作机构。对外采取有限制的开放和引进政策，2004年发布的《关于促进广播影视业发展的意见》中提到，允许境外资本与我方合资合作制作广播电视节目，但严禁设立外商独资、中外合资、中外合作经营的广播电台、电视台、节目制作经营机构，严禁外资进入广播电视传输覆盖网。我国的广播电视产业要有所突破，必须在有限的政策空间下建立起符合自身属性的管理结构和管理方式，将内容产业与播出产业相分离，意识形态信息与娱乐文化服务信

① 国家新闻出版广电发展研究中心：《2013年中国广播电影电视发展报告》，社会科学文献出版社2013年版，第43页。

息相分离，逐步形成政府主导公共服务、市场主导产业运营的体制机制，使产业经营更加合法化。

第二节　我国广播电视规制的现实困境

随着我国政府在电信、航空、铁路和金融方面的规制改革，这些垄断性行业的规制改革绩效不断显示出来，我国广播电视的规制改革也已经纳入政府的规制视野当中，而广播电视的规制改革也是一种新的制度供给，虽然伴随着一定的成本与风险。我国需建立适合广电经济系统特点的经济性规制体系，建立符合社会主义精神文明、政治文明以及社会伦理道德规范的社会性规制体系，这就需要对广播电视规制改革的一些核心问题进行深入的研究。

一、政府转型与规制改革

在计划经济年代，政府具有多重角色，不仅是公有制企业的产权所有者和行政管理者，而且是事业组织的管理者和运营者。随着计划经济向市场经济过渡，市场机制能够发挥作用的地方逐渐交给市场，发挥市场引导社会资源和生产要素的配置，政府甚至向社会组织购买公共服务，发挥社会“第三方”的作用，改变政府“全能主义”的管理模式，从计划经济时代的“大政府”模式逐渐向“小政府-大社会”的模式转变，这也是政府的角色和职能的重构。

而在市场机制失灵的领域，依靠政府对市场进行干预，保证资源的优化配置，政府以社会公共管理的角色出现，通过公共财政和计划机制向社会提供公共服务。其中垄断是政府干预的领域，包括自然垄断和行政性垄断。自然垄断是规模经济造成的，需要大量沉淀成本，多家生产的效率不如一家企业进行生产。而行政性垄断是指政府行政机关和国家经济管理部门凭借其经济管理权力对经济活动进行排他性控制，限制和排斥竞争的行为，它是非国家意志行为，与国家垄断不同。

西方国家政府的角色和功能主要是政治性政府，提供市场失灵领域的非盈利性的公共服务，政府一般不具有经济权利，不能谋取市场利益。市场有效的领域基本是靠市场配置资源的，市场上通过供求关系的平衡过程达到社会资源的有效配置。少数例如BBC这样的公营资产是通过公共受托人经营管理的，也是非盈利性质。

我国政府不仅具有政治性政府的职能，还具有经济性政府的职能，是因为我国的经济制度是由市场经济体制下国有经济占主导地位这个根本性质决定的。我国社会主义公有制决定了政府不仅是社会公共管理者，即具有政治性政府的权能，而且还是国有资本的所有权代表，即经济性政府。我国宪法将全民所有制资产的统一所有者权利赋予了国家，国家委托政府行使国有资产管理者的职能，国有资产成为社会主义全民所有制的法律表现与实现形式，政府成为国有资产的所有者代表。政府授权对国有资本进行统一管理，保证国有资本的增值。作为经济性政府，政府的根本职能是确保国有资产的保值增值，以追求市场盈利为目的。随着国有企业由原来的行政附属物变为独立的经济主体，以"社会利益"为目标的国营经济转变为以"市场盈利"为目标的国有经济，政府的政治职能发生了根本的变化。同时，政府通过激励和约束机制等间接手段对非公有制产权进行规制，引导非公有制产权主体在追求利润目标的同时兼顾社会利益。

当然，政府也会出现规制失灵，而政府失灵有时候比市场失灵危害更加严重。政府扮演着公共产品的提供者、负外部性的消除者、收入和财富的再分配者、市场秩序的维护者和宏观经济的调控者的角色。政府失灵主要是由于政府角色错误、信息不对称、政府部门的利益至上、政策的滞后性、干预的低效率、政府规模膨胀以及权利寻租行为等原因造成的，而这些都是规制失灵的现象[①]。

二、广播电视政府规制角色与定位

市场经济条件下政府要实现角色和职能的重构，这也影响到政府对广播电视事业和广播电视产业的角色和功能定位，政府对我国的广播电视规制需要新的理论建构，为广播电视规制改革提供理论指导和智力支持。政府规制要协调经济性规制与社会性规制的关系，经济性规制把经济效益作为目标，同时兼顾社会效益，社会性规制把社会效益作为主要目标，同时考虑公共服务提供的效率问题。

作为公共事业的规制者，政府应该通过公共财政支出保持对广电事业的举办权，向广大群众提供优质的精神文化服务。广电媒体只是广播电视公共事业的代理人，在法理上也不是这种社会成本责任的最终承担者，广电媒体缺乏使这种外部于媒介的社会成本内部化的动力和手段，因为政府才是广电媒体和广

---

① 陈秀山：《政府失灵及其矫正》，《经济学家》1998年第1期，第59页。

电事业的举办者。政府作为广电媒体这种公共服务的最终供给者，对防止这种社会成本的增加负有不可推卸的责任[①]。广电事业法人事实上对自己给社会带来的负外部性只能承担形式上的责任，国家和政府作为最终委托者不仅负有最终责任，而且对广电媒体的行为负有公共规制的责任。

如图4–1所示，我国社会主义市场经济条件下的政府规制是政府处于双重角色对广电事业和广电产业行使规制权利，一种角色是以公共服务为使命的政治性政府，另一种是以国有资产所有权管理者身份出现的经济性政府。广电规制改革是建立有限政府、有效政府和服务型政府的内在要求，也是广电法制化建设和法制化管理的内在要求，是广电事业和广电产业均衡协调发展的必然要求。政府对广播电视事业及其产业的规制既是公共事业规制，也是一种产业经济规制。作为公共事业规制，政府要减少广播电视的负外部性，增加正外部性，维护社会公共利益。作为产业经济规制，政府要对广电产业环节和市场结构进行调控，包括限制过度垄断和垄断权利非正当使用以及对产权关系的监管，属于经济性规制的范畴。

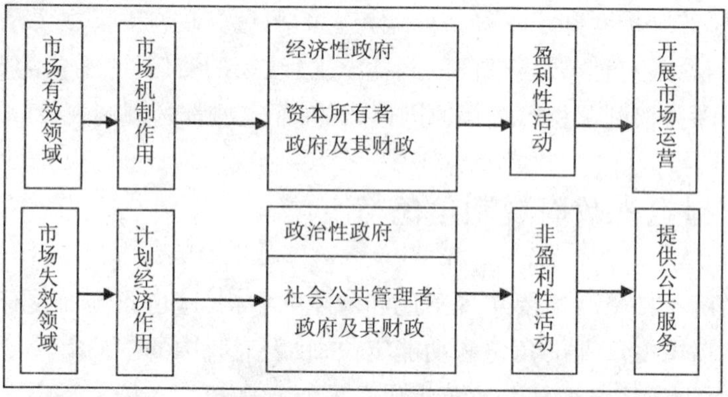

图4–1 社会主义市场经济体制下政府的双重角色和职能[②]

政府规制职能的定位保证政治性政府的公共服务职能与经济性政府的资产监管职能，通过规制体系使这两种职能得以实现。政府与广电事业组织的关系既有公共规制与被规制的关系，也有产权规制与被规制的关系。市场经济建立以来，我国广电事业单位和企业单位相继通过登记成为事业法人和企业法人，开始依法享有一定的民事权利和民事责任，广电的事业法人并不拥有全部的法人财产权，不能像国有企业那样用全部的法人财产权承担民事责任，而只

① 张志：《数字时代的广播电视规制与媒介政策》，中央民族大学出版社2012年版，第147页。
② 张馨：《公共财政论纲》，经济科学出版社1999年版，第161页。

是国有资产的受托占有者。这种产权关系是政府作为国有资产所有权管理主体与国有资产使用主体之间发生的关系，而不是社会公共管理主体与公共服务责任担当主体之间的关系。目前，我国的广电集团产权关系逐渐规范起来，集团法人对政府负有国有资产产权经营主体的应有的责任，而对集团成员单位行使国有资产监管的职能。

三、广播电视规制的多维属性

广播电视的发展目标是多维的，决定了它是一种重要的公共事业，是一种满足精神文化需求的文化事业，也是属于第三产业的信息产业，对经济发展起到重要作用的产业。广播电视媒体首先是社会公共服务的提供者，维护社会公共利益，为受众提供多元化的信息服务，同时，广播电视媒体必须发挥喉舌功能，做好政策的宣传，其中广电媒体的喉舌功能属性与公共服务功能具有内在一致性，因为党、政府和人民群众的利益根本上具有内在一致性。另一方面，广播电视是第三产业里面的信息产业，也属于文化产业，能够促进经济的发展、解决就业问题等。

广播电视提供的公共服务一般由政府的公共财政来支出，政府通过公共财政来举办广电事业，这是政治性政府的职能体现，这类政府受纳税人的委托，面向社会提供普遍的、平等的服务，而这种服务具有共同的消费性，作为社会必需品，客观上要求全体公民在广电服务的消费上享有平等的权利。由于广播电视属于准公共产品，具有广泛而持久的外部效应，仅仅依靠内部成本和内部收益的比较，无法客观地衡量广电服务的社会综合效应。广电服务的投入产出目标的实现对于广电事业的公共服务目标和精神文化目标起到支撑作用时，才具有意义。

随着技术的发展，自然垄断企业中一些过去是自然垄断性质的业务领域，可以转变为竞争型的市场。随着经济性规制理论从自然垄断行业规制理论向可竞争市场理论、自然垄断产业的竞争理论进化，经济性规制目标从限制垄断支配力转变为促进有效竞争上来。有效竞争的条件就是竞争收益大于竞争成本，既非过度竞争也非竞争不足，具有适度的规模经济效益。广播电视具有规模经济与范围经济的特点，各国政府对广播电视实行许可制度，以控制企业数量，一方面通过维持一定的垄断结构来保持较高的服务供给效率，另一方面为了防止垄断广电企业滥用垄断支配力、影响媒体的公信力，又需要限制过度的垄断行为。

我国广电传媒业的经济性规制包括市场规制和产权规制等方面，市场规制就是对市场行为、市场结构和市场绩效等进行微观的干预，而产权规制就是国有资产的产权关系、非经营性国有资产的安全和保值、经营性国有资产的增值等有关的政府规制。我国广电作为国有资产和国有资本所有权的管理者，自然要将产权规制纳入经济性规制当中，资产安全主要是对非经营性资产的广电事业法人而言的，资本运营规制是对经营性资产的经营主体广电企业法人而言的，规制政策不同。

广电事业政府规制的改革就是从过去宣传管理、事业发展、行政管理的管理体制，向公共服务、产业监管、社会管理等方向转变。这种转变建立在政府与媒体的新型关系基础之上，也是行政管理改革的方向。我国的广播电视正在有计划、有步骤和分阶段进行规制改革。一是实行广电事业管理体制改革，实现政事分开、政企分开、管办分开，逐步改变政府职能，建立中国广电事业的现代治理结构，实现广电事业分类管理。二是把政府规制纳入公共服务、产业监管、社会管理的职能范畴，初步建立起适合我国广电传媒特点的公共事业规制体系和产业经济规制体系，形成对广电市场结构、产业组织结构、广电媒体行为和广电服务内容的全面规制机制。三是建立法律规制体系，建立竞争制度与规制制度相互补充，政府规制为主体，立法和司法规制为补充，公共财政与国有资本财政为基础的广电传媒业公共规制体制。

传统的广电事业管理体制就是政事融合，“从事业体制的角度来看，就是事业机构行政化，政府充当广电事业举办者或所有者、政府行政管理者、宣传事业单位领导者等多重角色。中国长期形成的“局台合一”体制曾经发挥了一定的作用，消极作用就是广电事业单位的行政化。随着广电集团的成立，广电事业单位及其企业单位有了明确的法人资格，行政化趋势得到扭转。政府的角色从举办者、行政管理者、事业领导者、经营管理者四合一角色，转变为举办者和政府规制者的平行角色。事业单位从国家行政机关附属物的地位开始向民事主体法律地位的法人转变”[①]。

公益性事业和经营性产业之间服务的性质和面对的市场有差异。广电服务的需求类型从过去的单一社会需求向共同需求、部分需求和个人需求并存的结构转化。广电媒体的视听服务过程既有内部收益的过程也有外部收益的过程，既有内部成本的过程也有社会成本的过程。广电事业中，既有自然垄断性

① 张志：《数字时代的广播电视规制与媒介政策》，中央民族大学出版社2012年版，第147页。

的业务也有竞争性业务，既有非经营性国有资产也有经营性国有资产，既有企业化管理的事业法人也有企业法人，而两类资产的运营主体所承担的责任和权利是不同的。但是，广电媒体往往通过内部成本和收益的比较来进行决策，缺少承担社会成本和社会福利损失的内在动力。

张志认为，“通过对不同性质的产权主体进行分离，明确各自的产权责任，通过体制分离促进职能分离，塑造三类产权主体。一是以广播影视公共服务为组织目标、受托占有国有资产并承担相应的责任，具有一定民事权利和民事责任的公益事业法人和事业型市场主体。二是以广播影视产业发展为目标，受托运用国有资产并承担相应的责任，具有一定法人财政权利，较完备的民事责任及权利的公营企业法人和准事业型市场主体。三是以广播影视产出效益为组织目标，受托经营国有资产并承担相应的责任，具有全部法人财政权利、自负盈亏、自主经营、自我约束的企业法人和企业型市场主体。形成三种广播影视的配置机制：以政府为主导的资源配置机制，以市场机制为主、政府规制为辅的资源配置机制，以市场为主导的资源配置机制。”①

近年来，我国广电事业单位普遍实行了内部成本核算制度，在保证舆论导向正确和社会效益的前提下，尽可能地通过成本核算、产业经营、市场运作等方式实现经济效益的稳步增长，用经济效益的增长来促进主业的发展。市场经济条件下，由国家垄断举办广电事业，在一定范围内和一定程度上容忍行政性垄断的存在，造成媒体内部的生产低效率以及垄断权力的非正当运用。一段时间，在缺乏政府规制和公共财政有力支持下，广电行业内部由于垄断地位和垄断权力的差异，在中央媒体与地方媒体、电视与广播、对内媒体与对外媒体之间难免出现事业发展上的巨大差距。

中央政府对全国广电事业及其产业实行统一的规制，这是全国性的公共事业规制和产业规制，目的是培育和发展全国统一的广电传媒市场体系，营造统一的广电产业政策环境和媒介资源优化配置机制。省一级政府主要对所辖区域内的各类广电传媒组织实行地方性规制，规制内容以经济性规制为主，尤以产权规制为主。根据我国国有资产的分级管理体制，各省级政府是对所辖区域广电事业单位的国有资产委托授权主体，对其资产的保全、增值负有监管责任。各级政府负有对所在区域广电事业型市场进行监管的职责，防止利用规制权力推行地方保护主义和地方行政性垄断，形成中央和地方“统分结合”的规制体系。

①张志：《数字时代的广播电视规制与媒介政策》，中央民族大学出版社2012年版，第171页。

我国广电行业产权结构演变的方向：一是纵向分离的趋势。纵向分离包括政府方面政资分离引起的公共行政管理、国有资产管理、国有资本财政、公共财政这四个职能的分离，包括广电媒体方面事企分开、经营性资产与非经营性资产分开、垄断性业务与非垄断性业务分开。二是横向分离的趋势。横向分离是集团化的基础上逐步完成的国有资产的所有权管理的主体（国资委和财政部）、产权经营主体（集团法人）、实体占用主体（集团内的事业法人和企业法人）的分离，在此基础上逐步明确各类产权主体的权利和责任。

政府的规制要衡量规制成本与规制收益的关系，政府的规制成本包括规制立法成本、规制执法成本和规制机构的运行成本，我国广电事业政府规制体制改革，对广电事业及其产业的发展、社会主义精神文明的培育、广电产业结构优化及其广电媒体自身的收益等所产生的促进作用，都纳入政府规制收益。广电事业的经济化趋势导致市场发育的不平衡性，表现在公共服务市场的滞后性和广告市场的过度竞争。一段时间，广电部门没有建立起与市场经济相适应的、具有明确目标的公共服务。同时，广播电视产业结构松散，竞争成本越来越高，而竞争收益日益趋缓。

第三节　我国广播电视规制的改革领域

广播电视具有很强的意识形态性，广播电视制度取决于社会制度，不同的社会制度就有不同的广播电视体制，不同的国家在广播电视制度方面表现出不同的结构方式、规制形式和经营制度，如公有公营型、民有民营型、国有国营型和公商并营型等不同的广播电视体制。一段时间，由于受政治、经济、文化等不同因素的影响，我国的广播电视在进入退出、质量、价格、所有权和投资等规制方面出现了很大的差异性，出现了难以消解的现实困境。一方面，广播电视媒体具有政治属性，由国家所有，党领导新闻事业，广播电视资源由各级政府掌控，维护国家和政府的形象。这种按行政区域配置广播电视资源的方式，不能实现资源的有效配置，也无法释放广播电视产业的巨大能量。另一方面，广播电视是事业单位，事业单位的属性决定了广播电视媒体必须是以社会效益为主、经济效益为辅的价值取向，满足公众的公共利益的诉求。

广播电视事业单位实行“事业单位、企业化经营”的方针，依靠市场力量和广告收益维护其经营和增长，而政府的财政拨款极少。这种政治宣传、商业利益、公共利益的多重功能定位和多种价值目标在一起出现了“多面人”的角色混乱，最终这个多重定位体制在保障广播电视媒体的政治属性和经济属性的时候，社会属性和公共属性却日益式微，公共服务功能得不到体制性保障。一般来说，我国广播电视规制的改革领域大致包括四个方面。

一、进入与退出规制方面

过于严格的进入规制，形成了行政性垄断和地方保护主义，没有充分的市场竞争带来的资源优化配置，效率不高，西方广播电视执照只有五到八年的期限，执照续期需要严格的评估，中国广播电视媒体几乎没有退出机制，造成部分媒体责任感不强，片面追求经济效益，忽略了公共利益和社会效益。

进入规制有两种形式，一种是对于一般产业的进入规制，如政府对所有企业进行注册登记制度，经政府许可，履行注册登记手续，方可从事生产经营活动，把企业纳入依法经营、接受监督的范围；另一种是特殊的产业进入规制，对某些特殊垄断企业实行特殊经营的权利，方可进入并开展经营活动，控制进入垄断行业的企业的数量，防止过度竞争。对于进入与退出规制，要考虑两个问题，第一是要严格控制新企业的进入数量，防止过度竞争和重复建设造成资源浪费以及低效率；第二是要适当地放松对自然垄断市场的规制，不能因为规制过度造成阻碍自由竞争、提高效率。

我国的广播电视事业是党和国家的整个事业的重要组成部分，是中国特色社会主义的重要组成部分，广播电视媒体在党和政府的领导下，严格按照党的政治原则和组织原则办事，强调党管媒体的原则，把增强舆论引导能力作为党的执政能力的重要方面。一段时间，在进入和退出规制方面，我国的广播电视资源的配置是按照行政级别为中心配置的，不是按照市场的需求配置的，表现出的一级政府一级电视台。这种资源配置方式限定了不同级别的广播电视台拥有不同的知识文化身份和拥有的传播范围。这种资源配置方式表现出的小型分散、自收自支、政事合一和粗放管理等特点，使得各级广播电视台在全国性的市场上相互封锁、市场割据，无法在全国性的市场上配置资源，发挥广播电视媒体规模经济和范围经济的特点，许多广播电视媒体恶性竞争，重复建设，无暇顾忌文化责任。

这种管理格局是计划经济模式下的产物，曾富有成效地保障了作为公共服务机构的广播电视事业的顺利发展，但是随着市场经济改革的深入，特别是加入WTO以后，“传统管理模式的弊端逐渐突显：一方面，由于中国广播电视管理问题分别是创收、宣传和电视覆盖率，三头管理不仅难以形成管理合力，而且管理和被管理关系错位，造成政府定位不清、角色不明、职能混淆，无法有效对广播电视行业进行管理并实现公共利益的最大化。另一方面，管办不分、政事合一、企事合一，政府既是'裁判员'，也是'运动员'，出台的政策措施往往保护本级利益，损害下级利益，使得行政管理缺乏公正性、权威性和有效性。从规制经济学视角看，我国的广播电视管理出现了规制俘虏和政商共谋，即规制部门保护的不是公众利益，而是商业利益、部门利益和地区利益，这也是我国广播电视媒体出现了地区分割和条块分割局面的根本原因"[①]。

西方社会责任理论认为，大众传播具有很强的公共性，必须在法律和制度的范围内进行自我约束，媒介机构必须对社会和公众承担、履行一定的责任和义务。虽然西方社会责任理论主要针对报纸，因为当时的电视刚刚诞生，但是对于被贬为"娱乐"工具的广播电视媒体不无启发。20世纪40年代，美国学者建构了社会责任论，成为西方的新闻学主导性理论，取代了自由主义理论，美国报刊委员会在《一个自由而负责的报刊》中要求报纸对全社会负责，具体包括："对每日的事件给予真实的、全面的和理性的报道，并将他们置于显示其意义的特定的前后联系之中"；报刊要成为"交换评论和批评的论坛"；报刊要反映出社会各个集团的典型画面；报刊要澄清和提出社会的目标和价值观；报刊要"完全接近每日的信息"[②]。作为信息传播为主要责任的广播电视，理应在信息传播、文化传承、社会教育、价值观念和精神塑造方面发挥着独特而重要的作用，而且在文化公共服务方面起到核心作用。一个适应现代市场经济发展要求的公共文化服务体系的核心精神应该是，政府退出公共文化产品的"垄断性生产和提供者"的地位，创造各种体制条件、政策条件、社会条件，保证文化产品和服务能够有效提供。这套体制的成功建立在超出文化体制之外，取决于宏观体制环境的变化，法治环境和公民社会的成熟[③]。

随着我国把文化产业作为支柱产业加以扶持，广播电视作为文化产业的重要组成部分，将释放出巨大的经济能量，促进国民经济的发展。广播电视媒体对于经济利益的诉求不仅来自政府作为投资者的保值增值的需要，也是媒体自身维持运转和发展的需要。国家已经逐步放松进入退出规制，鼓励和引导非公

① 胡正荣、李继东：《中国广播电视公共服务体系：目标与实践研究》，中国广播电视出版社2010年版，第82页。

② 李良荣：《新闻学概论》，复旦大学出版社2001年版，第7页。

③ 李景源、陈威：《中国公共文化服务发展报告》，社会科学出版社2010年版，第39页。

有制经济进入，发展新型文化业态，增强多元化供给能力，繁荣社会主义文化市场，满足多样化社会需求，增强国家的文化“软实力”，发挥市场机制的积极作用，培育骨干文化企业和战略投资者，推动文化产业成为国民经济支柱性产业。我国广播电视市场秩序有待完善，政府需要培育广电传媒的生产要素市场、节目与内容市场、广告市场、多级流通市场和视听消费市场等，对于各类市场的结构，应该本着效率与公平相结合的原则进行不同的制度设计与安排。

二、质量规制方面

一段时间以来，我国的广播电视在“事业单位，企业化经营”的方针下泛娱乐化和商业化倾向严重，节目质量出现滑坡，“既叫好又叫座”的精品不多。广播电视节目的质量规制是由于信息不对称引起的，当市场上的供求双方所掌握的信息出现不对称时，产品和服务的供给就是处于无效率的状态，而且这种信息不对称往往造成逆向选择和道德风险。随着市场上频道数量的增加，面对琳琅满目的频道和节目，受众的信息甄别需要大量的时间成本，而且广播电视节目是按照时间消费的产品，实质上受众很难对所有的节目在同一时间进行比较和甄别，往往被一些哗众取宠、鱼龙混杂的节目所吸引，这就是典型的受众在观看广播电视节目时的逆向选择。

近年来，广播电视媒体传播了大量的信息，丰富了人们的生活，但是也确实出现了低俗化、庸俗化和媚俗化的倾向，有学者把这种“三俗化”的狂潮称为“六风”，即“豪华风”“滥情风”“戏说风”“聊天风”“竞猜风”“案件风”席卷荧屏，专题、新闻和一些严肃的文化、艺术类节目边缘化，“豪华风”是“电视传播贵族化的典型”，“滥情风”是“对道德底线的公然洞穿”，“戏说风”是“任意涂抹历史的典型”，“聊天风”是“倾听与倾述的旁门左道”，“竞猜风”是“知识传播的变种和异类”，“案件风”是“渲染腐败、黑暗、血腥”。并且，媒体之间竞相攀比、模仿，同质化倾向越来越严重。虚拟取代了真实、快感取代了意义、及时行乐取代了人生理想、情绪宣泄取代了社会责任。当代电视影像扭曲和解构了现实生活的丰富、深刻和思考，正如布尔迪厄所言，“电视求助于双重意义上的戏剧化，其结果却导致了千篇一律和平庸化”[①]。节目内容多一些娱乐化本无可厚非，但是为了追逐高市场份额，走向泛娱乐化之后，就为低俗化现象的泛滥打开了大门，“三

① 时统宇：《电视批判理论研究》，中国广播电视出版社2003年版，第143页。

俗化”促使广播电视的教育、社会和文化功能逐步消解。

泛娱乐化不仅出现在娱乐节目之中，而且出现在非娱乐节目中，如果非娱乐节目呈现泛娱乐的倾向，那么更是消解了“娱乐”本身的积极意义而走向庸俗化，成为刺激收视以谋取金钱的商品，这主要表现为七个方面：以“性”为看点，狂打擦边球；以残忍为噱头，发掘人性之恶；以极尽窥探之能事，挖掘公众人物隐私；以恶搞、整人娱乐观众；以颠覆传统，挑战道德，发掘“丑闻”“丑态”；以奇装怪行、言论无忌吸引眼球，以高额大奖刺激观众收看，宣扬日、韩享乐方式。由此可见，如今的娱乐节目“思想淡出内容，内容淡出形式，感性驱逐理性，夸张取代真实，搞笑胜过幽默，表象打败内涵，形而上的关怀让位于形而下的自娱自乐”，娱乐传播“繁华”的背后是思想和艺术的贫乏[①]。

广播电视出现泛娱乐化现象是由于“理性经济人”引起的，按照“委托-代理”理论，广播电视媒体是代理人，而公众是委托人，广播电视媒体不能只顾部门利益，而忘了公共利益，不能把公众全部当成消费者，而应该看成公民，广播电视不能完全成为娱乐的工具，而且要发挥传播信息、引导舆论、教化民众的基本功能，同时承担着推动社会文明进步的责任。但是，委托人不能完全观察到代理人的行动，广播电视机构作为代理人也是“理性经济人”，有足够的动机来最大化自己的利益，而不顾委托人的被损害。也就是说，随着政府财政对广播电视媒体进行“全额拨款”到“自收自支”，广告就成为广播电视媒体的主要的收入来源，有的甚至是唯一的收入来源，而广告的投放主要依赖收视率的高低时，收视率的恶性竞争就成为广播电视媒体的运营规律，广播电视媒体的公共性、公益性、社会责任遭到挑战和消解，教育、文化和社会功能也遭到解构。按照大众文化研究者约翰·费斯克的“两种经济”的理论，“当代中国电视注重和追逐的是电视的交换价值和金钱的流通，弃置的是电视的使用价值、意义的流通和社会的认可，即完成着‘金融经济’的过程，‘文化经济’过程则无人问津了”[②]。然而，作为主流文化话语权的广播电视，要构建一种与社会的文明进步、民族的优秀文化和主流价值观相适应的文化生态。

三、外部性规制方面

萨缪尔森认为外部性是一种物品或活动施加给社会的某些成本或效益，而

① 李安安：《文化工业下的新闻娱乐之舞》，《青年记者》2007年第1期，第34页。

② 陆扬、王毅：《大众文化与传媒》，上海生活·读书·新知三联书店2000年版，第112页。

这些成本或效益不能在该物品或活动的市场价值中得到反映，即当一个行为主体的行动直接、间接地影响到另一个或另一些行为主体的福利时，则前者的行动对后者具有外部性，当一些活动所产生的私人收益大于这些活动对个体和社会中的所有其他人的净收益之和就是负外部性，相反就是正外部性，下面从频道设置、节目内容、服务对象、节目功能等多重维度重点分析外部性。

目前，广播电视频率频道设置数量虽然很大，但是类型欠丰富，各种频率频道定位和内容相似，大部分为综合、影视剧、生活、体育、财经、少儿类，节目编排和栏目设计趋同，定位模糊，个性化不强，专业化和特色化程度很低。在英国，公营电视如果播放《达拉斯》，就必须播放帕瓦罗蒂的歌剧，因为公共财政支持来自全民的税收，所以必须为全民服务，BBC的大众文化频道和高雅文化频道就是取得某种平衡。一段时间，我国广播电视媒体是公共定位，但是公共性并不强，商业性明显，节目编播中公共服务的特点并不突出，存在一些缺失和盲点，节目内容的公共服务自觉亟待加强。新闻节目、专题节目与纪录片等承载精英意识的严肃类新闻节目在娱乐节目和电视剧的挤压下逐渐边缘化。

从外部性来说，一些信息服务类节目、教育节目和文化节目，不仅提高人们的认知水平和文化水平，而且促进信息的流通，发挥知识经济的作用，而一些娱乐节目则除了消遣和轻松之外，别无益处，所以需要对那些产生正外部性的节目采取激励措施，促进供给的平衡。世界许多国家，则是通过公共广播电视体制或者广播电视公共服务的基金资助市场无法提供的各类正外部性节目。另外，不同节目的供给要考虑不同的民族、种族、性别和年龄的关系，满足公共服务均等化的需求。

一段时间，我国的广播电视节目供给结构失衡现象明显。一是服务类节目和娱乐类节目失衡。在公共服务中，需求量最大的节目是服务类（主要是信息和教育）和娱乐类。但是，目前广播电视尤其是电视的娱乐类节目大大超过了服务类节目，出现了泛娱乐化的倾向。二是节目服务对象失衡，出现了“四重四轻”现象：重城市轻农村；重成年人轻少年儿童；重消费能力强的人轻消费能力弱的人；重健全人轻残疾人。三是节目制作和播出的结构失衡。2012年影视剧生产量仅占全年电视节目生产总量的4.75%，但是从实际播出时间来看，影视剧播出量占全年总播出量的43.3%，新闻资讯类节目占13.6%，综艺节目占8.6%，广告占11.88%，专题服务类节目占11.99%[①]。导致这种现象的原因是：

① 国家广播电影电视总局发展研究中心：《2012年中国广播电影电视发展报告》，新华出版社2013年版，第354页。

影视剧播出比重过大，必然挤占其他节目播出资源，致使大量其他的类型电视节目不能播出；影视剧大量重播，尤其是许多影视剧主要因质量问题难以进入电视台播出，影视剧的重播率很高。四是各类节目内部微观结构失衡。以影视剧结构为例：历史剧偏多而现实题材剧偏少；反映都市生活的影视剧偏多而反映农村生活的影视剧偏少。综艺类节目偏多而服务信息类节目偏少；娱乐类节目偏多而人文类节目偏少。

我国广播电视正外部性内容的供给不足还表现在对农信息传播和保障机制的缺乏。例如，我国农民占人口的大多数，但是专门针对农民的频道很少，全国只有河北、吉林、浙江、陕西、河南等几个省级电视台设置了农民或农村频道，设置率不到20%，农村居民的有效需求得不到满足。相反，《新闻联播》节目破例对东北大豆滞销的报道，有效地促进了东北大豆的销售。国家广电总局发展研究中心的课题组的一项调查显示，农民对广播电视节目的需求按重要程度依次是实用技术（99.8%）、农业政策（99.7%）、新品种（99.6%）、教育培训（99.4%）、人才招聘（97.2%）、市场信息（40.7%）、气象信息（30.5%）、法律（17.6%）、文艺娱乐（8.6%）、其他（2.2%）[①]。

同样问题也出现在广播领域：①面对电视、报纸、网络的多方面竞争，广播在整个传媒业中的影响力和广告份额受到严峻挑战。②广播台和广播频率进入市场，靠广告创收，造成运行目标单一，服务功能趋同，频率定位、节目定位同质化。③相当部分的广播频率的公共服务功能弱化，不能适应社会转型期多阶层受众，特别是中下层或弱势群体的多元有效服务功能的需求。例如，我国有庞大的农村人口，又正在逐步进入老龄化社会，他们作为弱势群体，广播频率关注、覆盖和服务这些人群的问题必需提升至机制、体制保证层面[②]。

相反，一些负外部性的节目则泛滥成灾，特别是一些文艺节目，可谓是在模仿中失去了自我，金钱追逐中失去了文化，流行中失去了深刻，感官快乐中失去了意义。学者批评道，“急功近利的浮躁和行业垄断的优越感，使中国电视从来就缺乏真正意义的人文关怀，要么在虚无缥缈的艺术理想中自言自语、自娱自乐（艺术类），要么在权威的圣坛上居高临下、宣教布道（社教类）、要么在金钱的大潮中推波逐浪、忘乎所以（娱乐类）。”[③]

---

① 国家广播电影电视总局发展研究中心：《2009年中国广播电影电视发展报告》，新华出版社2010年版，第204页。

② 曹璐：《广播新闻理念与实务创新研究》，中国广播电视出版社2007年版，第268页。

③ 沈卫星：《受众视野中的文化多样性》，北京师范大学出版社2010年版，130页。

"唯收视率"现象严重,"收视率末位淘汰制"成为电视台管理的重要的手段,甚至收视率成为衡量节目的唯一标准,但是收视率的负面作用没有被充分认识:第一,收视率把受众看成消费者,而不是公民或者公众。第二,收视率的样本不能充分反映收视的真实情况,特别是农村地区的样本偏少。第三,收视率主导下,节目的同质化严重,无法满足各种"细分受众"的需求,涉及农民、老人、妇女等群体的节目偏少,特别是我国已经进入老龄化社会,但是针对老年人的节目非常稀少。第四,我国的文化精英分子和中产阶级偏少,而西方的中产阶级人数偏多,我国的广播电视节目过于迎合低文化受众的需求。第五,收视率也无法反映受众的收视心态,符号学所分析的霸权式解码、协商式解码和反抗式解码揭示了受众的完全接受、选择接受和拒绝接受的心态。有的节目虽然收视率很高,但是满意度并不一定很好。

出现上述的情况,与规制俘虏不无关系,如今的现实是广播电视管理机构和各地方广播电视管理机构,既是行业的监督管理者同时又是行业利益的代表,当然难以保证完全从文化产品消费者的立场和公众的角度去思考问题,制定政策。他们代表该行业少数所属企业的利益,极力维护其垄断地位,甚至在某些时候有可能作出与中央的方针政策相违背的决定[①]。

四、投资规制方面

我国广播电视产业的做大做强离不开资本市场,无论是有线网络的双向改造,还是模拟技术转化为数字技术都需要资本的支持,这些仅仅依靠广电部门内部的力量远远不够的,需要依靠资本市场吸引大量的业外资本,对广播电视产业的发展提供源源不断的支持。总体而言,广播电视社会资本进入壁垒较高,融资困难。在现在的政策框架下,需要开辟安全而有效的融资渠道,允许业外资本进行广电部门的非核心的可经营部门,比如体育、文化和娱乐节目的制作等,以市场化的手段解决融资是必经之路。

广播电视媒体要剥离可经营性资产,打破内部壁垒,以股份制方式或合作经营的方式吸引社会资本,改变原有单一的投资主体形式,形成多元化投资主体,建立现代企业产权制度。实现产权主体多元化以后,需要通过市场机制使国有产权在产权主体之间进行有效配置。转让权是产权的重要内容,只有国有

① 戴元初:《中国传媒产业规制的解构与重构》,《青年记者》2006年第2期,第30页。

产权能够交易，才能对产权主体形成有效激励，可以解决由于所有权国有化而带来的产权一元化和企业缺乏活力的问题。

国内许多上市的媒体类型的公司，主要是整合了媒体的广告、印刷和发行等经营性业务，但是其收入与关联媒体单位的关联交易程度较高。从证券市场的角度看，上市公司作为独立的法人，应该有独立完整的资产和业务，其主要的经营收入不能来源于与关联单位的关联交易，保持其经营的独立性。在媒体采编业务、资产和人员等无法进入市场的情况下，证券监管部门有理由相信此类公司无法较好地把握公司的经营、有效控制公司的风险，从而影响其在证券市场的发展。所以，只有建立公开、公正和透明的全国性广播电视节目交易市场以及一系列科学合理的节目评价机制，消除在节目交易过程中的人情交易和暗箱操作，才能摆脱对关联媒体的过度依赖，成为真正意义上的独立经营的上市公司。

广播电视规制改革核心问题是处理好政府和市场的关系，使市场在资源配置中起决定性作用和更好发挥作用，着力解决市场体系不完善、政府干预过多和监管不到位问题。要在广度和深度上深化广播电视规制改革，大幅度减少政府对资源的直接配置，推动资源配置依据市场规则、市场价格、市场竞争实现效益最大化和效率最优化。政府的职责和作用主要是保持宏观经济稳定，加强和优化公共服务，保障公平竞争，加强市场监管，维护市场秩序，推动可持续发展，弥补市场失灵，促进共同富裕。

第五章　三网融合与广播电视经济性规制

三网融合是指广播电视网、电信网和互联网在向数字电视网、宽带通信网、下一代互联网演进过程中，业务范围趋于相同，技术功能趋于一致，网络互联互通、资源共享，能够为用户提供语音、广播电视和数据等全业务服务。三网融合规制就是要打破此前广电在内容传输、电信在宽带互联网运营方面的垄断，放松进入退出经济性规制，建立可竞争的市场结构，提高运营商的效率，满足消费者的多样性的需求。

在符合条件的情况下，有线运营商可以经营增值电信业务、基于有线网络提供互联网接入业务、比照增值电信业务的基础电信业务等；电信运营商可从事除时政类节目之外的广播电视节目生产制作、转播时政类新闻视听节目服务、互联网视听节目信号传输、IPTV传输服务、手机电视分发服务等。

十八届三中全会要求，国有资本要加大对公益性企业的投入，在提供公共服务方面作出更大贡献。国有资本继续控股的自然垄断行业，实行以政企分开、政资分开、特许经营、政府监管为主要内容的改革，根据不同行业特点，实行网运分开、放开竞争性业务，推进公共资源配置市场化，进一步破除各种形式的行政垄断。

第一节　媒介融合语境下放松进入规制的理论分析

随着技术的发展，自然垄断产业逐步成为可竞争性产业，传媒、金融等产业都出现了产业融合趋势，这使政府规制出现了新的生态环境，要重新调整政府与产业的关系，这也是困扰世界各国经济与社会发展实践的问题。可竞争市场理论不是一般地反对国家干预，而是主张重新认识市场和政府的作用，该理论证明，在特定的假设条件下，市场机制能够使一个经济体获得良好的绩效，不会获取超额利润，具有帕累托效应。

在媒介融合的语境下，广播电视节目制作和网络传输等领域，要放松进入规制，建立可竞争的市场结构，将有利于竞争、提高效率和引入非公有制资本等，鉴于此，三网融合和制播分离都具有必然性。放松进入经济性规制，首先须从理论上分析可竞争性市场以及媒介融合的动因、演进路径以及经济绩效。

一、可竞争性市场理论分析

1981年美国著名新福利经济学家威廉·鲍莫尔在美国经济学会年会作了题为“可竞争市场:产业结构理论的一次革命”的发言，1982年，鲍莫尔等学者出版了《可竞争市场与产业结构理论》一书，标志着可竞争市场理论的形成。可竞争市场理论认为，只要沉淀成本低、市场可以自由进入退出，新进入市场者的压力就会促进企业提高效率，改善绩效，达到帕累托最优。随着网络技术的发展，有线电视传输领域的自然垄断属性被打破，电信与有线电视将建立全业务运营的寡头垄断竞争市场；广播电视节目制作和播出领域，除新闻时政类节目以外，要放松进入规制，打破行政性垄断，建立可竞争性市场，提高生产效率。

由于有线电视具有自然垄断性和公共性，是国民经济生活中重要的部门，曾经对该行业的进入退出、价格和投资等方面进行严格的规制，但是，规制条件下竞争的缺乏及相应的激励不足，导致低效率和社会福利的损失，产生规制失灵。随着技术发展和需求的增加，有线电视等自然垄断产业本身发生了根本的变化，进入壁垒逐级降低。

广播电视节目制作领域是行政性垄断，这种长期的行政垄断与公共利益相悖，造成了被规制企业受益、公众与潜在竞争者受损，需要打破垄断，建立可竞争性市场，使产业能够自由进出。由于存在潜在的压力，市场在位者不能获取超额利润，足以形成对垄断者的竞争压力，形成有效率的资源配置市场。

随着可竞争性市场理论、现代自然垄断和规制理论的发展，使得自然垄断、竞争和政府规制的关系得到重新认识。经济学家认为，只要条件许可，政府应该放松规制，引入竞争机制，借助市场力量来抑制垄断，造福社会。“关键是，随着技术和需求的变化，某些被认为具有自然垄断性的业务或环节，进入和退出壁垒被打破，使得规制的前提某些环节的自然垄断性不再成立，从而为引入竞争创造了条件。”[①]

规制部门不是限制竞争，而是降低市场进入壁垒，促进产业竞争。政府的

① 常欣:《放松管制与规制重建》,《经济理论与经济管理》2001年第11期，第10页。

竞争政策应该注重市场结构，注重是否存在充分的潜在竞争压力，确保竞争压力从而降低成本。当然，可竞争性市场的前提是能够减少沉没成本，这就要发展新技术和新工艺，增强进入和退出的自由度。

可竞争性市场理论认为，如果市场有盈利机会，那么潜在竞争者就会迅速进入，如果市场风险加大，他们又会闪电般离开。由于有“打了就跑”的竞争压力的存在，无论是垄断市场还是寡头市场，任何企业要想维持垄断超额利润就会很困难了，所以可竞争市场在定价和生产资源的配置方面是有效率的市场。正是因为有潜在竞争者的存在，现存企业要一直保持最有效率的生产。也就是说，即使是寡头垄断市场还是独家垄断市场，只要市场是可自由进入退出的，没有大的沉淀成本，潜在的竞争压力都使任何市场结构下的企业保持高效率。可竞争市场理论成为西方国家放松规制的理论支撑点，也是对西方国家规制带来的不公正和效率低下的回应，这是规制改革的理论背景。

二、媒介融合的理论分析

媒介融合首先出现在新闻业务领域，美国新闻学会媒介研究中心主任安德鲁·那奇逊从中观层面将媒介融合理解为印刷的、音频的、视频的、互动性数字媒体组织之间战略的、操作的、文化的联盟。但媒介融合最终走向更高层次的产业融合，形成可竞争性市场。正如蔡雯教授认为，媒介融合是在数字元技术、网络技术和电子通讯技术为核心科学技术的推动下，组成大传媒业的各产业组织在经济利益和社会需求的推动下，通过合作、并购和整合等手段，实现不同媒介形态的内容融合、管道融合和终端融合的过程[①]。媒介融合是在技术创新和企业并购的驱动下完成的，也是放松传媒规制、形成可竞争性市场的理论依据。

（一）媒介融合的动因分析

技术创新、企业内部因素和政府放松规制共同推动媒介融合。首先，技术的创新使媒介产品出现了替代性和相关性，进而使市场结构和产业边界出现了融合，市场结构从自然垄断向寡头竞争的格局转变。例如，三网融合使电信和广播电视在技术上、网络上、业务上和应用上趋于交叉和融合，范围经济的原理说明构造全业务（可以提供上网、电话和电视信号的“全业务”捆绑服务）的运营

① 蔡雯：《角度、视角、轨迹——试析有关媒介融合研究》，《国际新闻界》2009年11期，第90页。

商可以获得联合经营的低成本优势,“全业务”通过同一个平台流向市场上的用户,提高了效率。

其次,企业之间的竞争合作和对效率的追求也是媒介融合的重要动因,美国西北大学的李奇·高登教授提出的策略性融合和结构性融合就是这种竞合关系的体现。策略性融合指所有权不同的媒介之间的内容共享,结构性融合寻求交叉产品、交叉平台和收益共享的交叉部门,减低产业间的进入壁垒和降低交易成本,改变产品的成本结构,通过融合形成了差异化的产品和服务,提高了企业的效益和效率。

再次,在数字化和融合化的趋势下,西方国家不同程度地放松了结构规制。例如美国1996年的《电信法》放松了媒介所有权、有线电视相互持股、外资进入、许可证等方面的限制性措施,并导致了媒介市场的跨媒体、跨行业的兼并和整合。主要是考虑到放松规制的经济因素,西方媒介产业兼并与收购的基础是:认识到媒介产业的未来前景;感受到技术融合的趋势;觉察到拥有多种发行管道的“协同效应”;放宽的管制政策;为媒介交易供给经费的资本(包括创历史高价的股票价格)的可用性①。

(二)媒介融合到产业融合的演进分析

媒介融合从最低级的形式开始,如信息采集阶段的合作,逐步向较高级的组织融合和文化融合形式发展,最终达到产业融合的阶段。媒介融合到产业融合经历了技术融合、业务融合和市场融合三个阶段。

数字技术打破了介质壁垒,使得各种媒介间的边界变得日趋模糊,从传播的发送端到接收端的功能出现融合。在发送端,以前彼此分离的电信、广播电视和互联网服务提供商的功能趋于融合;在传输网络上,有线网络和电信网络可以互联互通;在接收终端,数字技术实现了电视、计算机、手机的“三屏”合一,实现了原来的手机、电视、电话和互联网的多媒体功能。这种媒介融合使各自分立的信息传输平台逐步走向统一,信息接收终端也在形式上与功能上实现了统一。

在信息需求的推动下,各产业的业务和市场范围出现了多方位的渗透、交叉和融合,不同产业之间由原来无竞争走向竞争,并在竞争中谋取合作。并且处于战略、成本和财务考虑,出现了媒介并购浪潮和产业融合。在产业融合过程中,企业一方面可以更充分地利用既有的通用资产,另一方面由于融合产业的资产与通用资产具有较大的关联度,企业可以在长期积累知识和经验的基础

① [美]艾莉森·亚历山大等:《媒介经济学:理论与实践》,丁汉青译,中国人民大学出版社2008年版,第49页。

上，对融合产业的资产保持较强的控制能力[①]。

（三）媒介融合到产业融合演进的"SCP"分析

产业融合使得不同产业之间的关系发生了改变，从而导致了产业组织的重大变动，包括产业结构（Structure）、产业行为（Conduct）和产业绩效（Performance）三个方面。按照哈佛学派的观点，市场结构决定市场行为，市场行为决定市场绩效。在市场结构方面，传媒产业融合在市场集中度、产品差别化和市场进入壁垒几个方面发生了变化。首先，大规模的并购重组导致产业边界的交叉融合，出现了少数大传媒集团控制市场的局面，市场集中度提高。不过互补性融合和替代性融合也会降低市场集中度，替代性产品进入原有产业，使原有产业的行业领导者的控制力降低，例如电信进入有线传输产业，加强了行业间的竞争。其次，随着数字技术的发展，传媒产品以相同的数字形式存在，他们所提供的产品和服务差异化将降低。再次，产业融合对进入壁垒的影响是双向的：一方面，产业融合降低了市场壁垒，出现了市场融合，加速了企业之间的并购；另一方面，产业融合使得市场集中度提高，高集中度又提高了进入壁垒。

在市场行为方面，产业融合促使了大量的市场并购，主要缘于战略因素和财务因素的考虑。战略因素包括通过融资和规模经济而获得协同效应或将公司置于全球化媒介市场的努力，如综合利用内容和媒介交叉宣传。财务因素的考虑则或与20世纪90年代后期——传统和新兴媒介公司的价值达到历史的最高点期间——股票市场的"泡沫"联系在一起，或与会计学联系在一起[②]。

在产业绩效方面，传统观点认为产业分立有利于提高市场绩效，因为产业分立可以带来节约成本和专业化生产水平的提高。但是，传媒产业的重组和并购浪潮，扩大了企业的生产和经营规模、经营范围并增添了新服务，扩大了产品的供给。产业融合促进了服务集成或服务"打包"，提高了产业的服务水平，降低了企业的研发成本、生产成本和交易成本，同时又是产业分工的内部化，提高了市场绩效。

（四）媒介融合的效应分析

媒介产业融合作为一种客观经济现象，正在全球范围内呈现出蓬勃发展的态势：微观层面上，产业融合缘于资产通用性与节约成本效应，提高资产利用率；中观层面上，产业融合是为了促进有效竞争和改善绩效，而不是同质化的恶

---

① 邓明高：《产业融合：产业经济发展的新趋势》，中国经济出版社2011年版，第85页。

② [美]艾莉森·亚历山大等：《媒介经济学：理论与实践》，丁汉青译，中国人民大学出版社2008年版，第76页。

性竞争;宏观层面上,产业升级效应,生产新的融合产品,促进经济持续增长[1]。

1.资产通用性与节约成本效应

资产通用性就是在至少不牺牲生产价值的条件下,资产可以转化为他用的程度,它是相对于资产专用性而提出来的。资产通用性的提高是因为资产的柔性化和模块化,通用技术、设备和人力资源等通用资产在各个产业中的扩散和普遍应用,生产要素完全自由流动且一个产业与其他产业的资产转换成本为零或成本弱增性。资产通用性导致了近30年来的产业融合现象。

资产通用性在传媒产业表现得尤为明显,美国学者戴默和其他几位在美国鲍尔州立大学任教的学者在《融合连续统一体:媒介新闻编辑部合作研究的一种模式》中提出"融合连续统一体"这个新概念,把融合分为五个层次:交互推广(媒介之间相互推广各自的内容)—克隆(合作伙伴之间不加改动的刊播对方的内容)—合竞(合作伙伴之间既有合作也有竞争)—内容分享(合作伙伴之间进行定期的相互交换线索和新闻信息,并在一些报道领域进行合作)—融合(合作伙伴在新闻采集与新闻播发之间进行全方位的合作,共同目标是利用不同媒介的优势最有效地报道新闻)[2]。从以上五种融合联合体可以充分说明资产通用性,对于传媒产品和服务而言,一旦生产出来,由于分享时的非竞争性和复制成本的弱增性特点,可以通过不同终端出售节约成本。

2.改善绩效和促进有效竞争效应

信息产业融合出现在技术创新、政府放松经济性规制、企业跨产业并购、组建战略联盟以及四者之间的相互作用之中,许多西方国家放松结构规制和所有权规制。广播电视产业、新闻出版产业、互联网产业和电信产业等不同媒介之间通过并购和重组,形成大传媒集团,打破地域、行业和所有权之间的壁垒,消除重复建设和恶性竞争,在改善绩效的基础上形成更高层次上竞争。在产业融合时代,传媒集团编辑流程和组织结构都发生了变化,全媒体集团可以形成一次采集、多媒体故事生成、多渠道信息发布的新闻生产流程,实现协同传播,融合生产,最终实现信息资源的多重升值,使企业之间的成本弱增性变为融合企业内部的成本弱增性,从而改善绩效。

从表象上看,产业融合促使产业边界模糊和消失,原来不同产业之间相互进入对方的市场,导致原来产业内的企业数量迅速增加,提高了竞争的范围和

---

① 肖叶飞:《传媒产业融合与政府规制改革》,《国际新闻界》2011年第12期,第27页。

② Daily,L. Demo,L. & Spillman,M. *The Convergence Continuum:A model for Studying Collaboration Between Media Newsrooms.* Paper Presented at the Association for Education in Journalism and Mass Communication Conference, Kansa City,Mo.

强度。但是,产业融合将导致跨地区、跨行业的企业融合,提高了市场集中度,又抑制了竞争,甚至导致了垄断,这就是马歇尔提出的“马歇尔困境”。竞争活力和规模经济是两难选择,马歇尔提出了有效竞争的概念,即规模经济和竞争活力相互协调达到一种理想的状态,其协调点是两者所发挥的综合作用使经济效率最高,企业的规模达到最低的经济规模,使市场竞争度水平能够保证竞争收益大于竞争成本,使融合产业处于有效竞争状态。例如美国三家电视网、福克斯和联合派拉蒙等无线电视网,加上有线电视和卫星电视的竞争,不仅提高了规模经济效应,而且实现了有效竞争。

3.产业升级与经济持续增长效应

产业融合还催生了大量的新产品和新服务,导致了新产业的出现和增长,拓展了产业的发展空间,而传统产业的转换升级和新产业的成长,又有助于经济的持续发展。三网融合时代,原来相互独立的各行业的技术、产品和商业模式相互补充和渗透促进新产品和服务的产生,例如,有线电视网与互联网的融合形成了IPTV、VOD(视频点播)和Cable宽带接入(有线电视提供的互联网接入服务),互联网与电信网的融合产生了VOIP(网络语音电话业务)等。媒介融合通过技术、资本和市场的互动前进,形成新的产业体系和市场结构,反过来,产品结构和产业结构的优化提高了媒体综合竞争力。

产业融合过程中新产品的涌现出现了两种情况:一是扩展型融合中出现的新产品意味着弥补空白,拓展巩固上游供应体系和下游销售体系的关联关系,形成新的产业。二是吸收型融合中出现了新产品,与原产品形成替代、互补或者替代互补的关系。新产品的出现,在一定程度上延伸相关产业生命周期,提高相关产业收入,改善相关企业赢利水平。

对于产业融合来说,经济增长和产业升级可以从六个方面考察:一是融合新产业的不断增加,有的旧产业不断退出,产业结构的升级导致经济总量的增加;二是融合提高了原有部门的生产率,促进整个经济效率的提高;三是产业融合过程中,先进的通用知识、技术以及其他通用资产,从一个部门向多个部门扩散;四是共同要素和共同资产的充分利用和再配置;五是技术、信息、品牌、思想等知识资产在有关资产结构中的比例不断上升;六是随着各产业部门分工的深化和产业迂回链条的延长,整个经济中交易成本就越高,当交易成本超过分工收益时,就会产生融合[①]。

① 胡永佳:《产业融合的经济学分析》,中国经济出版社2008年版,第210～214页。

第二节 三网融合背景下美国有线电视产业的运营

美国1996年颁布了《电信法》，允许长话公司、本地电话公司和有线电视公司双向进入、互联互通，开展有效竞争，从此美国电信产业、有线电视产业、直播卫星产业、无线广播电视产业形成了有效竞争的市场结构，特别是电信产业和有线电视产业相互并购与重组，形成跨媒体公司，在数字化视频、互联网接入、网络电话、视频点播、高清电视等方面提供“一揽子服务”，形成了寡头垄断的市场结构。分析三网融合时代美国有线电视产业的产业组织和运营策略，对于目前三网融合的推进和有线电视的运营有启示作用。

一、美国有线电视产业的市场运营

美国有线电视是从1948年开始发展起来的，主要是改善边远地区的广播电视信号的接受，采取公用天线的形式，后来扩展到中小城市，不仅传输本地无线电视台的节目，而且可以传输附近大城市的电视节目以及自办节目，加上微波中继技术的迅速发展，可以传输远地电视台的节目。20世纪60年代，随着有线电视技术的发展，有线可以容纳众多的电视频道，可以提供大规模和多频道服务，频道可以根据用户详细分类，包括新闻、娱乐、电影、音乐、体育、纪录片等100多种，形成了跟美国无线广播电视台竞争的格局。

(一)美国有线电视产业的市场格局:寡头竞争

截至2011年年底，美国共有7 136个全国性和地方性的有线电视网络，5 830万个基础有线电视用户，而美国共有1.14亿个电视家庭，虽然美国有线电视网络覆盖率达到97%，但是订阅基础服务的用户只有50%左右，也就是很多用户出于支出成本或服务满意度考虑没有订购服务。2011年美国基础有线电视月收视费是50美元，数字有线电视月费15.7美元，平均下来，每个有线电视用户月均支付139.5美元，基础有线电视的年均用户流动率为30%～36%之间，付费有线电视的年均用户流动率为70%～80%[①]。

美国有线电视产业是寡头竞争的市场格局，前五位的有线电视运营商的总用户份额是80%，前十位的市场份额是90%，是高集中度的市场结构。前五位

① 李宇:《挑战与转变:浅析新形势下美国有线电视产业的发展策略》,《卫星电视与宽带多媒体》2012第18期,第30页。

的有线电视运营商分别是：康卡斯特公司（Comcast）、时代华纳有线电视公司（Time Warner Cable）、考克斯传播公司（Cox Communications）、宪章传播公司（Charter）和有线电视公司（Cablevision）。康卡斯特公司是美国最大的有线电视运营商，在全美国拥有2 234万个有线电视用户，付费电视用户占到市场份额的22%，同时拥有1 440万个宽带网络用户，是美国仅次于美国电报电话公司（AT&T）的互联网服务供应商，固话接入用户超过650万户，排名美国第三位。时代华纳有线电视公司用户是1 206万，其中896万是数字有线电视用户。位居第三和第四的考克斯传播公司和宪章传播公司分别拥有476万户和432万户，其他的还包括美国有线电视公司、亮屋有线、闪联通讯、梅迪康通讯等。

（二）美国有线电视公司的业务运营：三网融合业务

美国基本上实现了电信、有线电视和互联网的整合，有线电视公司从最初单一的电视节目的传输业务发展为付费电视、高速互联网接入、视频点播、高清电视、有线电视电话、交互式服务以及数字视频录像等三网融合业务。其中，有线电视信号传输仍然是主体业务。美国有线电视节目网包括基础层有线电视节目和付费层有线电视节目，基础层节目包括所有的地方自制节目、公共接入频道、所有地方广播电台和所有基本节目，这些基础层节目一般免费传输或者双方协议传播，例如美国的公共事务频道（C-span）播放众议院和参议院的活动实况，是非商业性的有线电视节目网，收入来源依靠有线电视支付的费用。付费频道一般包括家庭影院频道（HBO）、电影精华频道和迪斯尼频道等，还有无线广播公司无法提供的专门制作的体育赛事、纪录片、电视系列剧、音乐会以及原创电影等，这些频道一般没有广告，收入来源主要依靠有线电视的订户费，通常是与有线电视五五分成，或者根据有线电视的用户数量和节目受欢迎的程度，确定有线电视支付给节目网的费用。有线电视系统还通过寻址技术或拨打免费电话按次收费，例如点播电影或重大体育赛事，计次付费的收入与有线电视系统协商来解决。

除了电视信号传输以外，互联网接入和电话业务已经占据了相当的比重，总体而言，2012年美国有线电视运营商的数字视频用户为4 640万、互联网用户为4 850万、有线网络电话用户为2 590万，美国有线电视公司积极开展电视节目、互联网接入和电话服务等三网融合业务。例如康卡斯特公司2011年总运营收入是976亿美元，57%来自电视节目服务，其余的43%来自互联网服务、电话服务、广告等。该公司在旧金山提供四个不同层次的电视频道包供用户订购，基本频道26个，基本收视费每月18美元，包括当地地面电视频道、公共频道、教育与政府频道、出租频道等；拓展基本频道，包括41个频道，每月52美元；数字基本频道共64个，每月54美元；另外包括6个数字付费频道，额外每月17美元。近年来，康卡斯特公司还推出“超无限”服务套餐，包括电视与互联网或电视与电话的二合一服务套餐，另外还有电视、电话和互联网三合一服务套餐，例如电视与互联网套餐提供84个电视频道和20兆下载速度不限时的互联网服务，每月70美元，三合一套餐收费是99美元，同时提供不限时拨打国内电话服务。康卡斯特公司还提供其他的三网融合智能服务，例如用户可以通过手机或计算机给家中看电视的人留言，留言以及来电都显示在电视屏幕上。

（三）美国有线电视产业的运营策略：通过并购与重组，实现多元营收

在1996年美国《电信法》之前，美国的长途电话、本地固话和有线电视处于产业分立状态，互不进入，本地电话和有线电视基本是通过地方特许垄断经营，长途电话由AT&T等几家大的公司寡头垄断经营。《电信法》允许相互进入，彼此并购，形成了美国电信和有线电视产业的并购浪潮。AT&T作为美国最大的长途电话公司，1999年收购了美国第二大有线电视公司TCI，继而又用540亿美元收购了美国第四大有线网络公司Media One集团，进军有线电视和市话市场。美国本地电话公司US WEST公司以108亿美元收购了有线电视公司Continental Cable Vision，这些有实力的电信公司并购有线电视，进入有线电视市场。有线电视公司则通过升级网络，加强横向并购，开展互联网接入等多种数字通信服务，与电信公司竞争。

康卡斯特公司也完成了几次大的并购，进入互联网接入市场，2002年与AT&T旗下的宽带公司合并，从而成为美国规模最大的有线电视运营商。另外，美国有线电视运营商向上游内容产业渗透，康卡斯特公司除了节目集成和传输业务以外，进入产业链的上游内容创意和生产领域，将节目生产和节目传输结合起来，构建“内容—渠道—市场”的完整产业链。2011年又从通用电气(GE)获得了全国广播公司——环球影业公司(NBC Universal)的控股权，还持有包括娱乐频道(E!)在内的15个全国性的有线电视频道，13个区域性体育和新闻频道，以及60个国际频道，成为真正的跨媒体传媒集团。截至2012年6月，该公司共传输820多个频道，其中170个高清频道和2个3D频道，包括新闻资讯电视网、娱乐电视网、体育电视网、国际电视网。康卡斯特公司除了电视节目的制作和播出、环球影业的运营，还包括主题公园业务，主要是环球影业位于奥兰多和好莱坞的主题公园。

二、美国有线电视产业的市场竞争

随着三网融合的发展,美国有线电视产业面临着激烈的竞争,原来的纵向产业分立的状态演变为横向分层的同平台的寡头垄断的市场竞争。在电视节目集成和传输方面,面临着与电信企业和直播卫星企业的竞争;在互联网接入、固话、视频节目点播等方面,面临着电信企业的竞争;在广播电视节目收视和广告市场方面,面临着无线广播电视网的竞争。

(一)美国有线电视产业与电信产业的竞争

美国电信运营商利用其技术和设备优势提供三网融合业务,与有线电视运营商展开激烈的竞争:第一,大力发展互动电视业务,通过电视终端实现互联网与电视的互动功能,包括视频点播、电子商务和信息服务等,受众看电视的时候,可以在电视机上网络冲浪、召开视频会议、收发邮件、参与网络游戏和开展网络社交等业务;第二,电信企业提供基于互联网的网络电话服务,大大降低用户的通话成本;第三,电信企业与直播卫星联合,与有线电视在传输渠道方面展开竞争。例如,美国最大的两家电信公司AT&T和威瑞森公司(Verizon)都开展电视节目传输服务,推出视频服务和高速网络接入服务,抢占有线电视的市场份额。AT&T推出了U-Verse服务,该服务基于发展的光纤到点网络(FTTN,Fiber To The Node),覆盖美国22个州,其中IPTV服务就达到369万用户,安装了IPTV的用户可以收看400套标清频道和100个高清频道,还有海量的VOD视频点播服务。Verizon公司则推出了光线到户网络FiOS(FTTP/FTTH,Fiber To The Premise/Home)服务,覆盖美国22个州,拥有IPTV用户420万户,宽带用户480万户,但是,网络成本比较高,每户高达980美元。AT&T公司通过价格优惠、高带宽和节目数量的优势争夺用户,提供针对不同群体的节目包,平均每月80美元。另外,只要用户在室内安装了智能网关设备,就能够实现户内各智能终端的信息共享。

(二)美国有线电视产业与卫星直播产业的竞争

美国有线电视节目传输的直接竞争对手是直播卫星电视运营商,受众根据两者的服务质量和所需费用,在两大系统之间不断地变换。两大体系的竞争格局呈现出螺旋式上升的局面,关键是服务的质量、价格和频道的吸引力。美国有线电视用户大约占到多频道用户的2/3,但卫星电视订户也接近1/3。截至2012年4月,美国直播卫星电视(DTH)的总用户3 406万。美国直播卫星产业是双寡头垄断的市场格局，两个最大的运营商是美国直播卫星平台（Direct TV）和美国碟线卫星平台（Dish Network），前者的订户数量高达1 999万户，是美国第二大付费电视运营商，仅次于有线电视运营商康卡斯特，后者是美国第二大直播卫星平台，订户数为1 407万。

直播卫星相对于有线电视运营商有一定的优势：第一，直播卫星的节目传输成本不受传输距离的影响，在边远地区尤为明显；第二，根据美国的法律，直播卫星运营商有权转播所有有线电视运营商传输的节目，有线电视运营商则无权要求直播运营商分享其独占的节目；第三，直播卫星运营商可以及时更新技术，降低运营成本，而有线运营商则需要大量的资金才能实现网络升级；第四，直播卫星的用户变动率低于有线电视，大约是17%左右。面对直播卫星的竞争，美国有线电视企业加强数字化网络的改造，增加频道容量，为订户提供多样性的高清电视节目，降低服务价格。有线电视在互动服务、内容和服务的本土化以及三网融合业务方面具有优势，而直播卫星如果要开展三网融合业务，则需要寻求电信运营商的合作。

（三）美国有线电视产业与传统无线广播电视产业的竞争

美国传统的三大广播电视网是开路电视，用户只要使用天线就可以收看，而有线电视是闭路电视，要通过光缆传输信号才能收看。传统无线广播电视的收视份额在50%左右，远低于20世纪70年代的80%以上的份额，这是因为有线电视和卫星直播电视在受众和广告两个市场与无线广播电视展开竞争。例如在新闻节目的收视方面，竞争非常激烈，“哥伦比亚广播网新闻的收入一年大约是4个亿美元，著名的新闻节目包括《60分钟》《周日早晨》《面对国家》等；美国广播公司的新闻收入每年大约6个亿美元，著名的黄金时段的节目包括《20/20》《深夜新闻》；全国广播公司新闻收入大约是8个亿美元，著名的节目有《日界线》”[1]。而有线电视新闻节目可以通过订阅费和广告费两种模式获取收入，通过精确的营销定位来锁定受众，美国有线新闻已形成了CNN、Fox News（福克斯新闻频道）、MSNBC（微软和通用电气旗下的NBC合资兴办的新闻频道）三足鼎立的局面，2009年MSNBC有线新闻有3.68亿美元的收入。

三、美国有线电视产业的行业监管

美国有线电视的行业监管总体的思路是避免恶性竞争和市场垄断，同时保

① Network TV, By the Project For Excellence In Journalism, http://www.journalism.org/

护公民权和公共利益，遵循市场规律，促进有效竞争。规制的主体除了联邦通信委员会以外，还包括州政府和地方政府，联邦政府通过一系列的法律法规来规制有线电视产业，具体包括《1934年通信法》《1984年有线传播法案》《1992年有线电视消费者保护与竞争法》《1996年联邦通信法》以及联邦通信委员会颁布的一系列法规和规定。

总体来说，美国有线电视的规制经历了严格规制到放松规制的过程，有线电视诞生初期，只允许其在小的社区存在，FCC担心如果有线电视受众接受了大城市的电视信号，本地电视和广告就不再有吸引力，所以20世纪50年代到60年代禁止有线电视向城市社区和小城镇发送有线电视信号，影响了有线电视向大城市的扩展。1965年FCC规定，如果当地播出了某个电视网的节目，有线电视公司则禁止引进该电视网在其他城市的附属台，保证一个市场内不能有同类电视台的恶性竞争。1966年FCC规定，有线电视系统必须传送所有的地方电视台节目。1970年美国有线电视开始普及阶段，采取竞标法获取特许权。1984年美国通过了《有线传播法案》，允许地方政府收取有线电视公司总利润的5%，废除了特许费用和价格规制。但是，美国司法部反垄断部门的经济学家评估，放松价格规制导致价格上涨了18% ~ 23%，说明有线电视的市场支配力增强了[①]。1996年通过了《通信法》，将有线电视、电话、广播电视划入联邦政府监管之下，允许地区电话公司、长途电话公司和有线电视运营商进入本地市场外的市场，第一次允许一家公司同时拥有广播电视和有线电视服务，旨在刺激竞争，降低电话和有线电视费用。这次法案直接导致了电信公司和有线公司之间的并购浪潮，市场集中度的提高反而又降低了电话和有线电视费用的价格竞争。总体而言，1996年的美国《电信法》在三个方面有详细的规制。

(一)必须传输原则

1996年的美国《电信法》重申了这个原则，目的是保证公共电视台、地方电视台的收视效果。因为有线电视频道资源有限，每隔三年，与有线电视在同一个地区的地面电视都要作出选择，是要求有线电视系统“必须传输”还是通过谈判签订“复传一致意见”，即两者达成有线电视系统收取费用或者得到其他补偿的协议书。不过随着有线频道的增多，针对特定受众的专业化服务越来越多，美国有线要求废除“必须传输”，让有线重新获取自由选择内容的权力。除了保留一定的频道供公共电视和教育等政府部门使用外，还必须保留一定

① Robert Rubinvitz, *Market Power and Price Increases for Basic Cable Service since Deregulation*, Rand Journal of Economics 24 (Spring 1993): 1 ~ 18.

的频道供商业性出租,租给与该系统无关的第三方使用。另外,当地面电视台购买了某个节目的独播权,该地区的有线电视系统不应该从其他的地区电视台或广播网复制这个节目,同样,拥有节目辛迪加独家分销权的电视台可以禁止该地区的有线电视系统从远地的电视台接受该辛迪加分销节目,避免恶性竞争。

(二)价格规制

按照美国的《反垄断法》,如果是有效竞争的市场结构,则可以废除价格规制。美国1984年《有线传播法案》规定,有效竞争指该地区有三个地面电视信号。1992年《有线电视消费者保护和竞争法案》要求基本有线电视服务费率由特许经营权授予当地政府或FCC进行规制,这项法案的实施使有线电视服务价格下降。但是当FCC要求降低基本服务的费率的时候,反过来造成了有线电视从基本服务向不受监管的多元化服务和经营转移,影响了有线电视的到达率和渗透率,同时也影响了服务质量和消费者福利的改善。1999年FCC取消了有线电视网收费频道和附加业务的收费规制,但是对基本层的节目及网络基础费进行统一规定。

(三)所有权规制

美国有线电视基本形成了寡头垄断的市场结构,FCC担心有线电视行业资源控制在少数媒体寡头手上,限制了观点的自由发表,而有线电视系统的反应是,允许他们并购濒临破产的小企业,可以把他们的资源重新投入到有线电视、直播卫星或其他媒体行业之中,双方在这方面的认识意见不一。所有权的规制具体包括如下几个内容,为了保护竞争,控制相关市场的横向合并,以及与节目制作商的纵向合并。在横向整合的规制中,有线电视运营商覆盖率不得超过有线电视市场总覆盖率的30%,后来这个上限被联邦法院否定,禁止有线电视运营商与节目供应商签订节目独占协议,保护竞争性多频道节目,因为有线电视会产生垄断购买力,阻碍独立节目供应商的节目制作,并根据好恶购买节目以及压低价格购买节目。FCC允许美国三大广播公司拥有有线电视系统,广播公司可以拥有全国覆盖率达10%的有线电视系统和同一个市场中覆盖率达到50%的有线电视系统,同时允许有线电视运营商拥有地面电视台。

总之,美国1996年的《电信法》放松了规制,广播电视产业步入了三网融合时代,形成了寡头垄断的市场竞争结构,促进了技术进步,降低了服务价格,提高了消费者福利,实现了传媒产业的融合,形成了有效竞争的产业结构。

第三节　西方国家三网融合规制政策

西方国家三网融合的产业政策目标是消除有线电视业、电信业和互联网业的产业壁垒，实现互联互通，双向进入，形成全业务运营的市场竞争机制。在技术融合和产业融合的背景下，允许有线电视、电信和互联网等产业通过资产重组和并购，实现技术、资本和市场的互动前进，形成新的产业体系和市场结构，促进信息经济的发展和服务水平的提升[①]。

一、西方国家三网融合产业政策目标

产业政策就是调控经济结构、提高资源配置效率和调节资源配置结构，包括产业技术政策、产业结构政策、产业组织政策和产业布局政策等，主题是优化结构。西方国家的三网融合产业政策目标包括如下几点。

首先，建立有效竞争的市场结构是主要目标。因为垄断往往提高价格和限制产量，阻碍竞争，无法达到帕累托最优，也不利于社会福利的提高。三网融合就是在广电、电信和互联网之间打破行业垄断和行业壁垒，通过跨行业竞争来配置资源，实现有效竞争。例如1996年美国《电信法》就是打破传媒、有线电视和电信之间的界限，推动产业融合，允许市话、长话、有线电视、广播、影视公司等相互渗透、相互参股，彼此进入对方的市场，建立全业务捆绑竞争，创造自由而有活力的市场环境，在内容、网络、技术等层面进入全方位的竞争。

其次，促进信息化经济和社会的发展，以信息化带动工业化，维护公民知情权和接近权，促进经济可持续发展。1997年欧盟发表了融合绿皮书《迈向信息社会之路》，指出不同的网络平台都可以传送电视、电话和电脑信息数据，促进信息化社会的建立。2004年日本总务省提出了国家信息化战略“U-Japan”计划，推进无线网络、有线网络、数字化广播系统和传输网络的建设和融合，建设一个无所不在的网络，在“U-Japan”计划中，技术与服务、固定与移动、信息产业与整个社会生产之间紧密联系且相互支撑，从而实现信息服务业、信息制造业、数字内容产业的高度重合。英国促进市场融合过程中优先考虑领域：加速发展以市场为导向的频谱市场；在平台和服务的融合中传递公共利益目标；在必要

① 肖叶飞：《西方国家的三网融合产业政策与规制措施》，《中国有线电视》2012年第3期，第1页。

时，赋予公民和消费者相关权利；支持对法律和经济监管框架进行改革[①]。

再次，维护消费者利益是产业政策的核心价值。三网融合就是要在三大产业之间展开充分的竞争，使其充满活力和创新精神，确保多种高质量的通信和信息服务的最广泛的接入，让消费者从低廉的价格、新的服务和更广泛的选择中获取利益，以造福于消费者和市民。2000年英国《通信的新未来》白皮书阐述的未来的目标是，使英国成为世界上最具有活力和竞争力的传媒和通信市场，使所有人都普遍享受最优质的多元化的服务，使消费者和公民的利益得到最诚实、最可靠的保护。三网融合带给终端消费者丰富选择，可获取各种类型和数量的服务，各种渠道运营商和服务提供商为争夺消费者而展开竞争[②]。

二、西方国家三网融合规制主体的类型

三网融合规制主体的建构要有利于提高规制的专业性、有效性和科学性，促进产业发展和维护消费者利益。目前，西方国家三网融合规制主体呈现出三种类型，以英国为代表的完全融合的规制模式；以美国和日本为代表的统一规制主体下的分业规制模式；以法国为代表的分业规制模式，其中英国的融合规制模式的效率最高。为了提高规制效率，适应新兴融合业务的发展，建立融合规制主体是改革的方向。

三、西方国家三网融合的规制措施

规制主要是规制主体对微观经济活动的干预、限制或约束的行为，消除市场失灵，促进有效竞争。西方国家三网融合规制理念就是促进竞争以及机会均等，以降低服务价格和提高服务质量；提高信息传播产业对经济增长的贡献；对频谱资源进行有效的配置以鼓励投资和创新；促进内容的多样性和观点的多元化表达。西方国家通过法律规制、进入退出规制和价格规制等实现规制理念和目标。

（一）进入规制

西方国家三网融合的规制基本都经历了互不进入、不对称进入和对称进入

① 牟清：《全业务竞争下的典型国家的电信业规制考察》，上海财经大学出版社2011年版，第87页。

② Aniruddha Banerjee and Christian M. Dippon ,*Communication Regulation and Policy under Convergence: Advancing the State of the Debate*,International Telecommunications Society16th Biennial Conference, Beijing, China,June 12 ~ 16, 2006.

的三个阶段。不对称进入是为了防止强势的电信企业利用市场支配地位排挤有线电视业，当有线电视产业足够强大时，才允许双向进入。1996年美国的《电信法》为电信业的发展提供了前所未有的竞争性的准入许可，为电信业的发展创造了自由竞争的法律环境。美国FCC规定，电信企业可以通过无线通信方式、有线电视系统以及开放的视频系统提供广播电视服务，其中提供有线电视业务需要获得地方政府的本地许可证，通过开放的视频系统提供电视业务不需要申请建立和经营视频节目分配系统的许可。有线电视运营商从事电信业务，不必申请获得特许权。有线电视传输对教育、公共、政府频道和商业频道的分配必须合理，有"必须传输"的条款，地方非商业性有线电视台以"必须传输"的条件传输其节目。美国电信运营商通过一系列的资本运作和业务扩展，成为可以向消费者提供一站式服务的综合运营商，例如AT&T公司收购有线电视公司TCI和Media One集团，进入了有线电视、市话、互联网接入和娱乐媒体领域。

1992年英国颁布了《有线广播法案》，允许有线电视公司兼营电话业务，后来又逐步取消电信运营商经营广播电视业务的限制，先允许他们为尚未接入有线电视的家庭用户提供上网服务。2003年英国的《通信法》规定经营广播电视业务需要许可证，而对于经营电信业务实行一般授权制，不需要许可证，对于融合性业务形态，广电企业和电信企业都可以经营。对在互联网上传输的内容和广播电视节目内容实行不同程度的监管，前者的内容监管比较宽松，运营商可以为消费者提供分级过滤软件，禁止利用互联网向未成年人提供不良的节目内容。而对后者的内容监管比较严格，因为涉及公民知情权、表达权的维护，具有公共服务性质，应该实行严格的规制。1990年欧盟出台了《开放网络指令》和《关于电信服务竞争指令》，确保新进入市场者在自由化进程中的每一个阶段，都能够获取对公共网络透明地、开放地和非歧视性进入。2003年欧盟开始实施《电子通信网络与服务的统一监管框架》，这一举措推动了欧盟各国三网融合的发展，各个国家均开放了有线电视和电信市场，允许彼此进入，尤其是对电信运营商提供IPTV基本没有准入方面的限制。

2001年日本放松了有线电视规制，出台了《电信业务利用广播法》，明确了广播业务可以在电信网络上传输。该法实施之后，电信运营商经营广播电视业务不需要有线电视法的许可，有资质的企业在政府规制机构总务省进行登记注册即可，另外电信企业只要经过总务省的批准，就可以申请手机电视业务，大大降低了进入广播电视业务的门槛。2001年颁布了《广电经营电信业务法》，旨在促进广电与电信传输设施的融合，并放松了对有线广播电视和卫星广播电视使用电信设备的规制，使广电经营电信业务制度化。日本政府正在制定《信息通信法案》，准备对三网融合的内容、载体和平台进行统一的规制，以完全适应新形势。

（二）法律规制

大部分国家都是通过立法的途径完成三网融合的规制设计，建立三网融合的法律法规体系，消除政策壁垒，完成产业融合。1996年美国通过了《电信法》，彻底打破了美国信息产业混合经营的限制，获得了前所未有的竞争性准入许可。2003年英国《通信法》，在立法层面上完善了三网融合的利益纠纷和双向进入。2001年日本制定的《电信业务利用放送法》把广电和电信的融合的现实分为两类：利用通信卫星设备播放电视和利用有线通信播放电视，使利用通信设备播放电视以法律的形式合法化。韩国在2008年通过了《IPTV业务法》和《广播通信委员会组织法》，通过融合立法和规制改革清除三网融合的障碍。

西方的法律规制启示意义很大，我国可以通过不同的路径完善三网融合的法律规制体系，通过出台融合电信和广电的《电信法》，统一制定三网融合相关条款，或通过《通信法》和《广播法》分别完成对三网融合的法律构建，前者规制网络运营商，包括无线、固网和有线运营商，后者进行内容规制，包括广播电视内容和互联网内容。另外，通过《反垄断法》等相关法律完善三网融合的规制。

（三）价格规制

价格规制，主要是对主导运营商的价格限制，防止产生垄断价格和垄断利润，价格规制包括投资回报率规制、价格上限规制、利润上限规制、标尺竞争规制、特许投标规制等。西方国家对价格一般实行价格上限定价，这是一种激励性的价格机制，运营商可以通过提高效率和降低成本来获取更多的利润，相对来说，价格上限规制是一种较优的规制方法。美国《联邦通信法》第623条规定，当有线电视系统处于非有效竞争的状态时，地方特许权机构有权决定"基本层"节目的收费标准，处于有效竞争状态时，则不得对有线电视服务的收费标准做任何规定。

四、西方国家三网融合规制的主要内容

随着三网融合的发展，西方国家放松经济性规制，强化社会性规制成为发展趋势，针对融合性的业务，免除许可的范围不断扩大，同时加强互联互通、普遍服务、技术中立、网络中立等规制，保护消费者利益。

(一)网络中立和技术中立

网络中立就是互联网的中立性,是指在法律允许的范围以内,所有互联网用户可以按自己的选择访问网络内容、接入设备、运行应用程序、选择服务提供商。这一原则要求平等对待所有互联网内容和访问,防止运营商从商业利益出发控制传输数据的优先级,保证网络数据传输的“中立性”,不能以更快的速度或类似的高速传输服务向网络内容提供商和网络应用提供商额外的收取费用,不能通过调整网络资源使服务产生差别①。网络中立是一个颇有争议的问题,赞成者认为,用户购买了互联网接入服务,就应该在合同约定的速度下享受任何互联网服务,使用任何互联网资源信号,这种权利不应该被限制,网络运营商实行分层服务的目的是为了通过控制管道来实现利益的最大化。有线和电信等网络提供商则提出反对意见,他们认为,为了保证互联网接入服务商的扩容动力和投资激励,提供分级别的互联网服务是合理的,互联网提供商有对提供的服务进行管理的权利,实行网络中立则可能降低网络提供商升级网络与推出下一代网络服务的积极性,造成少数用户侵占无限资源和堵塞网络,恶化了网络环境,影响其他用户使用。世界各国对于网络中立态度各异,欧盟要求最低质量保护的服务,对网络管理权则持默许态度,一些国家要求双方通过合约解决。

技术中立就是交易使用的技术手段应该一视同仁,不应该把某一个技术理解为法律规定的基础,而歧视其他形式的技术,鼓励不同技术之间的竞争,以加速创新和高级业务的应用。技术中立先由美国提出,后来逐渐被欧盟接受,并在欧盟的电信“框架指令”中成为一项规制政策。但是,如今“技术中立”可能成为各国为了本国的产业利益,在国际贸易中获取市场份额和垄断利润的工具。

(二)互联互通规制

互联互通是电信业务经营者实现公平、有效竞争的前提和关键因素,防止主导运营商在网间互联上采取策略性妨碍竞争的行为。互联互通决定了新进入者的网络质量,决定了新增运营商吸引用户入网能力的高低。在透明化和非歧视性的原则下,主导运营商对不同的运营者提供互联服务,在收费、技术条件和服务质量方面一视同仁。在国外的电信规制中,规制的对象是主导运营商,主导运营商的网络必须实现非绑定并同新的运营商实现网间互联,使新的运营商得以生存②。在位的运营商有义务向提出接入请求的电信运营商在任何一个

① 曾剑秋:《网和天下——三网融合理论、实验与信息安全》,北京邮电大学出版社2010年版,第101页。

② 杨成、韩凌:《三网融合的边界消融》,北京邮电大学出版社2011年版,第140页。

技术可行点上、在非捆绑的基础上提供非歧视性的网络元素接入,其资费、条款和条件是公正的、合理的和非歧视性的,目的是为了打破固定通信的基础设施"瓶颈",促进本地市场的竞争。前不久,我国电信产业涉嫌垄断,受到国家发展改革委员会反垄断局的调查,说明互联互通的重要性和一些主导电信运营商利用市场控制地位采取不正当竞争,谋求超额利润。

(三)对于IPTV的规制

对于交互式网络电视IPTV的规制,大部分西方国家没有对电信运营商运营IPTV进行准入限制。美国有线运营商认为,IPTV无论在何种平台上传输或技术传输,都应该作为电视业务进行管理,必须获取市政当局的本地特许,虽然电信运营商认为IPTV是电信业务,无需获取特许,但是实际操作当中,仍然是按照有线运营商的要求进行的。英国没有针对IPTV的特殊管制。在法国,IPTV业务提供者是通过网络分发电视业务的分发者,是广播电视的一种,IPTV业务要受广播法令的管制,须服从CSA的管理。德国虽然把IPTV视为广播业务,但是如果不进行内容制作,则不需要相关的许可。

总之,三网融合不仅促进产业结构的调整和产业转型升级,而且促进消费和经济总量增长,三网融合的最终目的是在内容制作、网络传输、终端设备等领域引入竞争机制,消除垄断,降低生产成本,创新产业形态,满足消费者多样化的需求,促进商务信息化、政务信息化和社会信息化,提高信息产业服务水平。与西方国家比较,我国要建立职责明确、管理高效和决策科学的规制体系,提高被规制产业的竞争力,建立有线电视运营商和电信运营商相互进入、互联互通的市场环境,降低产业成本和增加社会福利,积极营造良好的三网融合产业环境,促进信息产业的发展。

第四节 我国三网融合产业链重构与规制政策

2010年1月,国务院总理温家宝主持召开国务院常务会议,决定加快推进广播电视网、电信网和互联网三网融合,明确了三网融合时间表,同年底,三网融合12个试点城市名单和试点方案正式公布,三网融合终于进入实质性推进阶段。此次推进三网融合的基本原则是统筹规划、资源共享,将广电网和通信网的建设和升级改造纳入国家统一规划,实现互联互通,避免重复建设。广电和电信主管部门分别履行各自行业监管职责,鼓励广电与电信企业合作,优势互补,实现共同发展。同时改善信息内容监管方式,保障网络信息安全和文化安全。

但是，基本原则中涉及的运营主体、运营业务和运营市场均有交叉，而监管主体虽然强调了合作，但管理仍然是分业的。尤其是监管主体的非独立性特征，影响到市场公平竞争的监管。当涉及各自利益的时候，难免会出现部门利益和行业利益的纠纷。未来将突破传统媒体行业与电信相关行业的技术壁垒，媒体间的融合竞争将变得更加激烈。只有打破原有的行业壁垒，重构广电、电信产业链，并在政府管理方面作出相应调整，才能形成新的传媒秩序，推动三网融合取得实质性的进展[①]。

本书从可竞争性市场理论出发，对三网融合产业链的各个环节进行了分析。产业链是产业价值实现和增值的根本途径，体现了产业价值的分割，随着产业链的发展，产业价值在不同部门的分割转向在不同产业链之间的分割。产业链的价值创造的内在要求是生产效率大于内部企业生产效率之和，协作乘数效应，同时，交易成本小于内部企业之间的交易成本之和（分工的网络效应）[②]。产业链形成的内部动力因素是降低交易费用、风险规避、创造和利用社会资本，外部动力因素是区位优势、技术进步和政府产业政策[③]。三网融合产业链由内容制作、内容集成、网络运营、设备制造和用户等节点组成，形成相互依存的分工合作关系，各个环节承担不同的价值创造职能，形成以价值增值为基础的关联企业组成的企业联盟。

一、三网融合产业链重构

对于广电与电信产业来说，三网融合之前是处于产业分立的状况，通过不同的网络提供差异化的服务，形成各自的完整的产业链，产业进入壁垒较高。三网融合使产业链出现了裂变和分化，每一个节点从垄断的格局向寡头垄断或自由竞争的格局转变。三大网络通过技术改造，能够提供包括语音、图像、视频、数据等综合多媒体业务，使原本单一线性的产业链演变成相互依存、优势互补和资源整合的立体产业链，三网融合的产业链如图5-1[④]。三网融合以后，一网传播转变为全网传播，促使手机、电视和电脑“三屏合一”，电视可以打电话和上网，手机可以看电视和上网，电脑可以看电视和打电话，致使产业链分工呈现复杂化和多元化的趋势，产业链从单兵作战的运作方式向合作共赢的方式转化。

① 石长顺、石靖：《三网融合下的传媒新业态与监管》，《现代传播》2010年第8期，第4页。
② 吴金明、邵昶：《产业链形成机制研究》，《中国工业经济》2006年第4期，第38页。
③ 游振华：《产业链概念及其形成动力因素浅析》，《华东经济管理》2011年第1期，第100页。
④ 曾剑秋：《网和天下——三网融合理论、实验与信息安全》，北京邮电大学出版社2010年版，第125页。

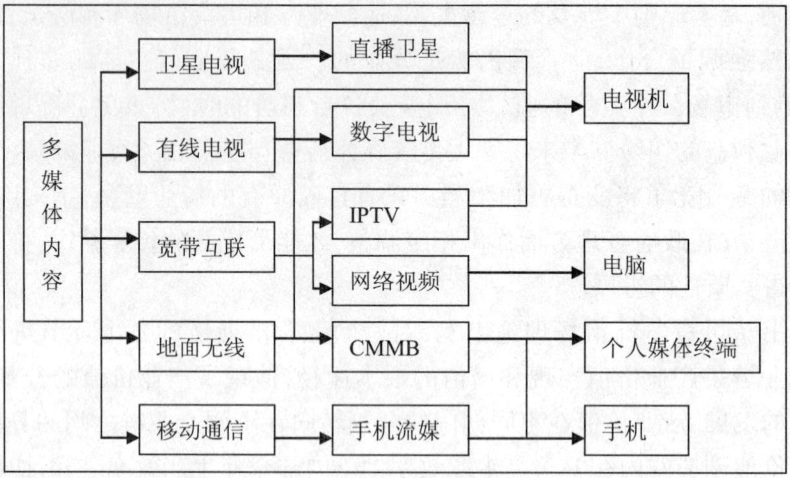

图5-1 三网融合产业链分工

二、三网融合广电产业链重构

三网融合之前，广电的产业链是单向线性的结构，产业链由节目策划、制作、播出、传输和接收等节点构成，三网融合以后，如图5-2所示，内容制作和网络传输引入竞争。在内容制作方面，在制播分离的背景下，电信运营商和社会制作机构将进入非时政新闻类节目的内容制作领域，节目的竞争更加激烈。网络传输方面，电信运营商可以传输IPTV等视频业务，而且电信运营商是互联互通的全程全网，即业务在发起端通过终端设备、传输链路、交换设备以及相应的信令系统、通信协议和运行支撑系统的共同协作，到达接收端，实行全程全网。但是，广电网络的分散性与数据业务和语音业务的跨越时空的特点相冲突，因此广电网络下一步要加快数字化和双向化改造，加快省内整合、并购融合和跨省发展，建成覆盖3亿家庭、有线无线结合、支持物联网功能和业务的下一代全程全网NGB网络。

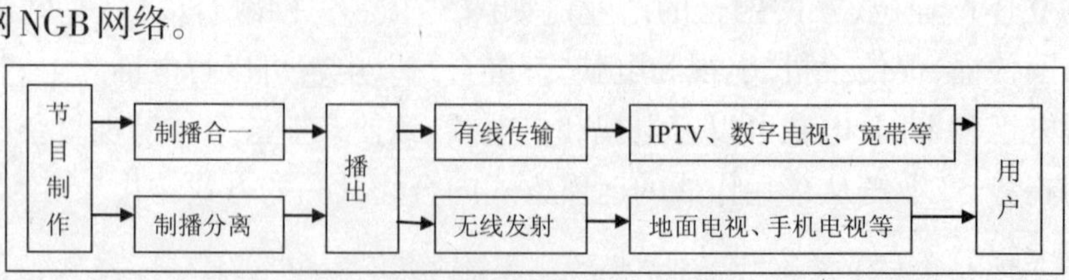

图5-2 三网融合广电产业链

三网融合语境下广电运营商也有很多市场机会，首先，符合条件的广电企业可经营增值电信业务、基于有线电视网络提供的互联网接入业务、比照增值电信业务管理的基础电信业务、互联网数据传送增值业务、国内IP电话业务等，但有线宽带、固定IP市网电话、VOIP等属于电信的红海业务，进入难度很大。其次，从国家信息安全的战略考虑，国家把手机电视、IPTV这两项业务的内容集成、运营管理和播放控制全交给了广电，使其建立可控可管的内容平台，这些成为广电的战略资源。目前广电部门已经在编制目录和规范，包括EPG、用户端、版权、计费等管理，例如IPTV平台将分为两级架构，央视的中国网络电视台(CNTV)组织建设中央总平台，而央视与地方电视台联合建立试点地区分平台。再次，广电运营商可以把握IPTV、互动电视、手机电视和数字电视等核心业务，寻求SP和CP开展合作，拓展增值业务，包括视频点播、网上购物、信息咨询、实时交通、电子报纸杂志、电视教育、电视会议、电视理财、电视游戏、可视电话、电视支付、休闲娱乐、网络交易、电视医疗、家庭多媒体管理以及物联网等，使增值服务成为广电新的利润增长点，提升有线运营商的ARPU值。

三、三网融合电信产业链重构

电信产业链是以电信运营商为核心，由网络设备商、内容服务提供商、网络运营商、系统集成商、软件开发商、终端生产商、用户等上中下游多个节点共同组成的企业同盟，每个节点紧密联系，互相作用，创造出协同效应，实现价值增值。三网融合之前，传统的电信产业链比较简单，网络设备提供商—电信运营商—用户，主要的业务是语音和网络接入。随着信息技术的发展，电信产业链进一步延伸，从基础电信业务向提供多媒体综合信息服务和综合数据业务发展。

新的产业链以网络运营商为核心，是一个开放的产业链，具体来说。首先，电信运营商可以利用自己丰富的市场服务经验和良好的网络设备，使用本地宽带专网传输播放广电提供的IPTV内容，打破封闭的有线电视传输播放系统，将提高资源利用率，增加资产收益。其次，电信运营商可以从事除时政类节目之外的广播电视节目生产制作、转播时政类新闻视听节目服务、互联网视听节目信号传输、公共互联网音视频节目服务、手机电视分发服务等。也就是说，电信运营商可以设置节目制作部门或者独立子公司进军广电领域，或与此类节目制作公司合作，进军广电节目制作等核心业务。不过电信的原有业务也面临着广电的竞争，例如语音业务、宽带业务等，但IPTV和手机电视的内容集成和监控由广电媒体负责。总之，三网融合以后的电信运营商可以使用如图5-3的捆绑业务(如宽带、固话、手机电视、IPTV、增值服务等)来拓展用户。

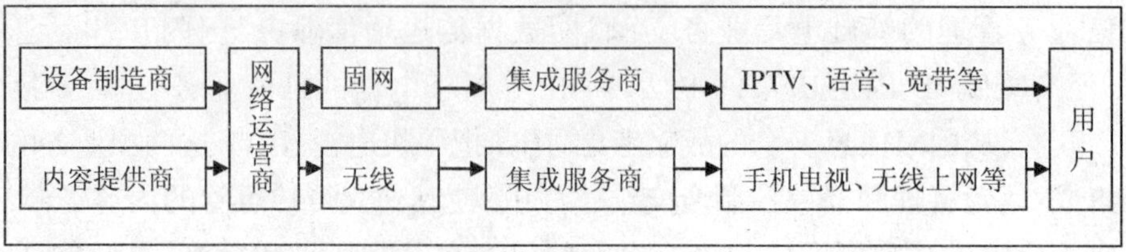

图5-3　三网融合电信产业链

四、三网融合时代内容服务提供商和网络运营商竞争形势分析

三网融合以后,从设备制造商、网络运营商、内容与服务提供商、软件与系统集成商以及终端厂商等产业链多个环节深刻变化,电信在传输领域处于优势地位,而广电在内容供给方面处于优势。处于产业链首端的是内容生产商,往往集生产与研发于一身,优质的内容提供商处于竞争优势,居于产业链末端的是消费者,最接近终端用户的是网络运营商,而在内容生产与网络运营之间还存在一个产品交易与集成的中介环节,即内容集成商,三网融合产业链的每一个环节要建立基于规模经济、范围经济和网络经济的可竞争性市场。

(一)内容服务提供商分析

三网融合以后,内容服务提供商将面临着更多的终端,可以向传统的广电媒体、互联网和手机等媒体提供音视频综合服务。内容渠道的增加意味着内容资源的竞争更加激烈,也使内容提供商成为最具有增长性的行业,真正实现“内容为王”。内容服务提供商包括如下几类:第一是内容制作商,涉及广电媒体、电信企业、互联网、传媒娱乐等诸多行业,其中电信和有线运营商也会加入到除了时政新闻之外的内容生产领域,甚至互联网企业、出版企业和传统的IT企业也加入其中,形成新的内容产业格局。第二是内容服务分销商,即利用双向互动内容生成平台,经过快速处理、整合、管理、审核和编目等环节,通过内容推送平台向不同区域的运营商推送不同格式内容。比如天威视讯旗下专门经营内容分发的天华世纪传媒、拥有内容库的乐视网、杭州华数互动电视内容输出、百事通的双向平台和内容库输出等。第三是内容集成商,即通过集成、包装、销售广播电视内容的厂商集合。例如央视网、SMG和华数集团分获首批三张互联网电视牌照,它们既是节目制作商,又是节目集成商,数字广电内容由拥有牌照的广电企业集成后,存放在当地电信运营商的服务器中,由提供集成播控平台的广电企业进行监控管理，通过节目排单、直播/点播内容管理，数据版权管理和计费管理，用户和权限等手段完成整个业务链的运营管理。

（二）网络运营商分析

网络运营商负责网络基础设施的建设和维护，利用各自基础骨干网、内容分配网、宽带接入网等承载网络，在全国范围内建立完整的承载网，能高效承载音视频业务、互联网接入、高速数据接入和话音等三网融合业务，同时可管可控，将三网融合业务传送给用户。三网融合要注重信息安全、网络安全、数字版权保护等，需要加强数据和交换中心的更新换代和升级，强化网络建设和内容管理。我国三网融合主要是在网络运营商环节引入竞争机制，电信运营商可以运行IPTV业务，而广电运营商可以接入互联网业务，还包括诸多增值业务。具体来说就是形成“3+1”竞争格局，即三家电信运营商加上广电运营商，打破市场垄断，形成可竞争性市场。相对于电信运营商来说，广电网络市场化程度低，整合难度大，双向光纤改造任务重。

中国电信业在20世纪90年代实行不对称规制，扶持弱势的中国联通和中国电信，在资费、互联互通、市场准入、漫游、普遍服务等方面实施更为严格的不对称规制措施，最终形成了中国移动、中国电信、中国联通三家全业务竞争的电信运营商。这种不对称规制使电信业从完全垄断到引入竞争，降低了电信资费，国际竞争力明显增强，取得良好的效果。所以在自然垄断产业引入竞争的时候要采取不对称规制措施保护和扶持新的竞争者，通过对市场上不同竞争力的经营者予以不对等规制，制定有利于非主导经营者的倾斜政策和法规，限制市场主导者的市场行为，使新经营者得以在市场中生存，形成均衡的竞争格局，最终达到所有经营者公平竞争的目的。

现阶段我国适宜采取不对称进入规制体系，适度扶持有线电视运营商，等有线运营商双向数字化改造及网络整合完成后，真正的完成双向对称进入，完善市场结构，维护公平竞争，促进市场的均衡发展。当然，不对称规制需要定时监测，当市场环境出现变化时，规制机构要重新考虑不对称规制的正当性。不对称规制只是一项过渡性的规制手段，在经营者之间能开展有效竞争之后，不对称规制应当让位于反垄断规制[①]。反垄断规制和不对称规制都以市场的有效竞争为规制目标，这种不对称规制在三网融合初期也非常适合，给予市场弱势的有线电视一定的支持，条件成熟以后再实行对称规制。

① 殷继国：《自然垄断行业不对称规制的理论与实践》，《经济经纬》2010年第4期，第149页。

五、三网融合时代我国有线电视的运营——以上市公司为例

我国已经有多家有线电视公司成为上市公司，这为进一步网络整合、数字化改造提供了大量的资金。当前，我国的有线电视公司尤其要加强网络整合、开发三网融合业务以及开展多元化经营，以提高核心竞争力、营利能力和发展能力。

首先，有线电视要加强网络整合。相比电信运营商，各省市自治区县均设有当地的有线网络公司，广电网络很分散，面临网络整合的严峻形势。目前，大部分省份都完成了省网整合，实现了“一省一网”。例如，湖北广电通过定向增发等措施整合省内其他有线电视网络公司资产，以非公开发行股份的方式向楚天视讯、武汉市台、中信国安等15家单位，购买其旗下的武汉广电投资、荆州视信和十堰广电100%的股权，以及楚天视讯有线电视网络资产及负债，非公开发行股份配套融资金额约7.94亿元。深圳广电集团向天威视讯注入有线电视资产，天威视讯向大股东深圳广电集团等对象发行不超过8 500万股，购买预估值13.07亿元的有线电视网络资产，本次交易完成后，深圳全市有线电视网络实现整体上市。

一些有线电视公司进行跨区域的整合，电广传媒已经通过增资、收购股权等方式，参股了云南广电网络、河北保定和青海有线电视等项目，同时，投资天津和新疆有线网络公司，促进公司在全国的网络布局，实现经营协同和优势互补。

其次，有线电视要开发三网融合业务。长株潭地区是国务院三网融合试点地区，电广传媒率先在此开展有线电视网的互联网接入业务、互联网数据传送增值业务、国内IP电话业务等三网融合业务。这些业务对于广电运营商来说是属于红海业务，面临电信的激烈竞争，收入和利润均有不确定性。

天威视讯依托先进数字电视技术平台，向市场推出交互数字电视、高清数字电视和数据广播等一系列增值业务，并陆续推出电视银行、电视游戏、电视网站等创新业务。这些业务推出，将进一步丰富服务产品种类，满足用户日益增长多元化、个性化服务需要，并增强营利能力和竞争优势。

东方明珠向文化休闲娱乐、媒体广告、传输通讯和对外投资等四大主业多元化拓展，公司收购东方有线网络公司10%股权，完成后占股49%，实现产业结构优化和业绩快速发展，成为具有重要影响力的大型文化企业集团。

再次,有线电视要开展多元化运营。我国的有线电视上市公司经营相对单一,而一些影视企业通过并购和重组完善产业链。例如,华谊兄弟2012年收入13.9亿元,净利润2.44亿元,以股权转让方式收购张国立旗下浙江常升影视制作公司70%的股权,加强自己在电视剧制作方面的能力,并收购银汉科技50%的股权,增强手机游戏业务。乐视网购买花儿影视100%的股权,实现纵向一体化,有力提升乐视网精品剧制作能力。

在美国,有线电视的用户数和收视率都在下降,将近500万有线电视订阅用户在最近5年中转向了其他平台,例如,时代华纳有线电视公司在2013年第三季度失去了30.6万个电视订阅用户,以及2.4万个宽带订阅用户,受众转移到iPhone、Android等移动媒体以及iPad等其他平板电脑。美国最大的有线电视网络运营商康卡斯特推出网络视频、电影下载等多元化服务,以避免订户流失,通过机顶盒向订户提供电视剧点播服务。

表5-1 2012年我国有线电视6家上市公司财务状况

类型＼名称	歌华有线	广电网络	电广传媒	湖北广电	天威视讯	东方明珠
营业额	21.8亿	17.2亿	40.6亿	10.6亿	9亿	31亿
净利润	3亿	1.4亿	4亿	1.8亿	1.28亿	5.5亿
主营比重	99%	99%	45%	100%	97%	43%
资产负债率	47%	59.9%	67%	34%	22%	30%
净利润率	13.5%	8.1%	14.4%	17%	14%	17.5%

在多样化收入方面,大部分有线电视公司收入结构单一,主要依靠收视费、广告费、数据费、安装费等单一的收入来源,除了电广传媒有线电视的收入占45%以外,其他的上市公司主营比重均是近100%。如表5-1所示,一些上市公司的资产负债率较高,而净利润率偏低,经营风险大,核心竞争力不强。为此,有线电视公司除广告、基本收视费收入外,还应开拓节目制作、出售等多元化经营及衍生业务。

在这方面,电广传媒多元化经营较为成功,2013年前6个月主营收入10.8亿元,占45%;广告收入8.5亿元,占35%;艺术品经营收入2.5亿,占10%;旅游业收入1.27亿元,占5.3%;影视节目制作收入2 700万元,占1.1%。该公司选择体育、电影、综艺、财经、音乐等商业化内容,并建立起集内容制作、包装、分销、播出为一体的产业链,整合品牌、频道资源,实施多元化战略,防范经营风险,扩展发展空间。

第六章　制播分离与广播电视经济性规制

我国的广播电视资源以行政配置为核心，以系统划分、区域划分为基本特点，行业垄断、条块分割、地区封锁，广播电视系统呈现出比较明显的“有系无统”，广播电视市场“有场无市”的特点[①]。广播电视节目的制作高成本运作，缺乏有效竞争，栏目内容、频道定位等雷同现象严重，造成大量的资源浪费。由于缺少全国性的节目销售市场，节目分销这个广播电视产业链的断裂，导致广播电视台的收入过度依赖广告，节目的流通和出售环节的收入比例极低。我国亟需加快成立与节目有关的经纪、代理、评估、咨询、推介等中介公司，建立广播电视节目的分销市场，实现节目的多元增值；同时规范交易程序，遏制交易过程中情感交易和暗箱操作，保护各种市场竞争主体地位和权益；创新交易模式，利用网络技术和电子商务等形成网上交易平台。

十八届三中全会指出，在坚持播出权、出版权特许经营前提下，允许制作和播出分开、制作与出版分开，建立多层次文化产品和要素市场，鼓励金融资本、社会资本、文化资源相结合。健全文化产品评价体系，改革评奖制度，推出更多文化精品。鼓励非公有制文化企业发展，降低社会资本进入门槛，允许以控股形式参与国有影视制作机构、文艺院团改制经营。

第一节　制播合一、制播分离与制播整合

根据电视节目的制作主体和播出主体之间的关系，电视制播制度可分为制播分离和制播合一两种类型。其中制播分离包括内部分离和外部分离，内部分离指播出机构把节目委托给隶属于自己的节目制作公司制作，在成本核算上模拟市场化运作，例如BBC的许多节目委托给隶属于自己的制作公司制作；外部分离是从市场上购买节目或委托给独立的社会制作公司制作，例如英国第四频

---

① 唐世鼎、黎斌等编著：《制播体制改革与电视业发展问题研究》，中国传媒大学出版社2005年版，第17页。

道的节目基本都是依靠社会制作公司制作。制播合一指节目的制作和播出都在广播电视台内完成，形成垂直一体化运作，不进行市场交易[①]。

制播分离体现在广播电视台主要负责节目的编排与播出，而制作机构主要负责产品的制作，制作机构和播出机构按照专业化来分工，可以说，制播分离是当前广播电视业改革的主要趋势。从政府规制的角度看，将制作和播出机构在经营上分离，一方面是为了打破广播电视台对广播电视传播的垄断，使广播电视内容多元化，给社会公众以更多的表达权。另一方面，为了加强竞争，促进经济发展，给民营经济和独立广播电视制片人创造更大的生存空间。从广播电视台内部管理来说，制播分离可以降低节目成本，减少管理费用，提高经济效益。

制播分离的内部分离和外部分离可以同时并存，相互促进。自制节目一般以新闻时事为主，外购节目一般以娱乐、文艺和专题内容为主。内部制作力量和外部制作力量相互促进，有利于提高内部制作人员的积极性，提高效率，又充分利用了外部资源，降低了成本。

例如，英国BBC在1996年将广播电视节目的播出与制作分离，创立内部市场，设置制作中心与广播中心等部门，制作中心制作节目，广播中心负责委托制作、安排和播送节目，重新组合的节目制作中心为BBC所有的频道提供节目，BBC的所有频道按照内部交易向制作中心“购买”节目，广播中心的节目委托可以在内外制作机构中进行选择，从内部制作公司和社会制作公司中选择质优价廉的节目。

制播分离在英国起源于第四频道的“制片人委托制度”，第四频道创建于1982年，在此之前英国的商业电视台和公共电视台都是制播合一的制度，商营的第四频道由英国的广播电视局(IBA)直接管理，但财政来源是独立电视系统的大宗税捐，它无权经营广告，节目与利润不挂钩。第四频道以严肃的政治性问题和多元文化观点为主，维护弱势群体的利益，经常报道妇女解放、少数族群的权利等消息，注重扶持民族文化和本国人才，播出具有启示性、创意性和风格独特的艺术节目。英国议会在讨论第四频道的法案中提出这样的设想，建立这样一个电视机构，这个机构不是节目的生产者，而是节目的发行人和传播者。第四频道没有自己的制作设备和创作团队，自己不生产节目，而完全采取委托或者购买的方式从外部获取节目，这种模式促进了广播电视节目的市场化，使独立节目制片公司迅速地发展起来。

---

① 肖叶飞、栾颖：《中西制播制度的比较分析》，《传媒》2010年第5期，第51页。

电视节目的社会化生产是必然趋势。电视产生初期,欧洲的公共广播电视节目制作实行制播合一,美国的商业广播电视实行网台的内部分离。20世纪80年代以来,电视私有化和市场化浪潮加快,电视节目的制作向市场化转型,目的是促进电视产业发展。电视节目制作产业具有高度流程化的特点,电视产业价值链每个环节都蕴含着商机。制播分离就是在市场分工的基础上,实现节目的市场化和社会化生产,提高节目生产的专业化水平,发展电视产业。

鼓励竞争、打破垄断和维护消费者的权益是西方电视制播规制的理念。在制播合一的体制下,节目制作环节获取了垄断利润,但是节目质量不高,选择性差,受众的利益受到损害。虽然电视播出环节具有天然垄断的特性,但是制作环节可以实现纵向分离,融入到竞争的市场中去。因此,世界许多国家都建立了电视节目的内部市场和外部市场的竞争机制,给予不同的节目制作公司无歧视的政策,严格按照质量和价格选择节目,建立一套完善的节目评估标准。

西方国家通过立法对垄断进行规制,例如,欧洲通过法律规制公共电视的节目配额,规定社会制作公司的节目必须达到一定的比例,以展示社会多元化的声音,满足文化多样性和维护公共利益的需求。为了打破广播电视节目的市场垄断,英国1990年在《广播电视法案》中规定,英国传统的广播电视必须有25%的节目播出独立制片人的作品。在政治、经济的压力下,英国BBC也开始实行制播分离,为了降低成本,BBC学习第四频道的经验,把节目委托给独立制片公司制作。

在制播分离的前提下,有条件的播出机构可以实现纵向制播整合。从经济效益考虑,当制播合一时的管理费用高于制播分离时的交易成本时,应该从市场上购买节目,反之则自己制作。电视节目的交易成本包括信息成本、谈判成本、契约成本和监督成本等。基于此,美国近年来的电视产业发展趋势:许多电视网都向产业链上游制作公司纵向一体化,兼并好莱坞电影制作公司,从而提高在市场上的竞争能力。节目制作与播出纵向整合的经济逻辑是:第一,作为播出机构,向制作行业纵向整合意味着有稳定的节目供应来源,对于制作商则意味着市场销路有保障,纵向整合的公司向上或者向下供应链多元化发展的主要驱动力是希望获取更多的保障和市场控制能力,更有效地获取信息。第二,降低市场交易成本,因为发挥自己组织内部职能所涉及的费用往往比买卖所涉及的费用小很多。

我国的广播电视栏目的市场交易是从20世纪90年代中期开始出现的,比较成功的案例就是光线传媒有限公司以《娱乐现场》为代表的系列娱乐节目,光线传媒制作10个栏目，每日发行5个小时节目，覆盖全国300多家电视台，其中影响最大的栏目有《娱乐现场》《海外娱乐现场》《娱乐人物周刊》《音乐风云榜》《明星》《体育界》等。光线传媒通过向电视台提供制作好的节目换取广告时间，通过销售冠名广告和贴片广告获取利润。合作的双方通过节目和广告捆绑在一起实行双赢，电视台具有节目终审权，经营双方约定具体的广告时间，节目越好，收视率越高，双方收益就越多。

电视剧是电视台制播分离最早的领域，也是电视节目竞争最为激烈的领域，对于一些省市电视台来说，没有足够好的电视剧制作团队和经营团队，没有资金和技术的支撑，自己制作电视剧面临巨大的风险。近年来，自制剧和定制剧的增多，说明电视剧的生产与播出重新回到制播合一和制播整合的体制。自制剧是电视台自己选择题材、组织剧本、拍摄，然后独家首播的电视剧。自制剧20年前就产生了，那个时候电视剧资源缺乏，许多电视剧由电视台自己制作。例如中央电视台的《敌营十八年》、北京电视台的《渴望》和《编辑部的故事》等都是自制剧，自制剧成为热门话题是从湖南卫视的《丑女无敌》和上海东方卫视的《网球王子》开始的，这些自制剧在无孔不入的植入式广告和“山寨剧”的争议中，收视率却节节攀高。

自制剧可以独家享有版权，避免同质化竞争，同时自制剧可以使用电视台的内部人员，例如自制剧《爱上女主播》的主演就是浙江卫视的女主播朱丹，《网球王子》则使用自己电视台推出的“好男儿”，有效控制片酬，适合电视台差异化竞争的需要，有效避免几十家电视台同时播出一部电视剧的现象。而一些外购的“独播剧”和“首播剧”往往成本过高，风险过大，造成多家电视台同时播出“独播剧”现象，“独播剧”有名无实。不过自制剧多是偶像剧和翻拍剧，题材狭窄，摆脱不了“山寨”的恶名。

电视台与市场化的电视剧制作公司的纵向制播整合是另一个不错的选择，一方面，影视公司具有强大的技术和人才资源，而电视台具有播出平台和强大的影响力，强强整合可以制作出精品电视剧；另一方面，联合制作可以避免自制剧的类型过于集中于情感类或青春类电视剧，可以弥补资金、技术和人才的缺陷，制作一些大投入和大制作的电视剧。

第二节　西方国家广播电视制播制度

西方国家的广播电视制播制度是在广播电视体制的基础上建立起来的，是由广播电视体制、广播电视的所有权形式以及其政治经济属性派生出来的。广播电视节目的制播制度涉及的内容包括节目的生产组织形式，节目内容的财政支持方式、节目的市场流通方式、节目市场的法规管理模式等，这种节目的制播模式反映在节目的种类、生产和流通等环节当中。

一、西方国家的广播电视制播制度

美国、加拿大、日本等商业电视台制播模式的基本特征是电视网与附属台的二级动态网状结构，电视台同时在节目辛迪加市场购买一定量的节目。电视网与附属台是互利双赢的合作机制，但这种合作机制不是固定不变的，附属台就节目的制作、播出和广告销售等利益分配与电视网达成协议，电视网同意以独家播出的形式向附属台提供节目，并向附属台提供一定的补偿，电视网则可以占用节目的大约四分之三的广告时间。这样做的好处是，电视网的广告可以覆盖全国范围，建立全国性的电视市场，对于附属台，减轻了电视台巨大的节目制作费用和运营压力，可以把黄金时段节省下来的制作资金投资到那些电视网不愿提供的节目上来，例如地方新闻、公共事务节目。

美国拥有四大广播电视公司，全国广播公司（NBC）、美国广播公司（ABC）、哥伦比亚广播公司（CBS）和福克斯广播公司（FOX），这四家公司占据美国商业广播电视的主导地位，这四家广播公司的背后的跨国公司分别是通用电气、迪斯尼、维亚康姆和新闻集团。四大广播电视网通过自己拥有的广播电视台以及各地的附属台实现节目的全国覆盖。以商业电视台为例，2003年美国共有1340家商业电视台，维亚康姆拥有39家，福克斯拥有37家，全国广播公司拥有29家，美国广播公司拥有10家[①]。除此之外大多数商业电视台以附属电视台的形式，通过合约归属于各大广播公司，同时又具有独立性。而独立电视台很少，主要是自己制作节目和辛迪加市场购买节目。

美国广播电视节目的供应链包括制作、整合包装与发行三个阶段。节目制作是广播电视节目供应的上游阶段，从事广播电视节目生产的机构包括节目制作公司、电视网、有线电视网、电视台和独立制片人。他们根据委托的合同或者自己的设计完成节目的创作，并最终通过市场交易卖出产品，收回成本，获取利润。新闻节目一般在电视台内部生产、制作与最终播出。第二个阶段是节目的

① FCC, Summary of the Broadcast Ownership Rules, June2, 2003, www, fcc, gov.

整合包装阶段,在此阶段形成可以直接供广播电视播出的系列产品,节目的包装者包括电视网、有线电视网和卫星电视频道公司,他们通过购买节目以及自制的节目完成各个频道节目时间表的整体设计、包装与安排。节目辛迪加和发行公司是节目的批发商,也参与整合包装节目,通过单独销售或一揽子服务将节目供应给各类电视机构。最后是零售发行阶段,包括节目播出与产品销售,或把包装好的节目传送到电视台手中,或者发行到媒介市场,送到音像产品消费者手中。

日本的民营商业电视台1953年开始建立,由于受到民营电视区域覆盖政策的限制,民营电视台无法全国性播出。只有全国性播出才能增强竞争力,为了获得广告主的投资,一些核心电视台就联合地方加盟台形成全国性的广播电视网。民营电视网是若干家关系密切、业务有往来的电视台的联盟,代表电视网的核心台与附属台之间没有严格的主从关系。日本已经形成了以日本电视广播网(NTV)、东京广播公司(TBS)、富士电视公司(CX)、全国朝日广播公司(ANB)和东京电视台(TX)为中心的五大电视网。核心台和地方加盟台之间通过协定规定各台在节目制作、播出、广告销售方面的利益分配,电视网只根据地方台或附属台播出自己节目的数量象征性地给予地方台一定的经济补偿。核心台和地方台也有联合制作节目的业务,制作的节目在双方的电视台播出,这种方式可以有效利用资源,减少两方的经济压力①。

在韩国广播电视产业领域中起主导作用的是无线广播电视业,韩国放送公社(KBS)、韩国文化放送(MBC)、汉城广播电视台(SBS)这三大无线广播电视机构垄断了韩国的广播电视产业。其中,汉城广播电视台(SBS)是唯一的民营无线广播电视台,成立于1991年,它是33个股东投资建成的股份制广播电视机构。20世纪90年代初,KBS两个频道播出的节目中大约有96%是由自己制作的,MBC和SBS则分别为95%和93%以上。为了打破垄断,推动节目多元化,在电视界实行节目配额制。1999年韩国出台《广播法》对电视台播出外制节目的比例做了如下的规定:首先,要求电视网外制节目的播出比例到2001年增加到40%,其中,独立制片商制作的节目份额增加到30%;其次,按照韩国广播电视委员会的要求,电视网每月在黄金时间内必须播出超过15%的外制节目;第三,如果违反配额制度,或者黄金时间达不到所要求的外制节目的播出比例,电视网将受到处罚,罚款金额从300万韩币到最高3000万韩币不等。除了配额制以

① 唐世鼎、黎斌等主编:《制播体制改革与电视业发展问题研究》,中国传媒大学出版社2005年版,第240页。

外,韩国的《文化产业振兴基本法》对独立制作社等机构的节目制作采取基金贷款、专项财政贷款的形式加以支持。

1964年法国通过法律取消国营服务机构垄断电视节目制作的法令,制作与播出完全分离,节目制作走进市场。1974年,由法国广播电视组织(ORTF)分解而成立的法国电视生产公司(SFP)负责制作全法国75%～80%的虚构类娱乐节目,队伍非常庞大,但是节目价格高昂,资金有限的私营媒介不喜欢高价购买他们的节目。1989年法国社会党政府创立了最高视听委员会(CSA),政策的优势是倾向于逐步从官僚化的广播电视媒介转向文化产品的制作生产者,CSA设立了一个新的体系,推动独立制作人的工作,以增加节目经费和提高质量。

为了促进加拿大电视节目的发展,培育加拿大电视节目制作业,1982年,加拿大联邦政府建立了加拿大影视公司,旨在培育和促进加拿大故事影片和独立电视制作业的发展,并对影视业提供资金资助,资助的项目主要有两项:一项是故事影片基金;另一项是广播电视节目开发基金,同时向文化企业提供减免税收的优惠。1996年加拿大政府又设立了加拿大电视和有线电视制作基金,该基金由加拿大政府和有线电视及卫星电视行业公私合作建立,主要用于鼓励和资助加拿大私营制作公司生产具有本国特色和富有竞争力的节目。

总体来说,从20世纪70年代开始,西方国家对电视网的制作垄断加以限制,颁布相关的法规,鼓励独立节目制作公司,促进电视制作多元化。以美国为例,20世纪70年代,电视网的经济力量过于强大,控制了美国整个电视制作、销售和播出产业链,这种垂直整合对于电视产业竞争环境非常不利,辛迪加节目市场遭受重大打击。为了打破三大电视网的市场垄断和提高节目的多样化水平,美国FCC从1970年到1995年实施了《金融利益与辛迪加法案》,强迫三大电视网在节目中大量采购独立电视节目制作人的节目。同时,1971年到1996年FCC颁布了黄金时间享用权法规,限制电视网对附属台黄金时间节目的提供,具体包括三大电视网的节目只能占用从周一到周六晚上19点到23点这4个小时黄金时间中的3小时,其余1个小时留给地方电视台,播出他们自己制作的节目或者其他方面制作的节目。《黄金时段参与规制》的这种框架设计鼓励新的节目制作者和发行商进入电视产业,减少电视网对附属台节目的控制,提高节目制作领域的竞争,促使电视节目制作部门从电视播出部门分离出来,直接导致了20世纪70年代和80年代大量好莱坞独立制片公司繁荣起来。到了20世纪90年代,随着福克斯等其他电视网的兴起,有线电视、卫星电视和互联网的出现，三大传统电视网的受众急剧减少，传统三大电视网的收视份额由95%下降到50%，三大电视网不具有垄断市场的能力，两项法规随即废除。

二、西方国家广播电视节目制作与播出的运营机制

西方国家广播电视节目除自播外还可以通过卫星、有线电视以及音像制品在二级市场上流通，因此，节目的竞争是按媒介形态市场和层次来划分的。广电传媒通过广播电视节目的多重销售从节目市场、广告市场、视听接受市场和付费市场取得资源的补偿。随着付费频道、付费节目的大量出现，价格成为广电媒体参与市场竞争的主要内容。

首先，电视节目的分销渠道。西方电视节目的分销渠道通过电视节目辛迪加完成。节目辛迪加从事节目的代理、发行和销售，是节目储存、流通的商业运作中心，形式类似节目库。辛迪加处理电视媒介、制作公司和发行公司之间的交易关系，特别是经营节目制作者及其代理人面向电视媒介发行和营销的节目产品。以美国为例，美国电视节目辛迪加主多达几百家，辛迪加打破了电视网的垄断，促进了节目的流通，有力地推进了制播分离。

其次，电视节目的分销策略。美国电视节目制作人为了使节目的回报最大化，通过更多的窗口和渠道销售实现产品的价值最大化，而且安排能够产生最佳回报的销售模式和顺序，把节目的生产成本尽可能地分摊到许多不同的发行窗口和地域。节目供应商根据观众规模和带来的利润率安排窗口顺序，而这些窗口可能包括无线电视网、有线电视网、卫星电视网、独立电视台甚至国际节目辛迪加，利润率大的窗口优先于利润率小的窗口。例如，影视节目通常分为国内影院放映、国际影院放映、计次付费点播、录像市场销售出租、卫星电视或者有线电视播放、空中电视播放、辛迪加销售和发行等使用方式，配以不同的发行时间和发行间隔，以取得最大规模的消费市场。

再次，电视节目的分销资金模式。美国的电视制作业的资金模式是“赤字财政”的模式，节目制作方分担节目制作中的一部分资金，作为回报，它们可以获取自己制作的节目的二级或者三级销售权。这种模式当中，制片公司拥有节目的版权，但电视网购买节目的费用低于制片公司制作节目的费用，电视网一般只支付给制片公司90%～96%的制作成本费用，其余的费用通过重播市场和节目发行获得。所以节目制作公司与电视网共同承担节目的市场风险，制作符

合受众需求的节目。在英国则相反，通常采取的是“成本附加”模式，电视台委托独立节目制作人制作节目，并愿意承担全部的制作费用，还要预付节目制作人一笔制作费用或利润，通常是全部制作费用的10%，然而作为回报，电视台得到的不仅仅是节目首播权等初级权利，而且通常还有大部分二级权利，这样电视节目制作人降低了风险。

第三节　我国制播分离“两步走”改革模式

我国广播电视的制播制度是与政治经济体制改革、文化体制改革紧密相连的，我国广播电视长期以来实行制播合一、自产自销的体制，管理费用高，导致节目制作效率低下。随着信息化和数字化的发展，制播体制改革势在必行，目的就是要提高广播电视节目市场化生产水平，引入竞争，提高效率，建立起有效供给和有效需求的平衡，促进广播电视产业的繁荣。总体来说，我国的制播分离改革是一个曲折反复、逐步开放的过程，有学者把我国广播电视50多年来制播制度的发展变迁分为四个阶段①。

一、我国广电媒体制播制度发展的四个阶段

一是自产自销的制播合一体制阶段（1958—1982）。这个阶段，广播电视台基本是自采、自编、自播于一体，实行制播合一的节目运营模式，为了确保舆论导向的正确性，广播电视节目的策划、制作、审查和播出等各个环节在广播电视台内部统筹完成的，这是与计划经济相适应的节目生产机制。

二是制播一体走向分化（1983—1998）。随着有线电视和卫星电视的发展，电视频道的日益增多和电视台的节目制作能力有限之间的矛盾凸显出来。1983年中国电视剧制作中心挂牌成立，这是电视体制内制播分离的重要标准，1993年中央电视台推出的《东方时空》率先实现制片人制，成为电视台栏目内部的制播体制改革的先行者。1996年开播的以公司化方式运作的国内第一档情景喜剧《欢乐家庭》成为中央电视台最早进行制播分离改革实验的栏目。

三是一波三折的制播分离之路（1999—2008）。1999年，广电系统内公开讨论广播电视节目制作与播出分离的问题，并初步形成了广播电视制播分离的改

① 王玉琦、何梦婷：《我国广电媒体制播制度改革与政府规制》，《现代传播》2010年第9期，第5页。

革思路。此后国内出现了光线、嘉实等为代表的一些民营电视公司，其中以光线传媒的《中国娱乐报道》最为著名。但是，在2000年8月甘肃兰州召开的“全国广播影视局长座谈会暨‘村村通’广播电视现场会”上，有关领导提出，广播电视系统是娱乐宣传机构，是党、政府和人民的喉舌，广播电视的宣传权必须牢牢掌握在党的手里，而宣传权应该包括播出权、制作权、覆盖权，这三权是截然不能分离的，有了这三个权才能真正实施宣传权，制播分离由此搁浅。直到2003年，广播电影电视总局提出电视台可以实施制播分离，除新闻节目以外，其他电视节目可以由社会制作机构制作，电视台可以有选择性地购买节目，但不要叫制播分离，可叫深化广播电视体制改革。2004年，中央电视台的《开心辞典》《艺术人生》《同一首歌》等栏目彻底实现制播分离改革。2008年，国家广电总局在其印发的《2008年广播影视改革工作要点》中提出，要选择部分条件成熟的影视剧、娱乐、体育类等节目与栏目，按照先台内后社会进行制播试点，引入市场机制，以实现投资主体的多元化、制作主体的公司化，搞活节目经营。从此，我国电视台进入“先台内后社会”，逐步推行制播分离改革试点的新时期。

四是整体制播分离制度改革(2009年至今)。2009年7月，国家广电总局向各地广电局下发的《广电总局关于推进广播电视“制播分离”改革(修改稿)》中，明确规定“除影视剧外，电视台从市场购买节目的比例，原则上每年不低于播出总量的30%”。随后的2009年10月，上海文广新闻传媒集团实现了“转企改制”的重要突破，由集团分拆而成的上海广播电视台、上海东方传媒(集团)有限公司正式揭牌，上海文广成为全国首家完成制播分离、集团整体“转企改制”的广电机构。

长期以来，由于广播电视台播出机构的垄断地位，在市场交易过程中播出机构和制作机构存在极不对等的状态，主要体现在双方风险不共担、收益不平等、权益不对等。随着数字技术和网络技术的发展，广播电视频道频率资源的极度丰富，传统制播合一的节目生产方式无法满足新兴市场的需求。2004年国家广电总局出台的《关于促进广播影视产业发展的意见》明确提出了制播分离的改革思路，产业前景比较好的如影视、综艺、音乐、生活、财经、科教、体育、交通等频率频道可组建公司，探索进行市场化运营。

二、制播分离有利于广电产业与资本市场的联姻

据中国广播影视发展报告统计，我国的广播电视节目缺口大，回放率高，供

需极不平衡，引入社会资本进入传媒内容产业成为繁荣市场的必经之路。2004年广电总局《广播电视节目制作经营管理规定》和2005年国务院《关于非公有资本进入文化产业的若干规定》等相关文件规定民营资本可以参与音乐、体育、娱乐、科技等电视节目的制作。制播分离作为广播电视台节目制作机构市场化的催化剂，必然引起传媒资本市场的变局，出现内容制作产业与社会资本的联姻，资本和产权的整合。

首先，有利于广电产业与民营资本联姻。广播电视节目制作机构已经通过委托生产、联合制作、招标购买等方式引进民营资本。民营资本的进入将大大丰富广电节目的来源，拓展广电产业的发展空间，活跃电视节目市场，形成多元化的节目供应市场。例如光线传媒作为电视节目制作和发行商，其业务已经包括电视剧、电影、大型活动的承办、艺人经纪和新媒体等。

其次，有利于广电产业与外资联姻。中国的传媒产业是国际资本追逐的焦点，20世纪外资已经通过合资、合作、节目交换、对等落地等方式进入中国电视市场。跨国传媒巨头具有资金、信息、人才、技术等资源优势和丰富的全球产业运作经验，对我国电视节目制作是一个考验，同时也为促进节目制作产业化发展和进入国际市场开辟了一条通道。

再次，有利于广电产业上市融资。国家《关于促进广播影视产业的发展意见》提出扩大投融资渠道，放宽市场准入，条件成熟的经批准可直接上市。例如民营企业光线传媒2011年上市以后业绩大幅度增长，表现出强大的成长能力。上市之前，2008年光线传媒总收入3.1亿元，净利润1 300万元，上市之后，2012年总收入10.3亿元，净利润达到2.64亿元。华谊兄弟上市之前2008年总收入4.09亿元，净利润6 806万元，2009年成功上市之后，2012年总收入13.9亿元，净利润达到2.44亿元。这两家公司利用资本市场将电影、电视和艺人经纪等三大业务进行有效整合，完善产业链，成为综合性的娱乐传媒公司。

三、我国制播分离"两步走"的规制改革

我国广播电视制播分离改革的目标分为两步走：先台内，后社会。第一步实现存量转制，通过结构重组和资产重组，把可经营的节目制作部门剥离出去，成为完全意义上的独立的法人主体。同时作为播出机构的电视台要加强宣传类、新闻类节目的制作，规避导向和播出风险。第二步实现增量转型，对剥离出去的制作公司推进产权制度改革，实行投资主体多元化，转变为完全意义上的

独立的企业法人主体,建立法人治理结构。加快股份制改造,实现所有权和经营权的分离,通过兼并、收购、重组等手段,实现跨地区、跨行业、跨所有制经营。制播分离以后,电视台与制作公司之间的关系是持股关系,依靠资本纽带连接,使节目制作公司真正成为自主经营、自我约束、自我发展的市场主体。一些有实力的节目制作公司完成经营性资源整合以后,对大量的资源进行深加工,延伸广电内容制作产业价值链,通过资本运作,优化资源配置,拓展资本规模,实现多元化经营和价值增值。

也就是说,我国制播分离改革要从内部委托开始,将非自制的节目部门逐步转制,推向市场,在独立广播电视制片产业发展、逐步培育起成熟的节目市场后,最终进入完全竞争的国内和国际节目市场。

四、制播分离后的政府规制措施

制播分离以后,政府应以公共利益为出发点,消除市场化带来的“市场失灵”现象,对广电产业加以规制,维护资源配置的效率和公正,维护市场秩序的稳定,真正实现广播电视节目社会化生产、市场化流通和规范化播出。

建立科学的广播电视节目评估体系,用权威的数据、规范的程序、科学的指标对广播电视节目作出科学的评估,实行成本核算,促进节目的合理配置。科学的节目评估指标将对节目的运作起到关键作用,是制播分离以后节目管理体系的核心。一般的惯例是从收视率、满意度、专家评估和节目的投产比四个指标来衡量,并且利用加权对节目进行横向比较。同时建立面向多渠道、多主体的节目招标制度,择优播出机制。至于各种指标的比重,央视在这方面积累了大量的实践经验,他们把几项指标的权重分别划定为:客观评估指标(满意度和收视率)50%,主观评估指标(专家评估、领导评估)30%、(节目成本)20%。评估要减少主观性,增强专业性、公正性和权威性,为节目的设置、调整、布局和规划提供参考依据。

建立一个开放的、规范的、竞争有序的全国性的节目交易市场,将促进内容制作产业的发展。《英国广播电视法》规定电视台在社会中购买节目的比例为25%,我国应适时建立来自社会机构制作节目的播出比例,建构一个节目来源多元化的格局,繁荣市场,消除条块分割和市场垄断。民营的节目公司和国有控股的节目公司应该有同等的议价能力和市场地位。通过举办电视节的方式来促进电视节目的交流,把市场机制引入到广电产业的经营活动中,通过竞争、价格等市场机制调节电视节目的生产。建立美国式的电视节目分销机构节目辛迪加，保护各种所有制的市场竞争主体地位和权益，加强对独立制作节目的保护，建构一个节目来源多元化的市场结构。要规定电视台必须播出的社会制作公司节目的比例，根据中国的实际情况，最终可逐步增加到25%的配额。

保护公益性节目的播出。从福利经济学角度看，产业政策作为公共意志的产物，应该追求最大多数人的福利。广播电视除了产业属性以外，兼有社会属性，以及传承民族文化的文化功能、传播科学知识的教育功能和构建公共领域的社会功能。中央在公益性文化事业方面的方针是加强投入、转变机制、改善服务，所以广播电视台在制作、采购、播出广播电视节目时，要关照老年人、儿童、农民、少数民族、残疾人等群体的收视权益，对于这类特殊的节目实行一定的配额，满足广播电视公共服务的均等化和普适化的要求。

总体而言，没有一个强大的节目制作市场就没有强大的广播电视产业，制播分离改革要引入市场机制，丰富节目资源，提高节目质量，降低制作成本，对于繁荣广播电视内容制作市场、拓展现代媒体产业空间具有重要意义。但是制播分离需要微观组织结构的改革和宏观管理体制的重构，需要人事制度和财务制度的改革，需要媒介政策和法规的配套建设。

第七章　广播电视普遍服务、价格、质量经济性规制

一般来说，产品的生产与供给、质量与价格等通过市场竞争机制来调节，但是广播电视节目和服务存在市场失灵，市场失灵领域必须通过政府规制的干预手段加以解决。首先，无线广播电视是公共产品，要解决广播电视普遍服务的问题，满足全体公民的知情权和基本的视听需求，既要保障信号覆盖，又要保证有合适的节目收听收看，这是基本前提。其次，有线电视具有自然垄断属性和公用事业属性，价格无法通过市场竞争机制来解决，政府必须对价格进行规制。当然，三网融合后，有线电视的垄断性减弱，对有线电视的价格规制需要进一步放松。再次，广播电视节目具有外部性和信息不对称性等市场失灵现象，对信息不对称引起的道德风险和逆向选择进行规制，对正外部性的节目通过激励措施促进生产和供给。

第一节　广播电视普遍服务规制

广播电视普遍服务是指国家要以充足的设备和合理的资费，尽可能地为所有人提供迅速而有效的有线电视和无线广播电视服务，维护全体国民的基本视听文化权利，缩小信息鸿沟，促进社会信息化建设，推动社会共同进步。它使得全体国民无论收入高低、无论生活在任何地方，包括农村地区、边远地区和其他的高成本地区，都能够以可接受的价格获取广播电视视听服务。基础服务的提供商或是运营商在高成本地区提供服务往往是入不敷出的，投资回报率低，但是国家要保证高成本地区的广播电视普遍服务，而且不能根据投入和运营成本而采用相应的高资费的定价策略，以保证服务质量。

普遍服务包括三个层面：服务的普遍性，即保证网络的基本覆盖，用户可以在任何时间和地方接入网络；接入的平等性，即针对服务的价格、内容和质量，各类用户都受到同等的待遇；可承受性，即服务的价格为大多数消费者可以承受。普遍服务是网络型产业发展的基石，是广播电视公共服务在现实中如何普

及的问题,广播电视要通过无线、有线和卫星交叉混合覆盖满足普遍服务的需求。

一、广播电视接入普遍服务均等化

普遍服务要求向各类群体和地区提供服务,包括低收入居民、残疾人、老年人以及偏远的地区和村庄。普遍服务针对两种类型:一是高成本的地区;二是低收入的人群。普遍服务意味着提供服务的价格可能低于提供服务的成本,如果没有普遍服务的义务,那么由于过高的业务资费和接入费用,没有任何一家企业愿意提供这类服务。

普遍服务基于以下几点考虑:一是实现收入的再分配,即通过定价而不是通过收入所得税或转移支付来影响再分配政策,利用扭曲价格的方式对高成本地区和低收入消费者进行补贴,提供正外部性的服务;二是提供公益品,保证公益品的最低供给水平是公共事业的重要社会功能,任何人被排除在普遍服务之外都是不可接受的,即使个人无法准确评价这种消费的所得利益,但所有人都应该拥有这种服务;三是网络的外部性,使用这种服务的人越多,这项服务越具有价值,网络的价值与网络的节点成正相关性,普遍服务的义务能够纠正这种网络外部性所引起的市场失灵政策;四是缩小城乡差距、地区差距和人群差距,促进社会和谐发展,提高国家的整体福利水平。

现阶段,我国的广播电视普遍服务主要集中在西部地区和偏远农村地区等,国家通过"村村通工程"和"西新工程"实现普遍服务的目标。2006年国务院对广播电视"村村通工程"做了部署,将农村地区的无线覆盖纳入"村村通工程"范围,对无线覆盖的节目套数、资金投入和用电政策作了详细的规定。发挥各地无线转播台的作用,加快设备更新改造、增加转播套数,提高农村地区的覆盖水平,基本保证广大农民无偿收听收看包括中央一套广播节目、中央一套和七套电视节目、本省的第一套广播电视节目等在内的4套以上的无线广播节目和8套以上的电视节目。逐步增加节目播出时间,提高节目制作质量,鼓励有条件的农村采取有线光缆联网方式进行建设,边远、居住分散地区采取共用卫星接收方式进行建设。

我国广播电视普遍服务信号覆盖取得了很大的成就,但也存在一定差距,"截至2012年年底,全国广播、电视综合人口覆盖率分别达到97.51%和98.20%,以中国大陆人口13.4亿计算,仍有3 336万和2 412万人口无法收听收看广播电视节目”[①]。另外，在信号覆盖的范围以内，公益性频道的覆盖率也低，主要表现在：第一，公益性频率频道的无线覆盖率低。例如，“虽然中央一套、七套电视的人口覆盖率超过95%和88%，中央第一套广播的人口覆盖率85%。但是，部分省份覆盖率偏低，2012年年底，无线电视综合覆盖率最低的是贵州58.9%，其次是云南88.9%，无线广播综合覆盖率最低的是贵州69%，其次是重庆88%”[②]。农村地区许多居民只能收到不超过5套的广播电视节目，面向农村的第七套节目覆盖率更低，除了江西、宁夏等在广电总局的支持下达到70%以外，其他省份七套的无线覆盖为零，最高的只有13%[③]。近几年情况有所改善，但是农村无线广播电视覆盖率仍偏低。第二，中央和地方的频道覆盖差别大，有的地方中央的广播电视覆盖率相对很高，而省级和市级的无线覆盖率很低。第三，有线电视的公益性频道覆盖低。一段时间，农村有线电视中第七频道、儿童频道和中国教育频道等公益性频道覆盖率就很低。

（一）广播电视普遍服务网络覆盖的基本原则

确保广播电视普遍服务，即每个国民都有权通过方便途径，以可以承受的价格获得非歧视性的普遍服务。正如1934年美国的《联邦通讯法》规定的“尽可能为全体美国国民提供合理的价格、充足的设施，以享受快速、有效的国际或国内有线与无线通信服务”的立法宗旨体现了普遍服务的宗旨[④]。推行普遍服务制度是消除贫困、缩小贫富差距和信息鸿沟、实现生存权和发展权、保证人类社会可持续发展的重要措施，广播电视普遍服务网络覆盖须遵循以下原则。

1.普遍性原则

普遍性原则就是指在国家领土范围内，无论地理位置和贫富差别，所有用户都能够享受到广播电视服务，获取国家和社会的基本政治、经济、文化信息，具有非歧视性和普及性等特点。普遍性原则要求采取合适的技术手段和运营方式，保证每个公民都可以收听收看到广播电视节目，这也是公民的基本文化权益。无线广播电视的覆盖还有相当大的盲区，有的地方全天无法接收节目信号，有的地方转播台开机功率低、开机时间短。

---

① 国家新闻出版广电总局发展研究中心：《中国广播电影电视发展报告2013》，社会科学文献出版社2013年版，第346页。

② 国家新闻出版广电总局发展研究中心：《中国广播电影电视发展报告2013》，社会科学文献出版社2013年版，第346页。

③ 张海涛：《加强无线覆盖 确保农村广播电视公共服务》，《现代电视技术》2006年第11期，第14页。

④ 涂昌波：《广播电视法律制度概论》，中国传媒大学出版社2008年版，第200页。

2.均等化原则

广播电视均等化就是指不分民族、地区、城乡、性别和年龄等，每一个公民大致相同地享受广播电视公共服务的权利。均等化是促进社会和谐、缩小城乡差距、建构公共服务型政府的重要内容。但是广播电视传输方面的均等化存在一些问题：一是城市和农村之间存在较大的差距，一些城市的高清电视、互动电视和数字电视如火如荼，而偏远地区仍存在收看数字电视难的问题；二是地区之间的差距较大，如江浙地区的农村有线电视的入户率达到50%以上，而个别山区还存在广播电视“盲区”。三是无线和有线用户之间的差距较大，农村和约占城市居民10%左右的无线电视用户只能收看几套节目，而有线用户可以收看几十套节目。

3.必须传输原则

必须传输原则，即对于公共服务性质的频道或频率，有线电视运营商或卫星电视节目服务运营商必须免费传输其信号，为广播电视公共服务奠定基础，保证公共服务的普遍服务与接入，这也是西方广电规制的普遍原则。西方国家有线电视必须传输的节目包括：当地无线电视台的节目，必须传输公共电视台的节目，必须传输教育电视台的节目，承担社会责任，履行公共服务的义务。

我国广播电视必须传输的频率频道应该包括中央电视台的公共服务频道、中央教育电视台综合频道，本省、本地的卫星频道和公共服务频道，防止有线和卫星利用垄断资源权利寻租，增加社会福利和公共福利，保护节目的多元化和多样性，维护消费者和公众的利益。其他的付费频道和加密频道在“自愿平等和互利互惠”的基础上，按市场需求定价，受众付费观看。一般来说，西方国家必须传输的补偿机制采取不同的方式，包括特许经营权、建立普遍服务补偿基金、交叉补贴、减免或优惠税收以及提供政府专项补贴等。例如，美国的《联邦通讯法》规定：特许权管理机构在授予特许权时，应该确保该地区居民中任何潜在的订户都不会因为收入原因而不能享受到有线电视服务，可以要求有线电视服务系统经营者将部分频道容量供公共、教育与政府使用，以保护用户的权利。有线电视、直播卫星和电信系统经营者之间保持竞争的态势，防止垄断与不正当竞争，最大限度地满足用户的多样需求，达到维护用户利益的目的，保证用户的选择权、知情权和监督权。

4.财权和事权相对称原则

我国的广电公共服务基本政策是：国家重点解决区域协调发展的问题，帮助中部和西部偏远地区和贫困地区发展农村广播电视事业。省市两级重点是解决广播电视转播发射台和有线电视干线网的建设和维护问题,县级作为直接对农户服务的平台重点是解决分配网络的建设维护,对低保户、烈士家属和残疾人等困难群众,重点给予帮扶救济,使其享有基本的公共视听服务。县级是直接面向农户服务的部分,但是分税制以后,县级财政普遍比较困难,缺乏资金,要加大对县乡一级的广播电视公共服务的财政支持力度,完善提供公共产品为重点的公共财政体制,加大财政转移支付力度,使各级政府的财权和公共服务的职责相对称、财力与公共服务的支出相对称。

(二)广播电视普遍服务信号覆盖的路径选择

我国广播电视已经建立了无线、有线、卫星和互联网等各种技术并用以及模拟和数字并存的多层次、现代化的广播电视覆盖网。目前,我国广播电视信号覆盖采取的供给模式定位是:无线覆盖属于公共产品,政府主导,财政拨款为主,因为政府的功能就是提供公共产品,公共产品具有接受的非排他性和消费的非竞争性,市场供给会出现市场失灵,这是政府提供或市场提供的逻辑起点;有线电视属于准公共产品,采取政府主导,社会参与,减免所得税、营业税等激励措施;广播电视新媒体服务的供给属于私人产品,采取政府参与,市场主导,"谁投资、谁收益"的原则。

无线广播电视信号传播是公共服务的基础,是确保人民群众基本视听权益的重要渠道,我国政府财政予以支持。我国的无线覆盖成为政府提供的纯公共产品,完成农村地区、少数民族和边远地区的公共服务覆盖。无线覆盖具有接收方便、成本较低、可移动接收的特点,是提供广播电视公共服务的主要方式。但是,由于长期投入不足,造成我国无线覆盖滑坡的现象。"村村通""西新工程"两个重点工程完成了广播电视无线覆盖,2012年年底,全国完成约28.2万个20户以下通电自然村"盲村"的建设任务,"村村通"攻坚之战取得重大进展。"村村通"工程使20户以上的已通电自然村可以接收4套以上的广播节目和8套以上的电视节目,在农村公共文化服务和信息化建设中发挥着重要作用,对于普及科学文化知识,提高全民素质,实施科教兴国战略,推进扶贫工作,建设新农村起到重要的推动作用。"西新工程"改变了西藏、新疆、青海、内蒙古等省(自治区)的广播影视的基础设施建设,加大了制播少数民族语言的广播电视节目。

技术进步对无线广播电视公共物品的属性产生了影响,随着加密技术的发展,有条件排他性地接收成为现实,使得市场参与无线的传输成为可能,可以发挥地面数字电视在农村的公共服务供给中的作用,使地面数字电视和城市有线电视相互竞争和相互补充,完成我国广播电视数字化转换的任务。

欧美开放地面电视的管制，主要原因是电视技术变迁所致：一是成熟的条件接收技术让地面数字电视运营商可以有效地向用户收费，从而能够吸引商业资金投入；二是数字压缩技术使无线频谱资源得到释放，有更多的电视频道可以使用，也使更多的创新服务有了发展空间①。例如，2007年英国商业广电运营商天空广播公司（BSkyB）推出了它的数字地面付费电视战略，美国、法国等国家也建立了地面数字付费频道。我国当前的地面数字电视技术主要应用于车载移动电视和手机移动电视，还没有使这种新技术市场化和商业化，形成地面数字电视产业，也没有形成与有线数字电视、IPTV、卫星数字电视有效竞争的市场结构。

有线电视传输是准公共产品，实行优惠的有偿服务。根据国情，我国建立了国有资本控制、社会资本参与的公共服务体系，国有资本以广播电视经营实体的最大股东身份出现，社会资本参与网络建设、用户发展和维修服务，各方以现金、设备或其他实物等形式投资，通过共建协议或投资协议明确产权关系，并根据投资比例对服务中心所得收益进行分配。有线电视有外溢效应和公益性，我国实施税收优惠政策和覆盖农村地区广播电视的优惠电价政策。

卫星传播在我国的接收受到严格的限制，只是成为“村村通”工程的补充传输手段。卫星传输具有覆盖面积大、传输质量高、容量大、受自然条件影响小的特点，对于居住分散和地形多样的地区而言是有效经济的传输方式。而有线覆盖具有容量大、质量高和速度快的特点，但是建设成本高、沉淀成本大。2008年6月，我国成功发射第一颗直播卫星“中星9号”，此卫星是实施“村村通”工程的有效手段。随着数字视频压缩技术和有条件接收技术的开发，市场参与卫星传输成为可能，卫星直播产业也将不断发展壮大。

广播电视与电信同属于公用事业，西方国家的电信公共服务措施值得广播电视公共服务的借鉴。他们具体采取如下几个方法促进电信普遍服务：一是建立公共服务基金，定向补贴用于扩展或支持不具有经济可行性的业务，资金来源稳定，透明度高，而普遍服务的基金来源包括政府提供，电信运营商收入的比例缴纳，电信私有化、频率拍卖或经营许可证获得的收入等；二是交叉补贴，主导运营商提供业务内部之间的补贴，例如长途电话补贴市话；三是接入亏损补偿，用其他的电信运营商向主导电信运营商付费以补偿其接入亏损；四是强制服务义务，通过经营许可证条件或其他规制措施强制性实施普遍服务；五是市

① 李志坚：《中国电视公共服务的传输体系研究》，上海交通大学出版社2010年版，第62页。

场化改革,特别是私营化、竞争和以成本为基础的定价措施,将私有化与普遍服务义务结合起来。

二、广播电视内容公共服务均等化

西方国家基本建立了公共广播电视和商业广播电视共存的体制,为了维护公共利益和公共领域,满足公共需求,建立了公共广播电视制度,经费来源主要是收视费、国会拨款、捐助、少量的经营性收入等,又基于经济属性,建立了商业广播电视,通过市场提供多样性的商业服务。

我国广播电视实行的是事业体制,形成了政事合一、企事合一、政企合一的一元体制、混合运营的格局,虽取得了巨大的成就,但是问题也不少,体现在:第一,广播电视社会功能和文化功能发挥不足,泛娱乐化严重。据广电总局广播影视发展报告数据显示,2012年我国电视台播出影视剧比例达43.33%,广告类节目达11.88%,而新闻资讯和专题服务类节目只占13%和12%,信息、文化和教育类节目偏少,省级卫视和地方台这种现象更加严重。第二,广播电视的"均等化"服务缺乏强制保障。在市场化的驱动下,一些广电媒体制播未成年人、残疾人、妇女等节目偏少,甚至没有,严重影响一些受众的基本文化权利。第三,公共服务类节目供给不足。目前的广电机构实行公共服务类节目和商业性节目内部交叉补贴,在经营性收入成为主要资金来源的情况下,商业价值取向不可避免,广电媒体对公共服务类节目供给不足。这些问题反映出事业定位与产业发展、公共服务与商业利益、社会效益与经济效益之间的矛盾和冲突,需要制度创新。

(一)广播电视公共服务内容供给的原则和目标

公共服务内容供给的原则,包括普适性、多样性和竞争性原则等,既要考虑公共服务供给的公平公正,又要考虑公共服务供给的质量和效率。普适性原则:满足不同民族、性别、年龄、地域的公众需求,特别是残疾人、儿童、老人、农民等弱势群体和特殊人群的需求,让所有公民享受广播电视信息、教育和娱乐节目服务;多样化原则:包括国家、省级、市级和县级等多层次的广播电视覆盖,多样性的频道频率、栏目和节目,多样性的议题、语言、族群、观点等;竞争性原则:鼓励竞争和提高效率,防止垄断,通过合作生产、项目外包、委托生产、特许经营和竞争性招标等手段加强竞争性,防止政府失灵和权力寻租。

广播电视公共服务的目标就是建立由政府进行宏观管理，以相应的媒介体制和媒介规制体系为保障，由广播电视公共服务机构向全体公民提供均等、优质的广播电视产品和服务，以满足广大人民群众基本的广播电视收听收看需求的公共服务体系[①]。一段时间，我国广播电视公共服务频道主要欠缺的是“对农传播”频道和内容不足。频道方面，截至2013年3月，除了央视7套农业军事频道以外，省级电视台对农频道只有8个，2个进行无线覆盖，其他的是通过有线和卫星覆盖，包括浙江电视台公共新农村频道、河北电视台农民频道、山东电视台农科频道、河南电视台新农村频道、陕西电视台农林卫视、吉林电视台乡村频道、重庆电视台公共·农村频道、湖北电视台垄上频道等，省会电视台没有一家开设三农频道，地市级电视台目前有4家开设对农频道，分别是山东的临沂市、安徽的亳州市、湖北的荆州市和随州市。

据调查，所有的省级卫视和省会电视台开办针对三农的栏目有：省级卫视，如山东卫视的《乡村季风》，新疆卫视的《农牧新天地》，辽宁卫视的《黑土地》节目；省会一套或综合频道方面，如长春电视台的《希望的田野》，哈尔滨电视台的《新农村》，杭州电视台的《我们的新农村》。开办的“三农”电视频道稀少，时间不长，影响力不大，覆盖率和收视率均不高。

广播电视公共服务还要重视视听新媒体公共服务功能的建构。随着手机电视、楼宇电视、数字电视、户外大屏等公共视听新媒体的迅速发展，视听新媒体在公共传播方面缺位明显。“新媒体传播模糊了公共传播和私人传播、公共利益与商业利益的关系，新媒体要在三个方面加强公共传播，颠覆性互动，让受众拥有广泛的公共传播接触权；多元化传播，满足大多数消费者的公共信息需求；规范性应用，注重对新兴媒体的正确引导。”[②]

视听新媒体的迅速发展要加强公共服务功能：首先，构建突发事件应急联动播出平台，使灾难信息、气象、实时交通状况、卫生疫情等公共信息随时出现在楼宇电视、IPTV、户外大屏、手机电视等新媒体终端上；其次，加强新闻、文化教育类信息的传播，满足受众多样化的需求，加强公共传播的议程设置，强化新媒体的覆盖，消除“知沟”现象；再次，建立地震等灾难性信息的广播电视预警系统，例如日本的地震预报系统，强制开关会自动打开广播电视媒体，播放地震灾难预警信息。

---

① 胡正荣、李继东：《中国广播电视公共服务体系：目标与实践研究》，中国广播电视出版社2010年版，第92页。

② 石长顺、石永军：《论新兴媒体时代的公共传播》，《现代传播》2007年第4期，第78页。

(二)广播电视公共服务的内容供给的路径选择

我国的广播电视实行的是公共服务事业和经营性产业混合体制,一段时间公共服务处于自发状态,不利于公共服务产品和服务的供给。中国文化体制改革的方针是公益性事业由政府主导,转换机制,增强活力,保障基本的广大人民群众的文化权益。发展经营性产业就是要创新体制,转换机制,面向市场,满足人民群众多层次、多样性的精神文化需求。

体制路径——建立各级广播电视台相对应的公共服务频率或频道,即国家、省、市各级广播电视台建立公共服务频率或频道。按照我国广播电视的事业属性,与文化体制改革的方针相对应,我国广播电视媒体适宜一元体制、分类运行的分营体制,即在政府的领导下,公共服务与市场服务分别运营、分类监管。前者由政府主导,强化公共利益;后者由市场主导,强化经济利益。公共服务频道或频率以收视质和满意度为指标,以社会效益为宗旨,建立由各级广电职能部门主导的公共服务委员会,制定公共服务的标准、目标,并监督其履行职责。

财源路径——建立各级公共服务基金。公共财政和广告费的汲取是公共服务基金来源的主要途径,同时接受商业赞助、捐助以及少量的商业化运营收入。稳定的财源是政府公共服务内容提供的规范化和制度化的关键,目前我国广播电视公共服务的内容提供是依靠内部的交叉补贴,例如央视的七套、十套等具有公益性质节目的提供是央视内部交叉补贴,但是这种机制的弊端又很明显:第一,公共服务内容提供的多少取决于决策者的主观意愿,没有约束机制;第二,不同地区、不同级别的广电媒体财力相差很大,导致公共服务内容供给的地区、城乡差异。政府要把广播电视的公共服务基金纳入各级政府财政,同时对西部地区和贫困地区实行财政转移支付,实现公共服务均等化。根据《物权法》第五十条规定,无线电频谱资源属于国家所有,各级电视台使用公共资源开展商业活动必须缴纳一定的费用,公共服务可以从广告费中汲取资金,实现以“企业养事业”的目标。

(三)广播电视公共服务内容供给的“多中心”模式

公共服务类的节目具有非营利性和政府主导性,但是,政府主导并不是政府包办,除了少量的时政新闻必须制播合一以外,大部分公共服务节目都可以在制播分离的基础上,通过委托制作、合作制作、市场交易等方式提供,充分利用社会资源提供节目,即企业生产、市场运作、政府购买、大众受惠的方式,提高公共服务基金的使用效率。

(1)合作生产模式。公共服务频率频道与社会制作机构共同策划、投资、联合制作并分享节目版权的经营模式。对于一些行业性、对象性的公共服务节目,往往可以发挥国家机关和企事业单位的专业人才和行业背景优势合作制作。各级广播电视部门要加强与科技、教育、文化、司法、卫生、体育、农业、林业、水利、气象等部门的合作,不断丰富节目资源,增加科教兴国、卫生防疫、法律知识、文化娱乐等公共服务广播电视节目,如中央电视台与国家科技部合作制作的《星火科技》、与国家计生委制作的《中国人口》、与国家民委合作的《中华民族》等。

(2)委托生产模式。委托制作指在广播电视台策划、投资并拥有节目版权的前提下,将节目制作委托给外部制作机构或独立制作人完成。委托制作可以降低成本,增加节目的多样性。分期付款和过程监督是对委托制作市场中的经费风险和节目质量风险的有效控制方式,有助于降低风险和提高效益。委托制片一般分为三次付款,即选题调研开发阶段、节目制作阶段和最后编辑阶段,具体的额度根据节目性质和时长确定。委托制作可以委托给自己电视台下属单位和制作公司,也可以委托给其他的电视台和制作公司。例如中央电视台提供经费委托北京科教电影制片厂制作《科技博览》和《科教片之窗》,委托中央新闻电影制片厂制作《世纪回眸》和《纪录片之窗》栏目,中央电视台按照市场价格支付制作经费,对节目进行综合评估,节目的最终版权归中央电视台所有。

(3)招标制模式。招标制是一种有组织的购买商品或者服务的交易方式,是一种引入竞争机制、杜绝权利寻租的有效方式。广播电视台可以通过招标制选择一些公共服务节目的提供者,通过比较选择一些制作能力强、实力雄厚、质量可靠和良好信誉的节目制作公司作为中标者。例如某个公共服务栏目实行招标,先提出标的,包括节目的质量、节目经费标准、社会效益、收视率和收视质等,招标范围包括台内或台外的节目制作公司,投标人就栏目的内容、选题、人员使用、资金使用和收入分配等提出运作方案,交评审组审定。招标制要以节目的质量和投入产出比为最高原则。电视台和中标者要规范权责利益、明确责任主体。

(4)市场交易模式。节目播出机构从市场上购买符合内容和风格的电视节目,市场交易是在制播分离的基础上,将市场机制引入节目的制作播出环节,提高效率,降低成本。目前我国社会制作公司的实力不强,需要政府加大培育科学规范、成熟有序的节目市场,购买双方可根据收视率和收视质的状况确定节目的价格,建立利益共享和风险共担的良性机制,形成公正、平等的合作关系,同时建立节目质量评估和节目审核小组，形成科学合理的节目评估体系。

第二节　有线电视的价格规制

通常来说，在市场充分竞争并运转良好的情况下，市场能够产生有效的价格，并能够使社会福利最大化，但是，有线电视具有网络外部性和成本弱增性的特点，导致不能通过市场产生竞争价格，规制的目的就是通过价格规制来模仿有效竞争的结果。价格规制的争论焦点是规制机构和运营商之间信息不对称问题：首先，规制机构是代表公众或者说政府对被规制企业进行规制充其量是信息中介和监督代表的角色，作为代理监控人没有足够的动力去收集企业的技术和经济信息；其次，作为经济的监控代表不会利用这些信息造福社会，可能存在职权滥用，规制者被俘虏等。在信息不对称的时候，规制机构选用的激励方案应该满足两个约束条件，代理人总是选择自己效用最大化的行为，任何委托人希望代理人采取的行动都是通过代理人的效用最大化来实现的，这就是委托代理理论框架中的激励相容约束。

一、垄断企业价格规制理论

在价格规制模型上，国外学者做了大量的研究，出现了许多规制理论。我国学者在借鉴国外的价格规制模型基础上，构建了我国的价格规制模型，代表性的有“成本-效率”模式和“成本-效率-质量”模型，前者实质是将投资回报率价格规制模型和最高限价模型的优点相结合，后者规定了强化成本约束的时间因素，引入了满足产品或服务质量标准的因素。下面介绍西方国家关于垄断企业的几个价格规制模型。

（一）投资回报率价格规制

投资回报率价格规制是对于垄断行业的传统的定价方式，能使受规制企业补偿他们的运营成本，并得到公平合理的回报率，是一种基于成本加成的定价方式。投资回报率价格规制是通过控制投资的收益率而确定规制的价格，是政府、企业和消费者对投资回报率达成的一个共识。投资回报率的公式为“$R(P,Q)=C+rK$”，R是企业的毛收入，C是运营成本，P是价格，Q是产量，K是投资成本，即企业的投资回报率的基数，r是投资回报率。通过以上公式可以得出受规制企业的价格“$P=R(P,Q)/Q=(C+rK)/Q$”，即毛收入除以产量。这个公式的关键点是投资回报率r的确定，即要确定成本，确保设定的价格超过成本，并赚取一点公正的回报率。投资回报率规制的优点是顺利并鼓励更新设备，有利于吸引外资，能够控制垄断企业的利润，防止出现垄断高价，适合于创业阶段的企业规制。不过投资回报率的规制缺点也十分明显，产生虚报成本，缺乏降低成本的激励，被规制企业为了获取过多的报酬而过度投资，造成资源配置的扭曲，即所谓的“A－J”效应。由于信息不对称的存在，企业的实际成本很难估计，为了获取更多的利润，企业将会以更多的资本投入替代其他要素的投入，从而偏离最优效率的生产要素的组合，所以投资回报率是一种低激励的价格规制措施。

(二)激励性规制

激励性规制是一种基于绩效的规制措施，是放松规制、引入竞争的改革过程中逐渐形成的新兴理论，包括价格上限规制理论、收入上限规制理论和标尺竞争规制理论等，这些理论就是在保持原有的规制结构的条件下，给予被规制企业更多的提高效率和竞争压力的激励。

(1)价格上限规制理论。价格上限规制理论又称为“RPI-X”规制，是李特·查尔德于1983年提出的。该理论将受规制企业的产品和服务的价格与零售商品价格指数、生产效率结合起来，价格上限规制模型就是把企业的商品价格的上涨率不得超过零售价格指数(RPI，retail price index)上涨率减去企业的生产率上涨率(X)，公式表示为“$(P_t-P_{t-1})/P_{t-1} \leq RPI-X$”，其中，$P_t$代表本期的价格；$P_{t-1}$是上一期的价格；RPI代表通货膨胀率；X由规制机构确定。公式的左边部分表示价格的上涨率，右边表示价格的上涨率上限，即价格上涨指数。本期价格可以表述为“$P_t = P_{t-1}(1+RPI-X)$”。如果“RPI-X>0”，那么本期价格上升；如果“RPI-X<0”，那么规制企业必须降低产品价格。价格上限规制将直接控制商品的价格，企业可以通过自己的能力提高生产效率并超过X的水平，并获取相应的利润。X是由规制者在一定时期内确定生产效率的增长，由垄断企业的技术水平确定，一般3～5年核定一次。

价格上限规制模式的优点是：激励企业提高效率，降低成本；该规制模式不需要太多的信息，不需要了解企业的固定成本、生产能力和销售情况；价格上限规制允许价格结构的可变性，只要不超过最高上限，动态地看，价格有下降的趋势，保护了消费者的利益。当然，价格上限规制的缺点也十分明显：首先是X因素以及基本价格的确定，X过高则企业缺乏激励，降低成本的利润转移给消费者，过低则无法激励企业提高生产率；其次质量不敢保证，某种程度上出现逆向选择和道德风险，导致“刺轮效应”。当企业已经签订价格上限合同以后，规制者会发现被规制企业具有较大的提高生产效率的潜力，规制者则提高X值，对企业提出更高的要求，随之而来的是企业增加利润的空间相对缩小，导致企业出现惰性，不利于正面刺激。

表7-1 最高限价规制与投资回报率规制的比较

最高限价规制特点 (1)规定价格上限 (2)企业拥有一定的定价权 (3)企业拥有剩余索取权 (4)高强度的激励规制方式 (5)企业是因成本变化所带来的风险和收益的承受者	投资回报率规制特点 (1)以成本为基础定价 (2)企业无定价权 (3)企业不具有剩余索取权 (4)激励强度低 (5)消费者是因成本变化所带来风险和收益的承受者
主要优点 (1)减少了对企业成本信息的依赖 (2)提供了充分提高生产率的激励 (3)避免资本投资过度	(1)有利于企业稳定地向社会提供产品和服务 (2)保证正常投资 (3)有助于产品质量的提高
主要缺点 (1)提高产品质量的激励不足 (2)产生"棘轮效应" (3)规制俘虏出现的可能性增大	(1)对信息充分性的依赖程度较高 (2)容易产生A-J效应 (3)降低成本的激励不足

(2)收入上限规制。收入上限法(Revenue Cap)是指政府规制部门对垄断企业的业务最大允许收入(Maxmium Allow Revenue; MAR)。公式表示就是"$MAR_t=MAR_{t-1}(1+RPI-X)$"，MAR_t代表本期允许的收入，MAR_{t-1}是上期的最大收入，这里"RPI- X"被称为收入上限指数。最大允许收入由资金回报、资产回收、年度运行维护费、税收等构成。与价格上限规制不同的是，收入上限规制允许实际收入待到下一年矫正。收入上限规制模型结合了价格上限规制和投资回报率规制模型的优点，可以促进企业提高效率和降低生产成本，还可以减轻规制者监管价格结构的责任。缺点是X因素难以确定，在收入上限的规制下，企业没有增加产出的激励，阻碍了消费，而不是鼓励消费。政府规制成本大，X因子的确定过程仍然难以避免"规制俘虏"的可能性，企业的生产增长率是难以计算的，规制者可能会因追求个人利益而作出非效率的决定①。

(3)标尺竞争规制，又称为区域间比较竞争。1985年谢理弗提出了标尺竞争理论，就是把全国性的垄断企业分为几个地区性企业，并把与本区域企业生产技术相同、面临相似需求的垄断企业作为参照，制定本区域垄断厂商的合理

① 朱琪、郑加梅：《价格上限规制约束——单一规制抑或组合规制》，《华南师范大学学报》(社会科学版)2010年第2期，第127页。

有效的价格和服务水准，以刺激本区域垄断企业提高内部效率、降低成本、改善服务[①]。标尺竞争实质上构筑了一个不同区域厂商之间的竞争机制，促进原本各自独立垄断经营的企业之间竞争，提高产品质量，降低成本，其模型可表示为"$Pi = aiCi+(1-ai)\sum(fjCj)$"，其中，Pi 为标尺竞争所形成的企业 i 的价格，Ci 是其成本，ai 为成本在规制企业形成中所占的权重，"$0 < ai < 1$"；Cj 为同类型被规制企业 j 的成本，fj 为其成本在被规制企业 i 的价格形成中所占的权重。从公式来看，被规制企业的价格取决于其他企业的平均成本。被规制企业要想提高利润，必须使自己的成本低于平均成本，激励企业提高效率，弱化了企业对信息的操作，有利于降低信息租金。标尺竞争的缺点就是政府要定期调查和公布不同区域的自然垄断市场的价格水平，企业之间的差异性，被规制企业之间的合谋，评估机构的公正公平性，被规制企业的处境是否相似等问题，增加了标尺竞争的难度。

（三）特许权投标制（Franchise Bidding Regulation）

特许权投标制即政府通过投标竞争方式赋予某个企业以特许经营权，投标阶段可以对服务质量和价格展开充分的竞争。特许权投标制就是把自然垄断的合同卖给价格最高者，或者承诺最低价格的投标者，这种方法是德姆塞茨提出来的，并在自然垄断公用事业中取代费率规制。由于质量的可变性，特许权拍卖不一定产生最佳的"价格-质量"组合。特许投标制可以激励企业提高效率，但是特许期限结束以后，特许权拍卖不能为那些会产生沉没成本的专营性资产投资提供激励。特许经营权投标要精心设计一种行政管理办法，通过对有关制度方式比较来选择一种好的合约安排来保证缔约后企业严格履约。特许投标制的优点就是由市场竞争决定价格，提高了垄断市场的可竞争性，有利于促进企业降低成本，避免毁灭性竞争带来的不良后果。

二、有线电视价格规制

有线电视的价格关系到每个公众的收视权和知情权，因此要保障广播电视的价格水平、服务质量和安全性。对于价格上限等高效能的激励机制对运营商的成本降低有很大的激励功能，而保证质量方面成本却是十分高昂的，这部分成本由企业自身承担，这就需要政府出台质量标准机制。相反，低效能的激励方案，运营商对成本业绩不负责任，防止企业过度投资。低效能的激励方案所

① Shleifer A. A. 1985. *Theory of Yardstick Competition. Rand Journal of Economics*, Vol.16(3): 310 ~ 327.

需的信息量相对较大，某种程度上降低了信息的作用，企业获取了寻租空间。

一般来说，一个行业的不同发展阶段对规制模式的选择产生了不同的影响，当处于发展期的时候，市场出现了供不应求，规制部门要让其迅速发展起来。这个时期比较适合投资回报率等低效率的激励模式，例如广电和电信的数字化和双向化改造需要大量资金投入，实现城镇化光纤到户，提高宽带网络的覆盖范围、业务的承载和支撑能力。当企业快速发展，筹集到更多的资金，市场成熟以后，促进运营商将经营目标更多地提高效率，向改进技术、增强市场竞争力方向转变，这就适合高效能的激励模式，刺激企业降低成本，提高资源配置的效率。

(一)我国有线电视的价格规制

有线电视属于公用事业，制定价格的前提应以企业的高效经营并能够提供优质的产品和服务的情况下所消耗的总成本为依据，既要让被规制企业维护支出的利润水平，又要刺激公用企业不断加强内部管理，改进市场技术，提高生产率，同时要考虑消费者的承受能力，要受到公平对待。

公用事业具有很强的外部性，价格变动对消费物价指数以及人民生活水平有着直接的影响，因而对其价格审定制定严格的、规范的程序。我国有线数字电视基本收视维护费价格属于重要的公益服务价格，又属于与人民生活密切相关的极少数商品的价格。公用事业的价格调整必须按照《中华人民共和国价格法》有关规定通过政府定价规范价格管理，首先要由企业提出调价申请，政府及有关部门组织专家进行调查并提出调价方案，有关部门进行审议并举行由消费者、生产者、规制部门、新闻单位和专家组成的听证会，征询各方的意见，然后由公用事业管理部门对调价方案进行审核、认可后颁布，使价格的制定和调整建立在科学合理的基础之上。企业的听证会及其定价程序的法律建设，不仅有利于政府主管部门与经营企业和消费者之间的沟通，从根本上维护消费者合法利益，而且有利于形成价格规制的多方面制约格局，确保政府定价的公开性、民主性和科学性，促使政府规制真正走上法制化轨道。

有线数字电视定价机制是政府部门按照国家价格管理的有关规定，根据我国数字电视的发展实际情况，通过建立有线数字电视价格管理制度、成本监审办法、用户权益保障机制等，明确政府与有线网络运营企业及用户之间的相互关系、相互作用，促进有线数字电视持续健康发展的定价政策体系。我国《有线电视基本收视维护费管理暂行办法》中"有线电视基本收视维护费依据有线网络运营的合理成本加合理利润和税金制定"的规定，为了确定合理成本问题，广电总局和发改委开展了有线电视运营企业成本核算体系研究项目、确定了有线电视收视维护费定价成本依据及进行监审办法研究,原则上解决了有线网络长期以来的成本缺失以及成本构成、固定资产折旧年限、平均工资水平等重要问题,规范了有线电视的收费行为。这就是投资回报率定价模型,虽然企业缺乏激励机制,不利于企业提高效率、降低成本,但是在有线电视技术改造的早期,有利于有线电视的投资和资金保障,也有利于有线电视提高服务和质量。

有线电视面临着电信的巨大挑战,电信行业一开始就有国家的巨额投资,伴随着高初装费、高入网费等良好的价格政策和环节,其定价机制不断完善和调整,电信的市场化和产业化速度加快。面对有线电视数字化、双向化改造的加快与一省一网整合的完成,数字电视基本收视维护费价格作出了适度调整,为有线网络运营企业数字化双向化改造提供了资金来源和资金保障,有线电视服务内容和服务水平也明显提高,电视机成为集公共传播、信息服务、文化娱乐、政务公开、交流互动于一体的多媒体信息终端,成为党和政府联系群众的新纽带,成为现代服务业的重要平台。

有线网络运营企业具有固定资产价值高、边际成本低的特点,用户数的多少对有线数字电视平均成本有着重要的影响。但在农村地区,用户数少,地域分散,户均网络建设和运营成本高于城区用户,且收入水平低,此外,有线网络运营企业承担对低收入群体减免、对不愿意收看数字电视用户免费提高六套模拟信号的社会责任,需要统筹考虑地区差异、服务成本以及社会的承受能力,政府需要对有线电视建立财政补贴或税收减免补偿机制。

为了改变有线电视生存发展一直依赖于有线电视基本收视维护费的局面,有线网络应积极利用有线数字电视拓展业务和增值业务实行市场定价的价格政策,合理确定不同业务的定价水平和政府定价,其他业务由市场定价,促进有线网络运营企业的可持续发展。

(二)三网融合时期的有线电视价格规制

随着科学技术的迅速发展和需求条件的不断变化,自然垄断行业的边界发生了变化,垄断业务和潜在竞争性的业务之间的界限也变得模糊。在市场机制能够发挥作用的地方,政府要逐渐减少有关价格的规制和干预,主要是加强竞争性价格规制。竞争性产业的价格规制主要是纠正运用市场力量控制价格的行为。例如,掠夺性定价,为了排挤竞争对手独占市场而以低于成本的价格倾销,目的是将竞争对手排挤出市场,独占市场后再抬高价格和垄断市场。又如,企业相互串通制定价格,为了共同利益,企业相互勾结、彼此联合,制定垄断价格,损害了消费者利益,这是典型的不正当竞争行为。

在竞争性产业中,当市场发挥着作用的时候,无须国家的价格规制和其他的干预,作为资源配置的基本方式,由市场机制形成的价格会带来经济效率问题。"竞争性产业价格规制很难实现:第一,统一的价格规制不稳定,当企业的边际收益大于边际成本的时候,一些企业可能降低价格、扩大产量,以增加利润。第二,替代品竞争和产业外企业的潜在进入或威胁导致统一的价格规制更加脆弱。第三,统一的价格规制会延缓或阻止被规制企业的产业集中度和产业重组的提高,而只有通过产业的集中和重组才能消除当前许多产业中存在的竞争过度的问题。第四,价格规制应平衡地保护消费者、厂商和社会利益,并以追求所有各方利益总和而不是某一方或某几方利益的最大化为目标。"[①]

影响需求价格弹性的因素有三个方面:一是消费者对商品或服务的需求强度,有线电视是必须消费的服务,消费者对其需求强度大而稳定,受价格变化的影响小,属于需求价格弹性小的服务;二是商品和服务的替代性程度,随着三网融合的发展,电信产业成为有线电视的有力竞争对手,也成为接入有线电视的运营商;三是商品和服务所付出的支出占家庭总收入的比例,有线电视的花费在家庭支出中所占的比例相当小,所以价格缺乏弹性。

在国外,各国在有线电视费用收入的分配上一般采取接入网拿大头、干线网拿小头、节目公司拿中头的方式。各国有线电视在收视方面没有约定的资费标准,一般包括收视费和广告费。在收视费中比较灵活,它又包括基本层节目收费、扩展层节目收费、额外付费层节目收费以及其他层节目收费等。基本层包括当地开路广播节目和特许权所要求传输的公共、教育、政府节目。扩展层是在收订了基本层的节目之后才被允许收订的节目层,包括超级电视台的节目以及一些靠广告经营的有线电视网的节目,一般另收费用,例如加拿大开播8个扩展层专业频道时,每个频道另收2.65加元。额外付费节目是在收订了上述两类内容之后才被允许收订的节目层,绝大多数为电影节目。一般收费标准在上两类节目收费总和的上下,根据各国基本收订费的数额而定。其他层节目主要包括有线电视收视指南、数字节目、计次付费以及"数字音乐快递"(DMX)等[②]。在美国,电视收费方式大体有以下几种:一是基本层,当地地面电视台,即无线电视台,以及公众和政府频道;二是扩展基本层,主要包括靠广告支持的有

① 刘戒骄、王恒久:《反垄断还是反竞争——评竞争性产业规制中的固定价格行为》,《福建论坛》2000年第2期,第9页。

② 孟晓梅:《有线电视资费问题初探》,《有线电视信息》2000年第12期,第17页。

线电视专业频道，如ESPN、MTV、CNN等；三是额外收费层，主要是电影频道，如HBO、映佳、新光等；四是视频点播和计次收费。

十八届三中全会指出，完善主要由市场决定价格的机制，凡是能由市场形成价格的都交给市场，政府不进行不当干预。推进电信、电力等领域价格改革，放开竞争性环节价格。政府定价范围主要限定在重要公用事业、公益性服务、网络型自然垄断环节，提高透明度，接受社会监督。

我国的有线电视节目分为公益类和付费类节目，公益性节目保证消费者的基本收视需求，满足公共服务，满足最低阶层的需求。付费类节目提供个性化的服务，满足高收入阶层的需求。有线电视的收费将解决电视台单一依靠广告的盈利模式，大大促进市场细分化和频道专业化的发展。有线电视定价适合采取两部制定价方案“T(q)=A+PQ”。其中，A表示接入加基本节目部分的价格，这部分产品具有公益性质，应对其进行价格规制，由投资回报率定价逐步过渡到激励性价格规制，这有助于企业经营的稳定和效率提高。P表示增值节目部分的价格，而增值节目部分应该是市场行为，这部分定价应该是市场确定的，而两部制价格由基本价和从量价构成，基本价按月额、年额支付，从量价按照使用量支付。

第三节　广播电视节目的质量规制

广播电视节目播出与收视是市场失灵的，这种失灵是信息不对称和外部性引起的。外部性引起的规制属于社会性规制，将纳入本书第八章详细论述，而由于信息不对称引起的质量规制放入经济性规制论述。消费者和生产者所作出正确决策的前提是所需的信息必须是完整的。信息不对称就是在市场经济活动中，各类人员对有关信息的了解是有差异的，掌握更多信息的一方可以通过向信息贫乏的一方传递可靠信息而在市场上获益。信息不对称造成交易关系和契约安排的不公平和市场效率降低等情况，造成市场交易双方的利益失衡，影响社会的公平、公正和资源配置的效率。

乔治·阿克洛夫1970年的论文《柠檬市场：质量不确定性和市场机制》是信息经济学文献中最为重要的研究。他在这篇文章中对逆向选择这个信息问题第一次作出了正式的分析，认为许多市场结构可以看成是为了解决信息不对称问题而出现的，例如，职业经理人、商标、连锁店和不同合约种类等。信息不对称的后果是：第一，伪劣产品淘汰良品的情况时有发生，优质产品的生产成本高于劣质产品。如果优质品和劣质品价格相同，甚至更低，就会导致优质品逐渐淘汰。第二,信息不对称会造成市场不存在或市场缩小,当交易双方的信息不对称发生时,消费者可能会选择替代品。第三,信息不对称还会降低企业的生产效率。企业提高生产效率的动力是获取利润,消费者的选择将会给企业正面的激励,从而促进企业提高效率,但是在信息不对称的情况下,消费者的逆向选择给企业带来负面的激励,损害了企业的生产效率。质量信息的不对称不但会导致最终产品市场的萎缩,也会降低知识产品的定价,阻碍经济发展和知识增长。所以,质量信息的不对称对知识创新的阻碍将对一国经济产生深远的负面影响。由于信息不对称会降低一国的社会福利水平和经济增长率,因此会内生出一些制度安排,例如,质量认证制度可解决信息不对称问题,从而促进一国的经济发展①。

在广电传媒竞争日益激烈的年代,信息不对称在各个行业和各个领域都普遍存在,媒体与受众、媒体与媒体、媒体与政府等之间的信息不对称也普遍存在。为了追求经济利益,有偿新闻、虚假报道、片面追求视听率等现象时有发生。规制部门有义务基于新闻伦理和道德准则对广播电视节目进行规制。

信息不对称对广播电视节目的质量影响表现在多个方面:首先,有偿新闻,一些记者通过新闻采访活动搞有偿新闻、索贿受贿,甚至通过舆论监督搞敲诈勒索。《中国新闻工作者职业道德准则》规定不得以新闻做交易,索取钱物,牟取私利,新闻活动和经营活动要严格分开。其次,新闻广告,以新闻的形式刊发广告式新闻。《中华人民共和国广告法》第十三条明确规定:"广告应当具有可识别性,能够使消费者辨明其为广告,大众传播媒体不得以新闻报道的形式发布广告。"通过大众传播媒体发布的广告应当有广告标记,与其他非广告信息相区别,不得使消费者产生误解。再次,信息不对称还表现在节目的收视过程中。报纸是空间媒体,广播电视是时间媒体,受众很难从收视的开始就对节目进行对比分析,由于存在信息不对称,高质量的节目不一定有高收视率,反而哗众取宠的"三俗"节目颇吸引受众的眼球。

一、信息不对称与有偿新闻

看起来是新闻,以新闻报道的形式出现,利用受众的信息不对称,以及缘于对新闻真实性的认可,实质是广告的有偿新闻。美国传播学家巴格迪坎在1980

① 林毅夫、潘士远:《信息不对称——逆向选择与经济增长》,《世界经济》2006年第1期,第11页。

年出版的《传播媒介的垄断》一书中，对美国报纸的两类广告现象评价道：当报纸盛行登载大量没有价值的稿件，任何意义上说，它们都不是新闻，而是支持广告商的非广告材料。此类广告没有明显的广告标识，而是以新闻的形式报道出来，具有新闻的可信度和权威性，而公众误以为是新闻，本质是广告，造成这样的原因是信息不对称。以新闻的形式做成广告有如下的特点：首先，语言上，采取客观陈述的新闻形式的写作；其次，形式上含有规范的大小新闻标题，有"本报讯""焦点"等字样；第三，编排上与新闻编排在一起，甚至可能使用通栏大标题；第四，内容上基本具有新闻的六要素（即时间、地点、人物、事件的起因、经过和结果）和四个特性（即能够公开传播、公众对其的持续关注、报告的是现实事物、强烈的时效要求）。然而，所报告的事实却完全没有新闻价值，有的还在文后标注上联系电话、地址等。禁止在新闻中标注联系电话、地址，是有关广告的行政规章明令禁止的，现在却屡禁不止[①]。

这类新闻实为广告商做广告，而且要收客户的钱，利用了受众在收视新闻过程中的信息不对称，以及受众普遍相信新闻的心理优势，是欺骗受众的一种行为。这类有偿新闻或者软广告充斥着报纸版面、广播时段和电视荧屏，例如报纸上的"信息专栏"、广播中的"市场传真"、电视上的"企业风采"等直接损耗了新闻报道的客观性、严肃性，在社会上引起了众多的不满。这种实为广告的有偿新闻或称新闻广告有人称为一厂、一店的报道，以介绍经验为名，以树立厂、店形象和推销产品为实，产生一种客观真实的传播效果，提高产品的知名度和推销商品。

光明日报社提出新闻报道与广告业务要严格区分，凡收取费用的专版、专栏、专页、专刊均属广告，必须标有广告标识，与其他非广告信息相区别，这一措施就是直接针对"新闻广告"而言的[②]。作为广告的有偿新闻，以新闻的美誉度和权威性报道来为市场做宣传，以新闻文本形式刊播广告妨碍了与其他竞争对手公平竞争的问题，属于非法干预市场经济秩序，可视为违反《反不正当竞争法》，损害了媒体的声誉，违背了职业道德，愚弄了百姓。

除了以广告的形式出现的有偿新闻，如下几种形态的有偿新闻也是由信息不对称引起的，有的违反了职业道德和行业规范，有的甚至涉嫌违法，应当受到法律的制裁。有人把有偿新闻按照"有偿"的形态划分为：①接受红包、礼品、有价证券等，获取各种消费和好处，例如旅游、餐饮、入学和为亲友解决工作问题

① 陈力丹：《广告新闻——广告商与传媒合谋违法》，《东南传播》2009年第10期，第1页。

② 王永亮：《新闻广告泛滥 媒体声誉贬值》，《当代传播》2002年第3期，第85页。

等;②以新闻为诱饵换取经营利益(如广告、发行)或赞助;③以曝光、内参等为要挟,迫使对方提供物、钱、好处等;④媒体给采编人员下达创收指标,把有偿新闻当成经营创收手段,如有偿组版、联办节目;⑤不同媒体、新闻单位(包括记者编辑)之间以获取不正当利益为背景而互相交换新闻;⑥某些中介、公关公司以盈利为目的,非法运作(实为经营)新闻[①]。这类有偿新闻都是在黑箱中操作的,要提高信息的曝光度,从法律和制度层面遏制这种违背新闻伦理道德的行为,建立公平合理的传播环境。

二、信息不对称与广告

广告的传播过程存在着信息不对称。在一次广告传播的过程中,参与的主体包括广告主、广告代理公司、广告媒介和广告受众,广告主需要发布广告信息,往往通过广告代理公司创意制作,再通过媒体传播,然后达到受众,广告主通过调查受众获取反馈信息。但是,由于四个传播主体在传播活动中的地位和作用等差异,导致了信息的传播在质量和数量上呈现出递减的信息不对称状态,其中,广告主是产品的生产者和所有者,对自己产品的信息具有最充分和最真实的了解。广告代理公司受广告主的委托,围绕产品进行信息的加工提炼,对产品进行创意表现,对产品的信息掌握次之。广告媒介负责发布广告信息,向广告主或者代理公司收取媒介费用,广告信息经过媒介的传播会受到"噪音"的干扰,产生一定程度的信息损耗。广告受众则是广告信息的接收者,对广告信息进行选择性注意、选择性理解和选择性记忆[②]。

为了实现商业目的,广告主对自己商品的优点百般传播,而对商品的缺点则噤若寒蝉。广告代理公司则受广告主委托对产品进行广告策划,发挥了"守门人"的作用,对产品信息进行主观的过滤和筛选,巧妙地对一些有利的信息进行传播,有意识地回避一些不利信息。对于受众来说,随着信息泛滥,搜寻信息的成本也在增加,注意力成本在增加,受众处于信息不对称状态。

信息不对称在信息传播中的不良后果:首先可能导致道德风险或道德危机,广告主为了追求利益最大化,故意隐瞒产品的一些缺陷,单方面夸大产品的质量;其次,导致受众的逆向选择,即所谓的阿克尔洛夫"柠檬市场"效应,由于信息不对称,导致消费者的认知偏差,选择了劣质产品,损害了消费者的利益;

① 王泊:《有偿新闻的本质及其法律责任》,《新闻记者》2001年第8期,第37页。
② 胡文财、刘友林:《论广告传播中信息不对称的规制》,《新闻界》2007年第1期,第91页。

再次，由于信息不对称，劣质产品总是试图扰乱消费者视线，混淆不同品牌产品的质量差异，导致了许多形形色色的虚假广告、假冒商标和服务标志等。这种虚假宣传和假冒行为给消费者传递了错误的信息，误导消费者的基本判断，严重侵害消费者的知情权。例如模仿竞争者的广告创意手法、模糊与竞争品牌的产品差异等。

在广告传播中的信息不对称，不仅会损害广告受众的利益，而且对品牌经营造成不利的影响。为了维护消费者的知情权，促使企业经营规范化、制度化，保障市场经济健康、有序发展，要在不同方面加强规制：第一，生产经营者要充分认识到诚信对于企业的长远发展具有深远的影响，要通过向消费者提供全面真实的信息才能提高企业的竞争力；第二，大众传媒要真实快速地向消费者传递消费信息，为消费者提供更多的真实讯息，通过舆论监督来净化信息环境；第三，消费者组织应该发挥其舆论监督作用，依法对经营者的服务和产品进行监督，保护消费者的利益，为消费者提供信息咨询服务；第四，政府要完善相应的法律法规，完善信息披露制度，建立信用评级制度，加强产品和服务质量的监管，防止虚假广告和有偿新闻污染消费者信息市场；第五，消费者通过自身的消费知识和维权意识，不断提高对产品性能、质量的识别能力，学会用法律途径保护自己的利益和权力。总之，对于信息不对称对消费者和市场经济环境带来的影响，应建立一个由国家法律保障、舆论监督、消费者援助组织、生产经营者的信息披露、广告行业自律以及消费者的自我维权系统等，消除信息不对称带来的负面影响。

三、信息不对称与广播电视节目的收视过程

广播电视节目是时间产品，获取信息的过程与信息消费的过程是同步的，换句话说，受众是无法提前知道节目的质量的，只有消费了节目以后才知道节目的质量如何，所以广播电视台并不想投入大量的人财物生产质量上乘的节目，而是通过新奇和煽情的元素吸引受众。这种播出和受众双方的信息不对称极大地改变了节目的生产策略和节目的收视行为。当然，随着广播电视节目栏目化，信息不对称有所改善，但是随着电视频道的增多，又消解了这种信息不对称现象。

尼尔森把市场上出售的商品分为“搜索品”和“经验品”。搜索品是指消费者在消费之前就了解产品的质量，而经验品只有消费者购买使用了商品以后才能知道产品的质量。对于搜索品来说，生产者和消费者之间不存在关于产品方

面的信息差异，产品的信息是完全对称的。但是，对于经验品而言，生产者了解产品的质量，而消费者在第一次购买之前则不清楚，因此生产者和消费者之间存在产品质量信息不对称的问题。如果生产者和消费者之间没有有效地传递信息，那么市场运行将受到妨碍[①]。

经验品市场上的这种质量的信息不对称对于高质量产品的生产者是不利的，例如高质量的电视节目不一定会产生高的收视率，如果高质量和高制作成本的节目收视率很低，不被消费者接受，那么消费者由于缺乏产品质量的信息，生产者会遭到损害，导致质量高的节目收视率不高而退出市场，造成生产者只利用最小的投入而获取最大的利益，不是努力提高产品的品质，而是通过各种噱头吸引受众。受众很少通过比较鉴别来观看节目，这需要时间成本，大多数受众是随机性地选择吸引眼球的节目。由此看来，对于广播电视节目来说，要做好节目的宣传，提高节目的栏目化水平，培养栏目的品牌和知名度，减少信息不对称。

第四节　我国广播电视节目实证分析与“限娱令”

我国广播电视实行由政府经营的单一体制，但收入来源主要依靠广告，这就导致理论上是以满足受众公共服务的社会效益为导向，而实践当中以赚取更多的广告收入来满足营运的需求和创收。这种体制集公益性事业和经营性产业于一身，保持两者之间微妙的平衡。

一段时间，广播电视节目具有低俗化、媚俗化和泛娱乐化的趋势。2011年国家广电总局发布关于加强上星综合频道节目管理的规定，提出电视上星频道要增加新闻类节目的播出量，减少婚恋交友类、才艺竞秀类、真人秀类等部分娱乐节目的播出量，防止过度娱乐化和低俗化的倾向，满足受众多层次和高品位的收视需求。另外，除了增加新闻节目以外，也需要增加经济、文化、科教、少儿和纪录片的播出量，防止节目的同质化，坚持社会效益和经济效益协调发展。对于网友命名为“限娱令”的规制措施，业界和学界有不同的声音。因此，分析针对弱势群体的节目供给情况，分析信息、教育和文化类节目播出比例，对于满足公共服务均等化和满足受众的知情权具有重要意义。本书通过实证研究调查了我国电视台是否具有泛娱乐化的趋势。

① 蒋传海：《广告信息不对称与消费者的行为选择》，《外国经济与管理》2003年第7期，第39页。

一、我国广播电视节目实证分析

(一)研究方法

考虑到讨论的是全国电视台一套节目构成情况,同时结合我国电视台的实际分布状况,著者将本次研究分为四层进行抽样:央视、省级电视台、省会电视台和其他地市级电视台。第一层抽样选取中央电视台;第二层抽样选取除台湾、香港、澳门以外的全国31家省级电视台(包括22个省、4个直辖市、5个自治区的省级卫视);第三层抽样选取了全国26家省会电视台(拉萨电视台因节目资料难找,未纳入统计);第四层抽样选取了24家地级城市电视台,按照相同的比例在各省选取样本,除了西藏、宁夏和甘肃等没有选取地级市电视台,其他的省(自治区)都按简单随机抽样选取了一个城市电视台(因有的城市电视台无法获取其节目单,在省内作了相应的调整,调整的过程按照不放回原则进行了简单随机抽样)。

在此基础上,本研究共选取四个层次,共计82家电视台作为研究样本。在选中的电视台中我们基本选取了各级电视台一套节目作为研究对象,基于一套是公益性的公共产品的考虑,必须满足基本的公共服务需求。一套节目基本都通过有线和无线进行传输,属于公益性传播范围,具有非竞争性和非排他性,这与我国认定中央一套、省市一套以及教育电视台节目"必须传输"的公益性覆盖相一致,具有强公共服务义务。而一些数字频道,面对市场,针对少数细分受众,主要通过有线覆盖,是付费频道,是准公共产品,不具备强公共服务义务。至于具体节目样本的选取,本书选取了"限娱令"颁发之前2010年12月20日到26日一周节目单,之所以选择一周是因为一周正好是一个节目周期,比较有代表性。节目的样本是2010年12月20日到26日一周节目,对各类节目进行分析。

节目类型的分类采取中外结合的方式,主要的分类参考了张海潮的专著《中国电视节目分类体系》,把节目分为新闻类、娱乐类、教育类和服务类节目,娱乐类节目又参考了《德国公共广播电视研究》一书的分类,电视剧和电影分为虚构娱乐类节目,真人秀、综艺、娱乐谈话、游戏、国际娱乐、体育节目分为非虚构娱乐节目。教育类节目包括人文、科教、社教、教学以及农业、军事、法制专题等社会教育节目,还包括国际教育节目、大型教育专题和活动节目。服务类节目包括美容、家居、饮食、旅游、天气、老年和妇女节目等生活服务节目以及证券、理财、导视、大型服务竞赛节目，还包含少儿动画片、少儿专题、少儿电视剧和青年节目等少儿青年节目。特别指出的是，因广告分散在节目中间，统计播出时间难度相当大，所以广告播出时间计算在节目中间，未单独列出。一些专题类、杂志类和混合类节目分类难度大，可能对分析的准确性有一定影响。

最后，本研究的数据分析采用SPSS for Windows 17.0进行。分析的主要方法是比率分析（Ratio Analysis）与单因素方差分析（ANOVA），所有的检验都是双尾（two-tailed）检验。基于如上所述之具体方法与工具，本书采用内容分析法对各级电视台一套节目进行了重点分析，从公共服务角度分析各种类型节目的比例、节目设置的多样性以及是否满足不同受众的需求，并与国外著名的公共电视台和商业电视台进行对比分析，以期反映目前我国广播电视的内容供给的水平和质量，并在此基础上提出建设性的意见和建议。

（二）研究发现

本研究针对各级电视台一套的各类节目，从各级电视台总体、同一级别电视台不同地区、同一类节目不同地区三个主要方面，对播出比重、节目类型构成、节目多样性、地区差异、级别差异等方面进行了多维度、多角度的深入分析，并就对象类节目进行了单独分析，主要集中在以下几个方面[①]。

1.各级电视台各类节目播出比重分析

我国电视媒体兼具公共电视与商业电视的属性，以社会效益优先的原则。但是电视台主要依靠广告经营收入，财政拨款逐渐减少，导致节目同质化竞争明显，泛娱乐化严重，具体分布如表7-2。总体而言，影视剧播出比重过高，而信息、教育、文化节目严重不足。相比较，对于新闻类节目，省级卫视的播出比重最低（14.5%），中央一套（17.5%），省会城市电视台一套（33.1%），地方城市电视台一套（19.5%）；对于教育类节目，中央一套（11.9%），省级卫视（3.5%），省会城市电视台一套（4.2%），地方城市电视台（8.7%）；对于服务类节目，中央一套（9.1%），省级卫视（10.0%），省会城市电视台一套（13.4%），地方城市电视台一套（15.4%）。各类节目都存在着层次之间的明显差别，说明一段时间我国电视台公益性普遍不足，娱乐化倾向在层级之间还存在严重的不平衡性，需要针对整体情况提出对策的同时，要针对不同级别的电视台提出比较具体切实可行的措施与解决办法，正面印证了国家广电总局的“限娱令”是“对症下药”的，也是不得已而为之。

① 李娟、肖叶飞：《我国电视台公共服务现状实证研究》，《新闻界》2012年第23期，第24页。

表7–2 各级电视台各类节目每周平均播出时长及比重(单位:分钟)

节目类型 \ 电视台类别			中央电视台一套	省级电视台	省会城市电视台	地方城市电视台
节目类型	新闻类节目	计数	1 634	1 190	2 738	1 430
		节目类型 中的 %	17.5%	14.5%	33.1%	19.5%
	虚构娱乐类节目	计数	4 289	4 628	3 772	3 739
		节目类型 中的 %	45.9%	56.5%	45.7%	51.0%
	非虚构娱乐类节目	计数	1 464	1 260	293	390
		节目类型 中的 %	15.7%	15.4%	3.5%	5.3%
	教育类节目	计数	1 113	290	347	639
		节目类型 中的 %	11.9%	3.5%	4.2%	8.7%
	服务类节目	计数	847	823	1 110	1 132
		节目类型 中的 %	9.1%	10.0%	13.4%	15.4%
合计		计数	9 347	8 191	8 260	7 330
		节目类型 中的 %	100.0%	100.0%	100.0%	100.0%

从以上数据来看,省级卫视新闻节目比重最小,影视剧播出比重最高。央视一套的教育类节目最高,这可能与央视《人与自然》等纪录片和《今日说法》等法制节目有关,央视一套和省级卫视在真人秀、游戏、体育等非虚构娱乐节目方面播出比例相当,竞争激烈。一段时间,我国各类电视台的节目播出不协调,严重娱乐化,信息节目不仅低于西方的公共电视,甚至低于西方商业电视,这也说明建立公共广播电视与商业广播电视的"双轨制",平衡公共利益与商业利益、收视质与收视率、公民权与消费者主权之间的关系有一定的科学性。

德国公共频道ARD和ZDF的信息类节目的播出比例分别达到43%和48%,而且基本在黄金时段播出,虚构娱乐节目达到32%,非虚构娱乐类节目只有5%左右。而德国商业频道RTL信息节目播出25%,而非虚构娱乐节目播出20%左右,可以看出公共与商业电视的差别①。日本NHK有两个地面波频道,即综合频道和教育频道。在日本,综合频道具有向日本国民播出不可缺少的国民情报的使命,新闻播出比例42.8%,比商业电视频道播出比例高出23.2%,剩余的时间是教养类节目28.9%,娱乐类节目17.1%,教育类节目11%。图7–1是

① 何勇:《德国公共广播电视研究》,中国传媒大学出版社2010年版,第135页。

我国各级电视台节目播出比重的柱状图，清楚看出电视剧和电影的播出比重在各级电视台都超过了40%，说明在商业化的背景下，电视剧是电视台的广告收入之源，也是受众的收视重点。

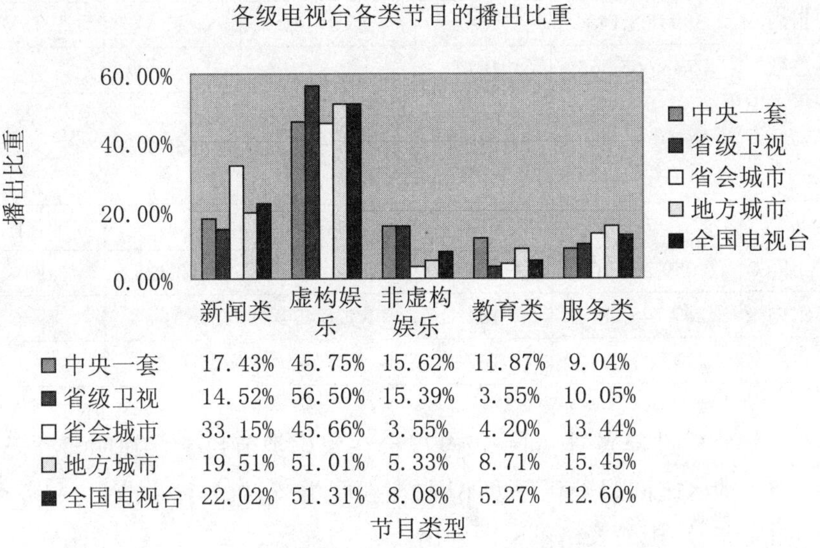

图7-1　各级电视台各类节目播出比重柱状图

2. 同一级别电视台，不同地区各类节目播出情况差异分析

通过单因素方差分析（ANOVA），即使同一级别电视台，各类节目的播出情况在地区间形成明显差异。以娱乐节目（包括虚构与非虚构娱乐节目）为例，虽然在节目整体时间中所占的比重都比较大，但在地区间仍存在明显差异，如表7-3、表7-4、表7-5所示（假设检验在0.05、0.01两个显著性水平上均为显著的）。

表7-3　省级电视台娱乐类节目地区差异分析

ANOVA

	平方和	df	均方	F	显著性
组间	1.449E7	30	482 953.876	47.951	.000
组内	1 873 346.286	186	10 071.754		
总数	1.636E7	216			

*0.05，**0.01

表7-4 省会城市电视台娱乐类节目地区差异分析

ANOVA

	平方和	df	均方	F	显著性
组间	8 334 600.220	25	333 384.009	130.324	.000
组内	399 065.143	156	2 558.110		
总数	8 733 665.363	181			

*0.05，**0.01

表7-5 地方城市电视台娱乐类节目地区差异分析

ANOVA

	平方和	df	均方	F	显著性
组间	6 059 295.708	23	263 447.639	153.125	.000
组内	247 748.286	144	1 720.474		
总数	6 307 043.994	167			

*0.05，**0.01

从方差分析过程来看，同一级电视台在娱乐类节目上存在明显差异，说明同一级别各地区之间娱乐化程度不同，在新闻类节目、教育类节目、服务类节目都存在明显差异，相关表格不一一列出。

从省级卫视的节目播出比例来看，几乎所有的省级卫视新闻节目低于30%，北京卫视的29%最高，最低的分别是江苏卫视（6.7%）、海南卫视（5.8%）、西藏卫视（5%）。近一半省级卫视播放影视剧等虚构娱乐节目比例高于50%，西藏、云南和安徽卫视甚至高达75%以上，电视剧播出低于20%只有宁夏卫视（6.8%）。真人秀、综艺等非虚构娱乐节目播出比重差距明显，最高的分别是湖南卫视（32%）、黑龙江卫视（29%）、山东卫视（27%）、上海卫视（27%），而甘肃卫视、重庆卫视和西藏卫视均低于3%。教育类节目除了重庆卫视达到32%以外（可能与重庆卫视当时唱说讲传、记忆、品位等节目有关），其余均低于10%，安徽、辽宁、海南、东南等卫视极少播出或者几乎没有教育类的节目。服务类节目播出比重：最高的分别是宁夏（41%）、天津（31%）、海南（26%）、山东（18%），山西、青海和江西等卫视很少或者几乎没有播出服务类节目。

就省会电视台一套节目来说，新闻节目和影视剧播出比例较高，而其他节目较低。因为有一些省会一套就是新闻或者新闻综合频道，新闻节目播出比重普遍高于卫视：最高的分别是昆明（78%）、南宁（54%）、成都（52%），低于10%几乎没有；一半省会电视台一套节目电视剧播出比重高于50%，最高的分别是西宁（84%）、呼和浩特（75%）、西安（65%），最低的均超过20%；非虚构娱乐节目的播出最高的是银川(33%)、乌鲁木齐(15%)、贵阳(10%),很多电视台没有播出非虚构娱乐节目;教育类节目比重最高的是长沙(21%)、沈阳(13%)、海口(8%),很多电视台没有教育类节目;服务类节目播出比重均低于30%,很多电视台没有开办服务类节目。

就地方电视台一套来说,新闻节目比重低于省会电视台一套而高于卫视,影视剧比重介于卫视和省会一套之间,教育类节目和服务类节目比重略高于卫视和省会电视台,但是仍有很多地方电视台一套没有开办教育和服务类节目。

3.同一类节目,不同级别电视台播出情况差异分析

即便是同一节目类型,不同级别电视台也存在着明显差异,如表7-6所示,新闻类节目、娱乐类节目、教育类节目、服务类节目在中央一套、省级卫视、省会城市电视台一套、地方城市电视台一套之间存在显著差异,而且这种差异在0.05、0.01两个显著性水平上都是存在的,这说明不同级别电视台之间存在明显的不平衡性,发展参差不齐。

具体而言,对于娱乐类节目(包括虚构类和非虚构类),各级电视台一套节目播出的比率都比较高,都几乎占到了播出总时长的50%以上,相对而言,省级电视台所占的比重最大,占到71.9%(56.5%+15.4%),说明省级卫视娱乐化程度最为明显,与省级卫视的公益性定位严重背离。加之如上面分析的省级卫视的新闻类节目、教育类节目、服务类节目在总体播出时间中所占比例比较小,更反映了其定位与实际的差距。

表7-6　同一类节目不同级别电视台播出情况差异分析

ANOVA

		平方和	df	均方	F	显著性
新闻类节目	组间	5 370 813.563	3	1 790 271.188	88.632	.000
	组内	1.151E7	570	20 199.006		
	总数	1.688E7	573			
娱乐类节目	组间	8 918 024.372	3	2 972 674.791	53.937	.000
	组内	3.141E7	570	55 113.373		
	总数	4.033E7	573			
教育类节目	组间	327 538.547	3	109 179.516	19.230	.000
	组内	3 236 139.446	570	5 677.438		
	总数	3 563 677.993	573			
服务类节目	组间	247 578.751	3	82 526.250	4.947	.002
	组内	9 508 020.052	570	16 680.737		
	总数	9 755 598.803	573			

*0.05,**0.01

4.对象类节目分析

调查显示,针对少数民族的频道较为充足。新疆开设有5个少数民族语言频道,例如,维吾尔语和哈萨克语的新闻综合频道和综艺频道,维吾尔语的经济生活频道,西藏电视台的藏语卫视,内蒙古电视台的蒙语卫视,乌鲁木齐电视台的维语频道以及四川电视台的康巴藏语卫视等。汉语综合频道针对少数民族节目较少,广西卫视早上开设了6分钟的《壮语新闻》。针对三农的频道较少,八个省级电视台开办了针对"三农"的频道,四川电视台开办了妇女儿童频道。

抽样的82家电视台一套开办有"三农"节目的有:省级卫视方面,山东卫视的《乡村季风》,新疆卫视的《农牧新天地》,辽宁卫视的《黑土地》。省会电视台一套方面,长春电视台的《希望的田野》,哈尔滨电视台的《新农村》,杭州电视台《我们的新农村》。地方电视台方面,烟台电视台的《走进乡村》,吉林市电视台的《走进乡村》。"三农"栏目呈现出栏目少、时间短而且时间设置不合理的特点,许多栏目在早晨6点多播出,不适合农民的收视习惯。

在82个电视频道中,针对特殊人群的对象性节目非常稀少,说明这类节目收视率较低,电视台在成本与效率的压力下不愿意制作播出此类节目,特别是残疾人、老人、工人等弱势群体的节目,均只有一两个电视台有类似的节目。例如几乎没有专门针对残疾人的节目,只有北京卫视每天播出了8分钟的《新闻手语》,针对女性的节目有湖南卫视的《天下女人》,针对老年人的节目广州电视台的《情满夕阳》,针对工人的武汉电视台的《劳动者》。

(三)解决措施

各电视台一套具有公益性的特点,要照顾不同民族、性别、年龄、地域的公众需求,让所有公民享受信息、教育和娱乐节目,消除市场失灵。鉴于以上分析,我们认为我国电视台第一套节目总体娱乐化倾向比较明显,教育类、服务类节目播出比例较少,知识传播和文化传承功能不足,也与公益性为主的定位相差甚远,公共服务功能严重缺失,并且在节目与节目之间、地区与地区之间存在严重的不平衡性,差异很大。

我国电视媒体在财政包干、自给自足的环境下,泛娱乐化倾向比较严重,电视媒体信息功能、教育功能和文化功能没有发挥应有的作用,媒体的社会责任和专业主义精神日渐消解。基于公共服务的均等化和效率公平兼顾的原则,出台"限娱令"是比较适时的规制措施,这是媒体重申社会责任、弘扬真善美的及时回归,也是社会公平公正的重建,以及社会主流价值观重塑的需要。

近年来,我国加强电视行政管理部门的监管职责,落实节目的三审制度,卫视节目的管理实行一把手责任制，并要求省级广播电视行政管理部门建立专门收听收看机构，并配备专业人员，重点跟踪检查广播电视过度娱乐化和低俗问题，对于出现问题的电视节目采取批评、责令整改、警告、调整播出时间以至停播等措施。但是此外，还必须加强规制范式转型，注重治本，而不是治标。基于此，不妨采取如下措施加强广播电视规制。

1.建立广播电视台的双轨制

我国广播电视实行的是公共服务事业和经营性产业处于混合状态的体制。鉴于我国政府从经济建设型向公共服务型转变，能否进行广播电视公共服务的体制创新，建立各级广播电视台相对应的公共服务频率或频道，即国家、省、市各级广播电视台建立公共服务频率或频道。一台两制，分类运行，分别监管，即在政府的领导下，前者是政府主导，强化公共利益，后者由市场主导，强化经济利益。公共服务频率或频道在本地区实行必须传输原则，以满意度和收视质为指标，以社会效益为宗旨，建立与各级广电职能部门主导的公共服务委员会，制定公共服务的标准、目标，并监督其履行职责。

2.建立公共服务节目基金

针对泛娱乐化倾向，可以考虑建立各级广播电视公共服务基金会，支持的节目包括新闻、戏剧电影、儿童青少年、文化艺术、生活休闲、纪录片、社会服务等七大类型，以文化教育为主，综艺节目较少。创新财源的来源机制，公共财政和广告费的汲取是公共服务基金来源的主要途径。加大收取频道占用费，频道占用费的多少要与广告费收入成正比例关系，实现以“企业养事业”的目标。政府把广播电视的公共服务基金纳入各级财政，同时对西部地区和贫困地区实行财政转移支付，消除地区差异、城乡差异、人群差异，实现公共服务均等化。

3.加强公共服务审查和评估

加强对广播电视系统特别是公共广播电视系统的评估是西方的通行的做法，例如英国对公共广播体制的评估既有来自政府委托的独立的专门调查委员会的评估，广播电视监管部门的评估，还有公共广播系统的一年一度的自我评估。我国要建立广播电视评估机构，可以由行政管理部门、各行业的专家、公众等组成评估委员会，建立评估基金和组织，确立评估的目标和程序，就公共政策、覆盖传输、内容供给、效率、公平和满意度等指标展开评估①，同时也要加强

① 刘祥平、肖叶飞：《广播电视公共服务：理论内涵与评估体系》，《河南社会科学》2011年第2期，第179页。

自我评估，建立公共服务保障机制。

英国2003年《通信法》规定，通信办公室必须就现有的公共广播电视机构是否有效履行公共服务职能提交报告，并对未来如何继续提供公共服务提出建议。为此，通信办公室每年对公共广播电视展开了全面评估与调研。BBC被要求每年公布"节目策略陈述"以及针对此的绩效，以更好地履行其为公众服务的责任。日本NHK每年公布当年度的承诺，并交由公正的第三单位（目标评议委员会）来负责检验执行成果，评量方式由目标评议委员会决定，调查方式包含对观众、对NHK的员工进行量化调查、专家学者访谈以及目标评议委员会自己的专业评量。

二、"限娱令"的学理分析

2011年10月下旬，广电总局正式颁发新政《关于进一步加强电视上星综合频道节目管理的意见》，被人们称为"限娱令"，对于这种新的规制措施，一些电视媒体缺乏清晰和科学的认识，甚至出现了一些抵制情绪，下面从上星卫视是公共产品的立论出发，从多重角度进行分析。

（一）泛娱乐化下的"限娱令"的语境分析

广播电视媒体的特殊属性容易造成市场失灵，而政府恰恰需要提供市场无法提供的公共产品，也就是政府需要提供公共服务，供全社会所有公民公共消费、平等享受的社会产品，公共服务具有普遍性、权利性和公平性[①]。西方国家通过双轨制实现外部结构的多样化，达到公共利益和商业利益的一种平衡。公共广播电视采取公共服务模式，是非营利机构的公共法人，主要依靠执照费维持运转，弥补市场失灵和维护公共利益。我国电视媒体是一元化体制，兼具公共电视与商业电视的属性，但是一段时间随着财政拨款逐渐减少，电视台主要依靠广告经营收入，这导致电视节目同质化竞争明显，影视剧播出比重过高，而信息、教育文化节目严重不足，甚至这些节目本身也被娱乐化，这些成为"限娱令"的出台背景。

1.电视上星频道的泛娱乐化严重

上面的实证分析得出的结论是省级卫视新闻节目最少，影视剧播出比重最高，教育和服务类节目的播出比例最低，节目播出比例不协调，严重娱乐化，信

① 李军鹏：《公共服务学》，国家行政学院出版社2007年版，第2页。

息节目比重不仅低于西方的公共电视，甚至低于西方商业电视，这背离了作为新闻媒体的社会责任。所以，“限娱令”要求卫星频道以新闻宣传为主，要扩大新闻、经济、文化、科教、少儿、纪录片等多种类型节目的播出比例等，防止电视节目过度娱乐化。每天6点到24点新闻类节目多于2小时；每天18点到23:30必须有两档以上自办的新闻类节目，每档不少于半小时，这非常必要。

2.电视上星频道节目创意不足，恶性模仿和“三俗化”问题时有发生

新政要求开办一个弘扬中华民族传统美德和社会主义核心价值体系的思想道德栏目；每个卫视每周播出的综艺节目总数不得超过2档，每天19:30～22:00，播出综艺节目时长不超过90分钟，每天19:30～22:00，全国电视上星综合频道播出上述类型节目总数控制在9档以内。新政列出了电视节目的诸多问题，例如某些电视台为了迎合受众，节目中出现了一些低俗、庸俗甚至违背社会道德的行为；一些节目形态雷同、相互抄袭、过多过滥，比如一些婚恋交友类、才艺竞秀类、情感故事类、游戏竞技类、综艺娱乐类、访谈脱口秀、真人秀等类型节目，甚至一些婚恋类节目为了追求节目的刺激性，虚假宣传，栏目组自编自演。这些问题已经严重影响了人们的精神生活和审美需求，严重影响了社会道德的建构和社会规范的执行。需要对节目播出结构进行调整，防止过度同质化、娱乐化，加大新闻类节目的播出，满足受众多样化的高层次的收视需求。可以说，限制娱乐节目的播出比例，就是为了电视媒体的长远利益和维持播出生态平衡，鼓励节目的类型创新，特别是信息、文化、教育和服务类节目要创新。

3.节目“收视率至上”，片面迎合受众口味，而不是引导受众需求

新政提出了“三不”原则，不得搞节目收视率排名，不得单纯以收视率搞末位淘汰制，不得单纯以收视率排名衡量播出机构和电视节目的优劣。在利润驱动下，电视台为消费者服务往往变成了迎合受众的物质和娱乐需求，一些关于政治经济、公共事务等严肃议题变成了文化娱乐的软议题，媒体的公共表达遭到消解，新闻专业主义遭到解构，并掀起了娱乐和低俗之风。这种为消费者服务的泛娱乐化之风，学者们无不忧心，《娱乐至死》的作者波兹曼以拉斯维加斯为例提醒沉湎于狂欢泥沼的人们：“这是一个娱乐之城，在这里，一切公众话语都日渐以娱乐的方式出现，并成为一种文化的精神。我们的政治、宗教、新闻、体育、教育和商业都心甘情愿地成为娱乐的附庸，毫无怨言，甚至无声无息，其结果我们成为娱乐至死的物种[①]。

① [美]尼尔·波兹曼：《娱乐至死》，章艳译，广西师范大学出版社2004年版，第34页。

针对泛娱乐化趋势,如果不加以规制,我国的电视媒体终将滑向西方消费文化和娱乐至死的泥沼。西方的市场逻辑、利润至上和消费主义等价值体系已主宰了大众传播的选择,受众之所需(Need)与其所要(Want)之间的区别已人为地被忽略,受众口味和市场决定着新闻节目的取舍,新闻不再是告知使命前提下的故事形成,而是利润至上前提下的小报化、娱乐化,新闻从业人员由"守门人"变为市场口味的追逐者,新闻也不再是"现实的写照"而变成了迎合受众所要的不触犯各利益集团利益的"皆大欢喜"的商品,甚至煽情主义新闻和黄色新闻甚嚣尘上,新闻在大数法则支配下其娱乐化发展到了极端①。

瑞斯认为,公共广播电视的核心是能够协助提高并维持高尚的文化标准,也意味着"广播不仅仅用于娱乐",而且"它应该能给最大数量的家庭带去人类知识、努力和成就中最好的部分,广播应该引导社会口味,而不是迎合它"②。

(二)"限娱令"的学理阐释

广电总局的新政主要是针对34家上星卫视频道,并不包括央视和不上星的地方台,但著者认为央视一套、七套、教育台和地方台的一套也应该纳入规制的范围,按照经济学上的理论,一套是公益性的公共产品,具有强公共服务义务,应该满足各种受众的需求,注重节目的播出比重;而一些有线数字频道,要付费收看,是准公共产品;高尔夫、足球等付费数字频道,是私人产品,具有较弱的公共服务义务。所以认清一套是公共产品属性是分析"限娱令"的基础,同时从以下几组概念中对"限娱令"进行学理审视③。

1.受众既是消费者也是公民

强调新闻立台,限制娱乐节目的播出比重是受众作为消费者和公民双重身份的内在需求。公民是参与社会活动、享受权利和承担义务的自然人,公民有媒介接近权,通过媒体参与管理国家和社会事务。为了促进公民掌握足够的信息而行使公民权和履行公民职责,媒体必须有足够多的信息传播。为了避免专制政权或商业利益左右,西方普遍实行公共广播制度,促进公民社会的发展。

格雷厄姆·默多克提出了与媒介接近权、媒介素养等公民权利相关的四项要件:接近信息的权利;体验节目内涵的权利(节目应尽量提供多元化的观点与社会经验,让不同族群都能深入了解);接近知识的权利;参与的权利(公众应当有尊严地参与社会生活,规划自己的未来,无拘束地谈及自我意愿,有能力描述

① 马锋、路宪民:《西方新闻娱乐化现象成因浅论》,《新闻大学》2003年夏,第37页。

② John Reith. *Broadcast over Britain*. London:hodder.1924:60.

③ 肖叶飞:《泛娱乐化语境下"限娱令"的学理分析》,《媒体时代》2012年第1期,第41页。

他们的重点)。公共电视应当提供自由、公开、理性与多元的公共领域,让公众共享、共用[①]。西方国家的商业电视为了消费者服务,受众是媒体和广告公司的营销对象,被视为媒体产品的市场消费者和企业广告商的服务商品,是媒体和广告调查统计的人口学概念。

2.电视台要平衡收视率与欣赏指数之间的关系

收视率崇拜必然导致节目迎合口味、流于低俗,要建立科学合理的节目评价体系。收视率一般是通过电话、问卷调查、机顶盒或其他方式抽样调查来获取,具有先天的缺陷,例如抽样方式、样本更新和客观性等有待提高,对收视人口诸如教育程度、职业、性别等统计变量和收视心理的调查有待加强,对具体地区或者具体的收视人群有待深入分析等。另外,收视率只能是反映受众的人数,而节目的满意度、忠诚度等无法显示,一些节目虽然收视率高,但是受众是边看边骂,满意度低。

英国BBC在电视出现之后探索使用"欣赏指数"进行"定质研究"。所谓"欣赏指数"是由"独立广播局"与"受众研究委员会"研发节目质量的研究方法,同时使用"兴趣"和"享受"两个维度进行节目评估,共有六个等级用以测试观众对节目的看法,后来进一步修改成0到100分的量表工具。央视推出"绿色收视率"的概念,绿色收视率的含义是讲收视率,但又不唯收视率,在满足受众不同需求的同时强调倡导先进文化、以构建和谐社会为己任,追求较高的节目品质和社会影响力,是一种具有较高观众满意度、目标观众群稳定、不会对媒体品牌及客户资源造成伤害的收视率。更加注重电视媒体的品牌,从产品观念、营销观念到绿色化经营观念转变[②]。除了收视率以外,央视节目评估增加了引导力、影响力、传播力和专业性四个新的指标,将每季度1.2万收视家庭和总规模近400人的专家打分全面引入新的四大考评指标,使考评过程更加科学。

3.电视台要平衡商业利益和公共利益的关系

广播电视作为公共资源,理应符合公共利益标准,在美国1925年第四次年度广播会议上,赫伯特·胡佛首次表述了广播通讯中的"公共利益"概念,他写道:天空是一种公共传媒,它的使用必须是为了公共福祉的需要。只有在公共福祉存在的情况下,电台频道的使用才具有正当理由[①]。杜威认为,所谓传播的

---

① 倪燕、赵曙光:《西方公共电视的节目评估:收视率悖论》,《国际新闻界》2004年第2期,第66页。

② 白长虹、陈阳、童贤达:《电视媒体的绿色化经营及其评估》,《广告大观理论版》2006年第4期,第4页。

① Erwin.g.krsonw. Jack.N .Goodman, *The Public Interest Standard:The Search for the Holy Grail*,50Fed Comm. L J.605,1998.

公共利益，就应该是媒介允许并鼓励、提升公众的参与和表达，塑造产业和政府以外的自治空间。也可以被称为孕育公共生活、鼓励公共空间、提升公民文化[①]。从西方自由主义的观念来看，广播电视是公共领域平台，是民主社会的组成部分。

与此同时，依靠广告收入的广播电视产业，又不得不考虑商业利益，考虑发现与报道新闻的成本与效率，考虑如何扩大广告商愿意出资的目标受众的规模，考虑不能损害媒介企业、广告商、赞助者和投资者的利益。为了商业利益，广播电视媒体要千方百计地创新产品，提高效率，降低成本，创造利润，以消费者作为自身利益的最终判断者，强调消费者主权和市场原则，这往往又背离了公共利益的价值取向，所以要平衡两者关系。

三、"限娱令"的颁布与纯公益性频道的构想

"限娱令"的颁布对于泛娱乐化有一定的制约作用，但是不能从根本上限制商业化的浪潮，本书认为成立纯公益性频道、公益性频道和商业性频道"并轨"运营有一定的合理性。因为文化事业产品具有鲜明的准公共产品特性，不同的文化活动准公共性具有明显的差距，大致可分为公益性文化和营利性文化。公益性文化活动以满足社会文化需求为目标，着眼于提高全体公众的文化素质和文化水平，既给公众提供最基本的文化享受，也是维护社会生存与发展必需的文化基础和条件。营利性文化以满足一定的群体或个人的文化消费需求为主要目标，具有明显的商品性、营利性，从而形成文化市场[②]。

我国正在进行文化体制的改革，提出公益性文化事业和经营性文化产业分类运营的方针。对于广播电视来说，我国可以考虑建立广播电视事业和产业协调发展、良性互补的格局，即公共服务事业与经营性产业共同发展。

有学者从经济学角度分析了两种体制并行的合理性，因为电视产品的经济性质为准公共产品性质。在市场经济条件下，电视产品的供给方式有两种，即政府与市场。而且，越接近纯公共产品，越需要政府来提供，因为存在市场失灵；越接近私人产品，越需要由市场来提供，因为市场最有效率。所以，电视媒介也分为公共性质的电视媒介和商业性质的电视媒介。商业性质的电视媒介是纯粹的企业，必须在市场竞争中生存发展，公共性质的电视媒介，是纯粹的事

① Patricia Aufderheide. *Conglomerates and the Media*, The New Press, 1997: 158.

② 李军鹏：《公共服务学——政府公共服务的理论与实践》，国家行政出版社2007年版，第274页。

业单位,必须完全由国家提供财政支持。这种两级分离的制度安排就是中国电视媒介经济性质的解决方案[①]。

在市场经济条件下,由于存在市场失灵现象,一些向商业电视体制转轨的西方国家,无不保存着公共电视体制。在向市场经济转型的中国广播电视产业,中央提出公益型事业和经营型产业协调发展的方针,但是这两者具有不同的运营模式、行为准则和经营方式,必须实行事企分离,即"双轨制"。在政府的主导下,两者在经营主体、运作方式、目标取向、资金来源、调控方式上不同,商业广播电视和公共服务广播电视分类运营,一体两用,两极分离。商业广播电视以市场为导向,效率为尺度,放松经济性规制,提高竞争力,发挥经济效益;公共服务广播电视以公共财政、基金、赞助等收入为主,弥补市场失灵,在价值取向上以宣传、教育、社会和文化功能为主,满足公共服务均等化需求。

公益性频道和商业性频道"双轨制"有重要的价值。首先,公共服务事业与经营性产业的双轨运营,进一步满足受众的公共文化需求和消费者的个性化需求。从根本上说,公共服务频道具有非排他性和非竞争性的特点,由政府财政或者收视费来提供收入来源,而不是依靠广告费等商业性收入作为财政来源,目标是满足公共信息文化需求。而其他的影视、娱乐、都市等通过有线传播的频道是准公共产品,具有消费的排他性,可以依靠广告费和收取一定的有线费,满足个性化的需求。其次,有利于克服"泛娱乐化"的倾向,加大新闻信息类节目的播出,彰显广播电视媒体在教育、文化和社会建设中的作用。再次,公益性频道准确的定位应该是公共服务频道,促进公共领域的建构,维护社会和谐和增加社会凝聚力,促进民主政治的发展。

"公共服务频道"可以发挥如下价值:①文化性价值。由于不受收视率和广告的影响,可以提供高质量的文化、艺术、戏剧和音乐作品,促进文化繁荣,提高公民的文化素质,给予各类先锋性艺术作品和另类文化展示的空间。②社会性价值。保持信息和观点的多元化,建构民主讨论的平台,通过对少数族群和弱势群体的关注,促进社会多元化而实现平等和谐,加强民族和社区的认同感,增强社会凝聚力。③教育性价值。充分的新闻、教育和娱乐等节目,客观公正报道原则,确保公共事务新闻的比重,提高受众的文化素质和公民意识。④普适性价值。满足不同民族、性别、年龄、地域公众的需求,特别是残疾人、儿童、老人、农民等弱势群体需求。

---

① 吴克宇:《电视媒介经济学》,华夏出版社2004年版,第64页。

公益性频道和商业性频道并轨运营的“双轨制”是一种合意的制度建构，公益性频道注重节目的质量和品位，以普适性、满意度、均等化为主要衡量标准，而不是过分注重收视率，兼顾效率与公平。价值目标是为公众服务，以满足公众需求和知情权为宗旨，强调公益性的内容传播，而不是为消费者和广告商服务，区别于商业性频道的利润至上的传播理念，在节目制作、人员管理、频道经营、节目传送、经费使用、设备管理、后勤保障等方面全面引进市场竞争机制，以提高公共财政的使用效率。

对于公共服务性质的频道或频率加强规制：规制的重点包括基本服务的质量、效率、内部管理的透明化和对视听者的尊重；规制的手段包括节目标准制、评估制和问责制。公共服务频率频道承担主要的公共服务职能，必须提供包括针对儿童、老年人、农村节目以及公共事务的讨论等公共服务；每年通过第三方对公共服务的绩效实现评估，建立评估标准，对不符合标准的媒体，实行警告、罚款或者退出机制；对于不履行公共服务义务的媒体，公众有权对其批评、抗议或申诉。而商业性频道由市场主导，在保持党的领导和舆论导向正确的前提下，按照现代企业制度运作，实现产品的生产、流通和销售，完善产业价值链，通过市场优化配置资源，建立一些跨地域、跨媒体、跨行业、跨所有制的传媒集团。

公共服务频率或频道节目的制作要致力于提升国民之文化水准，并促进全民教育文化的发展；保持多元性，并维持不同形态的节目的均衡；保持客观性及公平性，应提供社会大众及各群体公平参与及表达之机会；尊重个人名誉并保护隐私权；积极提供适合儿童、青少年、妇女、老人观赏且有益于其身心发展及健康的节目；不得违犯法律、妨碍公共秩序或善良风俗；新闻报道节目与评论节目明显分开，不得加入报道者个人的意见；新闻报道要兼顾国际性、全国性和地方性的新闻资讯；对于正在侦查或审判中的诉讼事件，不得评论。

具体来说，我国广播电视公共服务频道的内容建设重点做好以下几点：第一，办好中央和省级新闻综合以及新闻频道频率，扩大覆盖范围，使之成为公众获取信息最重要、最及时的渠道和途径，成为党和人民的桥梁和纽带。第二，加强农业频道频率建设，做好中央“三农”宏观政策的发布和解读，深入了解和调查农民受众的需求，传播实用性的技术，及时发布农业市场信息，满足农民对知识和信息的需求。第三，加强制作为残疾人、儿童、老年人、农民工等弱势群体和少数民族服务的公益性的节目。第四，要进一步强化广播电视公共服务在应对社会突发性公共事件和国家安全战略中的作用，在遭遇重大紧急或突发性事件如地震、台风、恐怖袭击等时，通过启动广播电视应急系统，引导社会及时进行处置[①]。各级广播电视公共服务频率频道要加强与科技、教育、司法、文化、气象等部门的合作，不断丰富节目资源，增加科技兴农、法律知识、卫生防疫等广播电视节目，加强市场对广播电视节目的供给能力，通过合作生产、项目外包、竞标制等多元化方式生产广播电视公共服务节目，消除政府失灵。

总之，公益性频道和商业性频道并轨运营的"双轨制"是广播电视产品和服务的准公共产品的属性决定的，也是构建公共服务型政府和消除市场失灵的必然要求，是在确保舆论导向正确和党的领导的前提下对西方国家广播电视"双轨制"的创新和发展，也是对公益性事业和经营性产业并行发展的文化政策的灵活运用。公益性频道将发挥广播电视的民主、文化、教育和社会整合功能，有利于维护受众的基本文化权利，提高社会的文化教育水平和凝聚力，促进社会的公平和公正，提高媒体的公共性和公信力，满足受众普适性、均等化、多样性的广播电视产品和服务需求，最终将有利于和谐社会的发展和中国梦的实现。

① 石长顺、程洪涛：《中国广播电视公共服务体系建构》，《河南社会科学》2010年第5期，第195页。

第八章　广播电视内容的外部性与社会性规制

广播电视内容既是精神产品，又是信息产品，还是具有典型外部性的产品，具有精神文化、思想观念和舆论监督的性质与功能，可以给视听者带来直接的、即时的效用，也可以带来间接的、长期的效用。短暂的情感愉悦和精神享受带来效用的增加是正外部性，文化传承、公民道德素养的提升乃至满足受众的知情权也是正外部性，相反，庸俗的、低俗的、媚俗的、暴力的、色情的乃至虚假的广播电视内容则具有负外部性，这些有害的甚至涉嫌违法的信息给他人或社会造成损害，增加了第三方的成本。广播电视产品消费具有集群性和普遍性的特点，使得视听效用的外部性对社会产生广泛而持久的影响。

第一节　广播电视内容的外部性

社会性规制的原因主要是外部性造成的，外部性的存在，使得社会资源使用不当：正外部性时，资源使用不足；负外部性时，资源使用过量，这就使资源的配置达不到帕累托最优，影响了社会的福利水平。因此，以庇古为代表的福利经济学和以科斯为代表的新制度经济学认为，应采取措施，对经济主体进行调节，以便实现资源的最佳配置。产生负外部性的企业并没有征收对负外部性产生的费用，只能通过征税等形式来弥补。政府对产生负外部性的经济主体增加税收，使经济主体的外部成本内部化。对于正外部性，除了给予企业补贴的行为以鼓励其将产量扩大，政府往往还将能够产生正外部性的企业实施国有化，以便企业的经营目标从利润最大化转变为收益最大化，最终也实现最优的正外部性。

外部性就是指一个经济主体的行为对另外一个经济主体的福利产生的外部影响，而施加这种影响的主体并没有对此付出代价或因此而获得补偿。外部性又称为外部经济性或外溢性。经济学家詹姆斯·E.米德定义为，外部经济（或不经济）是这样一种事件，即它给某位或某些人带来好处（造成损害），而这位或这些人却又不是作出直接或间接导致此事件决策的完全赞同的一方。

布坎南和斯图伯利宾则认为，只要某一个人的效用函数（或生产函数）包含的变量是在另一个（或厂商）的控制之下，即存在外部效应。“UA=UA（X1, X2, X3, …,Xn, Y1）”，如果某一个人A的效用，不仅受其所控制的活动“X1，X2，X3，…，Xn”的影响，而且也受到其他活动Y1的影响，而Y1又在第二个人B的控制之下，就发生了外部效应。Y1是任何可以计量的行为，即由集体行动强加于个人身上的成本。

外部性包括正外部性和负外部性。正外部性也称为外部经济性，就是指一个经济主体的经济活动导致其他经济主体获得额外的经济收益，而受益者又无须花费代价。负外部性也称为外部不经济性，是指一个经济主体的经济活动导致其他经济主体蒙受额外经济损失，而造成危害的主体却没有为此承担成本。

外部性包括生产外部性和消费外部性。生产外部性就是一个厂商的某种生产行为对另外的厂商的生产可能性曲线产生了有益或不利的影响，那些实施行为的厂商并没有通过价格机制从这一行为中获得利益或承担成本。消费外部性就是消费过程中一方的消费行为对另一方的效用函数产生的外部经济性或者外部不经济性的影响。生产的正外部性，例如养蜂者对于附近果园的生产的促进作用；生产的负外部性，例如污染企业对公民身体的伤害以及对下游渔业的影响。消费的正外部性，例如花园对于消费者的精神愉悦，植树造林对空气质量的改善；消费的负外部性，例如公共场所吸烟对第三者的危害。

外部收益与内部收益等于总收益。内部收益与总成本的关系决定了广电媒体的决策，而外部收益是给社会带来的收益，媒体很难直接获取资源的补偿。在外部经济时，由于行为人没有因产生的外部利益而得到补偿，在决定采取行动的时候就没有将外部利益考虑进去的动机。个人和厂商的行动选择在这样的水平上：其从行动中获得的边际收益恰好等于采取行动的边际成本。这样就忽略了同时外溢给其他人的边际收益，其结果是产生供给不足的市场失灵。

外部性存在的根源实际上是私人成本与社会成本、私人收益与社会收益之间存在的差异的结果。决定个人和厂商的经济选择是私人边际收益MPB和私人边际成本MPC。从私人角度，最优的条件为“MPB = MPC”。从社会的角度，最优的条件为社会边际收益MSB和社会边际成本MSC相等：“MSB = MSC”。其中，MPB指私人从某一经济行为中所获得的边际私人收益（Marginal Private

Benefits)，而MEB则是指该经济行为产生的正外部性给他人带来的边际外部收益(Marginal External Benefits，MEB)，二者之和被称为边际社会收益MSB(Marginal Social Benefits，MSB)。MPC指私人在进行一项经济行为时所支付的边际私人成本(Marginal Private Cost，MPC)，而MEC则是指该经济行为产生的负外部性给其他人带来的边际外部成本(Marginal External Cost，MEC)，二者之和被称为边际社会成本(Marginal Social Cost，MSC)。当存在外部经济时："MSB=MPB+MEB"，当存在外部不经济时："MSC=MPC+MEC"。外部性是"市场失灵"的重要根源。在存在外部性的情况下，市场价格机制不能正常地运作，社会资源配置无法达到帕累托最优状态。

如图8-1表示，D_A为个人A对某一具有外部经济的产品的需求曲线(即边际私人收益曲线)，D_S则为外部经济条件下的社会边际收益曲线，两者之间的垂直距离表示外部性产生的边际外部收益(Marginal External Benefits，MEB)。相对于供给曲线S，符合帕累托最优条件的均衡结果应该在E_S点获得，这时的产量为Q_S。但是，在价格机制内，A只会根据其个人的边际收益与边际成本来选择其消费均衡点，即为图中的E_A点，其相应的产量和价格分别为Q_A和P_{A2}。相对于E_S点，Q_A的产量意味着整个社会相当于三角形CE_AE_S面积的收益减少，即效率的损失。

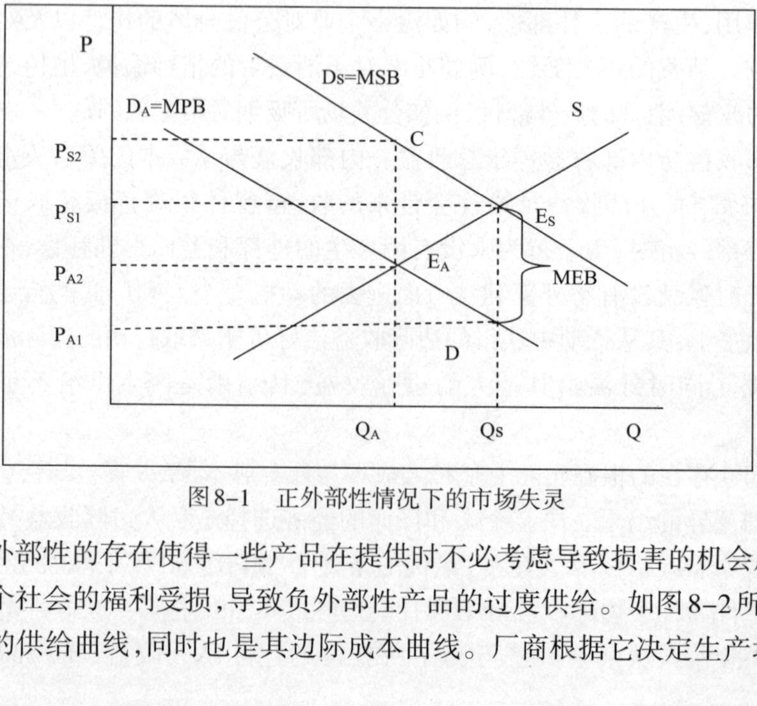

图8-1　正外部性情况下的市场失灵

负外部性的存在使得一些产品在提供时不必考虑导致损害的机会成本，从而使整个社会的福利受损，导致负外部性产品的过度供给。如图8-2所示，S为某企业的供给曲线，同时也是其边际成本曲线。厂商根据它决定生产均衡，均衡产量和价格分别是Q_1、P_1。外部不经济导致边际外部成本MEC，对于整个社会来说，厂商生产的社会边际成本MSC是边际私人成本S与边际外部成本MEC的垂直相加。帕累托最优的边际条件在E_0处实现。这时，均衡产量为Q_0，均衡价格为P_0，P_0超过P_1的部分即为厂商应该承担的边际外部成本。但是，导致外部不经济的厂商并没有按照社会边际成本曲线MSC来生产的动力。因此，外部成本游离于价格机制之外导致了产品的过度供给以及相当于三角形AE_0E_1面积的效率损失。

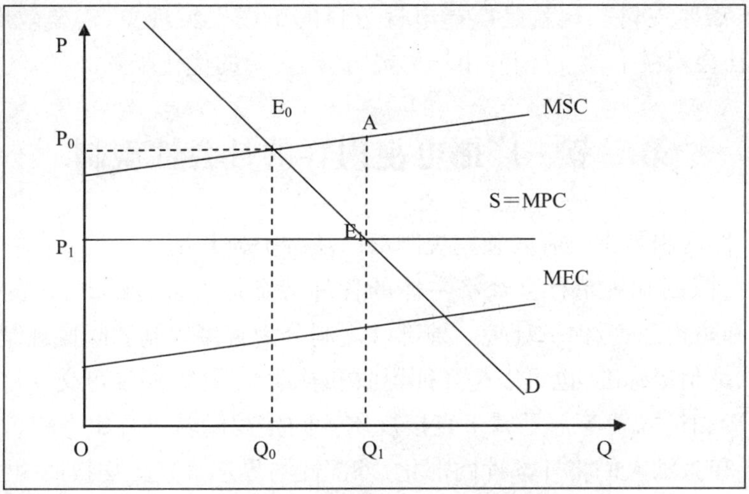

图8–2　负外部性情况下的市场失灵

广播电视市场是具有外部性的市场，也是广告和受众复合型的市场。由于广播电视的市场具有受众和广告两个市场，收视率高的节目一般广告费就高，广播电视播出主体的收益就多。对于广播电视节目的收视市场来说，理想的状态是具有正外部性的节目收视率高，那么正外部性节目带来的外在的收益转化为广播电视媒体的内在收益，例如，央视的科教频道、纪录片频道传播了文化、科技，消除了愚昧，增长了知识，有利于国民智慧的提升。这种外部性节目如果赢得高收视率并且在广告市场上得到高的回报率，将会获得帕累托最优。但是事实并非总是如此，一些制作精良的“富有营养价值”的高质量的节目往往不一定受到受众的喜爱，缺乏广告费的有效支撑使得这些高质量的节目带来的社会效益并不能转为经济收益。如果广播电视不是依靠广告费来生存，就可以不用过于注重收视率，而把主要精力放在提高节目的质量上。

我国广播电视媒体在主要依靠单一广告费的情况下，收视率成为“生命线”。

在低俗化和娱乐化的节目大战中，往往一些哗众取宠的低俗节目在市场上获得很高的收视率，而这些“三俗”节目给社会带来的损害或许暂时没有显示出来，但是在潜移默化的过程中对于社会风气的形成、社会道德的培养、社会秩序的维护等都有举足轻重的影响。按照外部不经济理论，这种外部不经济的广播电视节目本应该按照社会边际成本与社会边际收益相等处Q_0来生产（如图8-2所示）。但是对于企业或厂商来说，他们根据私人边际收益与私人边际成本的Q_1的量来生产，造成负外部性节目的大量供给，而负外部性带来的社会成本企业本身并不需要支付。这就是广播电视节目的市场失灵现象，需要政府积极规制，需要社会积极干预，以消除市场失灵，达到资源的优化配置。

第二节　广播电视内容的社会性规制

社会性规制是指政府或独立规制部门从维护公共利益出发，针对外部性的行业规制，限制和规范社会经济主体的各种特定行为，以保障公民的安全、健康、卫生和防止公害、保护环境。外部性规制分为直接规制和间接规制，直接规制既可以是制定标准，也可以是强征税收和补偿。另外，颁发可交易许可证、产出税、限额和进入费等都是属于直接规制。间接规制就是界定产权，产权制度就是引导和激励人们将外部性内部化，外部性与界定、监督、交换或执行产权的成本相联系。广播电视的内容具有外部性，需要进行社会性规制。

庇古曾提出了私人边际成本、社会边际成本、边际私人纯产值和边际社会纯产值等概念，并以此为工具，分析了外部性的相关理论。在现实生活中，私人边际成本和社会边际成本、私人边际收益和社会边际收益不是任何时候都相等的。如果相背离，则不可能达到社会福利的最大化，完全依靠市场机制很难形成资源的最优配置而实现帕累托最优。政府应该采取适当的经济政策，消除这种背离，即当边际私人成本小于边际社会成本出现外部不经济时应该实施征税；当边际私人收益小于边际社会收益时应该实施奖励和津贴，即存在外部经济效应时，给予企业补贴。庇古认为，通过这种征税和补贴，就可以实现外部效应的内部化。

一、广播电视内容外部性的理论分析

广播电视节目属于文化产品，具有文化产品的一般属性。文化产品是一种

特殊的社会商品，是包含文化意义、社会意义和政治意义等在内的意义综合体。从消费者的角度看，文化产品是体验性产品，对于此类商品的审美把握，是主体与主体、情感与情感之间的交流与对话。以某种文化资源为核心的文化产品一旦成功，会对相关或其他不同类型文化资源的发掘和创造产生示范效应，加快文化产品的创造与发展进程。文化产品的政治意义和社会意义明显，例如，知情权是国际人权公约中被界定的基本人权，我国政府提出重大事情让人民知道，重大事情经人民讨论，而信息管道的畅通是实现知情权的必要条件，公众获知新闻是民主社会良性互动的前提。

文化产品的外部性，为政府和市场供给的边界提供了理论基础，一些优秀的广播电视节目并没有给生产和保护它们的那些人带来利益，但是具有传承文化和提高国民素质的作用。这种有效性文化产品通常被认为是一种重要的产品，对人们有好处，因为它能带来较大的收益（主要是潜在收益）。政府认为人们应该消费它们，该类产品通常由政府供给。正如戴维斯指出，如果所有的电视节目都通过自由市场供应，观众恐怕不会自己掏钱去看那些有助于提高他们品位、见识和能力的节目，而这些节目的长远好处只有以后你回过头去再看时才能体会[①]。所以在自由市场条件下，本质上“好”的节目将供不应求。

随着政府财政对广播电视媒体进行“全额拨款”到“自收自支”，广告就成为主要收入来源，收视率的恶性竞争、价值取向的商业化以及商业利润至上就成为广电媒体铁定规律，负外部性明显。媒体不择手段的花样翻新，利用明星大腕制造娱乐狂欢，展示离奇荒诞，编制情爱细节，暴露个人隐私、调侃人生缺陷等，正如布尔迪厄批评的：受众“用美好的感情，制造的都是收视率”[②]。一些文艺节目，浮躁的商业功利代替了典型的艺术形象，浅薄庸俗解构了文化的意义，感官的刺激取代了艺术的审美。格调低下、煽情媚俗，克隆跟风、粗制滥造，价值扭曲、导向偏误成为娱乐节目的主要问题。又如有的节目，对个人主义的鼓吹，对封建权力的崇拜，对权谋异术的推崇，对性和暴力的欣赏，对奢靡腐化的依恋，对违法乱纪的展示，对人格尊严的作践，对民族历史的篡改，对文明科学的贬低……[③]作为主导文化话语权的广播电视，要建构一种与社会的文明进步、与民族的整体利益一致、与主流价值观相适应的文化生态，理应承载着民族内

① Davis.G. the Future Funding of the BBC,*Report of the Dependent Review Panel,* London: Department for Cultrue, Media and Sport, 1999:203.

② [法]皮埃尔·布尔迪厄：《关于电视》，转引自时统序《电视批判理论研究》，中国广播电视出版社2003年版，第155页。

③ 沈卫星：《受众视野中的文化多样性》，北京师范大学出版社2010年版，第116页。

在的精神特质和外在的气韵风貌。

二、广播电视社会性规制的方法

广播电视社会性规制的主要对象是广播电视节目内容。在美国,无线广播的内容并不能像印刷媒体那样获得《第一修正案》的保护,最初广播管制隐藏的假定前提是广播公司使用的频率资源是稀缺资源——电磁频谱。在理论上,因为可用的频率资源有限,FCC不得不从申请许可证候选人中选取最佳者。FCC制定了选择标准,把"公共利益标准"作为保护伞,和报纸不一样,广播公司是公众的委托人[①]。节目内容关系到言论自由、信息安全等宪法问题,也关系到广大公众的视听权利和公共服务均等化等内容,因此,平衡言论自由与公共服务、消费者主权与公民知情权、经济竞争与文化多元等关系显得尤为重要。广播电视社会性规制的方法主要包括三种类型。

(一)标准制

标准制就是专职的规制机构通过颁布产业标准,并及时监督企业的活动是否违反了规制的条例,从而在事前进行监督和控制。在市场缺乏明确合同的情况下,行政规制可以发挥与合同类似的作用,规制机构具有优势资源对市场进行准确而周全的调查和取证,在一定的范围内和程度上具有市场机制及私法程序不可替代的优势,但不可无限扩大政府规制的作用。社会性规制也需要成本,例如信息收集成本、规章制度成本和规制实施成本,注意可以发挥可供选择的法律制度如民事侵权法的替代作用,以降低规制的交易成本,避免更大的规制失灵。

我国可以将广播电视节目分为新闻及政令宣传节目、教育文化节目、公共服务节目、大众娱乐节目,要求前三类节目的播放时间在广播电台每周不得少于45%,在电视台每周不得少于50%,要求大众娱乐节目应以弘扬中华文化,阐扬伦理、民主、科学及有教育意义之内容为准。

日本广播法要求日本广播协会尽最大能力广播丰富优良的节目,满足受众期望,提高文化水平,保护历史文化,普及新文化。除了编播全国性节目,还要有地方性节目,要求所有广播电视业者必须安排教育节目,保持新闻节目、娱乐节目、教育节目等各类节目相互协调。FCC1946年发表了广播电视持照人公共

① [美]肯尼斯·克里奇:《电子媒体的法律与管制》,王大为等译,人民邮电大学出版社2009年版,第52页。

服务责任的政策报告（“蓝皮书”），指出了广播电台、电视台违背公共利益的四种情况（一是广告过多，二是过度依赖广播网的节目，三是公共事务的讨论性节目数量太少，四是节目类型总体不平衡）和合宜的四类节目（一是播放非赢利性节目和非赞助性节目，二是播放地方现场节目，三是播放有争议问题的讨论节目，四是播放较少的广告）。

对于我国广播电视内容方面泛娱乐化问题，需要完善《广播电视管理条例》，加强标准制构建，确立公共服务的目标、原则、方式和标准等，明确广播电视主体有义务制作和播放公共服务广播电视节目，新闻信息、娱乐、文化教育和服务类节目的构成要比例协调。对于准公益传媒内容产品的要求至少应该包括：应当致力于提升国民的文化水准，并促进全民教育文化的发展；保持多元性，为各种类别的民俗、艺术创作提供发表机会，以维护文化的均衡发展；应该尽可能提供社会大众及各群体公平参与及表达意见的机会；应该积极提供适合儿童、青少年观赏或观看，有益于身心发展及健康的内容产品，并应为弱势群体制作和播出内容节目①。

（二）税收与补贴

税收与补贴是政府进行社会性规制的常用政策工具，政府应该以贴息贷款、价格补贴、税收减免等方式鼓励市场主体生产或消费，使外部经济内部化，以增加对社会具有外部正效应的产品和服务的实际供给量。例如，城市广场、街头景点、公共教育等公共物品，经常会出现供不应求的状况，政府要进行补贴，使企业边际私人收益与边际社会收益相等。又如，纪录片的创作需要大量的时间和人力资源，而受众却主要集中在文化水平比较高的阶层，收视率往往没有娱乐节目高，但是纪录片对传承文明和传播文化起到很大的推动作用，对于这种正外部性的节目，国家广播电视规制部门每年提供资金补贴予以支持。当存在外部不经济时，则需要对市场主体征收特别的税收，通过征税提高生产或消费成本。

近年来，国家广电总局一直对动画片、少儿节目、纪录片等加大投入力度、进行政策倾斜。从2005年起，每年拨出2 000万元奖励基金，用于全国动画与少儿节目精品的表彰，对动画原创质量的提升与全国优秀少儿节目品牌培养，起到了积极促进作用。从2011年起，广电总局又开始实施纪录片扶持新政策。这些对正外部性节目的扶持将有效地扭转节目形态发展不平衡状态，使节目品质

① 田韶华、严明、赵双阁：《传媒产业法律规制问题研究》，中国传媒大学出版社2009年版，第109页。

大幅度提升。我国需要建立广播电视公共服务法律保障体系,落实广播电视公共服务的财源问题,根据事权和财权相统一的原则,按照分级负责的机制,给我国广播电视公共服务提供财政支持。

(三)行政许可

行政许可是应行政相对方的申请,通过颁发许可证、执照等形式,依法赋予行政相对方从事某项活动的法律资格或实施某项行为的法律权利。有关行政许可的条件、申请程序和对许可使用的监督规制构成了行政许可制度,通过对行政许可证的颁发,政府可以对外部效应和信息不对称可能引起的社会性损害经济活动实施进行控制。

许可制度是各国广播电视法规定的行业准入制度,也是进入与退出规制的主要手段,是通过广播电视的行业准入来控制市场结构和市场行为。因为广播电视频谱资源的稀缺性,不可能人人都能开办广播电视台,所以掌握频谱资源的人必须符合公共利益,承担社会责任和广播电视公共服务成为许可证发放的一个重要的指标。美国广播电视的执照期限是8年,如果执照的企业违反了FCC的规章或者超过使用期,那么执照就会被吊销,FCC也可能通过不予更新执照处理违法的企业。委员会通常会在执照更新前7个月寄去明信片大小的执照更新表格,广播电视机构要确保公共文件处于良好状态并收集更新所需要的表格。竞争者也可以提出竞争申请,用证据否认要求更新广播电视台的申请,证明其未符合公共利益。FCC在许可审批和更新审批时需要考察的内容包括是否播放了一定量的非营业性的节目,该台的设立是否符合公共利益,是否留有讨论社会公共问题的适当时间,是否有过多的广告数量等。

我国的广播电视许可方面,虽然许可条件严格,但是对于节目的设置、公共服务责任等缺乏明确而具体的规定。广播电视是我国党、政府和人民的喉舌,以社会公益为目的,以国有独资为所有权基础。但是对于新闻、娱乐、教育和文化等各类节目的比重和构成没有导向性和原则性规定。而且我国的许可证几乎是永久性的许可,西方每隔五年或八年一次重新审批,不符合公共利益的广播电视台甚至有吊销许可证的危险。

国外基本都在《广播电视法》《通信法》和《行政程序法》等法律中对于广播电视许可程序进行明确的规范,提高公众对广播电视经营者的监督水平。规制部门在网站上公布广播电视台的运作文件,公众可以在规定的时间内提出异议,包括是否有利于实现公共利益,节目设置是否合理,是否体现本土化和多元化,以及其他的技术和经济条件要求等。例如在美国,不遵守节目规则可能让执照持有人在续期时失去广播电视执照，但是联邦通信委员会很少施加这种处罚，联邦通信委员会拥有大量的其他的处罚措施，可经常对违反规定者施加管制。有时，委员会只是写一封信给广播电视台，询问节目播出情况，这封信警告广播电视台管理层，联邦通信委员会知道甚至担心其行为。询问信经常导致广播电视台更换节目。一些人称这种行为是“树眉管制”（Regulation by Raised Eyebrow）。

联邦通信委员会的处罚措施包括（处罚强度从轻到重）：①申诉信。该信归入执照持有人的档案，在续展执照时可以发挥作用。②禁止令。很少发出，可以阻止广播电视台做委员会认为不该做的事情。③罚金。数额从几千美金到数百万美金不等。④六个月到2年的短期续展，在这个短期的续展期间内，联邦通信委员会研究广播电视台的相关纪录，以决定是否应该续展执照。⑤不续展执照或吊销执照，这是广播电视管制的核弹（极少作为处罚措施使用）[①]。

三、世界各国广播电视社会性规制的具体内容

为了保护国家安全、维护公共利益、保障公民权益，各国对广播电视内容进行规制，明确应该播什么、限制播什么、禁止播什么，规定了义务播放的内容。西方国家的内容规制主要基于以下考虑：对地方节目的保护；对于少数民族、弱势群体和未成年人的保护；对本国节目的保护和对外国节目的限制；限制媒体自制节目播出的比例；对于传播伦理的保护以及对广告节目的监督。

美国广播电视内容规制的核心理念包括公共利益原则、地方主义原则、自由观点的市场原则、普遍服务原则、多样性和竞争性原则。其中公共利益原则是最根本的原则，早在《1934年通信法》就规定，广播为了公众的利益、便利和要求提供服务。公共利益原则进一步衍生出三个原则：地方主义原则、自由观点的市场原则和普遍服务原则。地方主义原则就是指广播电视服务应该尽量满足地方的需求，照顾到地方的利益[②]。自由观点的市场原则是指公民可以通过广电媒介自由表达自己的意见和观点，这是形成民主机制的基础，并由此产生了多样性和竞争性原则。普遍服务原则是指所有公民都可以享受广播电视媒体提供的视听服务，可以在思想和观点的市场上自由选择各种观点。FCC通过

① [美]唐·R.彭伯：《大众传媒法》第13版，张金玺等译，中国人民大学出版社2005年版，第559页。

② 国家广播电影电视总局：《国外广播影视体制比较研究》，中国国际广播出版社2007年版，第37页。

交叉补贴、许可证条款规定、普遍服务资金、政府直接资助等形式，使所有美国民众享受广播电视服务，包括农村、高成本的地区和岛屿居民。

(一)公平原则及其废除

1964年，美国“红狮”广播公司(Red Lion Broadcasting Company)在一个节目里播出了比利·詹姆斯·哈吉斯牧师对作家弗雷德·库克进行人身攻击的节目，事后库克根据FCC制订的“公平原则”要求“红狮”广播公司予以其回应。原则上，这个要求是符合宪法的，但问题是，如果被攻击者无法支付播出费用，广播公司是否必须免费提供播出时间。“红狮”广播公司坚持认为库克必须证明自己无力支付费用，但库克拒绝了这一要求并向联邦通信委员会申诉。FCC认为公共利益应使公众得到获悉库克观点的机会，因此广播公司应自己承担这段时间的费用，而库克无须证明自己无力支付。

红狮诉讼开始不久，FCC发布了《提出规则制定提案之通知》，主要是着眼于使公平原则在人身攻击方面更加确切和易于执行，内容如下：在对重要并有争议的公共问题的各种意见的陈述中，如果这种陈述是针对某个个体或者团体的诚实、性格和正直等个人品质进行攻击，执照持有者必须在合理的时间内，不晚于攻击后的一周，向受到攻击的个体和团体提供，如广播的日期、时间和确认的通知，攻击的脚本和磁带，通过受许可电台进行回应的合理机会①。法院认为这是观众和听众的权利，而不是广播电视台的权利。《第一修正案》的真正目的正在于保护不受限制的思想市场，在这里真理最终占上风，而不是支持市场垄断。在“红狮案”中，法院依据“频谱稀缺”原理作为判决的基础，即由于可用的频率资源是有限的，获得广播公司执照的公司的运作必须符合公共利益，依据公平原则，FCC赋予持不同观点的人广播设备的使用权，从而扮演着代表他们的角色。持照的广播电台有明确的义务寻找这种对立的观点。

1985年，委员会出版的一个报告中指出公平原则不再合理有效，声称该原则寻求的观点多元化正由“市场声音多样化”来实现。该报告结论称，公平原则实际上阻止了丰富观点的讨论，并且限制了广播电视公司的新闻自由，委员会担心对观点的评价参与过多，并且对于原则的继续实施增加了政府对广播新闻记者的编辑过程的干预。FCC认为必须花大量的时间处理公正问题，委员会认为有关政策实施的费用没有必要，因为消息来源的增大已经使公平原则过时了。另外，关于政治上公正的规制。美国要求广播电视媒体对政治性公开演讲

① [美]肯尼斯·克里奇：《电子媒体的法律与管制》，王大为译，人民邮电出版社2009年版，第82页。

的公正报道，给予政治家和民主选举的候选人均等地获取广播电视媒体表达自己观点的权利，并且要求在论战中受到人身攻击的人提供反驳的机会（欧盟也有类似规定），确保因广播电视节目遭受损害者的反驳权。

（二）保护儿童节目

少年儿童是广播电视重要的受众市场，广播电视对于儿童的成长影响力巨大，《联合国儿童公约》规定，鼓励大众传媒传播在社会和文化方面有益于儿童的信息和资料，鼓励大众媒体特别注意少数群体或土著居民的儿童在语言方面的要求。由于儿童的消费能力有限，《广播电视法》规定儿童节目的播出时间，限制儿童节目中的广告。美国1991年《儿童电视条例》规定，商业电视台要求播放一些满足儿童信息类和教育类的节目，委员会定义教育类和信息类节目为“帮助儿童在认知力、智力和情感、社会需求等任何方面的提高”，委员会投票决定每周广播公司要专注于3小时的播放适合16岁以下的儿童教育类和信息类节目，那些没有达到每周3小时儿童节目的广播电视机构要向FCC阐释其执照更新的理由。

西方国家对儿童节目的保护主要采取两种方式，一是对涉及性、暴力和低俗节目的惩罚，如1996年的美国《电信法》确立了“防暴力芯片”，建立相应的节目分级和节目等级标识制度，强化对猥亵、低俗节目的处罚力度，提高媒体的违约成本；二是正面保护，制作大量的教育类的优秀节目。西方国家通过事前预防和事后监管的方式形成了对儿童节目的保护和监管体系。预防机制包括媒体自律、技术阻隔、限时播出和节目分级等，事后监管就是通过投诉并依法裁决来实现。

儿童节目方面。2004年中共中央、国务院颁发了《关于进一步加强和改进未成年人思想道德建设的若干意见》，要求各级电视台和电台都要开办少儿专题或专栏节目，央视要办好少儿频道，提高少儿频道在各地的覆盖率，同时要求省级和副省级城市电视台要创造条件开办少儿频道，各级各类少儿频道要符合少年儿童的欣赏趣味，适合不同年龄段的少儿的欣赏需求，做到思想性、知识性、教育性和趣味性的统一，推动未成年人的思想道德建设。但是，据统计，31个省级电视台有24个开设了儿童频道，26个省会电视台仅5个开设了儿童频道，而这些儿童频道的覆盖率很低，特别在农村地区更低，需要提高覆盖率。

（三）禁止淫秽节目

令美国FCC和其他一些人担心的是，与纸质媒介不同，广播电视可能会不请自来侵入家庭，带来家庭不想要的侵犯性的内容，更糟糕的是，这些内容可能会伤害到孩子。FCC列出了四个原因证明为何将广播区别于其他媒体:第一,会被未受监护的孩子所接触;第二,由于广播的听众是在家中,私人权益有权受到更多的保护;第三,持否定态度的成人可能会在没有任何警告的情况下接收到一些侵犯语言;第四,广播波段的稀缺要求政府在考虑广播许可的时候考虑公共利益。《联邦刑法》第18章禁止播出包含"淫秽、下流和亵渎神灵的语言",如果违法将处以1万美元的罚款或两年有期徒刑,严重的将同时处以两者惩罚。"淫秽"一词被FCC定义为包含"在现行广播电视媒体社会标准测量下带有明显侵犯意义的语言,以及裸露的性行为和性器官"。《无线电通信法令》还应用V芯片技术,该技术使电视节目收看者筛选出他们认为讨厌的节目,美国还建立了一个咨询委员会,包括家长、电视工作者、电视节目制作者、有线电视工作者,相关的公共利益团体以及其他来自私人利益的团体,这个团体可以控制电视暴力节目和性节目的增长率。

(四)关于对社会需求的调查

由于广播电视台肩负着凭执照服务社会的职责,这就需要保证他们应该熟悉那些能够影响社会的问题及公众需求。FCC希望广播公司能够针对这些需求要编排节目。正式要求商业性电视台对于社会需求的调查是在1971年的"调查社会需求的问题"基础上确立的,从1975年开始,非商业广播电台也被要求采取正式的社会需求调查措施。正式的调查程序是:第一,广播电台需要在其持执照的社区中对于普通大众进行调查;第二,要对社区领导人进行调查;第三,调查结果要被分析,并且要产生一个清单,上面将列有10个社会面临的重大问题;第四,广播电台需要提议并设计播出一些节目使之能够反映在调查过程中所暴露出的社会问题和公众需求。1981年,委员会降低了对社会调查的需求。到1984年,正式调查政策就被取消了。

另外,议会议事和政府政务等公务活动是信息公开的世界潮流,例如美国制定了《信息自由法》、《联邦公开会议法》以及《电子信息自由法》等法律,构成完整的信息公开法律体系,通过广播电视媒体、政府网站和政府公报、信息公开栏以及公共资料查阅室等渠道,公布信息。2007年我国发布了《中华人民共和国信息公开条例》,对政府信息的定义、公开的范围、公开的方式和程序、监督与保障等进行了规定,要求行政机关应当及时、准确、主动公开政府信息,应该通过政府公报、政府网站、新闻发布会以及报刊、广播、电视等便于公众知晓的方式公开。

（五）广告的规制

美国联邦商务委员会被授权调节具有错误性和误导性的广告投放，让广告公司停止投放被认为欺骗性的广告。香烟和无烟烟草是在广播电视频道中部分被国会严令禁止的合法产品。我国广播电视广告播放规范的主要内容是：广播电台、电视台每套节目每天播放广播电视广告的比例，不得超过该套节目每天播放总量的20%；其中广播电台在11:00至13:00之间，电视台在19:00至21:00之间，其每套节目中每个小时的广告播出总量不得超过节目播出总量的15%，即9分钟；每套节目中每天播放公益广告的数量不得少于广告播出总量的3%。

（六）关于节目的本土化需求

因为地面广播电视具有一定的区域性，许多国家和地区要求广播电视开办节目方面必须符合本土化、大众化和多样性的要求，维护文化的多样性和公共利益。为了确保地域文化的传播，西方国家对广播电视播放地方节目的比例也有所要求，甚至地方节目成为颁发广播电视营业执照的基本条件。

加拿大和澳大利亚通过配额制加强地方节目的生产，对于本国和地方节目的生产予以财政和税收的支持，法国要求商业电视媒体播出本国原创节目的比例在40%以上，播出欧洲节目的比例在60%以上，美国对有线电视频道进行管制，要求有线电视系统将部分频道提供给公共、教育和政府使用，要求有线电视系统传输当地无线电视台的节目，为订户提供基本节目服务[①]。

（七）必须传输原则

1965年美国FCC首次提出了传输义务条例。有线电视的初期，义务传输给双方带来了利益，有线网帮助无线广播解决了信号传输问题，有线传播者获取了高质量的节目来源。1987年通过了《临时传输义务条例》，为了促使公众能够获取非有线台的信号，委员会要求有线电视网公司提供A/B切换器，目的是为了无线信号和有线信号的切换。《1992年有线电视法案》，允许广播公司在传播义务条款和转播准入两者之间作出选择，如果广播公司选择传播义务条款，那么可以简单地要求大部分有线电视网在基本线路中传输地方广播信号；如果是转播准入，那么有线电视网和广播公司必须就传输的条件进行谈判，条件可能是向广播公司付费来换取授权载播广播信号或者进行其他的授权安排。

1997年美国最高法院又一次听审了1994年的“特纳广播公司诉FCC”案，以

① 刘发成：《中美广电通信：经济与法律制度比较研究》，重庆出版社2006年版，第42页。

5:4通过了决议，确定了义务传输的条例。认为义务传输符合政府的利益：一是保护了免费的地方广播公司的利益；二是推动来自多个信息源信息的广泛传播；三是促进电视节目市场的竞争。一个广播电视台的生存能力很大程度上取决于它的有线传输能力，增加广播公司的收入和受众的人数。在调查过程中，国会提出证据证明，有线电视运营商在地方市场拥有相当大的市场控制力，该行业的横向和纵向的整合将使有线电视运营商有能力重新配置那些与他们争抢观众和广告商的广播电视频道和地方独立广播电视台，缺乏传播义务条例，那么会有更多的广播电视台被剔除，广告将被有线电视掠夺。

（八）平等就业机会准则

FCC要求拥有执照的广播电视台提供均等的就业机会，禁止基于种族、肤色、宗教、祖籍和性别的歧视，如果一个广播电视台计划雇员5个或者5个以上的全职的职员，那么必须建立一套机制来确保妇女和少数群体享有均等的就业机会。例如美国获得广播电视许可证和有线电视特许权的程序，要求拥有广播电视的资格必须提交五类资料，包括法律资格、技术资格、财务资格、特性以及均等就业的机会等，而且每年提交平等就业报告，联邦通信委员会至少每五年对有线电视公司进行一次调查。

（九）保护残疾人的视听权利

日本《广播电视法》要求日本广播公司应当尽可能地向聋哑者提供影像服务、向盲人提供语言服务，帮助这些残疾人更好地理解电视节目内容。韩国《广播电视法》规定，地面广播电视运营商应该帮助残疾人观看节目，以下几种节目应该使用手语或残疾人能够理解的标志呼号：一是自然灾害等节目；二是残疾人福利法规定的节目；三是韩国广播委员会规定的残疾人所必需的节目；四是其他为残疾人福利而制作的节目。

（十）自然灾害的预警机制

为了保护国家利益和社会公众利益，一些国家广播电视法要求广播电视义务播放某些节目和公告。例如，韩国《广播电视法》第75条规定当发生自然灾害时，广播电视媒体应当进行灾难报道，以减少灾害带来的损失。瑞士《广播电视法》要求广播电视传播者必须及时播放政府当局为保护重大利益而发布的警报和警察局的紧急公告。俄罗斯《大众传媒法》第35条规定，国有大众传媒必须即时按照俄罗斯内务部国家消防局的要求，无偿报道消防安全、紧急状态和消除自然灾害等方面活动的内容。我国《广播电视管理条例》对于义务播放没有特殊的规定，但是在实践当中有义务播放的惯例，播放政府对自然灾害等突发事件处理公告等，包括播放交通管制、紧急事件处置公告等。

第三节　新闻侵权与广播电视社会性规制

广播电视内容既可能涉及"三俗化"、色情暴露等有害信息，又可能涉及侵权的违法信息，例如侵害隐私权、名誉权、著作权、肖像权等。广播电视内容的"有害信息"一般都是通过有关的法律法规进行事前规制，而广播电视的侵权信息则是通过诉讼等司法规制方式进行事后追惩，目的是平衡保护公民或法人权利与公共利益之间的关系。无论是有害信息还是侵权信息，都对社会造成负外部性的影响，需要加强社会性规制，维护社会利益和公共秩序。

一、新闻侵权与抗辩事由

（一）新闻侵权

我国新闻侵权法保护的对象是除了公民的生命健康权以外的其他各项人格权，它既包括公民的名誉权、隐私权、肖像权、荣誉权、姓名权等权利，也包括法人的名称权、名誉权等人格权。法人的人格权也受到新闻侵权法的保护，法人作为具有民事权利能力和民事行为能力的组织，依法享有名称权、名誉权等人格权，这些人格权也会遭受来自大众传播媒介所传播的作品的侵害。尤其是侵害法人的人格权往往会给法人造成严重的财产损失和非财产损失，影响法人从事正常的生产经营活动。

新闻侵权一般不构成犯罪，构成侮辱、诽谤罪必须具有故意，也就是说，行为人有意识地通过自己的行为损害对方的人格，行为人主观上具有故意，表明其主观恶性较大，情节严重。如果行为人只是在撰写新闻作品时，因不注意造成事实失真、评论不当或描写欠妥等，均不构成侮辱、诽谤罪。如果行为人创作的作品有毁损他人的名誉和暴露他人隐私的内容，但行为人主观上并无侵害他人的故意，只构成新闻侵权，而不构成犯罪。

1.引起新闻侵权的原因

引起新闻侵权的纠纷很多，主要是由于内容失实等原因引起的，基于新闻侵权的原因有：

第一，内容失实。在新闻报道中，有关时间、地点、人物、事件、原因、情节描写等都必须真实，新闻背景材料的介绍也必须真实，不得虚构和夸张。在实践中引起新闻失实的原因很多。诸如,获得的新闻材料本身不真实,作者没有深入细致的调查以至于发表的新闻与事实有出入,或编辑审查核实不严,造成新闻失实,侵害他人名誉权等人格权。还有些失实的新闻是因为作者为谋取私利而独撰出来的。第二,评论不当。公正的评论是舆论监督的重要组成部分,发表的评论必须真实准确,对某人某事的褒贬必须适当,不得随心所欲妄加评论。如果作者评论所依据的事实不真实,评论的内容有失公允,尤其是对某人某事乱下结论,定性错误,从而损害了他人的名誉,构成侵权。第三,暴露隐私。隐私权是公民的私生活秘密权,未经公民的同意不得公布公民的隐私。在实践中,一些作者为追求猎奇,或为扩大影响,哗众取宠,未经他人同意在广播电视等传播工具上宣传他人的隐私,甚至通过非法手段宣传他人隐私,构成新闻侵权。第四,故意损毁名誉。故意使用侮辱、诽谤性语言丑化他人人格,甚至使用污秽的语言辱骂他人、损毁他人名誉等。

2.新闻侵权类型

新闻侵权行为可以根据行为人的主观状态分为故意侵权和过失侵权。所谓故意侵权是指行为人预见到某一新闻作品或其他文章发表后会给他人人格造成损害,但仍希望或放任此结果的发生。故意侵权的特点在于行为人预见到了其行为后果,但在主观上希望通过一定的行为努力追求行为后果,努力造成行为后果的发生。或虽不希望其行为后果发生,但并不采取避免损害后果发生的措施,以至于造成损害后果。故意侵权人主观上动机是多种多样的,如试图报复、泄私愤或嫉妒等。例如某武汉作家因2003年发表的小说《人殃》涉嫌以小说的形式诽谤他人,2005年被13名“对号入座”者告上法庭,并被武汉市武昌区法院以诽谤罪一审判处其拘役6个月。法庭审理认为,小说《人殃》采取名字变形、谐音或者引申的方式,先锁定13名自诉人的真实身份及真实经历等,再将其作为生活原型加以描写,然后再捏造事实,将人物描写成一股阴险歹毒、品质低下、男女关系污秽不堪的恶势力。判决书称,虽然小说未写真实姓名,但是根据作品能够推知出特定的对象,该人的行为已构成诽谤罪,作者还在相关地方散发、赠送该小说1 000册,使相关熟人将自诉人与之等同。

过失侵权是指行为人对自己的某一新闻报道或其他作品发表后给他人造成名誉损害,能够预见而没有预见,或虽然预见到却轻信此结果可以避免。过失造成的侵权主要包括三类:一是新闻失实造成的侵权;二是因不注意、不谨慎导致评论失当、用语不准,或暴露他人隐私;三是广播电视等新闻媒体审查不严、把关不慎,使侵害他人人格权的作品得以发表。

3.新闻侵权客体

确定新闻侵权客体原则上适用《民法通则》第120条，即姓名权（名称权）、肖像权、名誉权、荣誉权都构成新闻侵权的客体。新闻侵权行为可以划分为四类：①侮辱，指用恶毒语言或举动损害他人人格，一般不包括具体的事实，一旦涉及事实，也并非虚构或捏造的事实；②诽谤，能捏造事实，散布虚假的足以损害他人人格的言论；③公然丑化他人人格；④宣传他人隐私。

4.更正

近代新闻立法，普遍规定新闻机构更正的义务以及准许不实新闻受害人答辩或辩驳的义务。更正或答辩的义务，就是刊载更正或受害人答辩、辩驳的文字，以澄清事实、说明真相，向相关人及读者致歉义务。确认发生新闻侵权后，新闻单位有更正的义务，更正有利于捍卫新闻真实性原则，维护新闻机构的尊严，调整新闻自由与保护他人人格尊严之间的平衡，保护他人人格权不受侵犯。更正的权利主体限于受害人，更正的义务主体为发表侵权作品的新闻单位。

（二）新闻侵权民事责任主体的范围

发表侵权作品的新闻单位、作者、消息来源和转载转播侵权作品的新闻单位都有可能成为新闻侵权民事责任主体。新闻单位刊登、播出的侵权新闻作品侵害了他人人格权，应该承担民事责任。新闻单位包括报纸杂志社、广播电视台等新闻机构。新闻单位承担民事责任以后，往往对有故意或重大过失的作者给予行政处分或经济处罚。最高人民法院1996年《关于审理名誉权案件若干问题的解答》第6条规定："因新闻报道或其他作品发生的名誉权纠纷，应根据原告的起诉确定被告。只诉作者的，列作者为被告；只诉新闻出版单位的，列新闻出版单位为被告；对作者和新闻出版单位都提起诉讼的，将作者和新闻出版单位均列为被告，但作者与新闻出版单位为隶属关系，作品系作者履行职务所形成的，只列单位为被告。"这一规定意味着新闻单位内作者因履行职务所形成的作品侵害他人人格权的，受害人只能要求新闻单位承担民事责任。只有作者不是新闻单位的工作人员或者虽是新闻单位工作人员但侵权作品不是履行职务所产生，受害人才能追究发表作品的新闻单位和作者的共同责任。在美国，"凡与刊登引起诉讼的材料有关的当事人都有责任"，"从发行人、出版商到一些有影响的编辑部成员，如总编辑、收入丰厚的专栏作家、评论员或其他记者"。

作为新闻侵权作品的转载单位，同样可能承担侵权民事责任，在实践当中，如果受害人起诉转载单位，法院一般都予以认可，并令转载单位承担民事责任，或单独承担民事责任，或与发表侵权作品的新闻单位一起承担民事责任。

对于侵权作品的新闻消息来源，一般认为积极主动提供消息来源的，例如新闻发布会、记者招待会等，所发布的新闻材料内容不实或不当，侵害他人人格权利的，按照《民法通则》的有关规定，其提供新闻材料的行为即可构成侵权行为。

新闻作品内容如不涉及国家秘密或其他重大公共利益，新闻单位可以为作者和消息来源保密，作者也可以为消息来源保密。但是在这种情况下新闻作品发生侵权，就应该由新闻单位或作者承担责任，而未被公开身份的作者和消息来源可以免负责任。美国《纽约时报》就有记者为了保护消息来源，维护新闻工作者的职业道德，法庭上不公开具体的消息来源，被法庭判处藐视法庭罪而入狱。

（三）新闻侵权责任的抗辩事由

抗辩事由，是指被告针对原告的侵权诉讼请求而提出的证明原告的诉讼请求不成立或不完全成立的事实。新闻侵权抗辩，是指新闻媒体作为被告对原告的新闻侵权请求提出的证明原告的诉讼请求不成立或者不完全成立的主张。而新闻侵权抗辩事由，则是新闻侵权抗辩的特定的具体事实。在新闻侵权抗辩的过程中，要把握好舆论监督与新闻侵权的关系、新闻自由与人格权保护的关系、新闻自由与滥用权利之间的关系，过度的权利主张，必然限制新闻媒体的自由空间，从而使新闻媒体无法承担促进社会进步、承担社会公器的职能，进而损害社会公共利益。

1.新闻侵权抗辩类型

新闻侵权抗辩包括完全抗辩与不完全抗辩。

（1）完全抗辩。新闻侵权的完全抗辩，是指能够完全对抗原告的新闻侵权请求权，免去自己的新闻侵权责任的新闻侵权抗辩事由。新闻侵权抗辩事由中的完全抗辩事由包括以下十五种：①事实基本真实；②权威消息来源；③连续报道；④报道特许发言；⑤公正评论；⑥满足受众的知情权；⑦公众人物；⑧批评公权力机关；⑨公共利益目的；⑩新闻性；⑪受害人承诺；⑫为本人利益或者第三人利益；⑬"对号入座"；⑭报道、批评的对象不特定；⑮配图与内容无关和配图与内容有关[1]。

（2）不完全抗辩。新闻侵权的不完全抗辩，是指须具有特别理由或者具体

① 王利明、杨立新主编：《人格权与新闻侵权》，中国方正出版社2010年版，第518页。

条件才能成立并能够完全对抗新闻侵权请求权，或者仅能够对抗部分新闻侵权请求权以减轻被告侵权责任的新闻侵权抗辩事由。不完全抗辩事由包括以下七种：①已尽审查义务；②已经更正、道歉；③如实报道；④转载；⑤推测事实与传闻；⑥读者来信、来电和直播；⑦文责自负。

2.新闻侵权抗辩具体事由

(1)新闻事实真实是最高人民法院司法解释确立的新闻侵权抗辩事由。建立起合理新闻事实真实，应当具有的条件是：①新闻媒体揭示事实的主要经过、主要内容和客观后果基本属实，不是虚构、传言或者谣言等，在主要问题上不存在虚构不实；②新闻媒体确有证据证明，可以合理相信这个事实是真实的；③新闻媒体进行的报道和批评具有善良目的，不具有侵害他人人格权的恶意和重大过失。

(2)权威消息来源。它是抗辩事实不真实的新闻侵权抗辩事由。英美侵权法对诽谤诉讼有特殊报道的抗辩事由，对官方文书和官方人员在某些场合下言论的正确报道免负损害名誉的责任。最高人民法院《关于审理名誉权案件若干问题的解释》第6条规定："新闻单位根据国家机关依职权制作的公开的文书和实施的公开的职权行为所做的报道，其报道客观准确的，不应当认定为侵害他人的名誉权。"这是我国认定权威消息来源为新闻侵权抗辩事由的法律依据。例如，政府机关、司法部门、政党团体公布的事实，新闻媒体对此进行报道，不必进行调查、审查，即使存在事实错误，也不是新闻媒体的责任。

(3)报道特许发言。它是指新闻媒体在报道具有特许权新闻人物的发言时，由于新闻人物具有特许权，即使其发言有侵权的内容，新闻报道也不因为报道该新闻人物的言论而被追求侵权责任。我国的报道特许发言的范围是：①各级人民代表大会代表在人民代表大会上的发言；②各级政治协商会议委员在政治协商会议上的发言；③法官、陪审员、检察官、律师在法庭上的发言；④司法程序中的当事人、证人。因为发言人享有特许权，新闻媒体因此对其报道也有了一个侵权责任的"豁免权"，任何人不得追求其侵权责任。

(4)公正评论。根据我国的实际情况，构成公正评论应当具备以下要件：①评论的基础事实须为公开传播的事实，即已揭露的事实，而不能是由评论者自己凭空编造的事实，也不能是具有明显不真实的事实；②评论须公正；③评论须出于社会和公共利益目的，没有侵权的故意。

(5)满足受众的知情权。知情权是一个完全的新闻侵权抗辩事由。知情权又称为知的权利、知熟权、了解权，是由美国的新闻编辑肯特·库珀在1945年首先提出来的，基本涵义就是公民有权知道他应该知道的事情，国家应该最大限度地确认和保障公民知悉、获取信息的权利，尤其是政务信息的权利。公众知情权，是指公民享有的对社会发生的感兴趣的事情及其发生、发展、变化予以了解和知悉的权利，该权利属于公权利，其相对的义务就是公共媒体，公共媒体负有予以满足的义务。

(6)公众人物。公众人物是指因其特殊地位或者表现而为公众所瞩目的人物，如各级政府官员、主动寻求公众评价的各种公开的候选人、体育艺术明星、因重大不凡表现而影响社会的发明家和企业家等。他们的表现或与公共利益有重大关系，或为大众关心的焦点，因此成为公众人物而自愿暴露在公众面前，因而应对公众的评论有所容忍[①]。公众人物涉及两个问题：一是社会公共利益；二是公众知情权。前者表明，如果公众人物的行为关系到了国家利益或者公共利益，那么这种行为无论是多么隐私，也是一定要让公众知道的，一定要让人民能够监督，否则就会损害社会公共利益。后者则是为了满足公众知情权，因而牺牲公众人物的部分权利内容。不论前者还是后者，都是为了满足或者实现更大的利益，而牺牲作为极少数公众人物的某些权利中的利益。这是法律在利益冲突面前不得不作出的一种权衡和选择，不得已决定由公众人物作出一些牺牲，让他们对自己的一些权利内容造成的损害予以适当容忍。

(7)批评公权力机关。我国的公权力机关应当接受人民群众的监督，新闻媒体进行监督，开展新闻批评，是依法行使新闻监督的权利，即使存在过失，造成批评的事实失实，新闻媒体也不应该承担侵权责任。

(8)公共利益目的。公共利益目的，就是关系到不特定的多数人利益的目的，以此作为新闻侵权的抗辩事由，应当具备的要件是：①须具有公共利益的目的，而不是其他不正当的目的，更不得具有侮辱、诽谤或者侵害他人人格权的非法目的。②须没有有损于他人人格的语言和言辞，不得借公共利益目的之机而侮辱、诽谤他人。

(9)新闻性。对于新闻图片报道，如果利害关系人主张侵害肖像权的新闻侵权责任，新闻性是最好的抗辩，也是完全抗辩。新闻性作为抗辩事由，主要在于两个方面：第一，在公众视野中具有新闻性的人物，例如元首、政治家等，凡具有新闻兴趣的人皆不得主张肖像权和姓名权；第二，具有新闻性的事件，例如在公众视野中参加集会、游行、仪式、庆典或者其他活动的人，由于这类活动具有

---

① 王利明、杨立新主编：《人格权与新闻侵权》，中国方正出版社2000年版，第651页。

新闻报道价值,任何人在参加这些社会活动时,将允许其肖像和姓名、名称用于宣传报道,不得主张肖像权和姓名权、名称权。

(10)受害人承诺。也叫做受害人同意或者受害人允诺,是指受害人容许他人侵害其权利,自己自愿承担损害结果,且不违背法律和公共道德。这种承诺是侵权行为的一般抗辩事由。

(11)"对号入座"。对号入座是指作品中所报道或者描写的人物本不是原告,而原告强硬地根据自己的特征与作品中的人物的特点和特征挂钩,主张文中登载的人物就是本人,诉求新闻媒体承担新闻侵权。

(12)批评、报道对象不特定。构成报道、批评对象不特定,应当具有的要件是:①报道、批评的对象是一群人或者一类人,不是特定的人。②一群人或者一类人不能合理地理解为指其中的一个人或者特定的几个人。③报道或者批评没有侵害特定人的故意或者重大损失。

(13)已经更正、道歉。已经更正、道歉,是新闻侵权的正当抗辩事由,但是由于更正、道歉义务的性质不同,因此,已经更正、道歉作为抗辩事由的效果不同。分为完全抗辩的更正、道歉,不完全抗辩的更正、道歉。

(14)读者来信、来电和直播。一般认为,新闻媒介和出版机构发表读者来信、来电时或在直播节目中,以适当的方式声明相关的内容尚未得到证实,并且在利害关系人提出异议后,及时发表其答辩意见或者及时进行更正道歉的,不应认定为新闻媒体和出版机构构成侵权。

(四)新闻侵权损害的救济方式

新闻侵权损害的救济方式包括非财产性救济方式与财产性救济方式。《民法通则》第120条规定:"公民的姓名权、肖像权、名誉权、荣誉权受到侵害的,有权要求停止侵害、恢复名誉、消除影响、赔礼道歉,并可以要求赔偿损失。"在上述侵害人格权民事救济方式中,停止侵害、恢复名誉、消除影响和赔礼道歉为非财产性方式;赔偿损失则是财产性方式。英美诽谤法对侵害名誉、隐私的非财产救济方式主要有两种:一是撤回,二是来函照登。来函照登亦是答辩权,是指当原告的名誉受到诽谤时去函请求刊发更正启事,以恢复名誉。美国一些州的法律中包含有收回条款,该条款要求出版商作出措施以减轻因其污蔑性报道而造成的危害。大多数收回条款要求出版商承认该污蔑性报道是虚假的,并就此报道进行道歉,该收回回应必须是及时的、明确的,并需与原先的污蔑性的报道达成同等显著的程度。

(1)停止侵害。停止侵害包括两种表现:一是在新闻侵权行为已经发生,尚未停止，继续造成损害时，令行为人停止其侵害行为，以缩小损害范围、减少受害人的损失；二是在包含有侵害他人人格权内容的新闻作品未刊登、播出之前，作品涉及的相对人请求其不要刊登播出，以阻止其传播。

(2)恢复名誉、消除影响、赔礼道歉。在新闻法上，通常将行为人履行这种义务的方式称为更正与答辩。

(3)损害赔偿。损害赔偿是指对新闻侵权导致的损害结果给予经济上的补偿，属于财产性的救济方式，世界各国对人格权的保护采取非财产性的救济方式及损害赔偿并用的方式已为通例。侵害人格权造成的非财产损害不应局限于受害人的精神痛苦，还包括侵权行为导致的受害人名誉的减损、信用的降低、他人的非议歧视和误解、不利于受害人的社会关系变动等其他非财产上的损害。

(4)财产损失的赔偿。财产损失的赔偿包括直接财产损失和间接财产损失，前者指因侵权行为导致的受害人的财产的直接支出；后者是因新闻侵权行为导致不利于受害人的社会关系的变动和其他不良后果引起的受害人本可获得的财产利益的减少或失去。

在美国，成功起诉发行人或广播公司的原告可以得到3种赔偿：补偿性或普通赔偿金，特殊或实际性的赔偿金，惩罚性的赔偿金，在原告不能够显示其受到的实际伤害的情况下是不能得到惩罚性赔偿金的。补偿性或普通赔偿金是为了补偿原告在名誉上所受到的损伤，赔偿主要是以原告所受到的羞辱、羞耻，尴尬和精神上的压力为依据的。特殊的或实际赔偿是用来补偿因由诽谤性陈述而遭受的可以证实的物质损害。特殊赔偿金一般指诽谤案件中一段时间内受到财产、商业、贸易、职业和房屋占用等损失。惩罚性赔偿金指用来惩罚发行人或广播公司传播诽谤性的陈述，惩罚性的赔偿金是为了威慑他人而相对较高。

二、新闻侵害隐私权与抗辩事由

隐私权是19世纪在美国发展起来的，1890年之前，美国法庭没有意识到隐私的权利，直到1888年，库里法官才将隐私定义为“不要去打扰的权利”。1890年沃伦和巴拉迪雷斯所写的题为《隐私权利》的文章在《哈佛法律评论》发表，文章写道，瞬时摄影和报业公司已经侵入到了私人和家庭生活的神圣领地，无数的机器设备威胁到"在封闭的房间里小声说话将被房顶的设备宣称而去"[①]。

隐私权中所显示的是自由主义的自由概念的核心,这一概念是在18世纪末以及主要是19世纪的资产阶级社会中发展起来的。处于自由主义的自由观念核心地位是:人是自主的主体,即个人自己,他或她对自己及其不对他人构成干预的一切行动具有绝对的主权。与保护生命、身体和精神完整性以及法律人格的权利一道,隐私保障了对人的个体性存在的尊重。任何人都不仅有权以物质、精神和法律的形式存在,而且还有权得到对其特殊的、个人的本性、外形、名誉和声誉的尊重[②]。

隐私权是自然人对于私人空间和通讯秘密自主支配、不受侵扰,私人生活和家庭生活自主决定、不被侵犯秘密,私人信息自我控制、不被非法利用的自由权。隐私权是个体性的权利,保护的是个人精神追求的自由和安宁,是人格权范围内的自由权[③]。个人隐私权包括个人信息的控制权、个人活动的自由权、私有领域的保护权和权利主体对其隐私的利用权。普通法保护个人的一些隐私不被侵犯,而《联邦隐私权法案》和其他州的法律保护私人信息不被政府滥用。

隐私权作为一种人格权是宪法和民法都应该加以保护的权利,个人隐私利益的保护既存在于个人社会角色与个体价值的冲突与平衡中,也体现在作为政治国家的成员个体自治与国家管理之间关系的协调,所以民法和宪法对隐私权的保护都是必要的。宪法隐私权主要保护个人自治和国家公权力的对抗关系,在于限制国家公权力的行使不要侵犯个人的隐私利益,针对的是公权力;而民法隐私权主要保护平等主体之间侵权与利益平衡关系,针对的是私权利。

新闻侵害隐私权一般是新闻媒介不当采制、刊播有关他人隐私的内容引起的,根据新闻侵权民事责任构成的一般原则。新闻侵害隐私权包括有侵害隐私权行为、损害结果、行为与结果的因果关系以及过错等四个构成要件。

(一)新闻侵害隐私权的行为

新闻侵害隐私权行为是指新闻单位和新闻从业人员在新闻作品的采访报道中,未经他人同意,侵扰他人居住安宁和人身自由,披露他人与社会公共生活无关的个人信息和个人事务,造成他人损害的行为。

---

① [美]肯尼斯·克里奇:《电子媒体的法律与管制》,王大为等译,人民邮电出版社2009年版,第279页。

② [奥]曼弗雷斯·诺瓦克:《民权公约评注:〈公民权利和政治权利国际公约〉》,毕小青等译,生活·读书·新知三联书店2003年版,第286页。

③ 王秀哲等:《我国隐私权的宪法保护研究》,法律出版社2011年版,第24页。

1.我国新闻侵害隐私权类型

根据表现的不同,我国新闻侵害隐私权又可以分为新闻采访侵害隐私权行为与新闻报道侵害隐私权行为。

(1)新闻采访侵害隐私权行为,指未经被采访者同意,采取非法手段接近被采访者获取新闻,则可能构成对他人隐私权的侵犯。常见的侵害隐私权的采访方式有:①窃听电话(Wire Tapping)。少数记者为了获取隐秘材料,在被采访者不知情的情况下偷录他人谈话作为报道材料,构成对隐私权的侵犯。②监视。记者对新闻人物穷追不舍,拍摄其行为,对人身自由和正常生活空间的侵犯。③侵入住宅。公民的住宅不受侵犯,记者未经允许强行或秘密进入他人住宅应属非法。所谓私人住宅的范围,不仅包括居住场所,私人的办公室,私人游乐、饮宴、就医以及交谈的场所均属于个人私生活领域。④私拆信件以及偷窥他人其他文件资料。一般认为,公民的隐私权仅仅指合法的个人事务,违法犯罪行为不应该成为隐私权保护的范围,记者有权对他人的违法犯罪行为进行揭露,即使记者调查违法犯罪行为和方法触及违法者的隐私,所获取证据的合法性有待进一步审查,但违法者也不得指控记者侵害其隐私权,这一点在隐性采访的过程中经常出现,记者不得不通过隐性采访获取一些违法犯罪的新闻素材。

(2)新闻报道侵害隐私权行为,就是新闻媒体和作者违背当事人意愿,在新闻作品当中公开披露当事人与社会公共生活无关的个人信息、个人事务及其他私生活情况,造成精神损害的行为。新闻报道侵害隐私权主要有以下这些情况。①未经当事人同意,公开流氓、强奸等性犯罪案件受害人的姓名、地址和其他足以使人辨认的特征。②未经许可公开当事人已经成为历史的违法犯罪历史及其他不光彩的经历。③不当公开他人财产状况、家庭生活、生理缺陷、疾病史等个人隐秘。④不当挖掘、渲染名人婚恋情况。⑤对他人婚外情、婚外性关系的不当公开。

2.美国新闻侵害隐私权类型

美国传统的方法把隐私权分为专用权、侵扰、令人窘迫的事实和虚假信息[①]。

(1)专有权。它包括以商业目的使用某人的名字、照片,或者肖像为产品做广告,用在出售的文章中或者为一个公司的名字增加"光彩"之前,就有可能侵犯专有权。

(2)侵扰。这种形式的隐私侵权包括一个个体对另一个个体的隔离区域或

①[美]肯尼斯·克里奇:《电子媒体的法律与管制》,王大为等译,人民邮电出版社2009年版,第280页。

私人事件的侵扰，美国《第四修正案》保护美国免受政府不合理地调查和抓捕，民事法保护免受彼此的侵扰。侵犯的例子包括不合理的调查，交谈中的偷听，照相机、望远镜或其他设备的监视，电话的骚扰，偷窥室内的情况和窃听器窃听。在有新闻价值的事件中运用新闻报道、照片或者个人的录像带都不被视为侵犯。

随着技术的进步，无数的使用者可以接触到个人信息，从商业到法律执行代理，组织可以轻易地获取关于一个人的财务、法律和医疗历史、拘捕记录等私人信息。根据1968年《综合犯罪控制与街道安全法》，装窃听器，偷听和其他第三方监控都是禁止的，1986年《电子通信隐私法》通过，给电子传播提供了第三方控制和干预保护，联邦和州法律禁止暗中记录私人之间的电话和会议，包括有线或无线电话会议，电子邮件，卫星传输和计算机数据。然而，反恐战争导致了政府提供的个人保护水平下降，2001年《爱国者法案》的通过和2006年的修正，在搜寻可能与恐怖分子活动有关的个人信息里面，给了联邦政府广泛的权力。在许多州，个人没有通知其他方这个对话被记录而记录他们的私人电话是合法的，播出这些记录是另一回事情了，FCC认为播出者应该通知个人，他们的电话将被播出，相似地，如果电话被现场播放，FCC认为播出者应该通知打电话的人你们正在“广播”，所以如果他们反对播出，允许他们挂掉电话。

(3)令人窘迫的事实。诽谤是虚假信息的传播，但是隐私的侵犯可能包括真实但是令人困窘的信息的公布。这些事实传播给公众，他们在本质上是私人的(而不是有新闻价值的)，他们对于一个理性人而言是很反感和被反对的。例如，一个叫威廉·詹姆斯·西德斯的神童，1910年哈佛大学毕业，当年16岁，得到媒体的普遍关注，但是，西德斯后来成为一个隐遁者，不能达到这样的智力应该达到的期望。1937年《纽约客》杂志刊登了题为“他们现在都在哪？”的文章，揭露了西德斯的平凡的个人生活，虽然文章的语气充满了同情，但是西德斯提起诉讼，认为报道他的不成功生活侵犯了他的隐私。法院认为：“大家都应该承认在某种程度上公众对于信息的获知兴趣会超过个人对隐私保护的愿望。”认为西德斯是公众人物，即使他第一次获得媒体关注是20年前的事情，但是认为这个故事有合理的新闻兴趣，这就是“西德斯规则”。但是，1964年的一家报纸刊登了格雷汉姆从集市游乐场出来的照片，这个44岁家庭主妇的裙子被喷气式飞机吹到了头部，她的大腿和内裤暴露了出来，虽然这幅照片来源于公共场所，但是亚拉巴马州最高法院认为这张照片冒犯了谦虚和庄重的价值观，它暴露了一个公众没有合法权利专注他人的私人信息。

(4)虚假信息。虚假信息也构成民事侵权行为,即便这种信息是对某人的褒奖,例如,一个未经授权的传记把华仑·斯帕恩描写成一个战争英雄,这种伪造的信息使他造成极大的精神压力,极大地冒犯了个人,斯帕恩起诉并胜诉。扭曲事实有时候对于个人也是伤害极大的,例如,当一个华盛顿特区的电视台主播报道说:“200万美国人有疱疹,它无法治疗”时,镜头对着邓肯女士,然后新闻画面结束时,邓肯女士沿着街道走远了,法院判决认为邓肯女士确实被不正当地拍摄了,后来此则新闻已被重新编辑,没有行人出现在片子中。

(二)新闻侵害隐私权的损害结果及行为与结果之间的因果关系

新闻侵害隐私权的损害结果主要有:①精神损害。侵害隐私权造成的受害人的精神损害,是指因隐私被公开、私人领域被侵入给受害人造成的精神上的羞辱、苦恼、愤怒、忧郁、不安、恐惧等不良后果,是一种非财产的人格损害。人格损害可以分为外在的人格迫害和内在的人格迫害两个方面,精神损害属于内在的非财产人格损害。侵害隐私造成的非财产损害还有外在的表现,如周围人对受害人产生误解、鄙视、冷淡、疏远以及因此而造成的不利于受害人的生活关系的变动,例如被解雇、被解除婚约等。②财产损失。侵害隐私权的损害结果也包括受害人因此造成的财产损失,受害人因精神损害所致疾病的医疗费用、误工收入以及因隐私被公开而被解聘或退婚等造成的财产损失均可包括在内。

新闻侵害隐私权行为与损害结果之间应该具有明确的因果关系,一般来说,侵权行为造成的精神损害结果是不证自明的,无需受害人举证。而侵权行为造成的医疗费用、误工收入等直接财产损失和被辞退等间接财产损害,则需要行为人对此进行举证,阐明因果关系。

(三)新闻侵害隐私权行为人的过错

新闻侵害隐私权可由行为人主观上的故意和过失造成的,故意侵害隐私权主要发生在新闻采访过程中,记者对他人住宅和其他私人生活空间的侵入。行为人主观上的过失一般表现为不了解隐私内容的发表是否取得当事人的同意,对保护隐私权的法律规定了解不够,转载其他报纸杂志的文章等。

(四)新闻侵害隐私权民事责任的抗辩事由

新闻媒介侵害隐私权民事责任的主要抗辩事由就是满足受众的知情权和社会公共利益。受众的知情权包括如下几个方面:①对国家政治活动、政治事务的知情权。这部分又称为知政权,是指公民依法享有知道国家的活动、了解国家事务的权利,国家机关及其工作人员有依法向公众公开自己活动的义务。②社会知情权,是指公众有权知道社会所发生的、他们所感兴趣的问题和情况,有权了解社会的发展和变化。③对个人信息的知情权,是指公民对自己的各方面情况的了解权。

西方新闻界和法律界关于新闻侵权的抗辩事由,最广泛接受的是“公共利益”和“新闻价值”学说,对于普通公民、政治人物、社会知名人士的隐私权的界限和范围各有不同。具体来说,要区别如下几个方面:①划清一般公民与政治人物的界限。根据知政权的要求,公众有权了解政府官员的出身、年龄、学历、经历、道德、能力等各个方面的情况,这是因为政府官员特别是高级官员对公共事务负有特别的责任,他们的经济、政治和社会活动乃至家庭生活都与公共利益有关。对高级官员的隐私范围的限制包括四种情况,一是其私有财产状况可以公开,二是其私生活中的某些不良行为和不道德行为不能算作隐私,三是其才能方面的情况可以公开,四是政府官员尤其是高级政府官员的某些家庭成员的私生活也不能属于隐私范围。②划清普通公民与社会知名人士的界限。社会知名人士指的是因特殊才能、成就、经历或其他特殊原因而为公众熟知的重要社会人物,包括著名的科学家、艺术家、影视明星、体育明星、著名企业家、社会活动家以及其他在各自领域里获得很大成功的人。这些社会知名人士所从事的活动一般都与社会公共生活有关,并且构成了社会公共生活的一部分。一般来说,社会知名人士受保护的隐私范围比政府官员要大一些,对与社会公共利益无关的个人私生活,如婚恋、家庭生活和心灵创伤等,未经许可不应随意公开。③划清普通人在正常情况与特殊情况下的不同的隐私范围。普通人有些本来纯属私人事务的情况,在一定情况下与社会公共生活发生联系,而不成为隐私。这主要是指普通人的所作所为违反了法律或对社会公共生活产生影响、造成损害的情况[①]。

1974年美国《联邦隐私权法》需求保护个人储存在政府文档中的信息不被滥用,政府代表人在使用某些关于个人信息内容时必须得到当事人许可。当然,隐私权也有免除责任的条款,它事先声明国家法案和在战争时采取的一些情况影响个人隐私,执行法案的代表和CIA能够进入个人信息库进行操作。法案中披露有11种免责条款:①记录这些信息的高层和雇佣者能够了解这些信息,这是他们的职责;②如果自由权信息法案要求披露信息,那么信息可以公开;③信息可以为正常用途使用;④信息在人口普查时可以被披露;⑤信息可能给予那些能确信代理人,只是要来作为统计用途,而不是用来确认特定某些人;

① 王利明、杨立新主编:《人格权与新闻侵权》,中国方正出版社2010年版,第612页。

⑥如果信息记录有国家历史价值，也可能提供给国家档案部门；⑦信息可以给法律约定代理处；⑧资料披露需要提供个人要求的信息；⑨如果国会需要信息可以提供；⑩信息可以提供给普通会计师事务所；⑪信息也可以提供给法院。

另一个辩护理由是采访对象对于报道的事先允许，采访对象没有理由起诉媒体。例如《华盛顿邮报》刊登了一篇吸食海洛因上瘾的文章，里面包括一张莫妮卡·李特尔的照片，李特尔用了假名接受采访以防家人知道她是一个上瘾者，但是这张照片破坏了匿名计划，继而起诉《华盛顿邮报》，法院认为，公众的关注支持了吸食毒品风险和吸食毒品上瘾的正确的信息传播，她在接受采访的时候就已经放弃了她的隐私权。

三、新闻侵害名誉权与抗辩事由

新闻侵害名誉权行为是指行为人通过大众传播媒介刊载、播出有损特定人名誉的文字、语言、图像的行为。英法美将侵害名誉统称为诽谤，诽谤分为文字诽谤(Libel)和口头诽谤(Slander)两种，口头诽谤是以口头或其他短暂形式进行的，文字诽谤则是以文字或其他永久形式进行的。报纸和其他的出版物上的文字、漫画、连环画、新闻照片含有毁损他人名誉，并致他人损害的属于文字诽谤。英国1952年《诽谤法》认为广播电视中播放的诽谤性言论事先有文稿然后才有口头表达，应算文字诽谤。另外，根据美国一些州的法律，各地电视台、广播电台能够控制的节目内容致他人的名誉损害，视为文字诽谤，而无法控制的节目内容毁损他人名誉，只可视为口头诽谤。纽约州《刑法》1 340条给诽谤的定义是："怀有恶意出版文字、印刷品、图片、画像、标记或其他非口头形式的物品，使活着的人或对去世的人的追忆受到憎恨、藐视、嘲笑或指责，使他人受到孤立或有受到孤立的倾向，或使他人或任何公司、社团在经营上或职业上的名誉有受到损害的倾向，皆为诽谤。"

(一)新闻侵害名誉权

新闻侵害名誉权行为的构成要素有三：一是行为人实施了传播有损他人名誉的内容的行为；二是所传播的内容有特定的指向；三是所传播的内容具有"诽谤性"，即行为具有非法性。

第一，行为人通过大众传播媒介实施了传播有损他人名誉的内容的行为。大众传播媒介传播侵权内容一般是以文字(登报、出书)、图像(播放电视、电影，发行录像带，报刊上刊登图片等)、语言陈述(广播播音、电视伴音等)方式进行。

第二,行为人传播的内容有特定的指向。新闻侵害名誉权的特征是以大众媒介刊载、播出的内容侵害特定人格权,因此,新闻侵权行为必须有特定的侵害对象,行为人传播的内容特定的指向并不限于指名道姓,如侵权作品所用的称呼或陈述的方式,或任何其他特征和背景情况足以使一般人合理推知其所指为某一特定人时,即可构成特定的指向。在《纽约时报》诉沙利文案中,“南方的激进主义者”足以证明L.B.沙利文就是《纽约时报》的诽谤当事人。我国某知名足球评论员就国家足球队时任主教练工作发表评论,“说真的,你比前任差不多了……可是你呢?把人家搞成了宫外孕,回到单位弄成丑闻,你却缩头乌龟了。人家也被撤销了国家队首席跟队记者的身份了,落得个鸡飞蛋打。搞得很多粉丝还十分纳闷十分想念,因为很久在国家队的报道里看不见她的倩影了。”某记者遂诉至法院,认为披露了其隐私,捏造了性丑闻,赔礼道歉并赔偿其名誉权损毁的精神抚慰金50万元。法院认为侵权的行为难以成立,驳回上诉,理由是文中的具体身份信息不排他地、特定地、唯一地指向某记者,“宫外孕”系个人隐私,他人是否患有“宫外孕”难以排他性的确认,因此,法院驳回诉讼请求。

第三,行为人传播的内容有损特定人的名誉。侵权作品损害特定人的名誉,一般是指通过对特定人某一方面或某几个方面的社会表现的不当描写造成的。构成侵害名誉权的不当描写通常有以下几种情况:①错误地认定他人犯罪或违法;②错误地指责他人行为违反社会道德,社会道德包括社会公共道德与职业道德规范;③错误地贬低他人才能;④错误地指称他人具有不正当的政治信仰或政治表现;⑤错误地贬低法人的商业信誉;⑥以侮辱性的言词贬低他人人格;⑦新闻的摄影、录像、图画不真实、丑化他人形象,贬损他人人格。

在美国,诽谤是指出版物或广播节目的内容侵犯了他人的名誉。吉尔默和巴隆将诽谤定义为“存在诽谤性的、错误的、恶意的,或者疏忽性的出版物,故意公开对他人仇恨、藐视或嘲笑,造成他人被排挤”[①]。美国将诽谤作为《第一修正案》的条款,从而维护了自由话语权和保护了个人及公司的名誉权之间的平衡。

直接诽谤不需要将被称为诽谤的词太具体化,只要普通读者或听众认为原告卷入了损害名誉的活动即可。例如唐纳德诉华盛顿邮报公司(Washington Post Co.)的案件时,当《华盛顿邮报》错误地报道麦克·唐纳德被指控谋杀时,《华盛顿邮报》被判诽谤。无证据地说一个人是酒鬼或者不道德,淫荡或者精神不正常,或者虚伪、胆小、骚扰女性、有“婚外恋”、不公正或者做了不光彩的事,这

① Donald M.Gillmor and Jermome A.Barton ,*Mass Communication Law,4th* ed.St. Paul: West Publishing, 1984:185.

些都被视为诽谤。

间接诽谤就是词语暗含诽谤之意,间接诽谤在基本法里面的典型案例就是报纸错误地报道一个新婚妻子生了孩子。某人烧毁自己的房屋的言论本身不构成诽谤,但是如果这个言论可以证明他这么做是为了骗取险金,那么此时言论被视为诽谤。

作家格文·戴维斯·米切尔因为一部小说输掉了诽谤官司,尽管她的小说《触摸》的人物外貌特征与原告并不符,加利福尼亚法院判决有足够的相似点确定身份,最终认定此小说为诽谤。法庭表明,只要一名读者认为小说中的人物就是真实言论中的原告,就足够形成身份证明。

诽谤的伤害来自出版,出版以不同的形式出现,如杂志、新闻报道、电台或电视台播报、互联网上的帖子,街道散发的传单或者办公室秘书的备忘录等。记者、编辑和出版商都可能被牵连到诽谤案中,这种连带责任的前提是编辑和出版商没有承担其审查的责任,而同意了记者可能导致诽谤的工作。个人和公司是通过网络发布和传播诽谤信息的主要责任者,但是,单纯的信息传输服务公司被给予了诽谤豁免。

(二)新闻侵害名誉权的损害结果及行为与结果之间的因果关系

(1)新闻侵害名誉权的损害结果。损害结果是侵权责任的必要条件,侵权行为是只给确定的对象造成确定的损害,才有可能承担侵权的民事责任。①名誉损害。名誉是社会对特定人的特征和表现的公正评价,名誉损害则是指因侵害名誉权行为造成的特定人正当的社会评价的降低,是人格损害的一种表现。②精神损害。人格损害的内在表现就是受害人的精神损害,它是指行为人侵害他人的人格权而导致的受害人在生理上、心理上和精神上遭受的创伤和痛苦,是自然人特有的一种损害表现。新闻侵害名誉权造成的精神损害,是指受害人因新闻侵权行为而遭受的心理上的悲伤、失望、忧郁、愤怒、仇恨、羞辱等精神痛苦和折磨。③财产上的损失。这种财产损失既包括财产上的直接损失,也应包括财产间接损失,即可得到利益的丧失。

(2)行为与损害结果之间的因果关系。新闻侵害名誉权与损害结果因果关系的必然要求表现在两个方面:第一,只要有行为就必然要造成损害,如名誉损害的发生;第二,如果没有行为则必须不会产生损害的结果,如精神损害和财产损失。法律上的因果关系的另一个特点是因果关系的多样性,既存在一因多果,又存在多因一果,新闻侵害名誉权致人损害更复杂的是多因一果的情形。

(三)新闻侵害名誉权行为人的过错

依行为人心理状态的不同表现将过错行为分为故意和过失两种,故意是行为人已经预见到损害结果可能发生,却希望或放任其发生。过失是行为人对损害结果的发生应该预见却因疏忽没有预见,或虽已预见却轻信可以避免的心理状态。

民法上的过失可以分为疏忽大意的过失和过于自信的过失。不管是哪一种过失,行为人在意志上都不希望或放任损害结果的发生,即结果与意识相违背,这是过失与故意的区别所在。民法上将过失分为重大过失、轻微过失和一般过失。在报道涉及公务人员和与公共利益有重大关系的事件的时候,行为人主观上只有存在重大过失或故意才应承担民事责任,以保护公民合法的民主权利和舆论监督的正当进行。

(四)新闻侵害名誉权的抗辩事由

被控告方可以通过三种情况为自己辩护,其"诽谤性陈述"是真实可信的;其"诽谤性陈述"是豁免特权保护的;或其"诽谤性陈述"是对政府官员或公众人物公开行为的公正客观的评论。

(1)真实性。关于陈述的真实性,进行自我辩护的被告并不需要逐字逐句地证实指控的每一个方面,但是能够证明其陈述大体符合事实。例如报道称某人犯下"抢银行的勾当",但是事实上他虽不是主导者,也参与了抢银行的过程,是共犯,那么此新闻报道则大体属实。

(2)豁免权。豁免权有两种:绝对豁免权和资格豁免权。绝对豁免权适用于政府机关、法院以及执行公务的政府人员,官方的法律诉讼过程中的诽谤性言论是不能被起诉的。同样的,广播和电视中播出的政治性活动也属于绝对豁免权的范围。资格豁免权是确保媒体拥有报道公共事务的权利,其潜在的基本原则就是公众对公共议题拥有知情权,前提条件是这些报道必须是真实准确的。在普通法中,记者有权客观公正地报道任何政府级别下的任何公共或官方的会议,会议的过程和发布文件中的内容同样可以被公开发布。像官方逮捕记录、审讯记录和其他形式的地方或州的公共记录上的信息同样受到豁免权的保护。为了使豁免权有效地保护被告人的利益,普通法的"精确公正报道"的原则也同样在豁免权中使用。但是,当《花花公子》杂志报道联邦海关调查员塞尔玛·托雷斯的犯罪记录时,他们使用了过期废弃的记录,从文章的发表到一审判决的4个月里,托雷斯接收了新的审判并被宣告为无罪释放,《花花公子》没有准确地报道托雷斯的行为而输掉了官司。

(3)公正评论。有关公正评论的辩论通常都会牵涉对公共利益的真实表达。

(4)中立报道。美国一些州承认中立报道具有豁免权,这种豁免权保护所有公共辩论中反对社会公众人物的准确而中立的报道。本质上说,中立报道为那些确信自己对某些社会名人的报道及评价是准确的记者们提供了免受诽谤制裁的途径。

(5)免诽谤说。对道德品质和忠诚的疑问无疑是最直接的诽谤了,然而法院有时会考虑原告之前的名声再决定是否提起诉讼。这些条款在卡瑞狄罗诉讼双日公司(Doubleday Inc)的案子中被公布实行的。二级巡回法院规定,当一个人已经被判有包括共谋罪的多项罪行,他的名誉已经不被声称其参与抢劫银行或者试图操纵一场赛马比赛而受到进一步的破坏。北京某时报农资专刊登载的《坐看商海涛涛,静观形势大潮》一文是对某农资公司董事长李某的专访,李某在专访中提到梅某"被逮捕,蹲牢房",而事实上梅某因私刻公章、伪造确认函等涉嫌合同诈骗被先后刑事拘留,梅某对此也供认不讳,拘留期满后采取了取保候审措施,并在期满后,解除了取保候审。梅某认为时报捏造事实,严重侵犯了他的名誉权。一审认为"被逮捕"严重失实,某时报和李某承担民事侵权责任,二审法院认为,充分考虑文章作者非从事法律的专业人员,对拘留、逮捕和蹲牢房等强制措施的认识与专事法律的人员无法相比的情况,认为对报道词不应苛刻,并以此为基点驳回了梅某的诉讼请求。

(6)意愿。意愿表达是对诽谤控诉的一种轻度防卫,一份同意刊登声明的手写声明可被视为完全防卫,在其他时候,意愿也可能减轻伤害以及真实危害的控告。

(7)宪法保护。1964年《纽约时报》案之前,对诽谤案的判决依据是各种法律规定。对公职官员的批评,宪法保护扩大了豁免资格的范围,它的依据是《第一修正案》保护媒体自由并坚信我们选举出来的官员应该是接受公众批评和监督的。媒体在报道公职官员,公共人物和公共议题方面得到了很大的自由,宪法保护规定,个人名誉必须让位于宪法规定的新闻报道自由,即使该报道是虚假的。

我国学者也认为,舆论监督与政府官员和政府机构的名誉权之间的冲突,不仅是权利上的冲突,其实质是公民的民主权利与政府机构或官员的公共权利之间的冲突。我国宪法第41条规定,公民对于任何国家机构和国家工作人员都有提出批评和建议的权利,这种监督具有两种意义,一是监督与制约公权力,二是维护和促进个人价值[1]。基于舆论监督侵犯名誉权问题,法律应限于惩罚那些对现存秩序可能造成或已经严重危险的故意捏造的失实言论,余者的不良影响可以通过"更多的言论"去消除,因为官员比公民有更多的机会或者更容易利用某些制度外的手段为自己辩护,消除不良影响。

宪法保护取代了先前公正评价的普通法保护,并将举证责任从被告方转移到原告方。1964年后的案件裁决规定,原告必须提供其起诉的诽谤性报道为虚假的证据。公众人物原告还必须证明对事实的误述是建立在真实恶意的基础上的。最高法院在《纽约时报》诉沙利文案中将真实恶意定义为"了解该声明是错误的或极度蔑视该声明真实与否"的基础上的报道。《纽约时报》诉沙利文案中,授予媒体面对公职官员对其提出的诽谤起诉时更多法律保护,布坎南法官陈述了法庭的意见。我们一直以来坚信公众问题的言论自由受到《第一修正案》的保护,我们已经表明,"是为了保障思想不受阻碍地自由交流,从而达到人们所期待的政治、社会的演进"。"尽管并非一直非常完美,但能够对所有公共机构,自由表达个人的看法,是美国人最为羡慕的权利。"美国一直坚持对公共议题的讨论应不受禁止、具有活力、公开透明,以对政府和公职人员可以进行激烈、甚至有时尖锐地抨击。宪法要求公职官员不能针对发表与公务行为的诽谤性不实言辞要求得到损害赔偿,除非他能够证明有关言词是出于"真实恶意"。

1974年戈茨诉罗伯特·威尔士公司(Robert Welch Inc)案后,法院放权给各州来制定个人诽谤的责任判定标准,该标准不应要求证明"真实恶意",而应该使用较低要求。现在,20个州、哥伦比亚特区以及波多黎各都在个人诽谤行为中选择了漠视标准(Negligence Standard),其定义非常简单,当出版商或广播公司在没有实现"应给予的注意"时,疏忽便可能出现。美国大部分州采取漠视标准,只有少数几个州依然采取真实恶意标准。在《纽约时报》案中,如果公众人物想在诽谤案中胜诉,必须提供证据说明,媒体使用了完全无视事实真伪的错误信息。

我国对于侵犯公众人物名誉权大多以主观上"实质恶意"为判断标准,2007年9月,范某发现通过百度搜索引擎,在输入"范某"点击新闻和百度一下后,会出现百度新闻的相关页面,该页面右下角有"范某整容"暑期特别奉献的广告内容,点击广告进入北京某医院的网站。范某遂诉至法院称,其从未授权北京某

① 侯健:《舆论监督与名誉权问题研究》,北京大学出版社2002年版,第6页。

医院使用其名称发布任何形式的广告,北京某医院捏造其整容这一虚假情况,刊登广告"范某整容"特别奉献以提高点击率,导致公众误以为其在该医院整过容,而且点击该页面进入某医院主页下的妇科炎症栏目,导致公众将其与妇科炎症相联系,给公众造成不良影响。某医院辩称该医院与河北籍范某有医疗合作关系,发布广告中的范某不是演员"范某",而是河北籍女子范某。法院认为医院无法证实范某为河北籍范某,而且医院相关网页中出现了演员范某的照片,并配有文字"想变成范某吗"等内容,客观上对范某的人物形象造成负面影响,从而使范某的社会评价降低,某医院已经构成对范某的名誉侵权。从法理上讲,对于公众人物提起的名誉权之诉,应该以实质恶意为标准。整容手术具有不安全性和危险性,北京某医院为了商业利益,在未经本人同意,也未核实相关事实的前提下,擅自利用范某的名人效应宣传整容项目,为了一己之利而捏造、散布虚假事实的做法,具有明显的主观恶意①。

在美国,如果诽谤言论是以幽默的形式刊发的,它将作为观点的表述而被法律保护,如果所用的语言不实事实的诽谤,社论漫画、政治讽刺作家和其他一些幽默家在面向社会发表他们的看法时,又是很宽容的,那么夸张等修辞手法可被认为作者的观点而受法律保护。

通常来说,在美国,如果互联网服务不是针对用户上传的编辑把关人,法律普遍降低在线服务商的责任。在美国的具体法律裁决中,国会把互联网提供商定为"真实多样政治言论的论坛,文化发展的独特机会,多重渠道的智力活动"。美国把政府对于互联网的管理权限制到最低程度,同时打击处罚那些通过电脑非法进行淫秽买卖、曝光他人隐私、骚扰他人等行为。

四、新闻侵害肖像权与抗辩事由

肖像权是指公民的个人形象通过摄影、造型或其他形式再现所享有的专有权以及不受非法侵害的权利。关于肖像权的客体,学界有不同的看法,有学者认为,肖像是个人形象以图画影像等方式的客观再现,因此,肖像仅指形象的再现,而不是形象本身,这是学术界的主流观点。另有学者认为,肖像权的客体是肖像,而肖像是与人身不可脱离的外部形象,包括容貌和体貌。因此,肖像权属于物质性人格权而不是精神性人格权。肖像与映像不同,映像是肖像的反映,

---

① 朱江主编:《名誉权卷——北京市第二中级人民法院经典案例分析精解》,法律出版社2012年版,第160页。

是人格之流露，是肖像的外化与物化。因映像形成的权利为映像权[1]。有学者认为肖像权的客体既包括形象本身，也包括形象的再现物，即映像。在肖像权意义上的肖像，既指人本身的形象，尤其是以头部及面部为重要，同时也指形象的再现载体所体现的形象，比如照片、图画、电影、电视中的形象等。不同的语境，所指肖像的含义不同，比如使用他人形象，是指使用再现载体中的各种形象；制作他人肖像，则是指将人本身的形象再现到物质载体的过程；而所谓丑化他人肖像，则是指对形象本身的丑化[2]。

自然人享有肖像权，肖像权属于人格权的范畴，是一种专有权，包括制作专有权和使用专有权。未经本人同意，他人不得以营利为目的制作或使用肖像权人的肖像，无论侵害人有无故意或过失，均构成对公民肖像权的侵害。《中华人民共和国民法通则》第100条规定："公民享有肖像权，未经本人同意，不得以营利为目的使用公民的肖像。"

最高人民法院《关于贯彻执行民法通则若干问题的意见》第139条规定："以营利为目的，未经公民同意利用其肖像做广告、商标、装饰橱窗等，应当认定为侵害公民肖像权的行为。"第159条规定："以侮辱或恶意丑化的形式使用他人肖像的，可以认定为侵害名誉权的行为。"参考其他国家的法律，联系我国实际情况，认为肖像合理使用可以归纳为以下几种情况：①使用具有新闻价值的人物的肖像。在我国，对于党和国家领导人、各地地方党政领导人、人大代表、政协委员、著名活动家、学者、演员、运动员以及其他社会知名人士，为了报道其活动和事迹而使用其肖像，不构成侵权。②使用参加集会、游行、仪式、庆典或其他公共活动的人的肖像。③国家机关为执行公务而使用公民的肖像。④为了公民本人的利益而使用公民的肖像。⑤为了行使正当舆论监督而使用他人肖像。⑥为了科学、文化、教育、卫生、体育等公益事业的需要而有限地使用公民的肖像。⑦具有肖像作品著作权的使用[3]。

新闻侵害肖像权行为有以下一些表现：①未经本人同意，拍摄他人与新闻报道无关且不具报道价值的照片和录像，侵害他人肖像制作专有权。②未经本人同意，在新闻报刊中使用他人与新闻内容相关的肖像。这主要是指新闻报刊书籍中使用了他人的肖像作为装饰，如用作封面、封底、中心插页、文章的题图

① 隋彭生：《论肖像权的客体》，《中国法学》2005年第1期，第48页。

② 王成：《侵犯肖像权之加害行为的认定及肖像权的保护原则》，《清华法学》2008年第2期，第134页。

③ 王利明、杨立新主编：《人格权与新闻侵权》，中国方正出版社2010年版，第621页。

照片等。③未经本人同意,使用他人肖像在新闻媒介做广告,进行商业宣传。

新闻报道涉及肖像权时,应关注并解决以下问题:①立法必须明确新闻媒体合理使用他人肖像的范围和界限。新闻媒体以新闻报道目的使用他人肖像,应为合理使用,不构成侵权。②新闻报道使用他人肖像可能涉及肖像权人的隐私,新闻价值应当成为法定抗辩事由。③被社会公众关注的新闻人物,在新闻报道时,其肖像权比普通人应受到更大的限制。④新闻报道使用他人肖像来源应当合法。在非公众场所对他人的合法行为进行偷拍、偷摄,有可能构成肖像侵权。⑤新闻报道内容与所使用的肖像无关的,可以认定是一种侵犯肖像权的行为。⑥因新闻报道使用他人肖像而使社会公众对肖像权人产生错误认识的,可以认定是一种侵犯肖像权行为。例如,某杂志刊登了一篇对梅某的专访,文章对梅某极为称赞,但封面却未经本人许可用了她的半身肖像照,并压在《男性避孕药最新情报》《擦亮眼睛看有钱男人》等标题下面。梅某认为这会导致读者对自己形象的误解,侵犯了自己的名誉权。法院最后裁定只侵犯了肖像权,未侵犯名誉权。⑦新闻媒体非为新闻报道目的使用他人肖像的,应当征得肖像权人的同意;否则,应当认定构成肖像侵权[①]。

新闻侵害肖像权民事责任其他构成要件:①损害结果。损害结果分为人格上的非财产损害和财产损害两种。与侵害名誉权、隐私权不同,侵害肖像权的行为人主观上大都是以营利为目的或客观上能够从非法使用他人肖像获取经济利益,使得受害人对蕴涵在自己肖像中的可能的财产利益受到损害。换言之,就是使受害人因他人利用自己的肖像所产生的请求正当报酬的权利受到损害。②行为与损害结果之间有因果关系。③过错。

2004年某杂志封面采取了某某在奥运会上比赛的照片,而某公司在这一期报纸的封面上同时也做了商品广告。2004年11月24日,某某委托其律师以侵犯其肖像权为由,将该杂志、报社及其网站经营者、商标持有人和该公司告上了法庭。被告称使用某某在比赛的照片是回顾性报道的一部分,与公司的广告没有任何关联,在封面上是各自独立的两部分,其肖像照片不是公司广告的一部分,因而并没有侵犯其肖像权。区人民法院作出一审判决,判决原告败诉。第一中级人民法院2005年12月15日作出终审判决,判决被告某杂志社败诉。判决被告杂志社侵犯原告肖像权的侵权行为成立,要求其在30日内登报向原告道歉,并赔偿其经济损失两万元人民币。法院判决的理由是该杂志社使用的图片

① 来诗秋:《新闻报道中肖像权问题》,《当代传播》2006年第4期,第62页。

并非新闻照片，而是经过处理之后的图片。在照片下面加上了公司的商品广告，广告与照片本身并无明确区分，而且照片的背景已经过处理，所以其所使用的照片已非原来的新闻照片。因此判决被告该杂志社侵犯肖像权的侵权行为成立[①]。此案例说明，公众人物的肖像具有很高的商业价值，如果是为了满足公众的知情权而进行的新闻报道，法律赋予其特许报道权，可以不经肖像权人的同意而使用其肖像。但在与公众利益无关的商业活动包括广告中，使用他人的肖像必须经该肖像权人的同意，否则就构成了侵犯他人的肖像权，因此肖像权的使用尽量避免与商业利益的关联。我国广告法第13条规定，广告必须与其他非广告信息相区别，不得使消费者产生误解。

五、新闻侵犯著作权与抗辩事由

美国第一次联邦著作权法于1790年通过，最初著作权法规定了对图书、地图的著作权保护，以防止擅自印刷作者的作品，保护期限规定为14年，可以重新延续。1802年，该法增加了印刷物保护的条款。1831年，音乐创作被保护。1865年和1870年，摄影作品和绘画作品分别受著作权法保护。直到1978年录音录像作品才受到著作权法保护。美国著作权法做了两次修改，许多创作作品仍受到1909年著作权法的保护，而1978年之后登记的作品则受到1976年著作权法的保护。1976年联邦著作权法优先于所有的州的著作权法。1998年著作权保护期限延长至作者去世后70年。

原创作品只要已经形成具有明确的表达形式，就能够受著作权法保护。我国版权保护客体包括：①文字、音乐、戏剧、舞蹈等作品。②口述作品，例如教师的讲课、政治家的演讲、牧师的传道、曲艺家的相声等，都是口述作品，美国规定如果口述作品没有文字固定形式只是表演。③美术和摄像作品。④电影作品。⑤设计图与模型。⑥地图与示意图。⑦计算机软件。⑧民间文学作品[②]。《著作权法》列于《美国宪法》第17条，著作权法保护原创作品，其中含有文字作品、戏剧作品、音乐作品、艺术作品和其他智力作品，以防止未经作者授权擅自使用。1976年著作权法为出版作品和未发表作品提供保护，第106条赋予受保护者以下专有权利：①制作复制品、录音制品；②基于原作创作的衍生作品；③通过出售、所有者交换或出租的方式传播复制品或录音制品；④公开表现文字、

① 沈天水：《新闻报道中的肖像权问题》，《新闻记者》2006年第1期，第70页。

② 郑成思：《版权法》，中国人民大学出版社2009年版，第142页。

音乐、戏剧舞蹈作品、哑剧，电影及其他影像作品等受著作权保护的作品；⑤公开展现文字、音乐、戏剧舞蹈作品、哑剧，电影及其他影像作品、绘画雕塑作品，包含独立电影及其他影像作品等受著作权保护的作品[①]。

著作权法保护的是想法的表达，而不是想法自身。任何不是以明确清晰的形式，且不是某种想法原创表达的作者不受著作权保护，想法、程序、方法、概念或过程自身不受著作权保护。某人去世的历史事实不受法律保护，但是对死亡独有的描述受著作权法保护。电视新闻节目的某段录像受到著作权保护，这并不是对新闻事件自身享有这种权利，只是对这个新闻事件独有的表述享有著作权。新闻部门也许不会运用著作权保护限制同行竞争者报道某一新闻事件，但对方必须以自己的录像和音频来报道这一事件。例如，英国法院判决《达·芬奇密码》的作者丹·布朗胜诉。2006年《圣血》的作者霍里·格瑞尔上诉布朗，声称布朗非法掠取自己的想法并将其写入《达·芬奇密码》，最终诉讼失败。这说明对想法不被著作权法保护这个概念的认同是保持一致的。一部作品如果完全由公共信息构成，而没有原创作者，将不受著作权保护。取自公共文件或其他共有资源的如日历、计算单位，名单和表格就不受著作权保护。尽管新闻的事实不受著作权保护，但这些事实的表达是受保护的，未经授权，以电子媒体为载体，通过逐字逐句或改写出版新闻，是侵犯著作权的行为。

1998年美国国会又通过著作权期限延伸法，该法规定1978年1月1日前创作的作品，其保护期限延长至出版之日95年。规定1978年1月1日后创作的作品，其保护期限从原先的作者生前及去世后50年延长为作者生前及出世后70年。作者出世70年后，其作品为公共所有，著作权可以转让，在保护剩余期限内可以由作者后代继承。

雇用作品属于雇用作者所属的组织或个人。著作权法第101条定义的“雇用作品”为：①雇员在他或她任期内完成的作品；②专门命令或委任的9种作品，只要有一份各方签名的书面协议。例如，电影或其他影视作品的部分、过渡、追加工作、编辑、教学性课本、试卷答案材料或图表等。许多由电子媒体产生的作品是雇用作品（如：雇员工作形成的作品或代表某一组织在合同形式完成的作品）。无论如何，最初的作者并不拥有作品的独有权利，相反地，其他个人或组织享有所有权。晚间电视新闻受著作权保护，则电视台所有者享有著作权，而不是节目制作人享有著作权。

---

① [美]肯尼斯·克里奇：《电子媒体的法律与管制》，王大为等译，人民邮电出版社2009年版，第234页。

合理使用的概念限制了著作权人的独有权利，合理使用通常适用于教材、文学或社会评论、嘲弄性模仿作品及《第一修正案》相关活动。通过限定著作权局提供保护的水平，使著作权人的权利与其他利益相平衡。关于受著作权保护的材料未经著作权人许可被使用，法院已明确4点有待商榷：使用性质和目的，包括该使用属于商业性质或非营利性教育目的；被使用作品的性质；所使用作品的数量和实质部分；使用作品在潜在市场上的影响或作品的价值[①]。需要注意的是，还没有对侵犯合理使用原则的行为进行限制，甚至少量文字的使用也可能构成著作权的侵犯，只要这种使用影响到原创作品的经济价值。

电视节目的家庭录影带被最高法院视为合理使用，在索尼公司诉环球音乐公司（Universal Studios）案中，法院认为非商业性质的家庭使用的录像节目没有侵犯著作权。案件的裁决开放了家庭使用录像节目合法性的大门，同时刺激了20世纪80年代家庭录像带的收益。一家电视新闻剪辑制作公司把受著作权保护的电视新闻报道制成录像带卖给顾客时，那么这一事实不属于合理使用。

电子媒体被要求为在节目和广告中用到的音乐对著作权所有者进行支付，有线电视按著作权强制要求的，对节目放送的特权来支付版税。广播和有线电视经营者也支付特许费给3家主要的音乐演奏权组织——美国曲作家、作者与出版者协会（ASCAP）；广播音乐公司（BMI）；欧洲戏剧作家和作曲家协会（SES-AC）。希望将音乐作为节目一部分的电子媒体通常都会与这些组织达成一个关于演奏权的协议。费用是以媒体的规模和使用的音乐数量的多少为基础来计算的。数字音频传送的演奏权组织集中并管理费用，美国著作权局设立这个演奏权组织是为了集中向卫星广播、门户网站以及数字有线电视和卫星电视的音乐服务征收版税。

随着网络技术和MP3技术的不断发展，对于有著作权音乐在网络上传播的关注浮出水面。Napster是一个较早的数字音乐公司，A&M等唱片公司诉Napster公司的用户参加了“复制品的批发和著作权作品的传播”。因此，根据美国著作权法，他们犯了“直接侵害罪”。联邦地方法院认为通过为用户提供上传和下载的可能，Napster确实直接侵犯了A&M的权利，联邦地方法院发现了Napster侵犯了A&M唱片公司的两项权利：①对著作权作品的复制（下载）；②对著作权作品的传播（上传）。

美国1998年《千禧年数字版权法》（简称DMCA）以立法模式为四类网络服

① 《美国著作权法》，杜颖、张启晨译，知识产权出版社2013年版，第22页。

务提供者规定了免于承担赔偿责任的情形，又称为“避风港原则”，如DMCA针对BBS等“信息存储空间”服务规定：服务提供商因执行用户的指令而在其经营的网络系统中储存内容而侵犯版权的，在符合以下条件时不承担赔偿责任：①服务提供者并不实际知晓储存在其网络系统中的内容是侵权的；在缺乏该实际知晓状态时，没有意识到能够从中得知明显侵权行为的事实或情况；在得以知晓或意识到侵权内容之后，迅速移除内容或者屏蔽对它的访问。②在线服务提供商具有控制侵权行为的权利和能力的情况下，没有从侵权行为中获取直接经济利益。③在得知侵权通知后，作出迅速反应，移除被指称侵权的内容，或屏蔽对它们的访问[①]。

① 王迁：《网络环境中的著作权保护研究》，法律出版社2011年版，第216页。

第九章 广播电视所有权融合与反垄断规制

十八届三中全会要求建立健全现代文化市场体系,完善文化市场准入与退出机制,鼓励各类市场主体公平竞争、优胜劣汰,促进文化资源在全国范围内流动。继续推进国有经营性文化单位转企改制,加快公司制、股份制改造。对按规定转制的重要国有传媒企业探索实行特殊管理股制度。推动文化企业跨地区、跨行业、跨所有制兼并重组,提高文化产业规模化、集约化、专业化水平。国家鼓励传媒产业所有权融合,但是,也需要将所有权融合纳入反垄断规制对象。

随着传媒业务融合、技术融合的发展,传媒产业所有权也出现了融合趋势,这将改变传媒产业组织结构。广播电视所有权融合包括横向一体化、纵向一体化和混合一体化三种类型。所有权融合可以发挥规模经济和范围经济效应,在我国的一些地方已经建立了广播电视集团或跨媒体的传媒集团,例如牡丹江传媒集团和佛山传媒集团等,同一个市场报业和广播电视合并成为一家传媒集团。这种所有权集中也成为反垄断规制的对象,因为所有权集中一定程度上造成市场垄断,特别是对于广告商来说形成垄断高价,另一方面,所有权融合也可能造成舆论一律,关系到知情权和舆论多元化的媒体市场格局,损害公共利益,这些都说明必须加强所有权融合规制。

第一节 媒介融合到产业融合

产业融合是不同产业或者同一个产业内的不同行业在技术融合的基础上出现了相互交叉、相互渗透,逐步融合成具有新的产业属性或新的产业形态的动态发展过程,进而推动产业的变革与社会生产发展。产业融合是产业发展的必然趋势,不仅出现在传媒产业,而且出现在金融产业和其他信息产业。欧盟委员会在1997年的绿皮书中将产业融合定义为产业联盟与合并、技术网络平台和市场三个角度的融合[①]。格林斯腾从产业变动的角度认为,产业融合作为一种经济现象,是为了适应产业增长而发生的产业边界的收缩或消失,并把产业融合分为替代性融合和互补性融合[②]。产业融合是对产业分立的否定,不仅对产业组织产生了影响,而且对经济、生活和社会也产生了深远的影响。

一、传媒产业融合的动因

数字与信息技术将传媒带入一个不可逆的永久性的转变之中,一方面是媒介形式等方面的融合,另一方面是迅速膨胀的媒介资源又试图不断地将潜在的受众市场进行前所未有的细分[③]。随着信息技术和网络技术的发展,不同产业之间可以提供相同或相似的产品,产业边界或交叉处出现了技术融合、业务融合,导致了产业边界的消失与模糊。这种产业边界从固化到模糊或消失是一个动态的过程,这种现象首先出现在电信、广播电视和新闻出版等信息产业。另外,政府放松规制、企业之间的竞合关系与对效益的追求、技术的创新扩散、企业跨行业的并购、市场需求的驱动共同推动了产业融合的发展。

(一)技术创新是产业融合的根本动因

首先,技术创新使传媒产品和服务的专属性和差异性降低,改变了产品的特性与市场需求,降低了产业之间的进入壁垒。特别是网络技术和宽带技术的发展使各种媒介呈现出多功能一体化趋势,例如三网融合的技术能够提供语音、图像和数据等多媒体综合信息服务,技术的通用性促进了电信产业与广播电视产业之间的融合。

其次,技术创新改变了原有产业生产的技术路径和经营方式,新技术使不同产业的生产技术、工艺流程、成本结构等变得十分相似,这种替代性或关联性的技术、工艺或产品渗透、扩散到其他产业,反过来,产业融合又进一步促进融合技术的发展。对于传媒产业来说,随着数字内容采集技术和编辑技术的发展,媒介融合时代的业务流程基本上都是多媒体信息采集、多媒体故事生成、多

---

① European Commission. *Green Paper on the Convergence of the Telecommunication, Media and Information and Information Technology Sectors, and the Implications for Regulation towards an Information Society Approach.* Brussels: European Commission, 1997

② Greenstein S.&Khanna T. *What does Industry Convergence Mean?*, In:Yoffie, D(Beds): Competing the Age of Digital Convergence.Boston Harvard Business School Press,1997:201～226.

③ Richard Edelman, *Public Relations is the Navigator of the New Media Economy,* Journal of Communication Management 2001,5(4):391～400.

平台发布、多渠道增值的流程，不同产业之间形成了相似的新闻生产流程。

再次，发生在多个产业边界之间的技术创新，往往形成了不同产业之间的通用技术平台，这个平台成为传媒产业共同的或者相似的技术平台，即以互联网为中心的非专用性的数字化新闻采编与产业运作平台。技术创新就是把新产品、新过程、新系统和新装备等形式在内的技术向商业化转化，从而形成不同产业间通用的技术平台，技术的通用性消除了不同产业之间的技术进入壁垒，导致产业间生产方式和技术边界的趋同①。产业融合就是以数字技术融合为基础，为适应产业增长而发生的产业边界的收缩或消失②。

（二）企业之间的竞争合作关系与对效益的追求是重要原因

首先，企业之间的协同竞争产生比原来各自独立竞争更好的经营效果，因为企业之间的竞争合作使更多的资源在更广阔的范围内合理地支配和利用，生产的产品和服务更加具有竞争力和市场空间，例如，报网融合、台网融合、广播电视融合和报纸杂志融合等，信息资源以不同的形态在不同的媒体中呈现。其次，企业为了追求范围经济效应而进行多元化和多品种经营，企业把更多的成本分摊到更广泛的产品当中，传媒产品的成本弱增性特点使其能够以较低的边际成本销售产品，例如第一财经就把经营领域拓展到广播、电视、报纸、网站等，改变了企业的产品成本结构，降低了生产成本。再次，产业融合后的新的产品和服务提供了更加广阔的市场空间，改变了市场需求，也改变了市场竞争状况和价值创造的过程，特别是一些交叉产品与服务，刺激了市场需求。例如传统媒体产业与互联网产业交叉处的新产业形态成为新的经济增长点，网络出版、网络视频和手机电视的迅猛发展等。

产业融合包括三种形式：产业渗透、产业交叉和产业重组。产业渗透指发生在高科技产业和传统产业的边界处的产业融合；产业交叉是指通过产业间的功能互补和延伸实现产业融合，往往发生在高科技产业的产业链自然延伸的部分；产业重组主要是发生在具有紧密联系的产业间，往往是某一个大产业内部的子产业③。这三种融合方式都可以促进资源整合，提高信息资源的综合利用率和集约式开发，提高企业的经营效益。媒介融合的语境下，企业选择多元化生产的路径与方法，不断创新传播手段与方法，生产多种产品，提供多种服务，

① 郑明高：《产业融合：产业经济发展的新趋势》，中国经济出版社2011年版，第91页。

② 周振华：《信息化进程中的产业融合研究》，《经济学动态》2002年第6期，第58页。

③ 胡汉辉、邢华：《产业融合理论以及对我国发展信息产业的启示》，《中国工业经济》2003年第2期，第25页。

提高生产效率。

(三)政府放松规制是产业融合的外部条件

放松规制是政府放松对自然垄断或其他产业的进入退出、价格等方面的行政或法律的监管,是对规制失灵的一种矫正。放松规制就是政府使不同的产业之间可以相互进入、渗透和竞争。放松规制的第一个也是主要的原因是技术的发展导致自然垄断的消失,特别是技术的发展使市场不断扩大,放松市场进入规制可以吸引新的厂商、扩大供给和满足不断增长的需求,形成可竞争性的市场。放松规制的第二个原因是规制失灵,规制失灵导致行政部门规模的庞大、行政支出与规制费用的不断上升、财政赤字的不断增加,规制的巨大成本导致反规制运动,用规制失灵去替代市场失灵不是明智的选择。

放松规制可以加快不同产业替代品之间的竞争,这种替代品之间的竞争被称为结构性竞争产业,这需要不同产业作出投资、生产、价格和服务等新的决策与改变,例如铁路、公路和航空等运输部门,西方国家首先放松这类产业的规制,并取得了良好的效果①。卡恩对美国的放松规制作了实证分析,放松规制使大量的新企业参加,竞争加剧,降低了收费水平,使服务多样化,使企业提高效率和有活力,降低了收费水平和使服务多样性扩大了需求和投资,从而使经济增长率得到提高②。传媒产业的放松规制可以降低产业门槛,使传媒产品与服务多样化,提高产业竞争力。

(四)企业跨产业的并购是产业融合的推动力

跨媒体并购在西方成为一种常态,美国1996年《电信法》允许电信与有线电视互联互通、彼此进入,形成了美国电信和有线电视产业之间的并购浪潮。AT&T作为美国最大的长途电话公司,1999年收购了美国第二大有线电视公司TCI,继而又用540亿美元收购了美国第四大有线网络公司"Media One"集团,进军有线电视和市话市场。美国本地电话公司"US WEST"公司以108亿美元收购了有线电视公司"Continental Cable Vision",进入有线电视市场。有线电视公司康卡斯特也完成了几次大的并购,进入互联网接入市场,2002年与AT&T旗下的宽带公司合并,从而成为美国规模最大的有线电视运营商。康卡斯特公司除了节目集成和传输业务以外,进入产业链的上游内容创意和生产领域,2011年又从通用电气(GE)获得了全国广播公司——环球影业公司的控股权,成为真正的跨媒体传媒集团。

---

① 马云泽:《规制经济学》,经济管理出版社2008年版,第258页。

② [日]植草益:《微观规制经济学》,朱绍文等译,中国发展出版社1992年版,第181~184页。

随着经济全球化的发展，跨国并购成为促进产业融合的另一个因素。国际贸易、跨国投资和战略联盟等国际合作都需要一个开放、公平和自由的环境，而信息化和数字化为跨国公司的一体化生产创造了条件。跨国公司的技术开发、投资、生产、制造、贸易和售后服务等融于一体，为跨国企业的全球化提供了重要的技术支撑。一般来说，每个跨国公司的生产和发展就是国际金融资本融合、产业融合的过程，跨国公司和大企业集团在全世界范围内的扩张，把传统的"国家生产"变为"公司生产"，跨国公司成为推动产业融合发展的主要载体。

（五）受众的需求是产业融合的内在要求

市场需求的扩大是产业融合的推动力。随着社会经济的发展，人们更加追求方便快捷、满意舒适、低成本高效率的消费方式，人们的需求向高端化发展，这种消费结构的变化为产业融合产生新产品、新业务提高了市场基础，一定程度上说产业融合是需求结构变化的产物。另一方面，产业融合的技术结构、产品结构和资产结构等供给方面的变化，也引导了需求结构的变化，需求变化使得企业不断谋求发展，促使企业转型升级。

媒介融合时代消费者在商品消费和信息接收上呈现出新特征，改变了传统的商品和信息的生产形态，这些特征包括规模化、分众化、多样性需求和便捷性需求等[①]。2012年美国报业协会分9个焦点小组对美国几个城市进行了跨平台使用报纸的调查，主要是调查美国报纸读者通过纸媒、笔记本电脑、智能手机和iPad平板电脑等四个平台阅读报纸的情况，在受访者当中，平均具有1.8个平台，54%的受访者称自己使用超过2个平台[②]。这种需求状况及其变化是产业融合的指标器，受众的需求融合导致了供给融合，供给互补性和替代性导致业务融合形成差异化的产品和服务，通过引导顾客消费习惯和消费内容实现市场融合。特别是数字技术的发展，生产者与消费者、产品与服务紧密地联系在一起，改变了原有产品的市场需求，最终促使产业融合化。

二、传媒产业融合的路径

产业融合是主导技术、运行平台、组织结构、生产流程、商业模式和管理制度等全面调整与变迁的过程，而我国当下的传媒产业结构与媒介融合下的技

① 王菲：《媒介大融合》，南方日报出版社2007年版，第18页。

② http://www.naa.org/Topics-and-Tools/Miscellaneous/Research/2012/Newspaper-Multiplatform-Usage.aspx.

术、市场、需求不相容，造成条块分割、地区分割和行业分割的局面，阻碍了企业的成长，也损害了消费者利益。我国传媒产业融合要在政府、市场和企业等多元因素的推动下共同演进，发挥市场在资源配置中的决定性作用。

（一）传媒产业融合的演进路径：从技术融合、业务融合到产业融合

产业分立时代存在着进入与退出壁垒，即存在着产业边界。随着不同产业之间的技术创新扩散，消除了不同产业之间的技术性壁垒，使得不同产业之间形成了共同的技术基础，为消费者提供相似或相同的产品，产业边界模糊化，产业融合形成[①]。在产业分立时代，报刊出版、广播电视和电信产业都有自己的产业边界，表现在各自的不同的载体、信息传播方式和接受终端，形成了各自的产业价值链。

随着多媒体技术和通信技术的发展，不同的网络都能够提供多元化的信息服务，消费者可以通过一个终端上网、看电视和打电话以及获取各种在线信息咨询、娱乐、教育和商务功能。这种替代性产品和服务的出现导致了不同产业之间的业务出现延伸和拓展，形成了新的业务融合市场，并出现了需求和消费的融合。例如，美国1996年颁布《电信法》以后，本地电话运营商开始运营长话业务，长话运营商可以提供无线以及互联网接入服务，有线以及互联网服务公司推出VOIP电话服务，降低运营成本，提高了效率。

业务融合促使原有产业的生产技术、业务流程、管理组织等发生了变化，资源可以在更大的市场范围内进行配置，扩大了业务范围，使产业之间的竞争不断增强，并促进了产业之间的并购与重组，最终导致产业融合。

（二）传媒产业的融合路径：横向融合、纵向融合和混合融合

西方资本主义国家进入垄断以来，经历了六次较大规模的企业并购浪潮：横向并购（1897—1904）、纵向并购（1916—1929）、多元集团化时代（1954—1965）、杠杆收购时代（1981—1989）、超大型并购时代（1992—2000）、跨国并购时代（2004—2007）[②]。从并购特点来看，前四次主要发生于产业内部，而第五次和第六次并购浪潮发生于不同产业内的企业之间，突破了传统产业分立时代的企业竞争合作关系。

我国现阶段的融合主要出现在传统媒体与手机媒体、网络媒体之间的融合，报刊出版、广播电视之间，有线电视和电信之间的融合并不多见，要加强传媒跨产业的并购与重组，形成产权交易市场，促进产权交易。我国传媒产业融

① 于刃刚、李玉红：《产业融合对产业组织政策的影响》，《财贸经济》2004年第10期，第18~22页。
② 李曜：《公司并购与重组导论》，上海财经大学出版社2010年版，第28页。

合的路径可以如图9-1所示进行，即在传统的传媒产业剥离可经营性资产的基础上，实现不同产业之间的并购与重组。

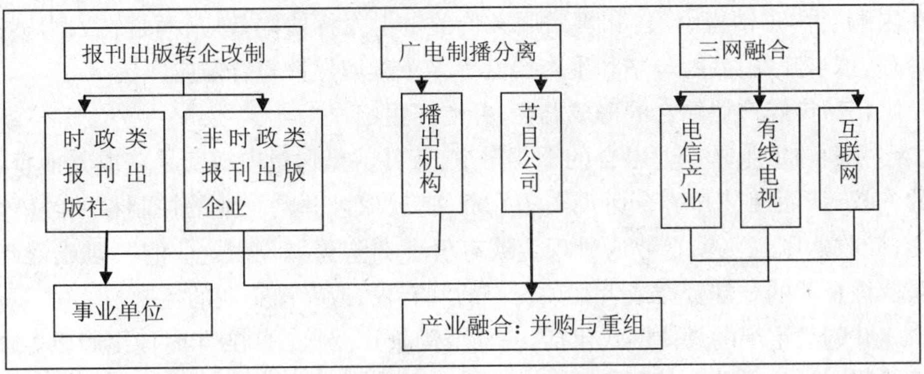

图9-1　我国传媒产业并购路径

传媒产业所有权融合就是沿着其产品和服务的生产经营链条的纵向或水平方向并购其他企业，不断拓展业务，扩大经营范围。通过企业交易内部化，降低交易成本，使自身生产、技术、资金等迅速扩大，发挥规模经济、范围经济效应，从而增强企业的竞争优势。我国传媒产业融合可以分为横向融合、纵向融合和混合融合三种途径。

首先是横向所有权融合与规模经济效应。横向融合是横向扩展企业的经营范围，发挥规模经济效应，当企业的内部管理成本小于市场交易成本时，就适宜扩大规模，发挥规模经济效应。规模经济有两个模型：一个是工厂模型，一个是公司模型。工厂模型是从设备、技术、生产工艺过程等角度提出的，因此可以称为生产技术规模经济，其形成原因是技术经济规律。公司模型是从经营管理的角度提出的，又可以称为经营管理型规模经济，其形成原因是公司的经营管理①。

其次是纵向所有权融合与范围经济效应。纵向所有权融合是在原有的业务基础上，形成产供、产销或供产销一体化，是企业在供应链两个方向上扩展经营业务的一种战略行为。新古典经济学家认为，企业纵向一体化是为了追求范围经济，降低生产成本，规避交易风险；企业能力理论学家认为异质资源形成的核心能力是企业竞争优势的来源，企业可以通过一体化或者外包来获取额外的收益②。纵向一体化可以减少交易成本，削弱供应商或顾客的价格谈判能力，提高自身的

① 张晖明、邓霆：《规模经济的理论思考》，《复旦学报》2002年第1期，第26页。

② 徐斌：《纵向一体化选择的动因：理论与模型》，《经济问题探讨》2010年第1期，第60页。

竞争力。

再次是跨媒体所有权融合与范围经济效应。范围经济不仅缘于不同产业在采购、生产、销售、广告和售后服务价值链上发挥协同效应，而且在人力资源管理、技术开发、品牌分享和生产要素等多个领域发挥整合效应。

（三）传媒产业融合的形成路径：并购与重组

并购与重组是产业融合的重要渠道，兼并就是通过产权交易获取其他企业的产权，从而使被并购企业丧失法人资格，获取被并购企业的控制权的经济行为，而收购则是一家企业通过现金或有价证券购买另一家企业的股票或资产，获取该企业的全部资产或者某项资产的所有权，或者该企业的控制权。

并购与重组的具体形式包括：一是全资兼并，例如，2009年时代出版以2 572万元现金收购安徽人民出版社100%股权。二是控股收购，支付的方式包括现金支付、股票互换和混合支付等手段，安徽出版集团以其所持有的印刷出版等文化资产，认购科大创新定向发行股份，成为上市公司第一大股东，从而实现出版业务的整体上市。三是整体合并，2008年江西出版集团与中央一家出版社联合重组了中国和平出版有限责任公司，江西出版集团控股80%，通过资产为纽带实现跨地区的整合和文化资本跨地域流动。四是合资新建，2011年凤凰传媒与天舟合资组建了江苏凤凰天舟新媒体发展公司，前者控股51%，后又收购厦门创壹软件有限公司51%股权，开发相关教育软件，致力于打造图书、动漫、网游和玩具等全产业链经营模式。五是合资收购，如英国的EMI公司和前进国际公司共同投资3亿英镑收购了英国的第二大连锁店瓦特斯通连锁书店，组成了HMV媒介集团等。

三、传媒产业融合的效应

产业融合是对传统的产业分立时代的技术边界、业务边界和市场边界的突破，为了适应产业增长而发生的产业边界的收缩或消失，狭义上局限于以互联网为标志的计算机网、通信网和广播电视网的三网融合。广义上讲，不同产业之间的相互交叉、相互渗透和相互融合，形成新的产业形态和产业体系①，产业融合推进产业的变革与社会生产的发展，产生复合经济效应。

（一）拓展产业链，实现价值增值效应

产业融合以后，传媒产业价值链由原来的单向线性的价值链向交叉立体的

① 厉无畏：《产业融合与产业创新》，《上海管理科学》2002年第4期，第4页。

价值链转变，新的价值链由内容策划、内容生产、内容集成、内容传输和终端组成的复合型的价值链，价值链的经营围绕内容生产向跨媒体、跨行业的价值链延伸，形成跨越报刊出版、广播电视、互联网和电信产业的多层次的价值链，新的产业链具有更高的附加值和更大的利润空间。例如，三网融合产业链是由服务链条上各环节无缝链接组成，融合了原来的传统的纵向产业链和最新的技术、最高端的服务、最先进的网络、最优质业务的综合产业价值链。产业链的纵向或横向延伸，在传递环节和传递规模上都有拓展，意味着产业链上下游都有巨大的机遇。

产业融合和产业核心竞争力具有内在的一致性。产业融合促使广播电视的娱乐业务、电信的通信业务和计算机的数据业务等出现了融合，不同产业都具有传递数据、文本、音视频等相似的功能，市场融合、需求融合和供给融合促使了资源在不同产业之间流转，提高了竞争效率。产业融合导致产业链的重构与整合，这就需要形成基于新的产业链的竞争合作机制、沟通协调机制、利益分配机制和监督激励机制等相关运营机制，促进产业结构的调整和升级。

(二)改善产业绩效，实现节约成本效应

产业融合使业务流程、生产组织等方面进行全面的整合和协调，对企业的管理和流程进行再造与创新，实现资源共享，节约了交易成本和生产成本，从而使产品和服务等成本出现结构性的缩减。产业融合可以改善共同资产的闲置或利用不充分状况，实现了财务协同、业务协同、管理协同、研发协同等效应。传媒产业拥有共同的基础设施资源，原来的专业平台向非专业平台转变，低带宽向高带宽转变，使传媒内容作为生产要素可以共享，例如报纸、图书和广播电视的生产要素，往往也可以作为网络媒体、手机媒体和阅读器等新载体的生产要素，可以实现作为生产要素的立体开发。产业融合改变了产品的生产特点与市场竞争状况，从而改变了原有产品的市场需求和服务质量，在竞争中促进了市场结构合理化。例如，美国计算机、通讯、半导体以及其他电子产品行业融合发展的绩效明显好于其他融合不明显的产业，产业绩效与技术融合呈现出正相关性，美国信息产业内部的相互融合和信息产业对传统产业的融合对经济的贡献率在20世纪后五年平均达到33%以上，给美国的“新经济”带来了巨大的增长效应①。

(三)产业间的竞争协同效应

产业融合导致了许多新产品和服务，使新的参与者进入新市场。随着进入

① 余东华：《产业融合与产业组织结构优化》，《天津社会科学》2005年第3期，第76页。

这一产业的企业不断增多，例如电信运营商、IT企业、互联网企业都进入传媒领域，增加了产业竞争性。产业融合使产业之间的并购与重组增多：一方面，产业内的企业数量逐渐减少，提高了市场集中度；另一方面，其他企业的进入又降低了市场集中度。这种促进竞争又趋于垄断的互逆趋势形成了有效竞争的市场结构，达到了竞争活力和规模经济的一种平衡。另外，产业竞争还表现为在位企业与替代品企业之间形成了持续的竞争，例如纸质报纸与手机报、IPAD报之间的竞争，传统音乐与数字音乐之间的竞争，传统出版与数字出版的竞争，传统电视与手机电视之间的竞争，不同产业之间的资源、技术、物质和人力不断地交换和互动，促进了产业融合。

传媒产业融合的协同效应主要是实现资源共享，传媒产业的共享资源有硬件资源和软件资源，硬件资源包括基础设施、制作设备、场地等资源，软件资源包括人力资源、技术资源、客户资源、信息资源、知识资源和创意资源等。康卡斯特（Comcast）是美国最大的有线电视网络运营商，三网融合以后，通过并购与重组等资本运作的方式成为美国第二大互联网服务供应商和第三大电话服务供应商，这种不同产业之间功能互补和产业链交叉融合出现了协同效应。

（四）产业结构优化升级效应

产业融合使产业结构体系和各产业的关联发生了很大的调整，传统产业之间的资源得到重新整合利用，使经济发展得到乘数效应[①]。产业融合使纵向分立的产业结构向横向分层的产业结构演进，市场结构由高度区域垄断向全国性的垄断竞争转变，产业内的竞争向产业间的竞争转变，这就改变同质化的同位竞争，交叉竞争日益激烈，形成了有效竞争的市场结构。产业结构的调整是建立在信息化带来的资源利用效率的提高和网络经济效果扩大的基础上重新均衡的过程，使产业结构向高度化、合理化方向发展。高度化就是资源从生产力低的部门流向生产力高的部门导致的不同生产力部门比重的变化对总生产率的影响，合理化就是资源在不同部门之间的流动降低了经济的非均衡程度，改善部门之间的联系而对总生产率的影响。产业结构升级就是资源在各产业间的再配置，包括存量再配置和增量再配置[②]。

对于我国传媒产业来说，产业融合是结构性的，将重塑传媒产业乃至信息产业的结构形态，其中，吸收性新产品延长融合相关产业的生命周期，提高整个

① 钱小林：《产业融合理论分析》，《湖南科技学院学报》2011年第2期，第98页。

② 吕铁、周叔莲：《中国的产业结构升级与经济增长方法转变》，《管理世界》1999年第1期，第114页。

产业的收入,体现了产品结构或特定的行业结构的升级,拓展型产业融合意味着填补空白,拓展巩固上下游关联企业,最终形成融合型的产业新体系。产业融合打破了行业和区域之间的界限,减少产业之间的进入壁垒。产业结构优化升级使产业从低技术水平向高技术水平演进、由低附加值向高附加值演进、由不断衰退的产业向具有优势地位的产业演进、由劳动密集型产业向资本和技术密集型产业演进。

(五)促进产业创新效应

迈克尔·波特认为国家竞争力的核心是产业竞争力,产业竞争力的关键是能否形成竞争性环境和推动创新,产业融合促进技术和技能创新、产品和服务创新、流程和管理创新。产业融合后的新技术、新产品、新服务具有数字化、智能化和网络化的特点,具有较高的产业成长性。客观上提高了消费者的需求层次,改变了人们的消费方式,刺激了市场需求,提高了产业的规模效率、资源的配置效率和利润率。另外,产业融合的创新还出现在价值链和产业链的创新,促进经济持续发展,产业结构的升级①。产业竞争力在一国的聚集,最主要是依靠产业结构的转型能力,实现产业结构的高度化和合理化。产业融合促进了传统产业创新,进而推进产业结构优化与产业发展,产业融合促使市场结构在企业竞争合作关系的变动中不断趋于合理化②。而我国的传媒产业重复建设多,市场分散,产业规模小,市场集中度低,严重影响了传媒产业创新。

(六)促进消费,实现经济一体化效应

产业融合导致消费者的个性化、多元化和综合化的消费需求,促进企业逐步向小批量、多品种的供给模式过渡。产业融合的新产品和服务的发展,满足了人们更高层次的消费需求,促进了消费,从而带来了就业增加和经济发展。传媒生产者需要能够满足各种需求并开发新的市场,从而规模经济在企业战略中的地位被范围经济所取代。另外,产业融合促进区域经济的一体化发展,使产品一体化、生产要素市场一体化,打破区域之间的壁垒,增加区域之间的联动,加速区域之间的资源流动和配置,使区域之间产生贸易活动和竞争效应,使区域之间的不同经济主体在生产、消费、流通和贸易等领域发生创新扩散效应,提高区域经济效率。新的产品、新的市场、新的生产方法、新的供给来源、新的产业组织,这种创造性的破坏过程包含不断破坏的旧结构并创造出新结构的

① 胡永佳:《产业融合的经济学分析》,中国经济出版社2008年版,第171～208页。

② 陈柳钦:《论产业融合》,《实事求是》2007年第3期,第43页。

“产业突变”[①]。

一段时间，我国的传媒产业很难适应产业融合的发展要求，要建立现代企业制度，培养市场主体，从而使生产关系适应生产力的发展。为了打破分散经营、无序竞争的传媒格局，传媒产业融合需要新的制度供给，传媒规制框架和顶层设计需要随着产业融合的发展而改变，推动政府在传媒规制中的角色调整，放松经济性规制，加强传媒可经营性资产的“转企改制”，促进已转企改制的企业之间的并购与重组。政府保证传媒公共产品和服务的供给，健全公益性传媒事业的治理结构，确保传媒公共服务均等化。当然，传媒产业融合容易造成垄断，要在基于区域市场和产品市场的基础上防止市场垄断，保护信息资讯的自由流通和舆论生态的多样性，产业融合要保护本地的文化和本地的节目，防止过度商业化对公共利益的影响，这些都需要通过深化体制改革和制度创新来实现。

第二节　企业并购与反垄断规制

企业并购战略就是企业充分利用自身产品（业务）在生产、技术、市场等方面的优势，沿着其产品和服务的生产经营链条的纵向或水平方向兼并或购买其他企业，不断拓展业务，扩大经营范围，提高收入和利润水平，发挥规模经济、范围经济和网络经济效应。根据实施方式的不同，企业并购可以分为横向并购、纵向并购和混合并购。横向并购是横向扩展企业的经营范围的战略行为，纵向并购是企业在经营范围的供应链上下游扩展的战略行为，混合并购是指并购不同性质和种类的企业的一种战略行为。并购战略能够使企业交易内部化，降低交易成本，既可扩张企业规模，也可以提高企业的收益水平。企业的并购过程中，企业通过兼并或联盟供应链上下游企业或同类企业，来使自身的规模、技术、生产装备、资金等迅速扩大，从而增强企业的竞争优势。

传媒产业并购从产业内向产业间发展，从横向并购向纵向并购和混合并购发展，从国内并购向国际间并购发展。传媒产业并购可能排除竞争，产生掠夺性定价，损害广告商和受众的利益，从而损害消费者福利和社会福利。传媒产业并购与“采编独立”的新闻专业主义的精神、公共利益和观念多元化等相冲突。因此，要加强反垄断规制。

---

① [美]约瑟夫·熊彼特：《经济发展理论》，孔伟艳等编译，商务印书馆1990年版，第73~74页。

一、反垄断规制的目的与对象

世界各国反垄断规制大体可分为结构主义反垄断和行为主义反垄断两种情况。美国和日本是以结构主义为原则的反垄断的典型国家,这种形式的反垄断是指垄断主体占有一定的市场份额或者对市场价格具有控制地位,可以通过市场主体占有市场份额之巨大或者市场价格得不到长期的改善而否定其合法性。例如,日本《关于禁止私人垄断和确保公正交易法》规定任何单独、结合、合谋以及其他形式排斥竞争,都是违反公共利益的垄断行为,如果确定为垄断时,可以根据《反垄断法》命令把涉于垄断状态的企业转让一部分营业或者采取措施恢复该产品的有效竞争。德国则是欧洲行为主义反垄断的代表,其反垄断的标准不是市场主体对市场占有一定的份额,而是实施了反垄断法所禁止的行为,换句话说市场支配地位或者市场优势地位本身不是违法,但是利用支配地位限制市场竞争的行为可能涉嫌违法。例如,德国1980年颁布的《反对限制竞争法》第一条规定,企业或者企业协会订立的任何协议,如果其目的是限制竞争,且影响了商品或者劳务的生产则协议无效,但是列出了“合理化豁免”和“公共利益需要的豁免”的原则,以及9种合法的卡特尔形式。

20世纪90年代以来,随着经济全球化的发展,世界各国的反垄断规制出现了新的发展趋势。首先,弱化反垄断规制,规制理念从结构主义向行为主义转变,使许多具有垄断性的并购合法化。这是因为若干企业的高市场份额可能是企业通过技术创新和产品创新出现的暂时的现象,一旦其他企业通过技术创新或生产了相似产品和替代产品,相关的市场优势就会打破。其次,规模经济已经成为全球化背景下各国发展的必然趋势,规模经济必然导致市场份额的扩大,而结构主义的反垄断法以市场份额和市场占有率为企业构成垄断标准的做法则与规模经济的理念相悖。在这种背景下,反垄断的目标逐步从限制垄断地位、保护竞争者利益转变为维护市场竞争秩序,维护消费者利益,促进技术创新和产品创新。再次,反垄断规制从全面干预向有限干预转变,企业并购分为横向、纵向和混合并购,也可以称为横向并购和非横向并购,把横向并购作为规制的重点,而放宽非横向并购的规制。第四,把提高经济效率作为反垄断规制的追求目标。因为美国芝加哥经济学派认为,垄断企业是竞争中的优胜者,垄断地位是效率的证明，是市场绩效的结果，高效率自然会使消费者福利最大化[①]。如果垄断企业滥用市场控制地位，获取超额利润，必将引起新企业进入，新企业的进入会导致原厂商垄断地位的丧失，那么获取垄断利润就不会长久。在反垄断规制界定市场的时候，要从封闭走向开放，充分考虑外国企业进入市场的能力和限制竞争的情况，国际竞争力的考虑可能成为企业并购豁免的理由，除了考虑市场集中度和市场份额以外，还要考虑市场竞争条件的变化，包括技术的开发、企业的资产状况、市场的进入、合并后的经济效益，综合权衡企业并购后的利弊。

随着我国社会主义市场经济体制的建立，维护可竞争的市场环境成为反垄断规制的主要目标，禁止、限制或取缔各种垄断和限制竞争的行为成为反垄断规制的主要内容，目的是建立一个开放的、足够多的独立市场主体组成的市场结构，创建一个竞争有序的市场环境。一方面，企业要达到一定的市场规模，保证足够的竞争力，减少大量的中小企业过度竞争造成的过高的交易成本；另一方面就是市场上有足够多的竞争者，防止垄断，给企业足够的竞争压力而提高质量和改进技术。为了保持市场运行的效率，适度合理的集中能够促进经济发展，达到有效竞争，所以，一般反垄断规制条例保持一定的弹性空间，采取一种适度的、温和的立法风格，体现了法律致力于创造一种公平有序的竞争秩序。

《反垄断法》所努力消除的并非简单的企业优势，而是借助这种优势导致竞争机制扭曲的行为；它所限制的并非企业通过先进的技术、优势的策略等正当的行为获取市场支配地位而获取高额利润，而是减少竞争，以期轻松获取利润的目的，非正当的方式对于该地位的维持与滥用；所保护的并非弱小企业的弱小，是保护它们获得平等的发展机会[②]。总体而言，考察并购是否产生垄断的标准包括：企业并购是否取消市场竞争和独占市场的意图，是否会掠夺性定价，是否会影响市场进入，是否会损害消费者利益。

二、反垄断规制的内涵与法律体系

美国的反垄断法的法律体系比较完备，既有成文法，也有判例法，由《谢尔曼法》《克莱顿法》和《联邦贸易委员会法》，以及许多判例法和司法部、联邦贸易

① 楚序平：《美国反垄断规制的最新趋势及启示》，《中国金融》2007年第21期，第60页。
② 陈颖：《中国反垄断法的规制对象》，《地方政府管理》2001年第8期，第18页。

委员会颁布的《企业并购指南构成》组成。1890年美国颁布的《谢尔曼法》是美国反垄断的基本法，该法明确规定了垄断和限制性贸易协议违法，禁止以合同、共谋或者其他联合（包括成立托拉斯）等方式的集团垄断行为。该法判断垄断的依据就是区域和产品划分的市场份额认定，如果某企业产品的市场占有率为80%~90%，则构成了垄断，如果某企业采取了掠夺性定价或者排他性行为也视为垄断。无论是美国的反托拉斯法，还是欧洲的竞争法，早期的市场界定都使用传统的产品功能界定法，从产品所具有的物理特性和功能特性出发，依据产品功能的互换性或用途上的合理互换性，运用产品功能界定市场。后来随着理论经济学的发展，新的更为精确和可计量的市场界定方法诞生，即1982年美国率先采用的SSNIP界定法，美国《合并指南》中提出了SSNIP（Small but Significant and Nontransitory Increase in Prices）界定法，此法也叫“假定的垄断者测试”（the HypoThetical Monopolist Test），这种方法从合并的企业一个假定的狭小的产品（地理）市场出发，逐步分析在价格发生小幅、显著和非短期性变化情况下（一般情况是假定的可预见的未来价格上升了5%~10%）企业盈利的变化情况，如果价格上涨后有足够多的消费者转向其他产品（地理）市场，那么企业就不能从涨价中获得盈利，原先作为分析起点的产品（地理）市场就应当被扩大到消费者拟转向的目标市场，这个测试过程一直进行下去，直到最后出现某一产品（地理）市场，在这个产品（地理）市场上可以通过涨价而实现盈利[①]。这种方法界定产品（地理）市场，大大降低了通过产品功能来确定市场的主观性。

随着美国司法实践的发展，反垄断的规制对象正在由结构主义向行为主义转变。美国法院1911年审理美国烟草公司案和美孚石油公司案的时候，引入了“理性原则”，以区别“合理”和“非合理”的限制性协议，只认定“非合理”的协议违法。由于该原则的引入，美国在《谢尔曼法》颁布后的近半个世纪内对反托拉斯法的解释是禁止反竞争的市场行为，不禁止垄断本身的存在[②]。美国《合并指南》认为，实质减少竞争是反垄断规制的标准。实质减少竞争是指企业合并导致的相关产品的价格应该显著高于没有合并之前的价格，而且这种价格的差异难以在两年内消除，至于什么样的价格差异才能称为显著，根据美国反垄断法的判例，价格显著的幅度随产业的变化而变化，也不一定高于SSNIP市场界定法所要求的5%的幅度，某些时候也可以低于5%。欧盟则使用支配标准，如果一项合并创设或加强了合并方的市场支配地位，并由此导致欧盟共同市场整体

① 卫新江：《欧盟、美国企业合并反垄断规制比较研究》，北京大学出版社2005年版，第49页。

② 夏澈：《略论我国反垄断法的规制对象》，《经济师》2006年第6期，第94页。

或某种相当大的一部分市场的有效竞争受到实质性妨碍的话,那么该合并就与欧盟统一市场的要求不符,欧盟委员会就可以予以禁止。有学者认为,实质减少竞争标准更加具有优势:一是实质减少竞争更具弹性,重点放在企业市场行为和企业间的动态竞争上,而支配标准主要放在考察市场集中度上;二是实质减少竞争标准更允许使用经验证明和经济学分析方法;三是实质减少竞争具有更高的透明度,有利于发现问题和解决问题;四是实质减少竞争更有利于在合并的规制中引入效率分析因素。

1914年《谢尔曼法修正案》即"克莱顿法"出台,该法从行为主义角度对《谢尔曼法》的垄断予以解释,认为反垄断的着眼点是防止垄断力量的聚集而不是解散已经形成的垄断集团。这表明美国放弃了纯粹的垄断状态予以制裁的立法观念,深深改变了美国的反垄断的司法实践。"克莱顿法"还限制削弱企业间竞争和形成垄断的产权交易,以及有影响的任何企业以直接或者间接形式获取竞争对手的部分或者全部资产的行为进行规制。美国1966年出台了《合并准则》对企业横向、纵向和混合并购进行详细的规定,后来1984年进行了修改。1992年推出了新的《横向合并准则》,考虑横向并购的因素包括:合并是否明显导致市场集中;是否产生潜在的反竞争效果;是否影响充分的市场进入;能否获得合理的效益,而且该效益是否为当事人能通过合并获得的;是否为可免使当事人破产或被挤出市场的唯一途径。纵向合并主要考虑生产商的市场份额、销售商的市场份额、当前进入市场的条件等因素。混合合并主要考虑被兼并企业所占的市场份额,及该企业是否为同类市场中最大的厂商之一等因素。美国法院判例法理论主要考察潜在的竞争、构筑防御措施、互惠交易等[①]。不过美国也明确指出了经济效率可以作为企业并购的抗辩事由,提出了"合并特有的效率"这个概念。这说明美国的反垄断法的规制理念开始重视市场结构和非结构因素的综合平衡,系统考察市场结构和市场行为的综合作用,不仅考虑市场并购的市场占有率和市场份额,还考虑并购后的经济效率,以及市场竞争环境和市场进入的难易程度。美国波音公司和麦道公司两大飞机制造巨头1996年宣布合并,使其获得65%的世界市场份额,说明美国的反垄断规制进入行为主义理念阶段。

欧共体国家的反垄断法有两个层次:一是各国自己的反垄断法规;一是欧共体委员会制定的条约,主要是促进竞争的法规,例如《罗马条约》禁止共谋,禁

① 成善德:《海外并购——中国企业如何应对欧美的反垄断挑战》,《商业研究》2009年第10期,第76页。

止具有支配市场地位的企业滥用其支配力。1989年欧共体部长理事会制定了《欧共体企业合并控制条例》,根据该条例,如果企业的并购对共同体市场有重大影响,那么共同体委员会将作出是否批准并购的决定。如果并购可能产生市场支配地位,而使共同体或者一部分的有效竞争严重受到障碍,那么认为与共同体市场不相协调,这是批准与否的决定性因素。并购相关市场的界定应当从相关产品和相关地域市场两个方面来确定,委员会考虑的因素是并购企业在相关市场上的市场份额。并购后的市场份额如果达到40%~75%之间,就是具有市场支配地位,当然,市场份额不是唯一测量企业并购后的市场地位的标准,其他的包括:是否构成市场进入的障碍,是否将多数竞争者排挤出市场,是否具有涨价能力等。欧盟国家自身也有反垄断的相关法律体系,例如,英国的反垄断法明确规定,企业垄断状态不违法,而滥用市场支配地位违法。德国的《反对限制竞争法》第36、42条规定,企业并购的豁免事由有三个:并购改善竞争条件,这种改善能够超过支配市场的弊端;并购对整体经济或社会公共利益具有显著的好处,联邦经济部长可以特别批准并购计划;有利于增强国际竞争力[①]。欧盟国家在司法实践中逐渐摒弃以市场份额作为唯一标准,转而注重经济效益、竞争条件等,以鼓励创造性的企业活动,促进公平而自由的竞争,保护消费者利益以及推动国民经济的均衡发展。

欧美各国有一套计算市场集中度的计算方法,并以此作为反垄断规制的重要的参考因素。美国反垄断规制也经常采用此法,根据企业总收益或市场占有率(如发行量或者收听收视率),计算某行业排名前四位或者前八位的厂商的总收益(或市场占有率)占整个行业总收益(或市场占有率)的比率。如果"CR4≥50%",或者"CR8≥75%",那么,这个市场就被认为是高度集中的。美国司法部和联邦通信委员会也采用赫芬达尔-赫尔希曼指数(Herfindahl Hirschman Index,缩写为HHI)作为反托拉斯的依据,它是用某特定市场上所有企业的市场份额的平方和来表示,"HHI=0"为完全竞争状态;"HHI<1 000"为非集中市场,即竞争性市场;HHI在1 000~1 800间,即为中度集中市场;"HHI>1 800",即为高度集中市场;"HHI=10 000",说明一家企业完全垄断了市场,拥有了100%的市场份额。按照这个标准,如果并购后的HHI指数不足1 000,则不具有反竞争的效果,是非集中度的市场;如果市场是1 000~1 800的中度集中市场,应该关注集中度的增长指数,若指数增长不足100则不具有反竞争效果,如果指数增长超

① 李东青:《美国、德国反垄断法控制企业并购的比较研究》,《广西大学学报》(哲学社会科学版)2005年第8期,第41页。

过100,则可能对竞争造成潜在威胁,甚至要考虑对并购进行禁止;如果市场是1 800以上的高集中度市场,若并购造成指数弱增长不足50,则不具有反竞争效果,若高于50,则可能应该禁止这种并购。

德国的《反对限制竞争法》规定:如果并购企业就某种产品的生产或者销售至少占到三分之一的市场份额,则可推断并购产生了市场支配地位;如果市场上最大的3家或3家以上的企业产品共同达到二分之一的市场份额,或者最大5家或不足5家的企业生产的产品共同达到三分之二的市场份额,而且这些企业之间不存在实质性的竞争,则可推断他们共同占据市场支配地位。当然,随着企业外包业务增多,虚拟企业和企业模块化的发展,企业的边界日益模糊,市场集中度的测量方法也在不断地完善。

西方国家基本建立了独立的反垄断规制机构,具有强有力的执法手段和独立的执法行为,同时建立了有效的监督制衡机制,例如法院对反垄断行政裁决拥有司法审查权。中国《反垄断法》采取了设置"国务院反垄断委员会"和"反垄断执法机构"的双层架构模式,前者由国务院有关部门负责人组成,负责组织、协调、指导反垄断工作,后者则负责具体执法工作,包括商务部的反垄断局、国家发改委的价格监督检查司和国家工商总局的反垄断与不正当竞争执法局。这种多元行政模式容易造成规制重叠或规制真空的问题,行政效率不高,因此建构中国特色的具有高度权威性、独立性和专业性的反垄断规制部门尤为必要。该机构可以直接隶属国务院,应该具有准司法性,执法机构应该由专业化和高效精干的人员组成,其人员应具有经济学和法学等相关的学科背景,目的是建立一个公正、高效的规制机构。

第三节　广播电视横向融合与反垄断规制

广播电视产业极易形成垄断,特别是建立广播电视集团,这种横向并购使其具有市场支配地位,对于广告商形成垄断高价,侵害广告商的利益,作为受众则容易形成舆论垄断,损害公共利益,不利于和谐社会的建立和百花齐放、百家争鸣氛围的形成,以及多元化声音的表达。另外,一些城市广播电视媒体和纸质媒体建立传媒集团,在同一个市场中建立了垄断地位,也极易在传媒市场和广告市场起到市场支配效应,阻碍竞争,损害广告商和消费者的利益。但是,总体而言,基于全国市场的广播电视产业过于小而全,规模经济不足,在防止区域市场垄断的前提下,要进一步加快广播电视的所有权融合和企业并购,做大做强广播电视产业,并为广播电视产业“走出去”奠定经济基础。

一、广播电视所有权横向融合与规模经济

规模经济是指由于生产专业化水平的提高而使企业的单位成本下降,从而形成企业的长期平均成本随着产量的增加而递减的经济。也就是说,企业由于扩大生产规模而使经济效益得到提高,相反,当生产扩张一定规模后,企业继续扩大生产规模,会导致经济效益下降,这就是规模不经济。规模经济深刻地影响着企业的生产经营与发展,是地区工业合理布局和对某一产业在大范围进行调整的重要依据。规模经济产生的原因应该是专业化、学习效应、有效的承担研发费用、运输和订购原材料的经济性,以及价格谈判上的强势地位。

规模经济的理论基础在于固定资产的不可分割性和固定成本的可分摊性,因为机械、设备和厂房等形式的固定资产是一个整体,作为固定成本无法分割,只有当产量达到一定的规模后,固定成本可以分摊到更多的产品中去,平均成本才能下降,这种因扩大规模形成的成本节约就是规模经济。另外,规模经济也被认为是分工和专业化生产带来的单位成本的节约,按照科斯的观点,市场和企业都是资源配置的方式,市场上,资源配置是由非人格化的价格来调节,而企业内部则是通过组织管理来调节,两者的优劣取决于市场定价的成本(交易成本)与企业内部组织的成本之间的均衡关系。当企业的市场交易成本高于企业的组织成本时,企业要扩大规模,发挥规模经济效应,反之,则要小型化和专业化生产。

规模经济有两个模型,一个是工厂模型,一个是公司模型。前者主要是采取了先进工艺,实现大规模批量生产,降低单位产品成本和设备投资,以及能耗和原材料消耗,规模扩大可以促使仓储、运输等辅助生产业务效率的提高,同时有利于实现产品标准化、专业化,促进技术发展。后者主要是指通过横向和纵向的并购节约大量的管理人员和工程技术人员的成本,促进企业有更多的资金用于产品研发,使企业具有更强的竞争力。另外,采购、销售、管理、融资成本的降低可获得规模效应等。

追求规模经济、研究取得最佳经济效益的合理规模及其制约因素、揭示经济规模结构的发展趋势、寻求建立最佳规模结构的主要原则和对策,对于发展社会生产力具有极为重要的意义。做大规模不外乎四种手段: 借助政府力量并购其他企业;借助外部资本市场扩充资本,甚至上市融资;动用资本公积金或盈

余公积金补充资本金;通过借贷或发行债券等手段间接融资。世界性的大跨国企业多数是自主成长起来的,发展过程一般比较平稳,虽然也都经历过高速增长的阶段,但进入成熟期以后比较注重企业结构、产品结构、投资结构的调整,企业管理水平和技术水平的提升,而不是停止在原有的管理水平、技术水平上简单地扩张规模①。当然,一些超大规模企业未必就有很强的竞争力,特别是一些行政性强的垄断企业,不具有应有的竞争机制和优化机制。随着企业规模的不断扩大,企业的边际效益却渐渐降低,甚至成为负值,出现了规模不经济现象,造成这种现象的原因是内部结构因规模扩大而趋复杂,这种复杂性会消耗内部资源,从而损耗本来可以因规模扩大而带来的好处。企业获取规模经济效益要确定最佳的经济规模,通过生产要素的合理配置使企业获取最高经济效益,这种最佳经济规模可以用会计法和工程法来计算。

随着经济全球化的发展,我国企业要在经济全球化中保持一定的竞争力,必须保持一定的规模,而实际上一段时间我国企业的集中度低,平均规模小,国际竞争力较弱。因此,以结构主义为反垄断标准不利于增强企业的自身实力,也不利于提高民族企业的竞争力,我国企业的集团化和经营的集中化将提高企业的国际竞争力。反垄断规制的目的是维护竞争机制,保护市场主体的公平竞争权,从而实现市场的有序运行,如果没有滥用市场优势地位的企业也加以规制则与反垄断法的基本精神不相一致。相反,企业的规模化导致企业联盟对特定市场形成垄断和支配地位,且出现了排挤其他经营者和限制竞争的后果,获取垄断利润,损害消费者利益,不再重视改进技术和管理,那就应该进行反垄断规制。为此,我们既要反对垄断,维护自由和公平竞争,又要利用规模经济,提高效益。企业合并控制反垄断立法的关键就是要找到一个切合点既要克服过度垄断造成的弊端,又要防止在反垄断的同时反所有的规模经济,从而影响企业经济效益的提高②。

二、广播电视横向融合与反垄断规制

反对媒体所有权集中是欧美通行的做法,不仅出现在广播电视产业,也出现在出版和报纸产业。例如,法国禁止同时拥有两个全国性电视台的执照,禁止对全国性的电视台拥有49%以上的表决权;美国禁止对两家以上电视台的

① 张晖明、邓霆:《规模经济的理论思考》,《复旦学报》(社会科学版)2002年第1期,第29页。

② 程吉生、俞香明:《企业合并控制的法律与经济分析》,《江西社会科学》2000年第5期,第143页。

支配导致在全国视听支配力超过39%的垄断行为；德国则禁止年平均收视率超过30%的舆论支配的所有权。在出版领域，法国政府防止任何人拥有超过日报市场30%的份额以控制报刊的办法来限制出版业的所有权，意大利法律禁止任何人或公司控制多于全国出版市场20%的份额或在任何指定区域的50%的市场份额，德国的印刷媒体的兼并如果超过一定水平，要向竞争监管当局汇报。

我国原有的广播电视系统管理模式是在宣传功能定位和喉舌功能作用的理论指导下建立起来的，一段时间束缚了广播电视系统的人、财和物资源优化配置，适应不了市场经济发展需求，制约了广播电视产业的经济规模。而广播电视扩大经济规模可以通过两种途径来实现：一是内部积累，走内涵式扩大再生产的思路；二是外部扩张，即兼并、联合的方式，走外延式扩大再生产。20世纪90年代末我国就建立了事业性质的区域广播电视集团，试图整合资源，发挥规模经济效应，但是广播电视集团会不会形成垄断、是不是会独占市场而限制了竞争、会不会在广告价格方面形成掠夺性定价、会不会影响其他企业的市场进入而损害消费者利益等都是反垄断规制的考虑内容。

（一）广播电视所有权融合与广播电视集团化

无锡广播电视集团于1999年6月9日成立，是我国第一家广播电视集团，也是第一家城市广播电视集团。2000年12月我国第一家省级广播影视媒介集团——湖南广播电视集团在长沙挂牌成立，2001年山东广播电视总台在济南揭牌，2001年4月上海文化广播影视集团成立，2001年5月北京广播影视集团成立。此外，浙江、江苏和广东等地，也都组建了广播电视集团。到2003年，全国已组建广电集团14家。对广播电视集团可以概括如下：广播电视集团是指由若干具有独立法人地位的广播电视事业企业单位，为提高劳动效率形成规模效益，基于股权持有或合同约定，在统一经营管理广播电视业务基础上组成的经济联合组织[①]。2004年南方广播影视传媒集团正式宣布成立，集团以资产和业务为纽带，以省局所属事业单位为基础组建集团母体，省内地市级的广播电视以及有线网络公司将分别组建成为总集团下属的17个分集团，而广州、深圳两地的广电系统则组建成为子集团，南方广播影视传媒集团是目前国内第一个全省性广电集团。

我国广播电视集团的模式有以下几种：最早进行电视集团化整合的无锡

① 伍建梅：《我国广电传媒经济层面分析及广电集团化之我见》，《会计之友》2004年第1期，第70页。

模式是局、广电集团两块牌子一套人马。以后陆续有山东模式:局长兼任总台台长;湖南模式:频道制,相对独立,内部竞争力度颇大;浙江模式:局、台分离,下设频道;还有上海模式:文化广播影视管理局与文化广播影视集团“两套人马和两套领导班子”,领导班子中少数同志因工作需要而兼职①。

广播电视集团化意味着打破行政垄断的壁垒,改变分散、无序的竞争状态,改变旧有的媒介结构和竞争格局,加强广播电视资源在内容、形式和操作上的整合,形成规模经济效应,提高集团的核心竞争力。例如,上海文广传媒集团的第一财经频道、第一财经频率、第一财经日报等可以整合资源,共同办一档节目,相互借助平台播出,取得了规模经济效益,降低了生产成本,增强了竞争力。但是,我国的广播电视集团化仅仅是依靠行政手段来完成的,是事业性质的广电集团,只是表象上的规模庞大,实质并没有实现资源的优化配置,甚至形成了新的行政垄断,没有形成做强做大的愿望。由于缺乏竞争,有的广电集团背上了沉重的资金和人事包袱,广告收入和节目质量也有一定程度的下降,集团化随之出现了新的垄断和地域化的趋势,割裂了全国性的市场,节目生产率降低,同质化加剧。

广播电视集团化没有实现成功的原因有:第一,一段时间广电集团身份模糊,事业与企业的二元体制带来了局台之争,行政隶属体制导致政企难分,由于产权关系模糊,难以通过资本运作实现资源的优化配置,产权重组成为发展广播电视业的瓶颈。第二,“广电集团现有的这种国有一元产权结构在实际运作中往往表现为国有产权主体虚置或曰所有者缺位现象,因此导致了产权关系的模糊性。而以现代企业制度的‘产权清晰’要求来看,明晰财产所有权与法人财产权的目的是要解决企业中国有资产无人负责的问题,同时为塑造市场主体奠定权利基础。产权关系不明晰,使集团无法成为有限公司上市经营,从而难以通过资本运作实现资产的优化配置、产权重组和推动集团自身可持续发展”②。

我国的广播电视集团是有着共同利益和特殊关系的企事业群体,从产业发展的角度来看,企业集团的组建和运作应该是在市场经济体制下的各企业的自愿结合,应该以资本为纽带,人才、技术、资讯等生产要素在集体内部的整合,发挥协同效益,建立以产权为纽带的母子公司体制是企业集团内部组织与管理的基础,而行政性的事业集团不能成为市场主体。“我国的广播电视集团并未从根本上改变资产和资本结构,由此形成的地方行政和广电利益的紧密结合体,把

① 董国栋:《广电集团化研究综述》,《江汉大学学报》(人文科学版)2003年第3期,第110页。
② 王强军:《广电集团化“官商两面”身份困境的艰难前行》,《传媒》2004年第10期,第39页。

真正属于市场主体有生力量的社会文化资本排斥在外。这就是一种典型的不讲质量的、缺乏内涵的、空泛的'做大',其结果必然是没有自己的拳头'产品',难以形成合力,然后就是人员越来越多,包袱越来越重,市场越来越小,必然会出现社会效益和经济效益双亏的结果"①。

我国广播电视集团化要改变以行政关系为纽带的组合方式,通过兼并重组或参股控股等资产运作方式改造带动基层或周边广电机构及其他行业。集团化经营应该基于市场的竞争机制,在不同的市场和不同的地域展开,可以是央视、省台和地方台的集团化经营模式,也可以是不同地域的地方台相互合作的集团化模式,而不是局限于同一个市场和同一个地域的行政性的撮合。在明晰产权关系的基础上,推动以股份制为基础的融资体系的资产优化组合,在国有独资性质不变的情况下,出现国有资产不同代理者共同或交叉持股的格局,也可能是其他国有传媒机构共同对电视传媒集团进行参股,形成跨地区、跨行业的传媒集团。

陆地博士指出,"当前中国电视产业集团化存在着禁区、盲区与误区。禁区就是产业的多元化和上市经营,中国的禁区是西方的电视产业集团的'闹市'。盲区就是把精力放在集团的规模上,而对集团的诞生和成长的市场环境关注不足。集团化的误区就是功能的行政化、管理的集权化、组织的哑铃化和经营的泛多元化。陆地认为,禁区不解,中国电视产业将难以进入发展的快车道;盲区不明,中国电视产业的素质难有根本性的提高;误区不除,中国电视产业的资源将被低效率的消耗"②。

(二)我国广播电视产业组织分析

在哈佛学派的SCP的分析框架中,产业组织理论由市场结构、市场行为、市场绩效这三个基本部分和政府的公共政策组成,哈佛学派的基本分析程序是按"市场结构—市场行为—市场绩效—公共政策"展开,在这几个关系中,市场结构决定市场行为,而企业的市场行为决定了市场运行的经济绩效,要获取理想的市场绩效,必须通过公共政策的调整和改变来改善不合理的市场结构。

首先,我国广播电视产业较高的政策性壁垒阻碍了市场机制的作用,产业资源很难流动,非公有资本存在诸多进入壁垒,对于公有资本也没有建立退出机制,在缺乏合理公平的竞争环境当中,资源配置难以得到提高。其次,一段时间地方行政垄断造成地方市场割据现象,使得全国性的市场被层层分割为大小

① 刘卫国、李亚利:《广电集团化,走内涵式扩大再生产之路》,《传媒观察》2004年第3期,第28页。
② 陆地:《中国电视产业集团化的禁区、盲区与误区》,《声屏世界》2002年第7期,第7页。

不同的市场结构，严重地阻碍了我国广播电视市场内部资源的有效配置和市场绩效。在“市场结构—市场行为—市场绩效”的链条中，由于行政垄断壁垒难除，直接导致广播电视媒介的竞争性缺失，内部缺乏创新动力，缺乏优胜劣汰的机制，资源配置不合理造成整个产业处于不良的内部循环之中。宏观上的结构缺陷造成微观上的绩效低下，导致整个广电行业的投入产出比低，SCP分析证明了我国广播电视媒介的运行症结和规制困境。

产业集中度是在特定产业中，企业与企业之间在数量、规模、份额上的关系及由此决定的竞争形式的总和，集中反映了市场垄断程度或竞争程度的高低，是衡量产业结构的主要指标。产业集中度反映了某个特定的市场或产业中，少数较大的企业所占有的市场份额的大小，例如美国反垄断规制采用的多是集中率，如果“CR4≥50%”或者“CR8≥75%”，那么，这个市场就被认为是高度集中的。欧洲各国的研究者通常根据CR3来判断传媒市场集中程度，“0<CR3<35%”属于低集中度，市场是竞争的；“36%<CR3<55%”属于中集中度，市场是竞争的；“CR3>56%”属于高集中度，市场是垄断竞争的。

如果按照这个标准计算我国的广播电视市场结构，如表9-1所示，我国广播电视2010年广告收入是1 079亿元，我国的广播电视市场上的CR3的市场份额是23.81%。CR4市场份额是25.78%，占广播电视广告收入1 079亿元的289亿元。CR5的市场集中度是28.65%。CR8大约是35%左右。按照欧洲市场集中度标准计算，一段时间我国的广播电视市场是低集中度的，是竞争的市场结构，规模经济不明显。除了央视15%的份额外，排名第二的上海广播电视台市场份额也只有不到5%，如何做大做强是广电领域亟待解决的重要课题。

美国司法部和联邦通信委员会也采用“赫芬达尔-赫尔希曼指数”（Herfindahl Hirschman Index，缩写为HHI）作为反托拉斯的依据，它是用某特定市场上所有企业的市场份额的平方和来表示，例如美国司法部1984年公布的水平合并指南规定：对于HHI高于1 800的市场，政府有可能对使指数提高50～100个点的合并进行干预；对于HHI在1 000～1 800之间的市场，一项合并如果使指数提高100点，政府就要进行调查；对于HHI低于100的市场，政府不会对合并进行干预。

根据HHI指数测算我国的广播电视市场结构，央视15.75%、上海广电4.2%、湖南广电3.89%、浙江广电2.9%、北京广电2.83%、江苏广电2.78%、安徽广电1.9%等几百家广播电视媒体广告市场份额的平方和，通过计算和评估，我国的广播电视的HHI的系数是介于300～400之间，说明我国广播电视市场结构是竞争性市场，市场集中度低。

表9-1　2010年我国广播电视集团的广告收入与市场份额①

序号	广播电视台名称	广告收入	市场份额
1	央视	170亿	15.75%
2	上海广播电视台	45.5亿	4.22%
3	湖南广播电视集团	42.7亿	3.9%
4	浙江广播电视集团	32.1亿	2.9%
5	北京广播电视集团	30.5亿	2.83%
6	江苏广播电视总台	30亿	2.78%
7	安徽广播电视台	21.4亿	1.9%
8	深圳广播电影电视集团	20.1亿	1.85%
9	南方广播影视集团	16.95亿	1.57%
10	山东广播电视集团	16亿	1.48%
11	2010年广播电视总广告收入	1 079亿	100%

以上是从广播电视集团的广告收入角度分析，如果从频道收视份额角度分析，可以看出我国电视频道的市场结构和品牌影响力的情况。与央视2010年在广告收入中的15.6%的比重不同，中央电视台2008年平均收视份额达到36.75%，比2007年平均收视份额提升1.85%，2009年中央台收视份额为30.4%，较2008年降低6.3个百分点，2010年收视份额下降到27.6%。中央级频道27.6%，省级卫视28.4%，省级地面频道23.8%，市级频道12.6%，其他电视台7.8%②。根据2012年的统计数据，中央级频道28%，省级卫视32%，省级地面频道22%，市级频道11%，其他频道8%。根据2010年中国广播电视频道收视份额表，（表9-2所示），从高到低分别是湖南卫视（全天收视份额3.01）、江苏卫视（全天收视份额2.47）、浙江卫视（全天收视份额2.09）、安徽卫视（全天收视份额1.56）、北京卫视（全天收视份额1.31）。

① CSM央视索福瑞媒介研究公司 http://www.csm.com.cn/index.php/SinglePage/index/cid/9.html.

② 吕一丹：《2012年电视收视市场回顾》，《收视中国》，2013年2月。http://www.csm.com.cn/index.php/knowledge/showArticle/ktid/1/kaid/899.html.

表9-2 2010年我国广播电视频道收视份额表①

名次	时间段	全天	
	日期	2010-1-1至2010-12-31	
	频道	收视率%	收视份额%
1	央视综合	0.5237	4.0534
2	湖南卫视	0.3892	3.0125
3	央视六套	0.3786	2.9303
4	央视五套	0.3712	2.8733
5	央视三套	0.3358	2.5992
6	江苏卫视	0.3196	2.4738
7	浙江卫视	0.2703	2.0918
8	央视新闻	0.2494	1.9307
9	央视四套	0.2313	1.7901
10	央视八套	0.2207	1.7079
11	安徽卫视	0.2017	1.5611
12	北京卫视	0.1692	1.3095
13	央视少儿	0.1589	1.2303
14	天津卫视	0.1531	1.1852
15	央视二套	0.1522	1.1782

如果按照频道为单位对我国2010年广播电视收视市场结构进行分析发现，"CR3 = 10%，CR4 = 12.9%，CR8 = 21.9%"，我国广播电视收视是低集中度的市场结构，竞争是非常激烈的。如果用HHI测量其市场结构，则发现介于100～200之间，频道竞争处于非常激烈的市场竞争结构中，最高的频道收视份额是央视一套，年平均收视份额也只有4%左右。2010年省级上星频道的收视份额达到28%，已经高于中央的频道组的27.6%的份额。两者加在一起超过了一半的市场份额，省级地面频道的市场份额是23.8%，市级频道的市场份额是12.6%，两者加在一起是36.4%。中国的收视市场是低集中度的市场，这是频道之间恶性竞争的原因，同时也导致我国的广播电视媒体的差异化不够明显，节目同质化严重。

通常来说，市场结构决定市场绩效，市场绩效是指在一定的市场结构下，通过一定的市场行为使某一产业组织在资源配置效率、技术效率、经济效益和市

① CSM央视索福瑞媒介研究公司http://www.csm.com.cn/index.php/SinglePage/index/cid/9.html.

场外部性等方面所达到的现实状态。广播电视低集中度的市场结构，决定了广播电视市场群龙混战的竞争格局。

通过对广播电视市场的SCP分析，第一，广播电视市场是典型的低集中度的垄断竞争市场，在经济快速发展的大环境下，随着广播电视市场的不断完善，社会资本将大量进入，行业的竞争度将不断加剧。第二，受行政性垄断的影响，整个行业经营行为较为粗放，市场资源配置的效率有待提高，市场出现了两极分化的"马太效应"。要合理利用广播电视资源，降低市场准入度，形成良好的竞争态势。为了改善市场绩效，要在制播分离的基础上，打破目前垄断竞争结构的主要方法是允许更多市场主体的进入，加快市场资源的整合和改造，通过并购重组等方式，淘汰落后产能，实现强强联合，实现竞争的良性循环，促进广播电视产业整体效率的提高。

表9-3　2004年至2012年我国广播电视行业总收入情况[①]

年份	总收入（亿元）	财政收入（亿元）	广告收入（亿元）	有线收视费（亿元）	其他收入（亿元）
2004年	825	89	414	137	185
2005年	931	109	469	160	193
2006年	1 099	126	527	184	262
2007年	1 316	175	601	212	328
2008年	1 583	208	702	370	303
2009年	1 852	245	781	419	407
2010年	2 302	275	1 079	560	388
2011年	2 717	314	1 123	563	717
2012年	3 268	396	1 270	661	941

总体而言，我国广播电视收入增长较快，但是，在三网融合和新媒体的冲击下，我国广播电视的收视时长不断减少。根据索福瑞调查数据，受众规模在逐年减少，2009年平均每天有74.5%的观众收看电视，2012年每天只有68.4%的观众收看电视，这是因为平板电脑、智能手机和iPad等播放视频的终端不断增多造成的。例如2012年年底，全国5.64亿网民当中，网络视频用户3.72亿，占比66%，网络视频不仅从内容资源角度侵占传统电视的领地，而且从收视行为方面分化传统电视的领地。从收视深度来看，2008年到2012年人均每日收视时

① 根据历年广电总局发展研究中心编写的《中国广播电影电视发展报告》的数据统计。

长是175、176、171、166、169分钟，电视收视向中老年人倾斜，年轻人看电视的越来越少，除了央视和省级卫视之外，一些地、市级电视媒体收入少且来源单一，竞争能力弱，节目质量和创新能力差，发展后劲不足。一些地区省级电视台的总收入不超过10亿，地级电视台的总收入不超过1亿元，而且主要依赖广告收入。

（三）我国广播电视所有权融合与反垄断规制

垄断主要是企业高于成本处的定价能力，克拉克认为垄断可以分为两种形式，一种是严格意义上的非效率垄断，它是企业之间的相互串联来协调市场行为，或者依靠独占及非经济因素形成的市场权力；另一种是效率垄断，由于企业创新形成的市场优势地位，它可以使创新企业获取优先利润，并在一定时间内保持垄断地位。前者是由交易费用、非效率市场力量引起的，后者是成本差异引起的，前者是反垄断规制的关键。非效率市场力量的范围和程度也是十分广泛的，从范围上来讲，反垄断规制的非效率市场力量只是由于部分资产专业性和交易费用问题引起的相当严重的非效率市场力量，但由于各种效率市场力量对非效率市场力量的最终效果有影响，所以反垄断也应该警惕效率市场力量，但归根到底是考察非效率市场力量及其影响的周边环境。从程度上而言，反垄断所规制的市场力量是"达到一定程度的市场力量"，但究竟什么又算"达到一定程度"呢？人们必须根据市场绩效、市场行为和市场结构等推断[①]。所以在探索反垄断的时候，要确定什么是由市场解决，什么问题要由反垄断规制解决，特别不能阻碍一些增进消费者和社会福利的规模经济效益，否则反垄断规制就无合法性可言，所以考虑企业并购时，要考虑企业合并时的经济效率，企业并购特有的可认知的效率是反垄断豁免的依据。

1. 横向并购与价格卡特尔规制

在国外，价格卡特尔是一种极具危害性的限制竞争行为，是规制的重点，许多国家对其适用本身违法原则，即不必考虑行为的目的和效果，认定该行为违法。美国联邦最高法院认为，价格卡特尔协议本身是违反《谢尔曼法》的行为。美国《谢尔曼法》第一条规定，任何以托拉斯或其他方式限制州际贸易或对外贸易的合同、联合或共谋，均被宣布为非法。价格卡特尔对经济的发展造成一定的危害：第一是对消费者的危害，消费者失去了自由选择的权利，只能面对单一的价格和交易条件，侵害了消费者的公平交易权。第二是价格卡特尔的价格联

① 吴秋、陈志广：《反垄断与规模经济》，《理论探讨》2006年第1期，第92页。

盟与非价格卡特尔的经营者之间形成壁垒,影响了同行业之间的竞争;第三是价格卡特尔影响了竞争秩序,违背了价格运行规律。价格是市场指示器的作用,价格卡特尔以企业的联合之名去实现高额利润,严重干扰了市场竞争机制,影响了资源配置的效率。

我国在2008年颁布了《中华人民共和国反垄断法》,该法涉及的价格问题包括:垄断协议领域,禁止任何有竞争关系的经营者达成关于固定价格或者变更价格的协议;滥用市场支配地位领域,禁止利用市场支配地位以不平衡的高价销售商品或者不公平的低价倾销商品,以及对不同的交易对象实施差别定价,即具有市场支配地位的经营者从事的滥用市场支配地位的行为,包括垄断定价、掠夺性定价和歧视性待遇;行政性垄断领域,行政机关和其他具有管理公共事务职能的组织不得滥用行政权力,妨碍商品的自由流通。

广播电视集团化的发展加剧价格卡特尔问题也要引起足够的重视。我国的广播电视媒体原本就是行政性垄断行业,这种垄断经营可能对广告商形成市场支配地位,提高广告的价格,同时导致消息来源单一,损害了受众利益。例如,"上海文化广播影视集团组建之后,该集团公司在2001年8月8日宣布所有电视台的广告折扣,由原来的30%～35%不等的折扣,统一降低到25%,广告价格涨了。自大合并之后,上海文广集团囊括了本地90%以上的电视台和两家电台,成为名副其实的媒体寡头。集团广告中心的负责人并不承认此举为垄断经营,而解释为'规模经营'。但这一举措带来的市场反应是非常迅速和明显的:即广告商无奈地面对客户投放广告的大幅减少"①。

2. 横向并购与所有权集中的规制

我国的《反垄断法》对经营者集中、反垄断标准、并购申报的程序以及法律救济的措施都进行了详细的规定,提高了执法的透明度。所有权集中的定义,根据《反垄断法》第20条规定,经营者合并就是经营者取得其他经营者的足够多的表决权或股份,或者经营者通过其他方式取得其他经营者的控制权或决定性影响力。第21条规定,所有权集中达到申报标准的,应该事先申报,否则不得集中。第27条规定,所有权集中是否具有排除、限制竞争的效果时,考虑的因素包括:所有权集中在相关市场的市场份额以及市场控制力;相关市场的集中度;所有权集中对技术进步和市场进入的影响;所有权集中对消费者和其他经营者的影响;所有权集中对国民经济的影响以及其他应该考虑的因素。根据《反垄断

① 伍建梅:《我国广电传媒经济层面分析及广电集团化之我见》,《会计之友》2004年第1期,第70页。

法》第28条第2句，如果经营者能够证明所有权的集中利大于弊，或者所有权的集中有利于公共利益，那么反垄断规制机构则允许这样的所有权集中。

按照市场结构决定市场行为和市场绩效的理论，判断企业合并是否破坏市场竞争而形成垄断时，应以参与并购企业的市场份额为出发点，同时考虑市场集中的趋势和其他企业被排挤的可能性。所以有学者认为，我国的《反垄断法》在实体规范方面应采用结构主义（即“客观标准”）为主，其他情况为辅的控制制度。这种以一般的市场结构为出发点，以市场集中度和市场份额为基础的纯结构性的反垄断法律制度的特点是，该制度所着意规范的是宏观经济结构，而不是企业的具体行为，亦即其是试图通过控制行业集中度，调整产业结构，从营造竞争性经济环境的角度恢复并保护有效竞争①。

我们分析了全国广播电视的市场集中度是300～400之间，属于低集中度的市场结构，这是基于把全国作为一个大的市场为分析出发点的。如果以一定的地理区域内的市场为出发点分析集中度，例如牡丹江传媒集团和佛山传媒集团这样的市场将是单寡头垄断市场，根据SSNIP（Small but Significant and Nontransitory Increase in Prices）界定法，如果企业在假定的未来价格上升5%～10%，那么企业盈利还是足够多的消费者转移到其他的产品市场。当同一个市场上的传媒集团广告价格上升5%以后，由于传媒集团的垄断地位，当地的大部分广告主迫于无奈将接受涨价，因为央视和省级卫视毕竟覆盖更广、广告价格更高。这对于地方广告主是一种浪费，而当地的广告传播渠道基本都是一家垄断经营。所以，我国的广播电视媒体以行政手段推动广电集团化之后，广电媒体的资源配置和市场结构不是打破了行政级别和行政区划的限制，而是强化了广播电视业在地域范围内的垄断，形成新的区域壁垒，以致无法实现资源的优化配置。特别是当一个省出现一个广播电视媒体集团以后，难免出现垄断局面，对于广告商来说，以往媒体相互竞争，广告往往打折销售，而事业体制下的广电集团借助行政权力垄断市场，破坏了市场公平竞争秩序，同时造成了舆论观点的单一化，损害了广告商和公众的利益，所以同一个市场中报业集团和广电集团合并须谨慎。

横向兼并和所有权集中是美国反垄断规制的重点，美国联邦通信委员会对广播网的兼并有严格的限制。例如，1941年春，美国联邦通信委员会决定，全国广播公司不得同时拥有红色广播网和蓝色广播网，禁止一家广播公司拥有两个

① 张亚芸、潘建亭：《对公司并购的反垄断规制：兼论我国的反垄断立法》，《中国工业经济》1999年第10期，第60页。

以上的广播网,美国广播公司不得不卖掉旗下的效益较差的蓝色广播网,从而进入了美国历史上的三大广播网时代。美国不允许严重的限制市场竞争的行为,通过考察相关的市场结构来测量排除竞争的程度。在美国和欧盟,"过度集中"或者"排除和严重限制竞争"都有量化标准,这给执法机关分析和评估合并提供了指导。2002年10月,美国联邦通信委员会建议该委员会拥有决定权的4名专员再次行使否决权,阻止美国第二大卫星电视服务商Echostar通信公司收购DirecTV及其母公司休斯电子公司的计划,这是该委员会否决的并购案之一。但是,总体而言,随着有线电视和卫星直播电视的发展,一家或几家传媒压制言论自由或者垄断舆论的说法难以成立,严格的规制显得多余,所以号称媒体并购年的2001年,全美国有311个并购案发生,涉案金额高达1 130亿美元,比其他任何行业都多[①]。

第四节　广播电视纵向融合与反垄断规制

纵向一体化是指企业在原有的业务基础上,向业务的上游或下游方向发展,形成产供、产销或供产销一体化,是企业在两个方向上扩大现有业务的经营战略行为,包括后向一体化和前向一体化战略。后向一体化就是企业自己供应生产或服务所需要的原材料或半成品,如报业集团自己建立造纸厂,甚至收购森林,如一些广播电视集团生产"自制剧",减少交易风险。前向一体化是企业对本公司的产品进行深加工,或者建立自己的销售组织来营销自己本公司的产品或服务。

一、纵向一体化的理论分析

(一)纵向一体化的优点

企业为什么要实施纵向一体化,不同的经济学家从不同的视角和侧重点对纵向一体化进行了不同的论述。新古典经济学家认为,企业纵向一体化是为了追求范围经济,降低生产成本,也有人认为纵向一体化是设置行业进入壁垒,增加市场支配力的企图,规避交易风险;新制度经济学家认为纵向一体化是为了节约交易成本,资产专用性、交易的不确定性和机会主义是交易费用的主要原

① 许韶明:《美国传媒并购——镣铐锁住梦想》,《IT商业周刊》2002年第11期,第44页。

因，这些因素导致治理机制从市场治理到企业内部的治理，科斯更是从信息成本、谈判和签约成本、执行和监督契约的成本等角度解释了交易成本；产业组织理论学家认为垄断的结构导致企业纵向一体化，纵向一体化最终又导致垄断；企业能力理论学家研究企业通过策略性行为来获取额外收益，认为异质资源形成的核心能力是企业竞争优势的来源，认为企业可以通过一体化或者外包来获取额外的收益。相对于新古典经济学把纵向一体化看成市场失灵的罪恶祸首，而新制度经济学把纵向一体化看成是摆脱市场失灵的良机。

虽然有关纵向一体化的核心理论和关键概念有所不同，但都可以将各种理论的纵向一体化后果归结为两种效应：竞争效应和合作效应。竞争效应包括：策略效应和竞争优势；合作效应包括：节约交易成本、降低生产成本、规避不确定性。归纳起来，他们主要从企业的竞争和合作、生产和交易、信息和风险等方面对纵向一体化行为进行探讨，最终落脚处还是成本收益的比较分析①。

首先，企业的纵向一体化有助于发挥范围经济效应。纵向一体化企业在生产过程中各个阶段在技术和产品存在相似性或关联性，可以利用技术、管理和信息生产的范围经济，采取纵向一体化将企业的外部市场交易行为内部化，从而带来范围经济效应，包括信息采集的便利性、节约交易成本、熟悉上下游技术和内部控制协调的经济性等，这些经济性可以补偿非专业化带来的损失。

其次，消除不确定性和风险内部化，确保供给和需求的协调性，减少上下游企业随意中止交易的不确定性和信息不对称。这种不确定性主要来自投入产品的波动性，避免不完成契约可能存在的机会主义行为，基于生产者供应的不确定性，确保企业在产品稀缺时得到充足的供应，供给不足时有畅通的产品输出通道。可以采取一体化战略，当遇到不可预知的需要进行调整时，作出协同，保持预期的一致性，节约谈判成本，使市场交易内部化，增强竞争力。

第三，企业的异质性和差异性能力。企业有价值的资源通常是稀缺的，不可完全被模仿，所以占领和积累战略资源是企业发展的重要步骤，因为有一些资源是企业不能在市场中交易而获取资源，他们可能需要依靠纵向一体化来获取有效的资源。例如，一些电视台附属电视剧制作公司制作富于异质性的电视剧，而其他的电视剧制作公司不一定能够制作出来。

第四，削弱供应商或顾客的价格谈判能力。纵向一体化可以削弱对手的价格谈判能力，当后向一体化时，可以降低采购成本，当前向一体化时，可以提高

① 徐斌：《纵向一体化选择的动因：理论与模型》，《经济问题探索》2010年第1期，第63页。

产品的价格,通过减少谈判成本而提高效益。

第五,提高进入壁垒。纵向一体化企业可能将关键的资源和渠道控制在自己的手中,例如,一些电视台的自播剧或独播剧,防止其他电视台获取相关的资源。特别是一些企业获取了一些专利,而竞争对手很难获取,从而造成进入障碍。

(二)纵向一体化的局限性

首先,纵向一体化的企业一般需要大量的固定资本,降低了企业的灵活性,完全一体化的企业往往比局部一体化的企业更难采取新技术和新产品。一家公司很难在所有的产业链环节都具有竞争力,企业只要控制战略资源,其他的非战略资源可以外包给市场来做。

其次,纵向一体化的企业很难做到协调一致和平衡各个生产环节,如果生产过剩,则需要寻求商品的出路,如果生产能力不足,则差额部分需要从市场上购买,如果生产副产品,则需要寻求市场的销售出路。企业商业战略的中心问题是如何组织产业链。厂商在产业链中要确定自己的生产边界,为决定相关的生产和购买决策。企业必须衡量市场的收益和成本,当市场上购买商品和服务的成本小于自己生产的成本的时候,必须使用市场,相反,企业则会寻求内部生产商品和服务,实现纵向一体化战略。

第三,纵向一体化带来了风险。纵向一体化战略提高了退出壁垒,提高企业在行业中的投资,从而增加了商业风险,当行业出现低迷时,企业很难把资金抽出来调配到更有价值的地方去,丧失新的投资机会。另外,纵向一体化企业不同阶段处于不同的经济和技术环境,需要不同的文化氛围和管理风格。与此同时,也导致不同阶段的纵向一体化企业整合困难,甚至与传统的非相关多元化企业一样业绩不佳。

第四,代价昂贵。纵向一体化过于依靠内部交易而切断了同供应商和顾客的联系。由于外部信息的减少,会削弱改进技术和减弱员工降低技术成本的积极性。为了弥补纵向一体化的弊端,产生了一些混合的方法:一是渐变一体化,即厂商既自己生产又采购商品;二是采购者和生产者建立长期的非正式的合作关系,或建立隐含的契约,成为合作企业与战略联盟,这种合作关系需要信誉来维系。

根据国际经验来说,纵向一体化对竞争的影响是不确定或模棱两可的,有时可能产生如杠杆理论所描述的延伸垄断;有时可能产生如单边效应理论所描述的市场势力并滥用这种市场势力;有时可能产生如市场圈定理论所描述的市场圈定效应;有时可能产生“单一垄断利润”所描述的增加纵向一体化参与企业的垄断利润；也有时会产生如后芝加哥学派所描述的延伸垄断势力、提高竞争对手成本、阻碍潜在进入、形成市场圈定，从而损害竞争。但无论如何，纵向一体化所带来的效率改进和交易成本的降低是显著的，其对竞争的危害要远小于横向一体化，“只有少数情况下可能对竞争严重损害”①。

美国在纵向一体化的反垄断过程中，采取“本身违法原则”和“合理推定原则”，前者就是明显违法或对经济效益有严重损害的案例，对不明显违法或对经济效率的危害不明显或模棱两可的案例适宜采取合理推定原则。考虑到纵向一体化对竞争影响的不确定性及在效率改进和交易成本节约方面的突出作用，在纵向一体化的反垄断规制中，采用合理推定的原则，对于不同情况区别对待。总体来说，对纵向一体化的企业宜采取“适度从宽”的政策。

二、广播电视纵向一体化与反垄断规制

我国的广播电视诞生初期是自产自销、制播合一的体制，是完全的纵向一体化垄断，电视节目只是产品，而没有成为商品。所以从这个角度说，我国反垄断就是首先要打破节目制作领域的垄断，引入社会资本，形成内部市场和外部市场的竞争局面，再在制播分离的基础上，通过并购节目制作公司来完成纵向一体化来减少交易成本，提高生产效率。因为从产业经济学角度看，一个繁荣的产业需要一个完整的产业价值链，产业的竞争日益表现为产业价值链和产业集群的竞争，产业链是商品和服务所经历的从原材料到消费者的所有阶段，而且各个价值链彼此关联、相互依存。

打破市场垄断、维护消费者的权益和鼓励竞争是西方电视制播规制的理念，广播电视的制作环节可以实现纵向分离，融入到自由竞争的市场中去，有利于节目质量的提高，生产更多的精神文化产品。特别是在三网融合的语境下，广播电视产业的频道和频率资源从稀缺状态向过剩状态过渡，完全的制播合一的市场方式已经不能适应节目制作的要求，必须打破地区封锁和条块分割，完善产业链，提高广播电视节目的市场化水平，建立有效需求和有效供给的平衡，引入竞争机制，促进广播电视产业的繁荣。制播分离就是在市场分工的基础上，提高节目生产的专业化和流程化，促使产业裂变和产业细分，优化配置广播电视产业资源，发展广播电视产业。

① 宋晶：《纵向一体化反垄断政策研究》，东北财经大学出版社2010年版，第137页。

广播电视业诞生初期，节目制作基本实行完全纵向一体化，即使商业化的美国广播电视节目也实行了网台的内部分离，西方国家通过立法对广播电视纵向一体化的垄断进行规制。长期以来，广播电视实行制播合一，缺乏现代管理所必需的科学的专业分工和成本核算，功能定位和资源使用方式单一，科层制的层级管理制度费用较高，缺乏系统科学的质量评估标准，一些高质量的节目收视率不高，无法收回成本，人员、资金、节目的流动性差，不能通过市场配置资源。由于缺乏激励机制，普遍缺乏效率观念、经营观念、成本意识、创新意识，无法有效整合广播电视资源，缺乏开发利用和保值增值的活力。广电媒体要加强市场运作，转变经营方式，形成有效的资本积累、资源配置和规模经营机制。完全纵向一体化不但排除已经存在的市场竞争者，也可被用于提高障碍，阻止潜在竞争者进入。

对于整个广播电视行业来说，一定要引入竞争机制，打破市场垄断。但是对于个别广播电视企业来说，向产业链上游制作公司纵向一体化是一个很好的经营策略。最近几年，美国许多电视网向产业链上游兼并好莱坞电影制作公司，提高了在市场上的竞争能力。到底是纵向一体化企业的绩效好还是横向一体化企业的绩效好？有学者从实证的角度作了分析，运用单方差分析比较纵向一体化和横向一体化的电视产业集团的绩效差异时发现，选择不同的多元化发展战略的电视产业集团，其盈利性、成长性和持续性三项绩效指标均存在显著的差异。纵向一体化的电视产业集团比横向一体化的电视产业集团在盈利性、持续性和成长性三个方面都具有明显优势。“这说明，尽管目前我国过一半的省级电视产业集团选择了横向一体化战略，但实际上纵向一体化发展战略更适合于我国的电视产业集团采用”①。

第五节　广播电视跨媒体融合与反垄断规制

跨媒体所有权主要是发挥范围经济效益，但是所有权的集中却危害新闻自由和公共利益，所以跨媒体兼并成为各国反垄断部门规制的主要对象。随着传媒产业对经济的贡献越来越大，一些国家从国际市场的角度出发，放松所有权集中规制，使自己国家的广播电视集团日益强大，成为巨大的跨国公司，既发挥国际软实力，又赚取超额的利润。所以在经济全球化和媒介融合语境下研究跨

① 庄殿君：《我国电视产业集团一体化竞争战略与绩效研究》，《当代财经》2008年第12期，第103页。

媒体所有权与反垄断规制，显得十分重要。

一、跨媒体所有权与范围经济

范围经济的本质是对企业多个业务可以共享剩余资源的利用，范围经济的存在主要是基于两个资源，有形资产和无形资产。前者包括机器、厂房和人员，还包括剩余的生产能力、营销、分配和服务体系，技术开发与创新体系等。当这种有形资源的共享所降低的成本足以超过共享成本时，则有形关联将导致竞争优势，可用于共同的生产。后者无形资源包括商标、企业商誉和管理技能、技术知识与诀窍等。企业的无形资产体现在资本运作及其实践中，多数高级管理层的经营技能具有一定的通用性，蕴藏在企业的组织、管理系统和文化中，以较低的成本在不同的产品或业务之间转移。

无形资产的利用包括：第一，诀窍的共同和重复使用，包括技术和管理上的诀窍，随着现代企业的研究和开发费用的增加，研究的溢出效应日益明显，这种溢出效应可能有助于另一个项目。第二，充分利用管理能力，管理能力、经验和技能等无形资产，不仅体现在企业家身上，而且蕴藏在企业的组织管理系统和企业文化中，这些管理能力不是针对特定的产品，而是具有通用性。第三，营销、分配和服务系统，当原有的营销网络进行相似产品的营销时，通常不需要增加投资或者只需要增加少许投资，而且，如果拥有一个网络营销渠道时，开发新产品时，很快渡过婴儿期。第四，外部性内在化。除了运输费用以外，信息、交易的稳定性、时间、空间等方面的交易成本越来越重要。产品的多元化可以将外部交易内在化，从而减少交易成本①。

（一）跨媒体经营的范围经济效应

跨媒体经营主要是发挥范围经济效应，就是组合多种相关产品的生产比把这些产品彼此独立地分开生产更为经济。范围经济不仅源于不同产业在采购、生产、销售和售后服务价值链上发挥协同效应，而且在生产要素、人力资源管理和技术开发等多个领域发挥整合效应。

1.准公共产品的范围经济效应

文化产品是准公共产品，可以一次生产，多次使用，也就是消费上的非竞争性，比如一条信息可以多重开发，在不同载体上传播，或者从不同角度进行传

① 王大树：《关于范围经济的几个问题》，《管理世界》2004年第3期，第136页。

播，从而使信息增值。在报纸上是文字信息，在电视上是图像信息，在CD光盘上则是声音信息，通过在不同媒介上传播，充分发挥范围经济效应。例如“第一财经”频道、频率和日报可以资源共享，实现财经信息资源的多重利用，达到多次增值的目标。

2.资源互补的范围经济效应

资源互补出现在不同的方面，首先是信息的采集、制作、销售、发行等资源互补。例如牡丹江传媒集团对报业和广电等媒体资源进行了第二次整合，成立了新闻总社，把《牡丹江日报》和广播电视的时政类节目归口，把集团化的平台和通讯社的功能有机结合起来，旨在实现对意识形态内容的统一管理，实现采编分离，实现新闻信息采集成本最低化和利用的最大化[①]。其次是营销资源和广告的互补，跨媒体经营广告的交叉效应。通过打折广告、组合广告和套装广告等营销方式，可以使客户以较低的投入获得多媒体的规模性发布，达到更好的宣传效果。

3.节约运营成本的范围经济效应

跨媒体经营的节约成本不仅存在于物理生产相关的硬件系统，而且存在于整合营销等软件系统。物理生产的成本节约包括原材料、生产过程、设备使用、研发活动、产品装配、厂房等硬件系统。软件系统包括客户管理、公关营销、分销发行、数据库等。分享这些系统分摊了固定成本，改变了产品的成本构成，这些成本的节约提高了企业的核心竞争力。研究表明，在不同的发展阶段上，为传媒产业带来最大利润的价值支点最初是内容产品的品质，接下来是市场拓展的规模，到现在则是全方位客户价值的挖掘，这便进入了范围经济的范畴[②]。也就是说伴随着企业产品线的深度延长和产品线的广度拓展，整合不同媒体的资源，可以提高资源使用率，发挥了集约化经营优势。

4.战略协同的范围经济效应

战略协同是指在劳动力、供应商、工艺技术等不同业务方面战略协同，或在管理方法、销售策略等经营管理方面战略协同。传媒产品是内容和渠道互补的产品，不同的传媒有着相似的受众和赢利模式，协同效应存在于生产资源、网络资源、广告资源和其他经营资源，是对有形资源和无形资源的整合，实现对核心

① 严三九：《牡丹江新闻传媒集团发展与改革的产业经济学分析》，《现代传播》2010年第12期，第100页。

② 喻国明：《从规模经济到范围经济——现阶段传媒竞争战略的新趋势》，《当代传播》2007年第6期，第1页。

资源和优势资源的多形式和多层次的深度开发，延伸了产品价值链。例如，一些畅销的书籍拍成影视剧，知名的影视剧又促进书籍的出版。《哈利·波特》《指环王》的巨大成功，就是文学与电影的战略协同。

5.品牌共享的范围经济效应

进入21世纪以来，企业的发展已经从产品营销进入到品牌营销的高级阶段，与此同时，我国的传媒产业也步入了品牌竞争的新阶段。品牌经营的一个重要战略就是品牌延伸，强势品牌可以成为无形的资产，在新产品创新扩散中发挥着重要作用。第一财经就是走品牌扩张的路线，先是电视、广播，其次是报纸，再以后是网站、通讯社[①]。

（二）跨媒体经营与范围不经济

随着科学技术的发展，虽然资产的专用性降低了，固定成本的可变性增加了，但仍出现了范围不经济。首先，规模经济带来了管理强度的加大、管理费用的增加，增加了高层经理的管理跨度，管理层次的增加使组织垂直沟通线延长，影响了信息传递的及时性和准确性。其次，企业多元化带来的战略障碍，因为进入一个新产业，进入壁垒来自多个方面如资本的需求量、关键资源的拥有权、专利和许可证、广告、显著的规模经济、产品差异和式样变化等，组建新企业需要培训新员工，建立相匹配的企业文化、建立相应的分销系统等。再次，利用剩余资源方面没有想象的顺利。企业多角化的战略要充分分析企业的内部条件和外部环境，正确面对正面效应和负面效应。多元化的经营战略似乎是企业提高竞争优势的手段和工具，而不是企业的目标。混合兼并要求有足够的资金、人才和管理经验的保障，具有协调各种不同业务的能力。只有当企业所进入的领域与原来的主营业务有一定的关联度，能够带动原来的主营业务，混合兼并所产生的额外收益能够弥补业务多元化所带来的管理和协调成本，跨媒体兼并才有经济效益。

二、跨媒体兼并与反垄断规制

美国许多传媒的并购要权衡公共利益和经济利益、公众利益和国家利益的关系。美国联邦通信委员会、美国联邦贸易委员会和美国司法部等相关机构虽然对并购的审查具有很大的能动性，但是要与美国的反垄断法的根本原则相一致，针对具体的并购案例，要在特定的历史和社会环境下根据两者的利益作出

① 肖叶飞：《跨媒体经营的路径选择与范围经济效应》，《新闻研究导刊》2012年第3期，第65页。

权衡和判断。不过,在不同的历史时期,美国的不同经济学派在反垄断的立法和执法领域起到了主导作用,因此,反垄断法在不同的时期具有不同的侧重和倾向。哈佛学派和芝加哥学派的经济学思想逐渐占据主导地位,因此,公共政策和经济效益在美国反垄断政策的制定和执行过程中轮流占据主导地位,这也是公共利益与经济利益在不同历史发展时期进行博弈的显著体现。21世纪初的大量的并购案说明了美国反垄断政策的一个重要的转型,就是反垄断政策以放松规制为显著特征,国家的经济利益占据了上风。

1996年迪斯尼用了190亿美元收购了美国广播公司,1999年Viacom再次花费373亿美元收购了哥伦比亚广播公司,2000年美国在线收购时代华纳花了1 350亿美元,这是过去二十年的收购的一个总结。共融性和互补性在并购中至关重要,例如,Viacom收购派拉蒙的共融之处就是,可以通过电视产业里排名第一的儿童品牌——Nickelodeon带动观众到派拉蒙影院,在各地电视屏幕上播放派拉蒙电影,把Viacom的书拍成电影,把电影拍成电视,把电视拍成电影,在电视节目里发行音乐,提供广泛的宣传平台,把它传播到世界各地[①]。与此同时,Viacom所有不同类型的节目可以为广告主提供一站式的宣传服务,以较低的营销价格覆盖所有的受众群体,例如MTV的Nickelodeon的受众是2~14岁的群体,MTV吸引的是15~34岁的群体,而Showtime是25~45岁的群体,能够覆盖不同层次和不同年龄的受众。

近年来,我国成立了许多综合性的传媒集团,例如1999年10月牡丹江广电集团成立,后来改名为牡丹江新闻传媒公司,2003年成立的佛山传媒集团,2006年成立的成都传媒集团,都把本地的广电、报纸等综合到一起,形成一个复合型的传媒集团,形成了行政性垄断。这些传媒集团的成立,基本上是按照现代企业制度的一套规制来建立的,市场化程度很高。"成立集团的初衷是为了改善传媒公共服务,但是这个初衷在这类集团中却被消解了。这些新的综合性的传媒集团确实提高了经济效率,通过市场机制发挥了效能。然而,让人担心的是,在市场失灵的传播空间内,到底还有没有相应的组织来提供相关的公共性传播服务? 如果由该集团来提供这类服务,那么,如何评价这部分活动的价值? 一个集团内是否允许采取双重价值标准来考核不同业务? 显然,这对于公共的传播福利而言,还远远不够"[②]。

美国默多克新闻集团收购道琼斯财经集团,对于新闻集团来说,收购《华尔街

---

① 李亦非:《世界传媒集团viacom的传媒并购纵横谈》,《中国广告》2002年第4期,第60页。

② 朱春阳:《广电集团化发展的中国道路》,《电视研究》2009年第10期,第19页。

日报》和道琼斯电讯是节约内容采访成本、获取高端品牌影响力的最佳途径，也是传媒产业融合的高度体现，并且可以与美国全国广播公司的财经频道相抗衡，其旗舰出版物《华尔街日报》具有优秀的编辑与记者团队，充分利用其财经人员的精英团队为福克斯财经频道提供丰富的内容资源。但是，并购计划遭到《华尔街日报》人员的抵制，人们担心并购会伤害华尔街日报的采编独立性，让报纸服务于默多克的传媒帝国的商业利益。为了平抚各方面的疑虑和情绪，默多克同意组建一个独立的自我管理的编辑委员会，以确保道琼斯出版业的编辑独立性。而采编独立是新闻媒体客观公正报道的前提，是媒体赖以维系声誉和公信力的基础。

联邦通信委员会FCC必须从公共利益的标准来衡量公司的并购行为，联邦贸易委员会FTC必须从市场竞争的角度来衡量公司的并购行为，司法部门对反托拉斯问题拥有管辖权。反对合并的观点认为，大的媒体公司只提供自己喜欢的信息而剥夺了消费者所能获取的多样化声音，媒体供应的多样性和多元化的体制在支持文化的多样性、社会凝聚力和民主方面起着独特的作用。支持合并的观点认为，与较小的、利润较低的公司相比，规模较大的、经营稳健的公司更能够增加传媒产品的多样性。监管当局必须充分考虑各方的观点。

2003年FCC以微弱多数通过了新的法规，放松了结构规制，允许电视集团最多可以控制全国45%的观众，另外还规定，大部分地区的地方电视公司可以拥有2家电视台，还允许一个地区内的电视台、电台和报纸进行交叉持股。有5家以上电视台的地区，一家公司可以拥有2家电视台，但是其中之一不在前4名之列。有9家电视台的地区，一个公司可以拥有1家日报社，1家电视台和数家广播电台。如果一个地区有4家到8家电视台，规定则更加严格。但是，FCC一直严禁4大电视网之间进行合并，以杜绝电视市场的完全垄断状态出现，而且这也是FCC避免进入壁垒、保持自由竞争广播市场机制的最后防线[①]。美国跨媒体所有权的放松规制的主要原因是竞争媒体的增多，增加了受众获取新闻的渠道，新媒体分解了部分受众[②]。

与美国放松跨媒体所有权相类似，英国1995年媒体所有权绿皮书规定，拥有少于全国发行量20%份额的报业集团（新闻集团和镜报集团除外）被允许控制电视市场15%的份额以及商业广播市场15%的市场份额。同样，电视和广播经营者可以控制全国报纸发行量的20%、全国电视市场15%份额以及全国商业

① 王海：《反垄断背景下寡头传媒与FCC的博弈》，《国际新闻界》2003年第5期，第58页。

② Wolfgang Hoffmann-Riem, *Regulating Media: The Licensing and Supervision of Broadcasting in Six Countries* (Jul 12, 1996) The Guilford Press; 1 edition ,1996:29.

广播市场的15%的份额。为了保护地方层面的多样化,在一个特定的地区,持有全国发行量30%份额的报业经营者将不得在同一个地区拥有电视或广播执照[①]。

总之,竞争者之间的兼并代表着市场势力明显且迅速的形成,考察兼并如何影响社会福利是对兼并带来的成本节约和市场势力扩大带来的价格上涨之间的权衡比较,市场势力的扩大可能导致提高价格或者限制产量,也可能通过提高市场集中度,竞争被某种串谋所取代。"20世纪80年代以来,西方国家出现了比较温和的兼并政策,反垄断主要关注的是横向兼并,但是当混合兼并使潜在进入者减少时,它也能变得与反垄断法产生了联系。更宽泛地说,过去二十年里,兼并政策越来越强调进入条件:进入的威胁是如何对由于兼并而扩大的市场势力产生约束的;兼并是如何影响进入条件以及减少潜在进入者而影响竞争的"[②]。

① 吉利恩·多伊尔:《传媒所有权》,陆剑南译,中国传媒大学出版社2005年版,第71页。

② [美]W.基普·维斯库斯、小约瑟夫·E.哈林顿:《反垄断与管制经济学》,陈甬军译,中国人民大学出版社2010年版,第223页。

第十章　媒介融合背景下广播电视规制改革

随着文化体制改革的推进，文化事业和文化产业分别指导、分类运行成为政策导向，繁荣文化产业，使其成为国家的支柱产业并成为政策目标。在文化体制改革的背景下，我国广播电视产业规制的思路应该是剥离可经营性资产，成为市场主体，通过市场配置资源，在网络传输和节目制作领域引入竞争机制，放松进入退出规制，建立可竞争性市场。与此同时，政府要加强立法规制，建立独立的融合规制主体，从纵向分立规制向横向分业规制转变，从行政监管向行业规制转变，提高规制的科学性和公正性，加强广播电视公共服务和弥补市场失灵，建立独立、公平、合理的规制框架，促进广播电视事业和广播电视产业的协调发展。

一段时间以来我国的规制体系不够健全，首先从规制的手段来看，行业自律、社会监督、司法手段较少，规制没有提高到立法层面，部门规制和规范性文件较多，约束性、规范性和稳定性有限。其次从规制的内容来看，信息安全的规制较多，而涉及公共服务、市场结构、特殊弱势群体的保护、节目类型的多样化和意见的多元化等很少提及。

具体来说，有学者认为，“我国广播电视规制存在居多缺陷，一是资源的垄断性。相对于整个社会资本的多元化结构，我国广电媒介部门资源在一定程度上仍然带有单一的国营体制的色彩。加之政事合一与宣传、经营合一的管理体制的历史深层次原因，政府的行政职能与事业的宣传职能、企业的经营职能紧紧结合在一起，形成了以行政权力为基础的高度垄断性产业。二是市场的封闭性。广电媒介部门基本上是以行政区域为单位的自我封闭体系，未能形成全国一体化的趋势、更未形成与国际接轨的资源统一配置、产品互为流通的大市场。长期以来，对国际市场半封闭状态，既用种种办法限制境外媒体的进入，又对国内媒体的产品的输出未能引起足够的重视。国内行政区域之间各自为营，条块分割，为块为主的管理方式，闭关自守。三是结构的分散性。一级政府一级电视台，同一行政区域内又根据行政权力者的主观意愿随意设置若干电视台,形成了全国3 000多家电视台的小型分散的产业格局。各自为营、在有限的市场空间中,过量的市场竞争者的进入,造成了市场被严重分割,规模效率降低,节目设置雷同,低水平的重复建设等问题便凸显出来了”[①]。

十八届三中全会指出,建立统一开放、竞争有序的市场体系,是使市场在资源配置中起决定性作用。必须加快形成企业自主经营、公平竞争,消费者自由选择、自主消费,商品和要素自由流动、平等交换的现代市场体系,着力消除市场壁垒,提高资源配置效率和公平性。改革市场监管体系,清理和废除妨碍全国统一市场和公平竞争的各种规定与做法,反对地方保护,反对垄断和不正当竞争,健全优胜劣汰市场化退出机制。

第一节　广播电视规制改革的路径

20世纪70年代以来,有些国家出现了一股放松经济性规制的政府改革浪潮,充分发挥市场机制在资源配置中的作用,取消对规制产业进入、退出、投资和服务等经济性规制,促使企业进行内部改革和技术创新,不断降低收费水平,加强企业之间的竞争,增加社会福利。

一、放松规制的语境

政府规制是对市场失灵的一种替代性选择,但是,政府的规制也是有成本的,甚至成本是高昂的,如信息收集、加工、筛选的成本,规制过程中对事件的裁决和处理的行政成本,甚至出现规制俘虏现象等,因此,面对新的规制环境,政府规制是一个不断创新与扬弃的过程,需要不断地调整和完善,科学的设计和实施,具体包括:①直接规制融合市场机制的方式。即把市场机制引入政府规制的过程,建立市场增进型政府,“如果做不到这一点,就不能提高效率,也不能在其他方面取得良好的经济成果”。②做好新制度的供给,避免为新的内部性的出现制造条件,防止出现制度真空。③强化中的放松。在强化社会性规制的过程中,放松一些过时的、甚至成为经济性规制掩护的社会性规制[②]。市场的缺陷并不是都由政府来规制,政府经济性规制的底线是政府行为不能破坏市场规

① 吴曼芳:《媒介的政府规制》,中国电影出版社2008年版,第192页。
② 何立胜、杨志强:《内部性·外部性与政府规制》,《经济评论》2006年第1期,第146页。

则,应该借助法律和价格信号,弥补市场失灵,维护企业的自由经营和公平竞争的市场环境,保护投资者的合法权益。

放松规制的原因:一是政府规制的问题。由于竞争的缺乏,导致被规制企业的内部的低效率。二是规制导致了大量的规制成本以及官僚机构的膨胀。作为理性经济人的规制者会争取更大的部门预算规模或者更多的规制权力,以实现自身利益的最大化。而政治家则希望规制者努力执行所制定的规制政策,从而提高规制效率和社会福利水平,必须考虑如何确定最优的激励和惩罚机制,保证规制者实现政治家的利益目标。三是规制导致规制企业的寻租行为出现。规制抑制了创新,庇护了低效率。四是规制外部环境的变化。随着政府财政赤字的扩大,削弱行政开支,实现"小政府、大社会"的目标,把无效率的企业搞活,引入竞争机制。五是政府规制理论的变化。以鲍莫尔首倡的可竞争理论成为20世纪80年代以来的放松规制的一面旗帜,该理论认为对于自然垄断产业的政府规制是不必要的,竞争机制完全可以引导自由垄断产业内的资源配置达到最优水平,放松规制成为政府克服无效率的政策倾向。

1981年美国总统里根提出,除非规制的潜在收益超过潜在成本,否则,将不实施规制,任何机构提交的对经济影响具有或超过1亿美元的重要规章,同时要提交该规章对经济影响的分析报告,里根政府对美国航空、铁路、货车运输、能源、银行和电信等行业实行大规模放松规制,大幅消减了行政机构的预算经费。这些行业纷纷解除了自罗斯福新政以来的规制下的垄断体制,重新引入市场竞争。在广播电视领域,里根政府执政期间,FCC主席马克·福勒也放松了经济性规制,倾向于让市场来进行规制,例如,1981年FCC撤销对无线电的管制,委员会取消了那些正式确定社区需求的规定,社会需求要求广播电视对社区内的大众和领导进行调查,以制作满足社会需要的节目。FCC还取消了节目纪录历程、非娱乐性节目方针、限度商业广告的要求,1985年撤销了公平原则。但是,到了80年代后期,迫于公众的要求,广播电视又出现了再规制的倾向,例如24小时禁止播放下流节目,1990年10月通过了一项法令,要求电视台为儿童教育和信息服务,并且在节目中限制广告的时长和种类。1992年针对有线电视节目的费用上升和节目质量的下降、受众数量的减少,FCC颁布了《有线电视消费者保护法》,对广播电视进行进一步规制。里德·亨特当FCC主席的时候,扭转了前主席马克·福勒的"电视只是画面的烤面包机"的结论,认为广播电视的角色是公众的公共信托人,《1996年的通信法》虽然放宽了交叉所有权,但是公共利益的标准没有根本改变。

随着网络化、数字化和宽带化的发展,电信产业和广播电视产业出现了融合的趋势,西方国家普遍进行规制改革,降低市场准入,允许电视产业和广播电视产业的双向进入、互联互通,引入竞争机制,在互联网、电信和有线电视等领域通过资产重组和并购,实现市场、技术和资本的互动前进,形成新的可竞争的市场结构和产业体系。新的融合规制理念就是提高信息传播产业对经济增长的贡献;促进市场竞争以及机会均等,以提高服务质量和降低市场价格;促进观点的多元化表达和内容的多样性;有效地配置频谱资源以鼓励投资和创新。例如,日本政府邮政省在1993年就发表了《关于有线电视发展的政策》,减少外资参与日本有线电视投资的限制、鼓励有线电视产业开展电信服务和跨地区经营,促进有线电视的数字化和宽带化建设,为电信和广播电视的融合创造条件。日本政府的规制理念就是遵循技术发展规律、市场逻辑原则和法制化管理,加快信息化网络社会的建设,为公众提供优质便利的服务。英国政府早在1997年就作出了政策性的决定,放松电信运营商经营广播电视业务的限制,逐步实现电信和有线电视的双向对等进入。在新的制度安排下,美国的电信业和广播电视业之间逐步走上横向分离和纵向融合的法制化轨道,纵向融合就是电信业和广播电视业在运营主体、传输网络与服务等层次上出现融合趋势,横向分离就是在纵向融合的基础上,分离出网络服务供应商、网络运营商、内容生产商、内容分配商和平台运营商等新的产业环节,使市场从垄断的市场结构向垄断竞争性市场结构转变。

随着国际放松经济性规制的趋势,我国政府在广播电视领域也逐步放松规制,引入竞争机制,促进广播电视产业的发展。我国已经在12个城市试点三网融合业务,2010年1月国务院《推进三网融合的总体方案》指出,把推动广电、电信业务双向进入作为主要任务,广播电视传输市场从垄断性市场进入垄断竞争性市场,进一步提高竞争效率,保护了消费者的正当权益。2004年的《中外合资、合作广播电视节目制作经营企业暂行规定》指出,确保电视播出机构的国有制的前提下,允许各类所有制机构作为经营主体进入除新闻宣传外的电视节目制作业,电视台和广电总台内重组或转制为企业的单位,在确保控股的前提下,可吸收国内社会资本探索进行股份制改造,条件成熟的电视节目生产营销企业经批准可以上市。

我国要把文化产业发展为支柱产业,认识到文化也是生产力,是国家综合国力的重要组成部分。文化产业的改革主要体现在大量的文化单位“转企改制”,使文化单位摆脱传统事业体制的束缚,成为真正意义上的市场主体,出版、发行、影视、演艺、广电网络、新闻网站、非时政类报刊等经营性文化单位,逐步转制为企业。

西方国家虽然放松经济性规制,但是对所有权过度集中进行限制,为了维护思想文化的多元化和所有权的多样性。美、日、法、英、德等都建立了对大众媒介所有权和跨媒体所有权的监管制度,这一制度是为了防止少数私人资本通过对多家媒体的支配权,集中控制新闻报道,缩小公众通过广播电视媒体表达个人观点的机会,影响新闻报道的公正性和节目内容的多样性。在媒介融合语境下,传统的电信、出版、广播电视经营者相互进入对方市场,并购、重组成为促进融合的重要方式。广播电视规制既要让被规制企业提高效率,最大限度地增加社会福利,同时,又建立了有效的反垄断规制手段。

一段时间以来,我国广播电视资源处于条块分割和地区分割的状态,造成无法整合资源,没有规模经济和范围经济效应,泛娱乐化严重,广播电视产权关系模糊,没有建立科学合理的产权制度和激励机制。广播电视媒体要放松结构规制,引入市场竞争机制,提高市场效率,同时加强社会性规制,承担更多的社会责任和实现社会公平。

二、放松结构规制,加强行为规制

放松结构规制就是在渠道传输和内容供给方向引入社会资本,消除垄断,促进竞争。近年来,我国的有线电视领域开始引进社会资本,增强产业活力。在电视节目制作方面,除了新闻等涉及意识形态的节目有广播电视台制作外,其他的节目在制播分离的基础上,采取多种方式,引入社会资本。特别是2010年国务院通过的三网融合的试点,广电和电信实行互联互通,相互进入,形成可竞争性市场,促进竞争,提高效率。

美国著名经济学家鲍莫尔等人在芝加哥学派产业组织理论的基础上提出了可竞争市场理论。该理论认为,无论是寡头市场,还是独家垄断市场,但是只要市场进入的完全自由,只要不存在特别的进入的市场成本,潜在的竞争的压力就会迫使任何市场结构条件下的企业采取竞争行为。在这种环境条件下,包括自然垄断在内的高集中度的市场结构是可以和效率并存的[①]。从这个角度说,当电信产业可以进入广播电视信号传输的时候,并不存在进入的市场成本的时候(电信的网线可以提供IPTV),广电产业自然要提高效率。广播电视方面,我国的广

① 夏大慰:《产业组织与公共政策:可竞争市场理论》,《外国经济与管理》1999年第11期,第9页。

播电视资产包括时政新闻采编和播出机构等事业性质的资产，还有娱乐、体育、电视剧制作等可经营性资产。在制播分离的基础上，对经营性资产进行“转企改制”，进行公司化改造，使其成为市场主体和企业法人，只要符合国家的融资政策，就应该允许它到资本市场上融资，实现媒体资本和金融资本的对接。与此同时，要加强行为规制，广播电视服务的社会功能主要表现在为社会和公众传递有益信息、进行文化教育等方面。但是产业化之后，受到经济利益和经营指标的压力，一些广播电视产品的生产经营有单纯追逐市场目标的倾向，使广播电视服务应有的社会价值有所丧失，甚至给社会和公众带来许多负面的影响，如生产、传播低俗的，甚至虚假的信息，滥播广告损害观众的合法收视权益等。“特别在经济利益的推动下，广播电视产业的地区非均衡发展已经影响了经济欠发达地区人民群众享受广播电视服务的权益；而在产业经营中为争取经济价值更大的‘受众商品’，广播电视服务的内容供给也倾向于社会中的高收入人群，这使得社会中弱势群体难以得到符合自己需要广播电视服务”①。

美国一直把“公共利益、便利性和必要性”作为广播电视规制的原则。美国1996年的《电信法》202条款取消了广播所有权的限制，同时还取消了一家公司拥有12座电视台的限制，并把观众占有率上限从25%提高到35%。公众普遍抱怨，地方广播的集中化趋势导致了节目多样化的减少、地方公共新闻和公共事件报道的减少、地方危急事件报道的失落以及当地音乐人、政治候选人、慈善机构等接触电波的机会的丧失，既没有促进经济增长，也没有带来观众福利②。美国出现了再规制的过程，强调公共利益原则。美国对广播电视公共利益的认识大致有两个角度：一种是工具角度，一种是节目服务角度。前者认为广播公司不赚钱就不会好好服务公众利益，后者从节目出发，认为节目富于教育、信息、讲究质量和节目多元化，为文化和政治服务是公共利益的涵义。公共利益要鼓励、提升公众的参与和表达，塑造产业和政府以外的自治空间，也被称为孕育公共生活、鼓励公共空间、提升公民文化③。

三、放松行政性规制，加强立法规制

目前，对广播电视媒体进行规制运用行政手段过多，这是传统计划经济时代的

① 高慧军：《电视服务的供给与政府监管》，中国经济出版社2007年版，第299页。

② 喻国明：《传媒规制的应然与实然》，《新闻与写作》2008年第3期，第22页。

③ Patricia Aufderheide, *Conglomerates And The Media*, The new Press, 1997: 158.

产物，无法体现新时期政府职能转变的要求，行政监管的合法性和权威性也在下降。行政手段主要是通过政府的决定、通知等行政规范性文件来实施监管，在行政法律规范体系中处于最低层次，在被规制部门的公信度不高，而且行政性规制时效性和稳定性差，不能满足长远的需求。依法行政是我国依法治国方略的集中体现和主要保障，这是我国经济社会发展所决定的，它要求我国广播电视服务的政府监管应重点运用法律手段。广播电视规制而且缺乏一个独立公平的规制机构，规制机构兼裁判和运动员的双重身份，造成规制者与被规制者之间有千丝万缕的联系，无法贯彻政策的执行。广播电视管理部门与广播电视台是上下级的领导与被领导的关系，实行"局台合一"的机构体系，管理部门充当宣传、建设和管理的三重角色，三位一体，政企、管办和政事不分的现象十分严重，影响规制的效率和公正。

广播电视立法的目的既是为了维护国家的信息安全与文化安全，也是为了维护广大公众的知情权，提供广播电视公共服务，使公众参与到国家的政治、经济、社会和文化建设中来。很长时间，我国广播电视领域缺少基本的法律，例如，广播电视法或者传媒法等，只有国务院的行政法规和广电部门的规章和规范性文件，不够系统、科学，权利主体和责任主体也没有明确。例如，《广播电视管理条例》《有线电视管理暂行办法》《卫星地面接受设施接受外国卫星传送电视节目管理办法》等专门调整广播电视管理事项的法律文件都是行政法规和部门规章，主要是对意识形态的监管。其次，法律规制要规范广播电视产业的产权关系、市场关系、经营规则以及各种利益关系，为广播电视产业的发展营造一个公正、公平和健康的外部环境，促进广播电视产业的快速发展，使传媒、受众、经营者和管理者都明确自己的责任和义务。再次，广播电视的立法规制要以宪法为基础，制定广播电视专门法，形成宪法、专门法和部门规章的法律体系，对广播电视台的责任义务和传播活动作出明确的规定，同时成立独立的政府规制部门，对其设立、职责和权限等作出规制，间接达到规制媒体的目的。同时加强横向方面的立法，具体包括《著作权法》《广告法》《反不正当竞争法》《垄断法》《未成年人保护法》《消费者权益保护法》《残疾人保障法》《教育法》等。

四、公益性事业与经营性产业分类运行

我国的广播电视兼具事业属性和产业属性，事业属性要求广播电视为两个文明建设提供政治保证、精神支持和舆论保障，产业属性要求广播电视遵循市场经济规律，促进经济的发展，考虑投入和产出，考虑成本核算和经济效

益。事业单位归政府管理，产业成为市场主体，同时处理好行政管理和产业规制之间的关系。例如，政府主要是提供公共服务，弥补市场失灵，特别是针对传输成本高的边远山区、少数民族地区和农村地区，我国政府已经开展"村村通工程"和"西新工程"建设，加强了对弱势群体、农村地区以及正外部性的节目的供给。

在考虑意识形态安全的前提下，把广播电视领域可经营性资产剥离出去，成为市场主体，按照产业发展的思路进行规制，放松市场进入规制，引入社会资本，形成多元化的投资体系；放松跨行业的并购与重组，建立跨媒体、跨行业、跨地区的传媒集团，形成统一、开放、竞争的传媒市场，改变条块分割、地区分割、行业分割的局面，改变同质化恶性竞争的"散、乱、差"局面。进一步说，在网络传输领域放松进入规制，实现电信网和广电网双向进入、互联互通；节目制作领域加快制播分离改革，引入市场竞争，同时实现"走出去"战略，播出平台和新闻制作部门成为事业单位，其职责是对节目进行规划、评估、审核、收购和播出，剥离出来的可经营性资产建立现代企业制度，成为市场主体，进入资本市场融资扩张，加速信息产业整合、重组，提高竞争力，实现规模化和集约化生产，减少交易成本，促进产业结构升级。

总之，在媒介融合和数字化的语境下，广播电视规制的目标就是将竞争机制引入到广播电视领域，提高广播电视的生产效率，促进信息产业的发展，同时维护公共利益，提高广播电视公共服务的供给水平。一段时间以来，我国的广播电视规制手段单一，经济性规制过于严厉，社会性规制出现了规制失灵，甚至是规制俘虏和利益寻租，规制者与被规制者成为了利益共同体。在这种语境下，要放松经济性规制，在网络传输和内容供给两个方面提高市场的竞争效率，同时加强社会性规制，提高广播电视正外部性节目的供给水平。

第二节　加强行业自律与社会监管

由于存在政府失灵、信息不对称、道德风险以及逆向选择等现象，原有的规制方式导致政府规制的成本大幅度上升，而规制效果下降，采取激励性规制、自主规制、非对称规制等新的规制方式，效果明显提高，也降低了规制成本。我国广播电视规制要建立在直接规制与间接规制相结合的基础上，以政府的规制为主体，是自主规制、社会监管为补充的多元化的规制体系。

一、加强行业自律

行业自律就是自我规制。自我规制一是通过广播电视媒体内部的治理机制和内部监管机制实现行业自律，例如，英国通信办公室所属的广播电视标准委员会（BSC）监督全国广播电视媒体的执行情况。二是通过行业规章和行业协会进行规制，例如英国广播公司2005年颁布的《编辑指导原则》。英国商业广播公司每年就公共服务义务的履行情况自我评估，评估标准包括是否提供了多样性、高标准和高质量的节目；是否满足了不同群体和不同阶层受众的需求；节目是否客观、公正和平衡等。日本的商业广播电视媒体必须严格遵守行业维权与自律性组织民间放松联盟制定的《广播电视伦理基本纲领》《民间放松联盟·广播电视基准》等行业规章。作为全国性的行业组织，2004年中国广播电视学会更名为广播电视协会，该协会承担了制定行业标准、行业规则和行业自律公约，建立职业操守，开展从业人员培训、职业道德教育、行业维权，组织与国外同行业的交流合作等职能。我国的广播电视行业非政府组织正在从单一功能的学术研究学会向行业自治型的协会转变，成为广播电视服务监管的重要力量。

行业自律表现为对新闻从业人员的行为规范。记者编辑是广播电视媒体从事新闻采访报道的专业人员，是新闻活动中最为活跃的主体，担负着报道事实、传播信息、记录社会等任务。国际新闻记者联合会在《记者行为原则宣言》规定记者的权利有：尊重真理及尊重公众获取真实的权利，维护忠实收集和发表新闻的自由，维护公平评论和批评的权利。英国广播公司实施《编辑指导原则》，在编辑原则与标准、舆论表达的公平性和多样性、隐私问题和犯罪报道等做了详细的规定。行业自律还表现在新闻工作者的专业主义的精神，新闻的专业主义是美国政党报纸解体之后在新闻同行中发展起来的“公共服务”的一种信念，它最突出的特点是相信可以从非党派、非团体的立场客观地报道新闻事实。有些媒体虽然是一种以营利为目的的企业，但营利并不能成为全部目的，还必须是社会公器，是“群众的喉舌”。新闻从业者有为公共利益奋斗的决心，则意味着新闻从业者要不畏强权，不受利诱，能根据公众的需求提供客观、准确、生动的新闻报道和公正、务实、深刻的评论[①]。

美国《职业新闻记者协会职业道德》的前言中写到，记者协会的成员坚信，

① 吴飞：《新闻专业主义研究》，中国人民大学出版社2009年版，第88页。

公众的启蒙是公正和民主的基础。《广播电视新闻主管联盟伦理和职业行为准则》规定，为了树立电子新闻业的最高职业标准，增强公众对于电子新闻业的理解和信心，加强收集和传递各种信息的新闻自由原则，确立如下原则：公众信任，新闻记者应该意识到对公众的义务；真相，应该积极地寻求真相并准确、连贯和尽量完整地报道新闻；公正，应该公正公平地报道新闻，即新闻记者应该正直、庄重地报道新闻，避免真实的或可觉察到的利益冲突，尊重受众及当事人的尊严和理解力；独立，抵制任何试图影响或控制新闻内容的行为；责任，应该意识到他们的行为应该对公众、职业和他们自己负责[①]。美国把公共利益作为广播电视的道德责任和监管任务，公共利益远远超出受众或利润最大化的议题，与其他产业相比，传媒管理者考虑得更多，包括思考它们的决定对受众政治或文化上的影响，对政治运动中政治知识和政治参与的新闻报道，暴力电视节目对少儿的影响，以及节目是否满足包括少数阶层在内的所有利益阶层的需要[②]。

为了积极推进行业自律，引导行业健康发展。2012年国家广电总局进一步指导中国网络视听节目服务协会加强内部建设，组织行业培训、节目评议等工作，行业自律得到切实保障。5月17日，协会向业界发出了《关于抵制色情暴力等有害视听节目的倡议书》，呼吁网络视听节目服务单位自觉传播优秀文化，抵制有害节目，加强行业自律，营造健康文明的网络环境。7月13日，协会制定出台了《中国网络视听节目服务自律公约》，要求各缔约单位坚守社会责任，坚持社会效益优先，严格实行行业自律。同时，协会还成立了网络视听节目专家评议委员会，承担相关的节目评议工作。

二、加强社会监管

与行业自律相对应的是行业他律与社会监管。社会监管是西方发达国家对广播电视媒体的外部干预机制，其职能包括直接向媒体反映意见或者投诉媒体，也可以派代表参与媒体的相关管理，甚至可以向监管机构和司法机关投诉，通过各种渠道和手段使公众参与到广播电视媒体的监管中来。例如，新加坡的媒体发展局不定期举办“百姓反馈意见征询会议”，在征询会上，公众可以就广播电视节目内容反馈意见或直接诉讼；德国则设有频道顾问部

① [美]艾伦·B.阿尔巴朗：《电子媒介经营管理》，谢新洲译，北京大学出版社2005年版，第52页。

② [美]阿兰·B.阿尔瓦兰：《传媒经济与管理学导论》，崔保国译，清华大学出版社2010年版，第258页。

门，该部门不再隶属于广播电视机构，其成员来自于社会团体，集中了社会公众对广播电视机构进行监督，以保证舆论的多元化和内容的多样性；英国广播公司理事会为了处理和接受社会公众对节目内容的投诉，专门设立了“节目诉讼委员会”。

另外，民事诉讼行为也是社会监管的重要手段，民事法律责任是指行为主体不履行法律规定或合同约定的民事义务而应承担的法律后果。民事法律责任分为侵权行为的民事责任和违反合同的民事责任。这两种在广播电视领域都存在，比如广播电台、电视台播出了侵犯公民、法人名誉权的节目内容，则应承担侵权的民事责任；又比如有线电视网络机构或用户不履行服务合同约定的义务，则承担违反合同的民事责任。荷兰政府为了保障公共服务传媒的质量和信誉，2004年修订了《媒体法》，提高了处罚额度（比2000年的处罚额度提高了3.5万欧元），并明确规定：违背公共利益的最高可罚款22.5万欧元，违法广告和赞助规定的最高可罚款13.5万欧元。规制机构对于违反民事法律责任的主体进行司法规制，即通过诉讼审判等方法规制广播电视行为，例如，2004年美国珍妮·杰克逊在橄榄球决赛直播中暴乳事件，依据刑法及FCC规制处以2.75万美元的罚款，法国的埃尔·纳马尔公司播放煽动民族仇恨的节目，法国视听最高委员会CSA对该公司采取废除合同、停止播出的惩罚措施。西方国家的广播电视法对违法违规行为采取了责令纠正、警告、罚款以及限制、中止或撤销特许等处罚措施。

我国也出现过受众通过司法程序保护自己的收视权益的案例。“1999年7月，西安有线电视台的有线电视用户王某向西安市碑林区法院起诉西安有线电视台在《还珠格格》播放过程中大量插播广告，其中第14集插播广告70条，该集时间约70分钟，其中广告时间约27分钟，7月7日在第17集中插播广告87条，这些广告还包括治疗性病广告一条，延长了原告的收视时间，侵犯了他的合法收视权益，要求有线电视台给予精神赔偿。法院审理认为，原告和被告有收视合同服务关系，原告依法缴纳了收视费，被告插播广告不仅严重违反了有关规定，而且侵犯了原告的正常收视权，对其身心造成一定损害，一审判令被告有线电视台向原告赔礼道歉，并赔偿其因此诉讼造成的损失707元，赔偿一个月收视费17.8元”[①]。

总体而言，“我国广播电视缺乏社会监管，而政府在规制的过程中始终难以

① 黄瑚、钟瑛：《新闻法规与职业道德教程》，复旦大学出版社2005年版，第104页。

摆脱'既当运动员又当裁判员'的角色定位，无法将规制落到实处。而服务对象未能成为规制主体的一部分，受众缺乏话语权，又使得规制结果不够全面和公正，不能为制度的进一步完善和发展提供具有建设性的评价结果。另外，现有监督机制的设计是从政府管理角度出发的，没有考虑到其他的监督主体，很难发挥各种主体包括社会监督的作用"①。

第三节　媒介融合背景下视听新媒体的规制

从媒介市场来说，随着媒介融合的出现，基于互联网的视听新媒体不断涌现，跨媒体、跨领域媒体服务日益增多，这就在客观上打破了原来封闭的垂直的媒介系统，过去边界独立、市场清晰的各类市场相互交叉，形成有效竞争的局面，同时也打破了原来相互独立封闭的政策壁垒。

一、从垂直统合型规制向水平竞争型规制转型

从用户角度看，广播电视用户、手机用户、互联网用户之间的界限日益模糊，他们通过融合化的终端获取各类信息，发布各类信息，这就要求建立能够保护所有用户权利的规制体系，过去那种根据不同媒体的功能分别保护消费者的政策模式不适应多媒体化、融合化终端不断出现的现实。因为信息是社会生产和社会生活当中必不或缺的，自由、快捷的信息流通对于促进社会发展、满足受众的知情权和接近权都具有重要意义。在媒介融合的语境下，信息的流通与规制必须坚持如下原则：一是保证信息的自由流通，建立信息的自由市场，促进信息的繁荣。二是信息的普遍分享原则，保证所有地区的人都能够享受到信息服务，减少信息流通和分享的地域、群体的差距现象，消除"信息沟"。三是确保信息的安全性和可靠性，营造一个健康的绿色的信息传播环境，保护消费者和公民的利益。

从规制方面看，媒介融合以前，通信服务适用于通信法，广播电视服务适用于广播电视法，前者涉及秘密权和通信自由，对其内容尽可能不进行干预；后者涉及表达自由、知情权的维护，从公共利益出发须对其内容进行必要的规制。媒介融合以后，不同性质的内容混合传送，这就会造成信息传输服务的业主和

① 广电总局发展研究中心：《中国农村广播影视公共服务》，中国广播电视出版社2008年版，第292页。

内容的规制出现法律交叉和重叠，不同的法律责任集于传输服务业主，也就是说传输业主对于传输的不同内容承担不同的法律责任。这种混合规制容易影响网络传输服务运营商的积极性，也容易导致许多内容事实上无法进行有效的规制。这就需要对广播电视和通信业务进行融合性规制，在基于促进传输服务市场的公平竞争和保障传输服务使用者的合法权益的基础上，构建相对应的融合规制法律体系，需要建立对媒介的内容进行统一评价、统一分类、区别对待的基本思路。图10-1是我国传统的垂直统合型广播电视产业结构[①]。

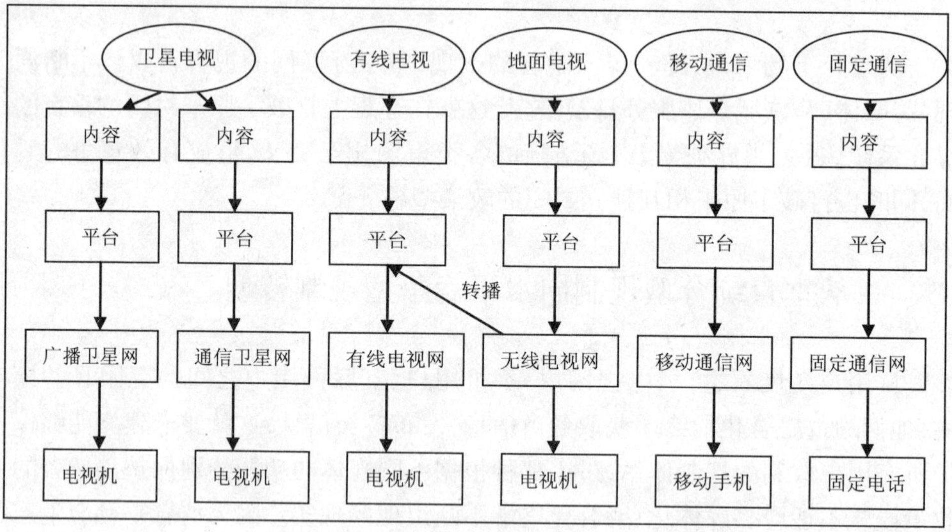

图10-1 垂直统合型广播电视产业结构

以前对于信息服务适用于不同的规制体系，包括通信服务、广播电视服务、有线电视服务、卫星电视服务等，而随着媒介融合的发展，这些服务出现了融合趋势，例如，有线电视宽带也可以提供互联网接入服务。为了确保信息快速、有效地达到受众群体，需要构想创造一个无线网络与有线网络无缝链接、广播电视系统与通信系统相互融合的规制体系。在这种规制体系下，内容供应商可以自由选择自己的传输通道，视听者可以在任何时间和地点接入自己所需要内容的传输环境，接受自己所需要的内容信息。

为了确保数字时代社会基本信息的快速、自由的传播，信息服务的有效性、多样性和优质性，应该加强同一水平层面上的各个主体之间的竞争。如图10-2所示，垂直统合型的事业规制模式向水平融合型的规制模式转变，开放水平层

① 张志：《数字时代的广播电视规制与媒介政策》，中央民族大学出版社2012年版，第190页。

面的市场，促进信息传播产业链上的各主体之间的竞争，促进各主体之间的优化组合，为信息传播提供良好的制度环境。各个层面主体之间的竞争包括内容层、平台层、网络层和终端层等，同时，各种主体之间可以实现优化组合，形成新的产业链，实现资源在产业链上的优化配置。

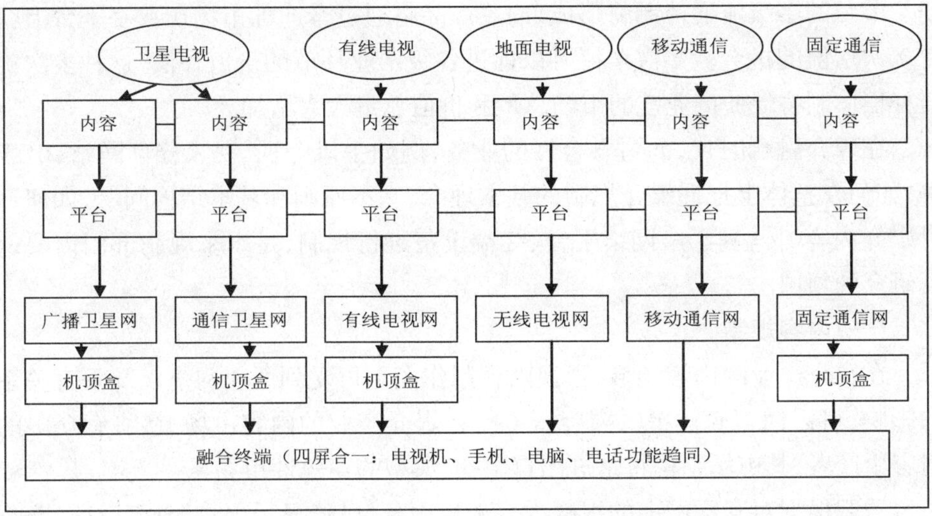

图10–2　水平融合型广播电视产业结构

从图10–2可以看出，水平融合型的媒介产业结构要求政府将垂直划分的产业环节转移到水平层面的产业环节，分析垂直统合型给水平竞争型结构带来的影响，并针对水平层面划分市场范围，促进水平层面的各个主体之间的竞争，同时，抑制垂直统合战略的实施范围和规模，减少垄断和行业壁垒，创造良好的发展环境。

水平融合规制建立以后，竞争不再是通信与广播电视传统意义上的媒介市场内部的事情，也不是垂直统合下的各种媒介市场内部的竞争，而是同一水平层面的各个主体之间的竞争。这就需要针对水平方向上的各种市场主体分别制定规制政策，促进不同主体之间的竞争的形成，建立起能够促进水平分离、开放竞争的政策框架。从产业结构来看，过去垂直统合为特征的媒介产业结构，正在向水平分离为前提的层级结构转变，围绕内容和渠道的竞争将促进效率，同时给用户带来巨大的价值，数字内容可以通过快捷的通道到达用户，满足用户的需求。

二、对内容层面、平台层面、网络层面和终端层面实行融合规制

随着数字化、多频道化和频道专业化的普及，广播电视正在分化成内容、编

播、平台、网络传输等几个相对独立的产业环节，各个产业之间以资产和市场为纽带形成纵向的联结。内容产业方面，我国有电视剧和广播电视节目许可单位1 000多家。编播环节当中，卫星电视、地面电视、有线电视和网络电视为代表的四大系统正在形成既融合又竞争的市场结构，形成相应的平台产业和服务市场。节目的多级流通体制将形成，内容产品将通过辛迪加市场在数字平台上获得多次增值的机会。多次增值可以促进各级产业环节的价值补偿，这种多次价值补偿体制将促使产业链的市场总量和价值总量大大增加。

在媒介融合时代，面对融合性的业务，例如手机电视、视频分享网站、IPTV等，如何在整体上把握媒介规制的基本理念、基本原则和基本结构问题，如何针对媒介内容、传输服务、网络平台、终端设备进行规制，是未来规制部门需要认真研究的领域。

（一）内容规制

在媒介产业的内容领域，影视内容制作商不再受到所属网络以及垂直关系的影响，可以向多媒体提供内容服务。在媒介产业的内容市场上，将有众多的内容生产者，其市场结构将是进出自由的、典型的竞争性市场。

欧盟根据对互联网上的视频内容传送服务，已经显示出将根据其社会影响力的大小建立相应的规制体系的姿态，对媒介社会影响力的理性判断包括6个指标：内容的类型（影像、声音、数据）、服务的品质（包括画面的清晰度）、接收终端的易操作性、视听人数、免费还是付费、媒介对市场的垄断程度等。我国的视听新媒体的内容规制需要把握几个原则。

首先，需要确定公开性内容与非公开性内容。对于网络信息上非公开性内容，属于传统的通信内容，继续对其通信秘密提供最高限度的法律保护。对于公开性的视听媒介内容，可以分为以广播电视服务为代表的“线性服务”（提供者按照预定播出顺序向视听者提供服务）和以VOD服务为代表的“非线性服务”（在视听者自己选择的时段里，根据视听者个人的点播要求，由提供者播出节目服务）两大类。对于线性服务的内容，除了最低限度的规制外，还需要增加其他的规制内容，包括确保公民对于重大事件和重要信息的接近权、制定未成年人保护措、满足地方性节目的要求、确定社会制作公司节目的播出比例等。而对于非线性的点播的内容，属于开放式的媒介内容和媒介服务，设立基本的最低限度的规制，依靠自律，确保表达和言论自由，对违法和有害的内容进行必要的规制。

其次，区分特殊媒介服务和一般媒介服务。特殊媒介服务主要适用于地面广播电视规制，是广播电视公共服务的主要渠道，应该具有多元化、多样性和地域性的特点。特殊媒介服务具有舆论形成的机制，在灾害发生时具有信息传播的作用，与公民的日常生活密切相关，对特殊媒介服务的内容必须进行必要的内容规制。一般媒介服务原则上应该实行不严格的法律规制，实行最低限度的规制，其目的就是调整公民表达自由与社会公共利益之间的权利关系，确保这类内容不侵害到他人的权利，不损害公共安全与青少年健康。这种最低限度的内容主要是指违法信息与有害信息。违法信息就是违反法律或侵害到他人受法律保护的权利的信息。对于违法信息，一般采取积极的规制措施，由公权力机构对其进行干预。有害信息就是难以判定其属于违法信息，但是存在危害公共安全、扰乱社会秩序的行为，或者对特定的人的权利和福祉构成了侵害，例如，有损公序良俗的信息、对青少年有害的信息就属于此类。1996年美国制定了《通信品位法》，对含有猥亵内容的通信规定了刑法措施。在保护未成年人免受有害信息影响的立法方面，美国2000年4月颁布了《儿童互联网保护法》，通过技术手段阻隔儿童接触有害信息，作为学校及图书馆获得政府财政资助的一项条件。英国则是通过网络服务供应商的自主规制机制，将不宜18岁以下青少年接触的所有内容进行分类，并责成各类业主对分类后的内容进行接入控制，只向年龄得到确认的人提供服务。

各国把视听新媒体的服务和内容纳入广播电视内容监管的范畴，实行比通信服务更加严格的监管，具有做法有：实行准入制度，从事视听新媒体服务的业主必须取得相应的资格；建立监测检查制度；明确网络服务商(ISP)的责任，通过技术手段阻断不良内容的播出，例如，韩国的网络广播电视实名制很有特点，实行网络实名制，消费者在点播和下载网络电视内容时必须实名登录。

(二)平台规制

平台就是在众多业主之间或业主与众多用户之间充当中介，使内容分配、电子交易、公共服务及其他信息流通得以有效、安全、便捷地实现的一种服务。具体而言，平台的功能不仅有网上的认证、收费、结算服务，还可以提供门户服务、电子商务、检索服务等多项服务。平台容易形成“瓶颈垄断”，为了促进平台运营商对所有客户提供无差别、开放式的服务，防止平台运营商的垄断，《反垄断法》一般都有严厉的制裁和惩罚措施。

在媒介融合时代，平台具有内容“集散地”的作用，内容如果进不了平台，就无法跟视听者见面，所以平台具有公共性，它对上游的内容供应商和下游的视听者都应该采取无差别的中立立场，这样才能保证内容的多样性和受众的选择权利。在信息通信网络平台中，凡具有极高的社会性和公共性的网络平台，均应从保护使用者权益角度对其进行法律规制，这是因为平台对于众多的使用者而言，具有明显的优势地位，如果没有外部的约束力量，可能滥用这种地位，损害使用者的利益。平台的开放性具有三方面内容：一是政府对平台服务市场的企业进出采取开放性政策，让市场竞争来决定平台服务运营商的数量；二是平台面向所有内容开放；三是平台面向所有合法用户开放，向他们提供无差别的服务[①]。

在平台层面，那些担负内容的集成、编播、营销、顾客管理等多项专业化职能的媒介平台运营商，目前在各国都与网络层和终端层保持着垂直统合的关系，在移动通信、地面电视、有线电视等产业中，这三个层面之间的内部垂直统合很牢固，而在卫星电视产业中，平台已经具有相当的独立自主性，可以自由选择内容供应商和网络运营商，卫星电视平台可以选择不同的卫星转发器租赁商，也可以选择不同的节目供应商。近年来，各国信息通信网络正在由传统的广播电视、通信这一单一的服务基础网络向具有内容分配、市场交易、公共服务等功能的高级基础网络转变，而促成这一转变的关键因素是网络平台的出现。

在三网融合大的形势和环境的要求下，要加快广电数字内容平台的建设，要构建能够为各种不同媒体形态、终端形态、接收方式、呈现形式提供全方位服务的数字内容平台，这是我国电视台在三网融合形势下必须完成的战略性任务。电视台的内容制作不能仅仅针对电视机，还要求我们的节目制作要面向计算机的屏幕、手机屏幕、手持或者车载移动的多媒体终端屏幕等[②]。

目前，我国对于视听新媒体的集成播出平台进行进入规制以及内容监管。在IPTV方面，2012年6月，国家广电总局下发了《广电总局关于IPTV集成播出平台建设有关问题的通知》，对IPTV集成播出平台建设提出具体的要求，促进了IPTV的规范运行。在互联网电视方面，针对市场准入、内容建设、终端管理等方面提出意见和要求，集成平台只能由经批准的广电播出机构建设，内容提供方必须是经批准的互联网电视内容服务平台，电视机等终端厂家只能与合法的互联网集成平台开展合作，按照批准的序列号进行产品生产，并在经批准的试点城市有序发放。

截至2013年3月，全国共有608家机构获批开展互联网视听节目服务，另有19家省级以上广电播出机构获批开办网络广播电视台，22家地市级广电播出机构获批共同建设运营城市联合网络电视台（CUTV）。截至2013年5月，中央电

① 张志：《数字时代的广播电视规制与媒介政策》，中央民族大学出版社2012年版，第224页。
② 王联：《加快广电数字内容建设，迎接三网融合》，《现代电视技术》2010年第6期，第16页。

视台、中央人民广播电台等6家机构获准开办手机电视集成播控平台,中央电视台、中央人民广播电台等26家机构获准开办手机电视内容服务,中国移动、中国电信、中国联通等3家电信企业获准开办手机电视分发业务。

(三)网络与终端规制

在网络层面,随着广播电视数字化、通信网络宽带化和IP化的实现,所有的广义媒介网络将全部实现数字化传输,那时在无线媒介和有线媒介之间将围绕网络设施及设备开展新的竞争。针对特定网络的进入规制将失去意义,因为数字内容可以选择利用各种专用线路网络向用户传输音频、视频及数据信息的服务。

针对网络视听节目安全,有学者从监管技术系统建设方面进行了论述,具体包括:①加强统筹规划,着眼长远发展。将建立国家级网络视听节目安全监管技术体系纳入三网融合工作的重要内容,从节目制作、节目集成播出、节目传输到用户接收端等全部纳入监管范围。②通过技术系统的建设,带动监管机制体制的创新。以建立健全监管技术系统、实现中央和地方技术系统的对接以及研发专用设备等为主要手段,在各级监管部门之间对各类视听节目内容监管信息做到差异化的信息共享与联动,实现广电内监管机构的良好衔接、广电部门与电信部门监管机构的顺畅沟通,提高应急处置能力。③制定监管统一接口技术标准,落实内容、传输服务准入机制。对申请从事互联网视听节目传播、IP-TV、手机电视等内容或传输服务的机构,明确监管接入方式、监管数据交换内容、数据交换格式等,实现安全保障与业务拓展同步推进。④推进关键技术研发,建立综合监管平台。通过建立技术系统,增强对特定节目内容自动发现、鉴别、取证和处置能力,提高对海量数据的综合分析能力。⑤加快技术监管系统建设,实现全业务监管。完善全国互联网视听节目监管技术系统,增加搜索范围和搜索深度;加快全国手机电视和IPTV监管技术系统建设步伐;不断跟踪微博、互联网电视机、下一代广播网等新传播形态、新传播技术手段的发展,保证监管技术手段实时跟进[①]。

目前,我国视听新媒体终端主要有四种类型。①互联网电视终端:互联网电视集成平台与终端厂商合纵连横。互联网电视终端分为互联网电视一体化和互联网电视机顶盒两种形态。②移动智能终端:操作系统与终端厂商的竞合。移动智能终端包括智能手机和平板电脑两种形态。③IPTV终端:向高清化智能化发展。2012年中国电信采购486万台IPTV机顶盒。中国联通采购的机

① 张伟:《三网融合下的网络视听节目安全监管技术系统建设思路》,《中国广播》2010年第9期,第9页。

顶盒总量133万台。④CMMB终端:品牌多样化。带有CMMB功能的终端类型丰富多彩,双向终端方面,三星、诺基亚、中兴、华为、联想等国外品牌先后共推出210款TD-CMMB手机。

终端层面过去一直与网络层面形成了紧密的垂直关系,各国的情况大体如此。即使在今天,机顶盒常常由网络或平台来提供,在移动通信领域,运营商也不乏对终端进行垂直统合的例子。但从发展趋势而言,各国政府将密切关注由这种垂直统合带来的市场支配力的形成,并对提供电话、广播电视、互联网三重服务的运营商有可能出现的市场垄断进行监视。

近年来,我国视听新媒体呈现出如下的发展特点及趋势:①视听新媒体加快与传统广播电视媒体融合互动。一是内容联动突破单向输出,视听新媒体机构制作的大量内容开始反哺传统广播电视台。二是融合互动实现了内容制作、推广、播出、反馈等各环节的全方位联动。三是在各自现有业务的基础上,视听新媒体和传统媒体合作开发开展新业务。②多屏分发的服务格局逐步形成。视听新媒体运营商在尝试探索多屏分发、多屏互动服务模式。2012年中国网络电视台提出了"一云多屏、全球传播"的战略构想,计划以国家网络视频数据库建设为"一云",通过电视屏、电脑屏、手持移动终端屏以及户外屏等"多屏"提供跨屏、跨网、跨地域的音视频服务。③移动音视频成为视听新媒体发展新领域。中国视频新媒体服务机构纷纷布局移动互联网服务,中国网络电视台、中国广播网、国际在线等主流媒体开办的新媒体机构,以及优酷、爱奇艺、乐视等民营机构,均已推出针对安卓系统、IOS的客户端[①]。

总之,随着广播电视业务与技术的开放,三网融合战略将给广播电视行业带来新的局面和新的特点,当前的广播电视管理机制已不适应数字化、三网融合下的广播电视管理要求。"广播电视行业管理者必须寻找新的管理依据、内容和手段,增强广播电视管理新职能,创新广播电视管理机制,以满足新形势下管理广播电视和新媒体的特殊要求"[②]。

面对新的网络环境,规制部门需要按照内容生产、内容传输、内容分配等来重新划定产业,促进各类主体的公平竞争,保护使用者的权益。这种水平层面的、体现层级结构的媒介规制框架,包括内容的法律规制体系、平台规制体系、

① 国家新闻出版广电总局发展研究中心:《中国广播电影电视发展报告2013》,社会科学文献出版社2013年版,第130页。

② 傅雪鹏、彭洁颖、任天铮:《三网融合下广播电视管理体制的发展》,《广播与电视技术》2010年第8期,第24页。

网络传输设施的规制体系以及终端的规制体系。各类法律规制体系有待进一步研究，但是总体框架应该是促进竞争，维护公民表达权和社会公共利益，同时，防止各种有害信息和违法信息的传播，构建一个竞争有序、公平公正、健康文明的信息传播体系。

参考文献

(一)中文文献

[1]丁俊杰、赵子忠:《问题解构与战略选择 中国广播电视产业发展研究》,中国传媒大学出版社2009年版。

[2][美]大卫·克罗图等:《运营媒体——在商业媒体与公共利益之间》,董关鹏等译,清华大学出版社2007年版。

[3]马云泽:《规制经济学》,经济管理出版社2008年版。

[4]王利明、杨立新主编:《人格权与新闻侵权》,中国方正出版社2010年版。

[5][美]戈尚:《电子媒介管理与商业运营战略》,陈积银等译,清华大学出版社2010年版。

[6][美]贝克:《媒体、市场与民主》,冯建三译,上海人民出版社2008年版。

[7]石长顺、张建红:《公共电视》,武汉大学出版社2007年版。

[8]石长顺、石婧:《中国广播电视公共服务》,光明日报出版社2013年版。

[9]龙一春:《日本传媒体制创新》,南方日报出版社2006年版。

[10]田韶华、严明、赵双阁:《传媒产业法律规制问题研究》,中国传媒大学出版社2009年版。

[11]左惠:《文化产品供给论——文化产业发展的经济学分析》,经济科学出版社2009年版。

[12][美]艾莉森·亚历山大等:《媒介经济学:理论与实践》,丁汉青译,中国人民大学出版社2008年版。

[13][美]皮卡德、罗伯特:《媒介经济学:概念与问题》,赵丽颖译,中国人民大学出版社2005版。

[14][美]布朗、奎尔:《广播电视管理》,钟新、宋晶、王海、李文君译,中国人民大学出版社2010年版。

[15][美]西奥多·格拉瑟:《公共新闻事业的理念》,邬晶晶译,华夏出版社2009年版。

[16][美]本·H.贝戈蒂克安:《媒介垄断》,吴靖译,河北教育出版社2004年版。

[17][美]安澜·艾尔布兰:《传媒经济学:市场、产业与观念》,陈鹏译,中国传媒大学出版社2009年版。

[18][美]多科特:《传媒经济学——信息传播的12种新趋势》,何训、徐继华译,电子工业出版社2011年版。

[19][美]吉利恩·多伊尔:《传媒所有权》,陆剑南译,中国传媒大学出版社2005年版。

[20]吕志勇:《产业开放规制变革:中国电信产业市场化进程研究》,上海人民出版社2007年版。

[21]刘颖悟:《三网融合与政府规制》,中国经济出版社2005年版。

[22]约翰·H.麦克马那斯:《市场新闻业 公民自行要小心》,张磊译,新华出版社2004年版。

[23]朱金玉等:《中国广播电视业发展战略》,上海人民出版社2005年版。

[24]李欣:《西方传媒新秩序》,南方日报出版社2008年版。

[25]李岚:《电视产业价值链》,社会科学文献出版社2006年版。

[26]李志坚:《中国电视公共服务的传输体系研究》,上海交通大学出版社2010年版。

[27]李军鹏:《公共服务型政府》,北京大学出版社2004年版。

[28]李继东:《英国公共广播政策变迁与问题研究》,中国传媒大学出版社2007年版。

[29]李娜:《欧洲公共广播电视危机与变迁研究》,中国传媒大学出版社2009版。

[30]严三九:《中国传媒资本运营研究》,上海文化出版社2007年版。

[31]宋建武:《媒介经济学:原理及其在中国的实践》,中国人民大学出版社2006版。

[32]吴飞:《大众传媒经济学》,浙江大学出版社2003年版。

[33]吴克宇:《电视媒介经济学》,华夏出版社2004年版。

[34]吴非、胡逢瑛:《俄罗斯传媒体制研究》,南方日报出版社2006年版。

[35]何勇:《德国公共广播电视研究》,中国传媒大学出版社2010年版。

[36][美]辛普森、格林菲尔:《IPTV与网络视频:拓展广播电视的应用范围》,郎为民译,机械工业出版社2008年版。

[37]张志:《数字时代的广播电视规制与媒介政策》,中央民族大学出版社2012年版。

[38]张咏华等:《西欧主要国家的传媒政策及转型》,上海人民出版社2010年版。

[39][美]张伯仑:《垄断竞争理论》,周文译,华夏出版社2009年版。

[40]张耀辉编著:《产业组织与规制》,经济科学出版社2006年版。

[41]忻展红主编:《现代信息经济与产业规制》,北京邮电大学出版社2008年版。

[42]陆地:《中国电视产业启示录》,上海交通大学出版社2007年版。

[43][美]罗伯特·W.麦克切尼斯:《富媒体 穷民主:不确定时代的传播政治》,谢岳译,新华出版社2004年版。

[44][美]阿尔瓦兰主编:《传媒经济与管理学导论》,崔保国等译,清华大学出版社2010年版。

[45]周学荣:《政府规制论》,湖北人民出版社2010年版。

[46]周鸿铎等:《广播电视经营与管理模式》,经济管理出版社2005年版。

[47]国家广播电影电视总局发展研究中心:《发达国家广播影视管理体制和管理手段研究》,中国传媒大学出版社2007年版。

[48]杨志勇等:《公共经济学》,清华大学出版社2005年版。

[49]杨建文:《政府规制——21世纪理论研究潮流》,学林出版社2007年版。

[50]赵玉明:《中国广播电视史教程》,中国广播电视出版社2009年版。

[51]赵曙光:《媒介经济学》,清华大学出版社2007年版。

[52]郑涵、金冠军:《当代西方传媒制度》,上海交通大学出版社2008年版。

[53][德]哈贝马斯:《公共领域的结构转型》,曹卫东译,学林出版社1999年版。

[54]郎劲松:《韩国传媒体制创新》,南方日报出版社2006年版。

[55]郑明高:《产业融合:产业经济发展的新趋势》,中国经济出版社2011年版。

[56]胡正荣、李继东主编:《中国广播电视公共服务体系:目标和实践研究》,中国广播电视出版社2010年版。

[57]胡永佳:《产业融合的经济学分析》,中国经济出版社2008年版。

[58]胡汉辉、顾成彦:《网络融合与交叉业务竞争研究》,科学出版社2010年版。

[59]徐沁:《媒介融合论》,中国传媒大学出版社2009年版。

[60]徐晓慧、王云霞编著:《规制经济学》,知识产权出版社2009年版。

[61][美]格雷柯编著:《媒体与娱乐产业》,饶文靖译,清华大学出版社2006年版。

[62][美]埃默里等:《美国新闻史》,展江译,中国人民大学出版社2009年版。

[63]唐世鼎、黎斌编著:《制播体制改革与电视业发展问题研究》,中国传媒大学出版社2005年版。

[64]唐亚明、王凌洁:《英国的传媒体制》,南方日报出版社2007年版。

[65]高慧军:《电视服务的供给与政府监管》,中国经济出版社2007年版。

[66]高鑫、贾秀清:《经济、文化与现代电视传媒》,北京师范大学出版社2009年版。

[67]黄升民等:《广电媒介产业经营新论》,复旦大学出版社2005年版。

[68]黄金:《媒介融合的动因模式》,中国书籍出版社2011年版。

[69]曹璐:《广播新闻理念与实务创新研究》,中国广播电视出版社2007版。

[70]曹晚红:《德国双轨电视制度研究》,中国广播电视出版社2009年版。

[71]郭镇之:《中外广播电视史》,复旦大学出版社2008年版。

[72]喻国明等:《传媒经济学教程》,中国人民大学出版社2009版。

[73][美]彭伯:《大众传媒法》,张金玺、赵刚译,中国人民大学出版社2005年版。

[74]曾剑秋等编著:《网和天下——三网融合理论、实验与信息安全》,北京邮电大学出版社2010年版。

[75]傅玉辉:《大媒体产业:从媒介融合到产业融合》,中国广播电视出版社2008年版。

[76][英]吉莉安·道尔:《理解传媒经济学》,李颖译,清华大学出版社2004版。

[77][美]鲍德温:《大汇流:整合媒介、信息与传播》,龙耘等译,华夏出版社2000年版。

[78][英]詹姆斯·卡瑞:《英国新闻史》,栾轶玫译,清华大学出版社2005年版。

[79]谭云明主编:《传媒经营管理新论》,北京大学出版社,2007年版。

(二)英文文献

[1]Anastassios Gentzoglanis, Anders Henten,*Regulation and the Evolution of the Global Telecommunications Industry* , Edward Elgar Pub (July 2010) Edward Elgar Pub ,2010.

[2]Christopher T. Marsden,*Convergence in European Digital TV Regulation* (Law in Its Social Setting) Blackstone Press, 1999.

[3]David A. L. Levy, *Europe's Digital Revolution: Broadcasting Regulation, the EU and the Nation State* (Routledge Research in European Public Policy) Routledge, 1999.

[4]Glen O. Robinson, Thomas B. Nachbar,*Communications Regulation* ,West; 1 edition ,2008.

[5]Harvey Joshua Levin,*The Invisible Resource: Use and Regulation of the Radio Spectrum* (*RFF Library Collection: Policy & Governance Set*) ,RFF Press , 2011.

[6]Ian Walden (Editor), John Angel (Editor)*Telecommunications Law and Regulation* , Oxford University Press, USA; 3 edition ,2009.

[7]Jan Krämer,*Communications Regulation in the Age of Digital Convergence: Legal and Economic Perspectives* (3 Aug 2009) KIT Scientific Publishing,2009.

[8]Jean-Jacques Laffont, *Regulation and Development*, Cambridge University Press, 2005.

[9]Jeremy Harris Lipschultz,*Broadcast Indecency: F.C.C. Regulation and the First Amendment (Broadcasting and Cable Series)* Focal Press; 2nd edition, 1996.

[10]John Buckley,*Telecommunications Regulation* , Institution of Electrical Engineers - 2003 Oxford University Press, USA; 3 edition , 2009.

[11]Kenneth Creech,*Electronic Media Law and Regulation*, Fifth Edition (Jan 2, 2007) Focal Press; 5 edition , 2007.

[12]Mike Feintuck, *Mike Varney,Media Regulation, Public Interest and the Law*, Edinburgh University Press; 2 edition,2007.

[13]M Stoyanova (Author),*Competition Problems in Liberalized Telecommunications (International Competition Law*) Kluwer Law International, 2008.

[14]Paul de Bijl, *Martin Peitz,Regulation and Entry into Telecommunications*

markets ,2003 Cambridge University Press; 1 edition,2008.

[15]Paul Nihoul and Peter Rodford, *EU Electronic Communications Law: Competition & Regulation in the European Telecommunications Market* , (Aug 2011) OUP Oxford; 2 edition ,2011.

[16]Patrick–Andre Salin,*Satellite Communications Regulations in the Early 21st Century: Changes for a New Era (Utrecht Studies in Air & Space Law)* , (Hardcover – 8 Nov 2000) Kluwer Law International ,2000.

[17]Routledge ,*Privatization, Regulation and Deregulation* M. E. Beesley, *Institute of Economic Affairs* (Great Britain); 2 edition,1997.

[18]Ronald de Bruin and Jan Smits.*Digital Video Broadcasting: Technology, Standards, and Regulations* (Jan 1999) Artech House,1999

[19]Robert Baldwin, Martin Cave, *Understanding Regulation: Theory, Strategy, and Practice*, OUP Oxford; New edition edition,1999.

[20]Shalini Venturelli,*Liberalizing the European Media: Politics, Regulation, and the Public Sphere*,1999.

[21]Sharon E. Gillett and Ingo Vogelsang,*Competition, Regulation, and Convergence: Current Trends in Telecommunications Policy Research (LEA Telecommunications Series)* Routledge,1999.

[22]Wolfgang Hoffmann– Riem,*Regulating Media: The Licensing and Supervision of Broadcasting in Six Countries* (Jul 12, 1996) The Guilford Press; 1 edition , 1996.

后　记

广播电视作为媒体,在中外都受到严格的规制,而报刊出版却很少受到规制,特别是在西方国家,报刊出版如果接受规制似乎就是侵犯了新闻自由。这是因为广播电视媒体有自己的特殊性,它与报刊出版不同,容易造成市场失灵。本书从这个概念出发,在经济性规制、社会性规制和反垄断规制三个领域去研究广播电视的进入退出、价格、质量以及投资方面的规制,并结合媒介融合的语境,联系三网融合、制播分离以及融合规制改革等热点话题,试图构建广播电视规制体系。

本书是在我的博士论文《媒介融合语境下广播电视经济性规制》基础上完成的,增加了广播电视社会性规制、广播电视所有权融合与反垄断规制、视听新媒体规制、传媒产业融合理论分析、媒介融合背景下广播电视规制改革等内容,涵盖广播电视规制的理论、历史、实践和改革等几个方面。本来我准备对书稿再思考两年,修改到自己满意后再出版。荣幸的是本人今年获得国家社科基金青年项目《媒介融合的政策选择与规制体系研究》资助,需要对规制的研究从广播电视行业拓展到整个传媒行业,从更加宏观的视角对媒介融合与传媒规制进行思考,于是决定将本书提前出版,以便有更多的时间和精力思考广播电视、报刊出版乃至电信业之间的融合政策选择与规制体系研究。

我的博士论文是在我的导师华中科技大学广播电视与新媒体研究院院长石长顺教授的精心指导下完成的,石老师对我的博士论文的内容和框架都提出了很多建设性意见和建议。石老师以前在地方电视台当过台长,对业务精通,有大量丰富有趣的广播电视实务案例,是华中科技大学最受学生欢迎的教授之一,深受学生敬重。我经常去听石老师上的本科生课,他的每堂广播电视课都精彩绝伦,教室学生爆满。石老师毕生孜孜以求于广播电视理论体系建构,理论造诣深厚,著作等身,科研成就斐然,顺利完成国家社科基金项目《中国广播电视公共服务研究》,2013年他又荣获国家社科基金重点项目《构建和发展现代广播电视传播体系研究》。无论是教学还是科研,为人还是做学问,石老师都是我们这些学生的指路明灯和仰望灯塔，在此我表示衷心的感谢与敬意！

这本书的出版离不开安徽师范大学以及传媒学院的支持，2012年我博士毕业来到安徽师范大学工作，学校给了我们良好的教学和科研环境。特别是此书出版得到安徽师范大学出版社专著出版基金八千元的资助，在此深表感谢。也特别感谢传媒学院的书记胡靖博士，副院长沈正赋教授、黎泽潮教授等学院领导的关心与支持，使我能够很快适应新环境，潜心教学，静心科研。

感谢我的硕士导师南昌大学的陈志强教授，虽然硕士毕业近7年了，他却一如既往地关心我、支持我，或对我学业、科研方面指点迷津，或对我生活、工作关爱有加，使我倍感温暖，同时也不敢懈怠，以怕辜负导师的期望。

感谢安徽师范大学出版社相关领导以及房国贵编辑、胡志恒编辑，没有他们的支持与精心编审，此书没有这么快与读者见面。感谢本书中引用涉及的各位学者以及参考文献中提到的各位专家，我是站在您的肩膀上完成了此书，没有你们的前期研究成果，本书没有现在的样子。由于作者学识和水平有限，本书中一定有不少纰漏之处，敬请各位专家学者批评指正。

感谢我的父母、爱人，他们为家庭付出了很多，也感谢我的女儿，是她的健康快乐的成长为我的生活增添了许多乐趣。

肖叶飞

于安徽芜湖